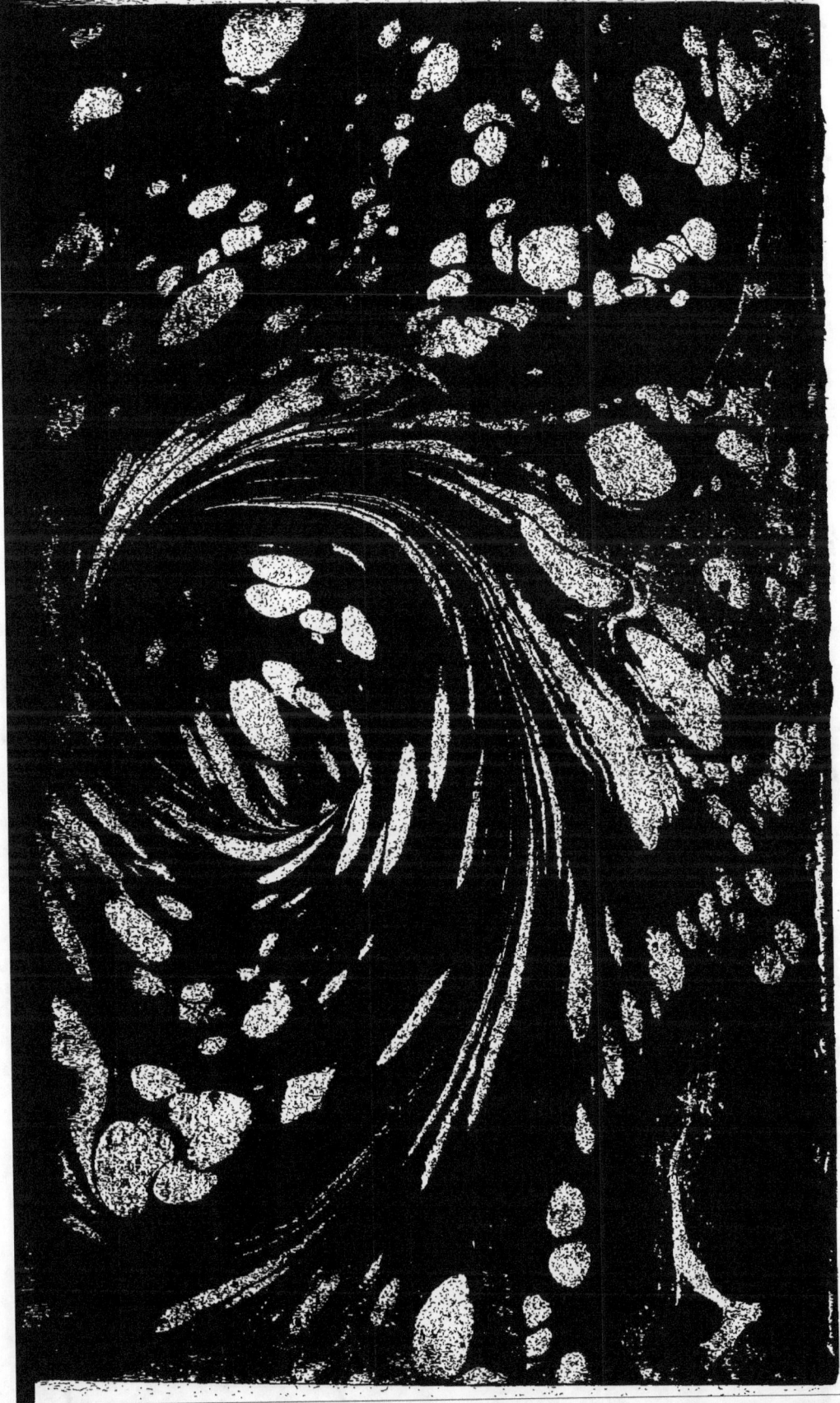

2563. 8vo.
H.

NOUVEL ABRÉGÉ

CHRONOLOGIQUE

DE L'HISTOIRE

DES EMPEREURS.

NOUVEL ABRÉGÉ
CHRONOLOGIQUE
DE L'HISTOIRE
DES EMPEREURS.

His ego nec metas rerum, nec tempora pono ;
Imperium sine fine dedi.
                                            Æneid. L. 1.

À PARIS,
Chez DAVID, le jeune, Quai des Augustins,
proche le Pont Saint Michel, au Saint Esprit.

M. DCC. LIII.
Avec Approbation & Privilége du Roi.

A MONSIEUR
LE PRESIDENT
HENAULT.

ONSIEUR,

LE *Public comprendra aisément les motifs que j'ai eus de vous dédier cet Ouvrage, où vous m'avez servi de modele.*

a iij

ainsi qu'à ceux qui ont travaillé dans le même genre. Il étoit plus aisé de vous imiter dans la forme de cette Histoire que dans la maniere dont vous l'avez exécutée. En vain ajouterois-je mes loüanges à celles de tous vos Lecteurs, ce suffrage de plus ne seroit pas capable d'augmenter votre gloire. Je travaille, au contraire, à la mienne en vous rendant ce témoignage public de ma reconnoissance, & du profond respect avec lequel je suis,

MONSIEUR,

Votre très-humble, & très-obéïssant serviteur,
ADRIEN RICHER.

AVERTISSEMENT.

L'Accueil que le Public a fait au nouvel Abrégé Chronologique de M. le Président Henault en a prouvé l'utilité. En effet, le Lecteur toûjours intéressé par des faits mémorables, & débarrassé de ces détails qu'une main habile a sû lui épargner, joüit commodément d'un si beau travail. Il y voit commencer & finir chaque regne du même coup d'œil. C'est un tableau qui lui présente le Monarque régnant sur ses Peuples, tenant en respect les ennemis de l'Empire, & gouvernant sa famille. Aussi seroit-ce une grande méprise de réduire l'Ouvrage de M. le Président Henault au mérite des dates, qui n'en sont, en quelque façon, que le prétexte. C'est dans cette vûe que les Nations étrangeres, pour se le rendre utile, l'ont fait traduire dans leurs Langues. Voilà le modele que j'ai tâché d'imiter.

Cet Ouvrage que je présente au Public, est un *Abrégé Chronologique & Historique des Empereurs depuis Jule-Cesar jusqu'à Theodose le Grand.* Le second Volume finira les Empereurs Romains. L'on donnera aussi l'Histoire des Empereurs d'Allemagne jusqu'à celui qui régne actuellement. J'ai fixé, le plus exactement que j'ai pû, la date de la naissance de chaque Empereur, celle de son élévation à l'Empire, & celle de sa mort. J'ai fait connoître

AVERTISSEMENT.

au commencement de son regne sa famille & son origine, & à la fin j'ai tracé en peu de mots son portrait & son caractere. Sur une page sont les faits mémorables, & sur la page opposée on trouve un abrégé de la vie des Femmes & Enfans de chaque Empereur, des Princes contemporains, un portrait des grands hommes, & un abrégé de la vie des Savans & Illustres avec une notice de leurs ouvrages. Cet ordre est interrompu à la division de l'Empire. D'un côté j'ai mis l'Empire d'Occident, & de l'autre l'Empire d'Orient ; & les Femmes, Enfans, Princes contemporains, Savans & Illustres, sont à la fin des regnes.

On me blâmera peut-être de n'avoir pas suivi exactement mon modele, qui n'a fait que mettre le nom & la date de la mort des Femmes & Enfans, Princes contemporains, Savans & Illustres : mais, pour rendre son Ouvrage intéressant, il n'avoit besoin de rien de plus. Pour moi, qui n'ai point de fonds superflus, j'ai crû devoir tout mettre à profit, & faire ma cour au Public, en enrichissant cet Abrégé, d'une Histoire Littéraire.

J'ai resserré cet Ouvrage le plus qu'il m'a été possible, par l'envie que j'ai eue de le rendre commode. Il en est résulté un inconvénient dont je crois devoir avertir. On trouve quelquefois dans la même page la fin d'un regne & le commencement d'un autre. Lorsque cela arrive, il faut faire attention que les Femmes & Enfans, &c. qui sont sur la page opposée, appartiennent à l'Empereur dont le regne commence.

ABRÉGÉ

NOUVEL ABREGÉ CHRONOLOGIQUE DE L'HISTOIRE DES EMPEREURS.

Naissance et origine de Jule Cesar.

Ule Cesar nâquit à Rome le quatriéme jour du mois *Quintilis*, qu'on appelle aujourd'hui Juillet, du nom de ce grand homme, l'an de Rome 653, sous le Consulat de Caïus Marius, & de Lucius Valerius Flaccus.

Il étoit fils de Lucius Julius Cesar, & d'Aurelia fille de Cotta.

La famille des Jules étoit la plus ancienne de Rome. On compte un Jule parmi les cent Vieillards que Romulus choisit pour former son Conseil. Le nom de Cesar n'étoit qu'un surnom attaché à cette famille. Les Auteurs rapportent plusieurs opinions sur l'étimologie de ce nom, mais ils n'en adoptent aucune; on ne sait au juste ce qui y a donné lieu, ni quel est le premier qui l'a porté.

A

Abrégé Chronologique

FAITS MEMORABLES DU TEMS DE JULE CESAR.

653. 654. 655. 656. 657. 658. 659. 660. de Rome.

Sertorius fait passer au fil de l'épée les Castuloniens & les Girinésiens qui se sont révoltés.

Le Consul Didius soupçonne une colonie Espagnole de trahison : il la fait massacrer, & ne veut pas même qu'on épargne les enfans à la mamelle.

Rome est en paix. Le païsan cultive les campagnes, le commerce est protégé & florissant, les Loix sont observées, le citoïen est tranquile. Ce calme réjouit tout le monde, le seul Marius en est affligé, & la paix, qui n'étoit autre chose que le fruit de ses victoires, lui déplaît. Dans Rome troublée par la guerre Marius étoit tout ; dans Rome tranquille il n'étoit rien. Il tourne ses yeux sur toutes les parties du monde, pour voir s'il ne découvrira point quelque nouvel ennemi prêt à s'armer contre Rome.

Mithridate, le plus fier des Rois, lui paroît propre à satisfaire ses desirs. Il vole en Asie, & sitôt qu'il arrive à la Cour de ce Prince, il cherche à pénétrer ses desseins, & l'insulte au nom de tous les Romains. » Prince, lui dit-il, ou de la soumission aux volontés de » Rome, ou la guerre avec elle ». Mithridate indigné de cette hauteur féroce, conçoit une haine implacable contre les Romains, & cherche l'occasion d'entrer en guerre avec eux.

661.   662.

Les Cappadociens élisent Ariobarzane Roi. Rome approuve ce choix. Tigrane, Roi d'Arménie, chasse Ariobarzane de ses Etats. Sylla marche au secours

Femmes.

COSSUTIE, *Cossutia*, fille d'un Chevalier Romain. Les parens de Jule Cesar la lui avoient fait épouser, parce qu'elle étoit très-riche: mais il la répudia peu après la mort de son pere, avant même d'avoir habité avec elle.

CORNELIE, *Cornelia*, fille de Cinna, Consul alors pour la quatriéme fois. Le Dictateur Sylla, qui persécutoit la famille de Cinna, voulut engager Cesar à répudier Cornelie, & sur son refus le déclara déchu de la dot de sa femme, & de toutes les successions qu'il pouvoit en espérer: mais tous ces malheurs ne purent le résoudre à se séparer de sa chére Cornelie. Elle mourut: il la pleura, & fit son oraison funébre sur la Tribune aux Harangues.

POMPEÏA, fille de Quintus Pompeïus Rufus, étoit d'une figure charmante, elle avoit l'esprit vif & enjoüé. Tout le monde sait que Cesar la répudia, parce qu'elle fut accusée d'adultére avec P. Clodius. Ce fût à cette occasion qu'il dit, que la femme de Cesar ne devoit pas même être soupçonnée.

CALPURNIE, *Calpurnia*, fille de L. Calpurnius Piso, désigné Consul pour l'année suivante. La famille des Calpurnius descendoit de Calpus fils de Numa. La nature sembloit l'avoir faite exprès pour être la femme

Enfans.

JULIE qu'il eut de Cornelie sa seconde femme. Cesar l'avoit mariée à Cornelius Cepion: mais il l'engagea à faire divorce avec lui pour épouser Pompée. Elle lui obéït, & entretint toujours une bonne intelligence entre ces deux grands hommes, qui ne se brouillérent qu'après sa mort. Elle mourut en couche. Elle passoit pour la plus belle & la plus vertueuse Dame de Rome.

CESARION. Jule Cesar l'eut de Cléopatre Reine d'Egypte. Ce Prince avoit toutes les qualités imaginables. Auguste, après s'être rendu maître de l'Egypte, le fit périr à l'âge de dix-sept ou dix-huit ans.

Mort de Jule Cesar.

Il fut assassiné dans le Sénat, le 15 Mars 709 de Rome, âgé de cinquante-six ans. Il tomba aux piés de la Statuë du grand Pompée, où son corps resta jusqu'à ce que trois de ses Esclaves vinssent l'enlever. Ses cendres furent mises dans le Champ de Mars avec celles de sa fille Julie.

Princes contemporains

Des Juifs.

ALEXANDRE JANNE'E fut choisi pour chef & Grand-Prêtre des Juifs l'an 106. avant J. C. Il prit

FAITS MEMORABLES DU TEMS DE JULE CESAR.

de ce Roi, défait Tigrane, & le force à abandonner la Cappadoce.

On fait fermer à Rome les Ecoles Latines, pour continuer d'enseigner à la façon des Grecs.

663.

Guerre des Alliés. Tous les peuples d'Italie voïant qu'on leur refuse le droit d'opiner dans les Comices, prennent les armes, se liguent contre Rome, & établissent un Sénat à Corfinium.

664.

Pompée Strabon, pere du grand Pompée, prend la ville d'Auxulum, & l'abandonne au pillage.

Nicoméde, Roi de Bithinie, & Ariobarzane, Roi de Cappadoce, sont chassés de leurs Etats par Mithridate. Le Sénat lui envoie ordre de sortir des Etats de ces deux Rois, parce qu'ils sont sous la protection de la République. Mithridate avoit toujours commandé, & n'avoit jamais obéi ; il n'avoit même jamais reçu d'ordre, & celui-là lui parut une insulte outrageante. Pour s'en venger il fit massacrer tous les Romains qui étoient établis en Asie.

La ville de Stratonice, située au pié du Mont Taurus, est prise par Mithridate. Ce fut-là qu'il trouva la belle Monime : ne pouvant la séduire ni par promesses, ni par argent, il l'épousa.

665.

Sylla est envoié contre Mithridate : Marius en est jaloux, forme une faction, & se fait nommer à sa place.

de l'Histoire des Empereurs.

FEMMES.	PRINCES CONTEMPORAINS.

FEMMES

de Cefar. Elle avoit toutes les qualités du corps & de l'efprit : elle fe joignit au refte des hommes pour admirer fon mari ; elle le vit monter à la grandeur, y monta avec lui, & conferva la même modeftie étant femme de Cefar vainqueur & maître de l'Univers, qu'elle avoit euë étant femme de Cefar particulier. Cefar fut maffacré Elle le pleura comme fon mari, elle le regretta comme un héros. Elle monta fur la tribune aux Harangues, s'y fit admirer en faifant l'éloge du plus grand des hommes. Elle fut trouver M. Antoine, lui rappella ce que Cefar avoit fait pour lui ce qu'il devoit à Cefar, & pour le mettre en état de venger fa mort elle lui fit paffer tous fes effets.

SÇAVANS ET ILLUSTRES

ANTOINE, *M. Antonius*, aïeul du Triumvir, étoit un parfait Orateur, au rapport même de Cicéron. Il n'a jamais voulu écrire aucun de fes plaidoïers. Il fut du nombre de ceux que Marius fit profcrire, & eut la tête tranchée l'an 666. de Rome Elle fut fichée à un pieu planté proche la Tribune aux Harangues.

AQUILIUS GALLUS, fçavant Jurifconfulte, étoit Chevalier Romain. Il avoit été Difciple de Scevola. Ciceron, avec lequel

PRINCES CONTEMPORAINS

Des Juifs.

le titre de Roi à l'imitation de fon frere Ariftobule, qui étoit le premier qui eût ofé le prendre depuis la captivité de Babylone. Alexandre remporta quelques avantages dans les guerres qu'il eut à foutenir ; mais il fe rendit fi odieux à fes Sujets, qu'ils formerent une conjuration contre lui. Sa mort en prévint les effets. Il regna 27 ans.

ALEXANDRA, veuve d'Alexandre Jannée, fut déclarée Reine des Juifs l'an 79 avant J. C. Pendant fon regne elle donna beaucoup de crédit aux Pharifiens ; mais Ariftobule II. fon fils, fe mit à la tête des troupes & ci affa les Pharifiens. Alexandra regna 9 ans.

HIRCAN II. fut proclamé Roi des Juifs après la mort de fa mere ; mais Ariftobule II. fon frere, le déthrona au bout de 3 ans.

ARISTOBULE II. déthrona fon frere Hircan l'an 67, avant J. C. il défit Aretas, Roi des Arabes, qui à la priere d'Hircan, étoit venu affiéger Jerufalem. Pompée, paffant par la Judée, après la défaite de Mithridate, voulut accommoder les deux freres : mais Ariftobule refufa de s'y prêter. Pompée l'affiégea & le prit dans Jerufalem, le mena à Rome avec fes enfans, rétablit Hircan Chef & Grand Prêtre des Juifs, avec défenfe de

A iij

Faits memorables du tems de Jule Cesar.

Sylla en est instruit avant de passer en Asie, revient à Rome avec son armée, fait proscrire Marius, qui, pour éviter la mort, prend la fuite. Il essuie de grandes fatigues, est exposé à toutes sortes de miseres, & endure la faim au point qu'il demande du pain à des pâtres dans les campagnes de Circé. Proche Minturnes il se cache dans des joncs, pour éviter les satellites de Sylla qui le cherchent : il y est apperçu, conduit tout nud dans la Ville, où les Magistrats le condamnent à avoir la tête tranchée, & envoïent un Esclave public, qui étoit Cimbre de nation, pour l'exécuter. Marius le voïant entrer dans sa prison, l'épée à la main, se doute de son dessein, & lui dit d'une voix menaçante : *Oserois-tu bien frapper Caïus-Marius ?* Ce nom épouventa l'Esclave, qui s'étant rappellé son air noble & terrible lorsqu'il défit les Cimbres & les Teutons, sort de la prison, & crie qu'il ne veut pas être le bourreau du grand Marius. Les habitans de la Ville sont étonnés de la générosité d'un homme si vil, & donnent des vaisseaux & de l'argent à Marius pour fuir. Il va à Carthage, & se repose sur les débris des murs de la Ville. Le Gouverneur de ce pays lui envoïe un Licteur l'avertir de fuir ; mais il répond au Licteur : « Va dire à ton Maître que tu as vu Marius assis sur les débris de Carthage, & que son sort est aussi déplorable que celui de cette Ville ruinée ».

666.

Paix concluë avec les Alliés : on leur accorde le droit de suffrage dans les Comices.

Rome est assiegée par Cinna, Marius & Sertorius.

SÇAVANS ET ILLUSTRES.   PRINCES CONTEMPORAINS.

il fut Préteur, en faisoit beaucoup de cas. Sa probité & sa science dans le Droit étoient si connuës que les Préteurs le nommoient souvent juge en dernier ressort dans les causes des particuliers. Son suffrage étoit toujours d'une grande autorité dans l'établissement des Loix. On trouve plus de quinze Loix de lui, dispersées en différens endroits du Digeste.

BIBACULUS FURIUS, Poëte Latin, natif de Cremône a composé des Annales en Vers. Cet ouvrage n'est pas parvenu jusqu'à nous. Macrobe en fait mention.

CALLIMAQUE, fameux Ingénieur, natif d'Amise. Lucullus le fit prisonnier à Nisibe, & le condamna à la mort, parce qu'il avoit brûlé Amise que Lucullus vouloit sauver.

CATON D'UTIQUE étoit arriére petit-fils de Caton le Censeur. C'étoit un Philosophe fort austere, & d'une vertu farouche. A l'âge de 14 ans il demanda un poignard pour tuer Sylla qui exerçoit la tyrannie dans Rome. Il a toujours défendu la liberté de la patrie avec ce zèle féroce des anciens Romains ; mais qui étoit déplacé dans son siécle.

Toutes ses actions tendoient au bien public, mais il n'avoit pas assez de prudence pour le procurer. Ciceron, quoiqu'aussi bon Citoïen que lui, fut souvent

Des Juifs.

prendre le titre de Roi. Lorsque la guerre fut déclarée entre Cesar & Pompée, les Partisans de Pompée empoisonnerent Aristobule, parce que Cesar l'avoit mis en liberté.

HIRCAN II. fut rétabli vers l'an 56 avant J. C. Les Parthes, à la sollicitation d'Antigone, fils d'Aristobule, lui déclarerent la guerre, le firent prisonnier, lui couperent les oreilles, & le livrerent à Antigone. Lorsqu'Hérode fut sur le throne, il fit mourir Hircan.

D'Egypte.

ALEXANDRE, douzième Roi d'Egypte depuis la mort d'Alexandre le Grand. Il fut chassé de ses Etats par ses propres Sujets, auxquels ses cruautés le rendirent insupportable. Il commença à regner l'an 79 av. J. C. Son regne ne fut que de six ans.

PTOLOMÉE DENYS AULETES, fut proclamé Roi 75 ans avant J. C. C'étoit un Roi efféminé, qui faisoit son unique occupation de la flûte, d'où lui vient le nom d'*Auletes*, qui signifie *Joüeur de flûte*. On l'appelloit aussi *nouveau Bacchus*, parce qu'il se présentoit souvent en public habillé en femme, & se mêloit avec les Bacchantes, ce qui le fit tellement mépriser de

A iv

Abrégé Chronologique

Faits mémorables du tems de Jule Cesar.

Pompée Strabon est tué du tonnerre : son cadavre est traîné par les ruës.

Rome ne pouvant plus résister aux efforts de Cinna, Marius & Sertorius levent les proscriptions prononcées contr'eux. Ils entrent dans la Ville à main armée, y font un horrible massacre, font périr quantité de Sénateurs, dont ils font ficher les têtes à des pieux plantés autour de la Tribune aux Harangues.

Sylla fait fondre l'or & l'argent qu'il trouve dans le Temple d'Apollon à Delphe.

Brutius Sura reprend l'Isle de Sciate sur Mithridate, fait rompre tous les Esclaves, & couper le bras droit à tous les hommes libres qu'il trouve dans cette Isle.

667.

Mort du grand Marius.

Bataille de Chéronée. Mithridate y fut entierement défait par Sylla qui lui tua plus de 100000 hommes, & de l'aveu de tous les Auteurs, n'en perdit que douze. Bataille d'Orchomene, où Sylla défait deux Lieutenans de Mithridate : toute leur armée est taillée en pieces. Sylla fait raser toutes les Villes qui s'étoient rangées du parti de Mithridate.

668.

Valérius, que le Sénat avoit envoïé pour succéder à Sylla, est tué dans Nicomedie par ses propres troupes révoltées contre lui. Fimbria, son Lieutenant, est substitué à sa place. Il défait Mithridate, le poursuit à Pithane, où il l'auroit pris si Lucullus, qui com-

de l'Histoire des Empereurs.

SÇAVANS ET ILLUSTRES.   PRINCES CONTEMPORAINS.

d'un sentiment opposé au sien, en ce qui regardoit le Gouvernement de la République, parce qu'il savoit mieux prévoir les dangers, & qu'il avoit plus de politique. Caton se déclara pour Pompée, contre Jule César; ne voulant pas obéir à un Tyran, & ne pouvant plus vivre puisqu'il n'y avoit plus de liberté, il se tua l'an de Rome 708, âgé de 48 ans. C'est parce qu'il se tua à Utique qu'on lui donne le nom de *Caton d'Utique*.

CATULE, né à Verone, étoit un très-bon Poëte Latin. Son plus grand talent étoit de faire des Epigrammes. Ciceron en faisoit beaucoup de cas. Jule César l'aima toujours, quoiqu'il l'eût maltraité dans ses Poësies. Il mourut à l'âge de 30 ans, l'an de Rome 696.

Nous n'avons pas tous ses ouvrages: mais il nous en est resté plusieurs. Son stile est tendre, élégant, pur & délicat.

Plusieurs le comparent à Martial. Les uns disent que Catule a plus de pureté, & que ses ouvrages sont plus pleins de pensées; les autres disent que Martial a plus de feu, mais tout le monde convient que Catule a beaucoup de pureté.

CICERON, *Marcus Tullius Cicero*, nâquit à Arpi, Bourgade de Toscane. Le nom de Ciceron est un surnom qui fut donné à sa famille, parce qu'un de ses

D'Egypte.

ses Sujets, qu'ils le chasserent: mais les Romains le rétablirent peu après. Il regna 23 ans & quelques mois. On remarque que tous les Rois, avant Auletes, n'avoient pour marque de la Royauté qu'une simple bandelette de lin qu'ils mettoient autour de leur tête: c'est ce qu'on appelloit le diadême. Mais Auletes prit une couronne rehaussée de pointes aiguës telle qu'on la donnoit à Neptune. De-là viennent toutes les différentes couronnes.

PTOLOMÉE DENYS, & CLEOPATRE. Leur pere leur avoit laissé à tous les deux la couronne d'Egypte, avec ordre de se marier ensemble, selon l'usage de cette famille: mais Ptolomée Denys répudia & exila Cléopatre, par le conseil de ses Ministres qui lui représenterent qu'elle étoit trop ambitieuse, & qu'elle s'empareroit de toute la puissance. Il fit casser le Testament de son pere par Pompée qui lui adjugea à lui seul la couronne d'Egypte l'an 51 avant J.C.

Lorsque Cesar fut arrivé en Egypte où il poursuivoit Pompée après la bataille de Pharsale, Cleopatre vint lui demander justice contre son frere. Cesar, épris de ses charmes, lui accorda ce qu'elle lui demanda. Ptolomée voulut résister aux ordres de ce conquérant: mais il fut défait,

FAITS MEMORABLES DU TEMS DE JULE CESAR.

mandoit une flotte, n'avoit refusé de lui aider, crainte de déplaire à Sylla, dont Fimbria étoit rival. Celui-ci n'ayant point de vaisseaux pour fermer le port de Pithane, laisse échapper Mithridate.

La ville d'Ilion, située au même lieu où étoit l'ancienne Troie, est rasée par ordre de Fimbria, quoique Sylla lui eût envoïé dire qu'elle s'étoit soumise aux Romains. Entrevuë de Sylla & de Mithridate. Ils concluent la Paix à condition que Mithridate se retirera dans son Roïaume. Les troupes de Fimbria se rangent du parti de Sylla. Fimbria se tuë de désespoir.

La ville d'Ilion est rebâtie par les soins de Sylla.

669.

Cinna & Carbon, Consuls, à la nouvelle que Sylla étoit en marche pour venir en Italie, levent des troupes pour s'opposer à lui. Presque tous les Romains prennent leur parti, & ce grand homme, qui venoit d'abattre le plus redoutable ennemi de la République, & de donner un nouvel éclat au nom Romain, n'avoit plus d'amis dans Rome; il ne lui restoit, pour toute espérance, que la fidélité de ses soldats.

Cinna est tué par les troupes qu'il veut conduire contre Sylla.

670.

Sylla savoit vaincre parce qu'il avoit autant de ruse que de courage. Il gagne, à force de promesses, les Soldats du Consul Scipion, & se rend maître de son camp sans même tirer l'épée. Norbanus instruit du malheur de Scipion, marche droit au camp de Sylla;

de l'Histoire des Empereurs. 11

Sçavans et Illustres. **Princes contemporains.**

ancêtres avoit au bout du nez une excrescence de chair qui ressembloit à un pois chiche qui se dit en Latin *Cicer*. On n'est pas sûr de l'ancienneté de sa famille. Quelques-uns le font descendre de Tullus Attius, Roi des Volsques, auprès duquel Coriolan se retira. Son pere ne négligea rien pour son éducation. La nature sembloit l'avoir formé pour faire un Orateur parfait. Sa figure étoit agréable, & il se présentoit avec grace. Il avoit l'ame grande, le cœur tendre, l'esprit enjoüé, vif & pénétrant, l'imagination riche & féconde, mais simple & nette. Il étudia sous les plus habiles Maîtres de son tems, fit des progrès si rapides, qu'on alloit dans les Ecoles par la curiosité de voir ce prodige. Le célébre Appollonius Molo, sous qui il étudioit à Rhodes, dit, après avoir entendu une de ses Harangues, qu'il plaignoit le sort des Grecs, qui, ayant été vaincus par les armes des Romains, alloient encore l'être par l'éloquence de son Disciple, & perdre le seul avantage qui leur restoit sur eux. Dès que Cicéron parut à Rome il fut admiré, & son éloquence attira l'attention du peuple qu'il sut tourner à sa volonté. Ses talens l'éleverent aux premiéres Dignités, & sa vigilance sauva la République. Il étoit toujours occupé du soin de l'Etat, & pour se délasser, il lisoit

D'Egipte.

& périt en se sauvant, après un regne de 3 ans 8 mois.

Ptolomée le jeune & Cleopatre. Cesar, après la mort de Ptolomée Denys, maria Cléopatre à son jeune frere, & leur adjugea le Roïaume d'Egypte l'an 47 ; mais Cleopatre empoisonna, peu de tems après, son mari, pour régner seule. Elle fut réparer la perte que lui causoit la mort de Jule Cesar, en inspirant un amour violent à Marc-Antoine. Elle l'engagea à faire la guerre à Octave qui défit Antoine à Actium ; alors Cleopatre, pour éviter la honte d'être menée en triomphe à Rome, se fit piquer par un aspic, & mourut l'an 30 avant J. C. âgé de 39 ans, après en avoir regné 22. L'Egypte fut réduite en Province Romaine.

Cette Princesse a toujours passé pour la femme la plus accomplie qui ait jamais paru. C'étoit la plus belle femme de son tems : c'étoit un des plus grands génies de son tems. Elle avoit une idée de toutes les sciences : elle connoissoit, aimoit & protégeoit tous les Sçavans. Elle gouverna toujours par elle-même, & dans son Conseil fut toujours la plus politique & la plus habile. Elle parloit toutes les Langues, & n'eut jamais d'Interprête.

il le surprend, & l'attaque avant qu'il eût rangé ses troupes en bataille. Les Soldats de Sylla accoûtumés à vaincre, ne s'épouvanterent point, ils combattirent avec tant de courage, qu'ils forcerent l'ennemi à se retirer. Scipion abandonné une seconde fois par une nouvelle armée qu'il avoit levée, étant prêt de donner bataille à Pompée qui avoit embrassé le parti de Sylla, ses soldats saluerent ceux de Pompée, & se rangerent de son côté. Bataille donnée sur les bords de l'Asis : Pompée y défit Papirius Carbo, qui fut fait prisonnier. Sylla instruit des services que Pompée lui a rendus, va le joindre, & lui donne le titre d'*Imperator*.

Le Capitole est réduit en cendres.

671.

Bataille donnée aux environs de Rome. Sylla y défit le Consul Marius, fils adoptif du grand Marius. La victoire étoit également disputée, lorsque Sylla, à son ordinaire, gagna à force d'argent, une partie des soldats de Marius. Ces soldats, en fuïant, mirent le reste de l'armée en désordre. On vit Marius dans cette action faire l'office de Soldat & de Capitaine, commander & combattre. Il se montra digne du nom de Marius, enfin se voyant abandonné de ses soldats, il se jetta dans Preneste.

Pompée prend la ville de Sienne en Etrurie. Il punit très-sévérement plusieurs de ses soldats qui avoient massacré les Magistrats de cette Ville.

Bataille donnée sous les murs de Rome. Pontius Télésinus, d'une illustre naissance parmi les Samnites, y fut défait par Sylla. Ce Samnite s'étant mis à la tête de l'armée Consulaire, alloit entrer dans Rome, la

| Sçavans et Illustres. | Princes contemporains. |

les ouvrages des Anciens, même de ceux de son tems, & contre l'ordinaire du reste des hommes, il louoit ceux qui le méritoient. Un jour qu'on lui demandoit laquelle des Harangues de Demosthene lui faisoit le plus de plaisir, il répondit, que c'étoit la plus longue. Il avoit de grandes qualités : mais on ne peut s'empêcher de lui trouver quelques défauts Il connoissoit ses talens & savoit les louanges qu'il méritoit, aimoit à les entendre souvent, & s'en donnoit même en public. Il étoit trop railleur, & couroit trop après les bons mots. Plutarque en rapporte de lui qui sont fades. Sa timidité l'aveugloit quelquefois : dans l'affaire de Catilina il pensa perdre la tête, & n'agit pas avec assez de prudence. Après la mort de Jule Cesar, la frayeur qu'il eut en voïant Antoine à la tête d'une armée, détourna son attention de dessus Octave, dont il n'apperçut pas l'ambition, & il fut la dupe de ce rusé Politique. Tout le monde connoît la fin tragique de ce grand homme. Il mourut l'an de Rome 709, âgé de 63 ans, 11 mois, moins 5 jours.

Plusieurs Critiques ont fait le parallele de Ciceron & de Demosthene : mais ils n'ont point décidé auquel on doit donner la préférence. L'éloquence de Demosthene est rapide, forte &

Des Parthes.

Cette Nation, soûmise aux Loix de Syrie, fut excitée à la révolte par un nommé Arsacés, qui, indigné de ce que le Gouverneur du Païs pour Antiochus, Roi de Syrie, vouloit forcer Tyridates, frere de ce même Arsacés, à satisfaire ses desirs impudiques, amassa tous ses amis, tua le Gouverneur, chassa les Syriens, & se fit proclamer Roi.

Cet Empire, très-petit dans son commencement, s'agrandit au point qu'il résista toujours aux Romains. Tous ceux qui y ont regné ont porté le nom d'Arsacides, tiré de celui d'Arsacés leur premier Roi.

Phrahates III. douziéme Roi des Parthes, refusa de secourir Mithridate III. Roi du Pont dans les Guerres qu'il eut à soutenir contre les Romains ; au contraire il attaqua Tygrane, Roi d'Armenie, pour faire une diversion. Il regna 9 ans. On croit qu'il fut empoisonné par ses propres enfans, l'an 69 avant la venue de J. C.

Mithridate II. fils aîné de Phrahatés, après avoir été longtems en guerre avec ses freres, qui lui disputoient la couronne, fut enfin reconnu Roi des Parthes, mais il exerça tant de cruautés contre ses Sujets, qu'il leur devint odieux, ils le laisserent assassiner par son frere Orodés,

Faits memorables du tems de Jule Cesar.

saccager, lorsque Sylla le joignit. D'abord l'armée de Sylla plia : mais revenue à la charge, elle tailla en piéces celle de Pontius, qui périt dans l'action.

Prise de Preneste. Marius qui s'y étoit réfugié après sa défaite, se tua de désespoir. Tous les habitans furent passés au fil de l'épée, hors les femmes & les enfans auxquels Sylla fit grace. La Ville fut rasée. Sylla entre à Rome, fait proscrire tous ceux qui avoient été contre lui. Ces proscriptions causerent un horrible massacre. Il est élû Dictateur, & rétablit les anciennes Loix.

672.

Triomphe magnifique de Sylla, qui prend le titre d'*Heureux*. Pompée, après avoir détruit un reste de la faction de Marius établi en Asie, retourne à Rome. Sylla va au-devant de lui, & lui donne le titre de *Grand*.

673.

Sylla haïssant toujours Cinna, & ne pouvant lui faire de mal à lui-même, parce qu'il étoit mort, persécute ses enfans. Il veut engager Cesar à répudier Cornélie, fille de Cinna, & sur son refus cherche à le perdre : mais comme il étoit de la famille la plus distinguée de Rome, tous les Grands s'intéresserent pour lui, & obtinrent sa grace de Sylla, qui leur dit : » celui pour qui » vous me demandez grace, ruinera un jour le parti des » Grands, car je vois en lui plusieurs Marius ». De-là on peut juger que Cesar, dès sa jeunesse, avoit quelque chose en lui qui annonçoit son ambition démesurée, & que Sylla étoit plus pénétrant qu'aucun autre Romain, puisqu'il étoit le seul qui s'en apperçût.

de l'Histoire des Empereurs. 15

SÇAVANS ET ILLUSTRES. PRINCES CONTEMPORAINS.

pressante. Ses expressions sont grandes, sa diction hardie, ses figures véhémentes: mais son style est sec & dur. L'éloquence de Ciceron est douce, coulante & abondante. Leur style est fort différent, mais il est sublime. On peut enfin dire que Demosthene eut été à Rome ce qu'y fut Ciceron, & Ciceron à Athenes ce qu'y fut Demosthene, parce que les Romains qui avoient le caractere sérieux auroient goûté l'éloquence de Demosthene, & que Ciceron à qui il étoit facile d'être badin ou sérieux, auroit amusé les Atheniens qui étoient naturellement légers.

CORNELIUS NEPOS, Historien Latin. On ne sçait rien de sa vie. Il avoit composé plusieurs Ouvrages entr'autres la vie des plus illustres Capitaines Grecs & Romains. Æmilius Probus trouva cet Ouvrage & voulut le faire passer pour le sien, mais sa supercherie a été découverte. Il avoit en outre composé la vie des Historiens Grecs & Latins: mais cet ouvrage n'est pas parvenu jusqu'à nous. On croit que cet Auteur mourut l'an 76 de Rome. Son style est fort beau, & sa narration coulante.

CRASSUS célébre Orateur. Il ne nous est resté aucune de ses Harangues. Ciceron fit son panégyrique à l'âge de 16 ans, avec beaucoup d'applaudissemens.

DIODORE DE SICILE a com-

Des Parthes.

l'an 53 avant Jesus-Christ.

ORODE's monta sur le trône des Parthes par le meurtre de son frere. La défaite de Crassus le rendit redoutable aux Romains; mais la jalousie l'ayant porté au point de faire périr son Général Surena, auquel il étoit redevable de cette brillante victoire, il fut plusieurs fois défait par les Romains. Il éleva son fils Phrahatés IV. sur le throne pour lui assûrer la couronne avant sa mort, & son fils poussa la barbarie & la cruauté jusqu'à l'empoisonner, l'an 36 avant J. C.

FAITS MEMORABLES DU TEMS DE JULE CESAR.

Sylla donne un repas public à Rome où on servit du vin de plus de quarante feuilles. La profusion y fut si grande, que long tems après on jettoit dans le Tibre des mets que le peuple n'avoit pu consumer. Sylla se trouve à un spectacle auprès de Valerie, sœur du fameux Hortentius. Il en devint amoureux, & l'épousa.

Pompée, âgé de vingt-six ans, a les honneurs du triomphe. Cesar, âgé de dix-neuf ans, reçoit la couronne civique au siége de Mithilene.

674.

Sylla abdique la Dictature, sans demander conseil à personne. Un enfant l'insulta lorsqu'il retournoit chez lui. Pompée & Sylla proposent un Consul ; Pompée l'emporte.

675.

Sylla fait étrangler dans sa présence le principal Magistrat de Puteoles, parce qu'il avoit dit que si-tôt que Sylla seroit mort, il cesseroit de païer la taxe imposée sur chaque Ville pour la réparation du Capitole. Sylla meurt à Cumes. Il étoit si couvert de vermine, que l'eau de son bain en etoit remplie. Pompe funébre de Sylla : jamais on n'en avoit vu une si belle. Lepidus veut prolonger son Consulat à force d'armes, son armée est défaite par Catulus.

676.

Sertorius établit un Sénat en Espagne composé des proscrits de Sylla. Ciceron retourne à Athenes continuer ses Etudes. Cesar, âgé de vingt-deux ans, plaide

posé

posé une Bibliotheque univerfelle, commençant à la guerre de Troie, & finissant à la conquête des Gaules par Jule-Cesar. Cet ouvrage étoit divisé en quarante Livres. Il ne nous en reste que quinze des vingts premiers avec un petit nombre de fragmens des vingt autres. On ignore l'année de la mort de cet Auteur.

HORTENSIUS [Q.] celebre Orateur Romain, disputa longtems la gloire de l'éloquence à Cicéron, qui en parle comme d'un grand Orateur, bon Citoyen & sage Senateur. Dans ses gestes il avoit une affectation dont on le railloit. Il mourut l'an de Rome 704.

LUCRECE, Poëte Latin, étoit un Philosophe Epicurien. Ciceron en faisoit beaucoup de cas. Il devint phrénétique & se tua. Nous avons de lui un Poëme de la nature des choses, qu'il composa pendant les intervalles de son mal. On trouve dans son ouvrage beaucoup de feu & de clarté, & même assez d'élégance. Il mourut l'an de Rome 700, âgé de 32 ou 33 ans.

LUCULLUS descendoit d'une des plus illustres famille de Rome. Ses parens eurent soin de son éducation : il aimoit lui-même à s'instruire, il le fit & devint un des plus savans Romains de son tems. Dès sa jeunesse il étoit à peu près tout ce qu'il fut par la suite, éclairé, brave, prudent & sage, également chéri &

estimé. Il ne fit presque en avançant en âge, qu'ajoûter à ses vertus, des années & des dignités. Ses coups d'essais dans l'art militaire furent des triomphes. Il marcha contre Mithridate, & l'accabla. Aux innombrables armées qu'il eut toûjours à combattre, il n'opposa jamais qu'une petite troupe de soldats bien courageux, & bien disciplinés, qu'il ramena toûjours vainqueurs Aussi sage Législateur que brave Capitaine, il sut appaiser les discordes des peuples, & les prevenit par des loix sages ; il rétablit le calme après la tempête, porta la paix où il avoit porté la guerre, & s'attacha les peuples qu'il avoit vaincus. Les Romains n'avoient plus cette austere vertu, qui, pour la patrie, leur faisoit mépriser les grandeurs & les richesses : la corruption avoit gagné leurs plus grands hommes. Lucullus eut des vices : il aima l'argent, il chercha à en amasser. Le soldat s'en plaignit ; Rome le rappella, il retourna à Rome, se retira du Gouvernement de l'Etat, ne s'occupa plus que de ses plaisirs, & se livra tout entier à la vie Epicurienne. Son nom avoit été célebre par ses victoires, il le devint encore plus par son luxe. Personne n'ignore ce fameux repas qu'il donna, à l'improviste, à Ciceron & à Pompée dans une de ses salles, appellée *la salle d'Apollon*. Ce repas-là est un prodige dans son genre.

*B

Faits memorables du tems de Jule Cesar.

contre Hortentius, & fait admirer son éloquence. Ce fut cette année qu'il fut pris par les Corsaires. Bataille donnée proche Lauron. Pompée voulut secourir cette Ville que Sertorius assiégeoit : mais il fut défait, & eut la honte de la voir prendre & brûler à ses yeux.

677. 678.

Appius Claudius meurt de fatigue dans la Macedoine où il étoit Proconsul. Grande famine à Rome causée par les Pirates qui pilloient tous les vaisseaux Marchands. Bataille donnée sur les bords du Sucron. Pompée y fut battu par Sertorius qui le défit une troisieme fois, quoique Metellus se fût joint à lui.

Mithridate propose à Sertorius de se joindre à lui : mais ce brave Romain lui répond, qu'il combat pour la justice, non pour ruiner la République.

Publius Servilius détourne un fleuve pour prendre Isaure, ville de l'Asie mineure, où se sont retirés quantité de Pirates.

679.

M. Antoine, pere du Triumvir, marche contre les Pirates : mais il est défait, & périt dans l'action. Jule Cesar, qui étudie à Rhodes, ramasse des troupes & chasse un Officier que Mithridate a envoyé faire la conquête de ce pays.

Mithridate fait le siége de Cisique : mais la famine se met dans son armée, & le force à se retirer.

On assûre qu'elle fut si grande que les soldats mangeoient les cadavres de ceux qui mouroient de misere.

Lucullus taille en pieces l'armée de Mithridate.

680.

Mort de Sertorius. Perpenna, son Lieutenant, ne

SAVANS ET ILLUSTRES.

Il étoit savant & connoissoit les bons Auteurs. Il amassa une nombreuse Bibliothéque, qu'il rendit publique. Il mourut dans un âge fort avancé, après avoir perdu l'esprit sur la fin de ses jours.

MARIUS (CAÏUS), dit le grand Marius, étoit compatriote de Cicéron. Elevé dès son enfance dans les camps, il s'y familiarisa avec les armes; il y apprit à obéir, à commander, & à vaincre. Toute son étude fut l'art militaire. Toute sa science fut encore l'art militaire. En paix c'étoit un citoïen inutile, en guerre c'étoit un Capitaine terrible. Dans le Sénat il ne savoit pas donner un avis, dans le camp il savoit former des desseins, dans la bataille il savoit les exécuter. Une innombrable armée de Cimbres & de Teutons, épouvantoit toute la terre, menaçoit l'Italie, & faisoit trembler Rome: Marius marcha contr'eux, arrêta les Romains qui reculoient épouvantés, les accoûtuma à l'aspect effroyable de ces barbares, les prépara au combat, leur donna de la confiance & du courage, & leur mit la victoire entre les mains. De retour à Rome, le repos l'ennuïa, la paix l'affligea : il parcourut toute l'Asie, & par toute l'Asie souffla la guerre. Oubliant ses anciens triomphes, il voulut en mériter de nouveaux, devint jaloux de la gloire de Sylla, & fut accablé par Sylla, parce qu'il fut moins politique. Il se

SAVANS ET ILLUSTRES.

releva de ses malheurs, revint à Rome, qu'il dépeupla par des massacres dont l'Histoire fait horreur, & le sang qu'il répandit dans Rome fit oublier le sang qu'il avoit répandu pour Rome. Il mourut l'an de Rome 667, âgé de 71 ou 72 ans.

MITHRIDATE III. Roi du Pont, commença à régner à l'âge d'onze ans : à l'âge d'onze ans il étoit ambitieux, à l'âge d'onze ans il trouvoit son Royaume trop petit, & désiroit l'augmenter par des conquêtes. Les Romains lui faisoient obstacle, il haït les Romains. Tous ses desseins, toutes ses actions furent dirigées contre eux. Leurs forces ne l'intimiderent point : les obstacles animoient ses désirs, &, pour ne pas plier devant eux, il s'exposa à perdre ses Etats, son thrône, & sa vie. Il appella à la liberté les villes de Grece & d'Asie, les arma de sa haine, marcha contre celles qui ne l'écouterent pas, subjugua celles qui ne le voulurent pas croire, & renversa celles qui lui résistérent. Rome envoya contre lui ses plus braves Capitaines : ils le battirent, mais ne le soumirent pas; comme un lion, il regardoit ses blessures, & en devenoit plus furieux. Son courage croissoit par ses défaites, & ses desseins devenoient plus vastes à mesure que ses forces diminuoient. Pompée l'accabla, son fils le trahit, son armée l'abandonna; alors il lâcha le

B ij

pouvoit voir avec tranquillité la confiance que les soldats avoient en lui : il en devint jaloux, & le fit assassiner dans un festin. Les soldats indignés de cette perfidie l'abandonnérent presque tous, & ceux qui restérent dans son camp ne daignérent pas résister à Pompée, qui à la premiere nouvelle de la mort de Sertorius, vint les attaquer : ils se rangerent de son parti, & abandonnerent Perpenna à qui il fit trancher la tête.

Révolte des Gladiateurs qui mettent à leur tête un nommé Spartacus, & battent plusieurs Préteurs que le Sénat envoya contr'eux.

681.

Spartacus défait les deux Consuls l'un après l'autre.

Lucullus, allant contre Mithridate, passe par la Cappadoce, où il trouve une si grande abondance, qu'on y donne un bœuf pour dix sols, & un esclave pour quarante.

Mithridate est entiérement défait par Lucullus : il se retire chez Tigrane, Roi d'Arménie. Il craint que Lucullus ne prenne un Château proche Pharnacie, & ne viole ses femmes qui y sont retirées ; pour prévenir cet affront, il envoye un Eunuque les faire mourir. Monime arrache son diadème, l'attache au plancher, s'y suspend par le col, pour s'étrangler ; mais étant d'une toile trop fine pour la supporter, il rompt. Ce fut alors que Monime à qui la contrainte dans laquelle Mithridate l'avoit toûjours tenue depuis leur mariage, avoit rendu la vie insupportable, dit ces mots si connus, » funeste » diadème, perpétuel instrument de mes peines, quoi » tu n'auras pas pu servir à les finir » ? Elle présente son sein à l'Eunuque qui y enfonce un poignard. Le poison que Bérénice a pris ne la fait point mourir aussi vîte que

Savans et Illustres.

sceptre, prit le poignard, & mourut en héros, l'an de Rome 689, âgé de 72 ans, après en avoir regné 61.

MOLO [POSSIDONIUS] enseignoit le Rhetorique à Rhodes. Ciceron & Jule-Cesar ont étudié sous lui. Il avoit composé plusieurs ouvrages, entr'autres une histoire servant de suite à celle de Polybe, qui renfermoit la vie du grand Pompée : mais tous ses écrits ont été perdus. Il mourut vers l'an 30 avant J.C.

OFILIUS [AULUS] savant Jurisconsulte, a augmenté de beaucoup l'ouvrage que Servius Sulpicius avoit composé sur les Edits des Préteurs. On le trouve cité en plus de vingt endroits du Digeste.

POMPE'E, *Cneius Pompeius*, étoit Chevalier Romain. On ne peut lui refuser le titre de héros : mais je ne crois pas qu'il mérite tout-à-fait cette grande idée que son nom présente au commun des hommes. Il eut des vertus, mais il ne les eut pas toutes, & celles qu'il eut furent gâtées par des défauts. Dès qu'il parut dans l'Etat, il conçut le desir de s'élever & de devenir le premier du Senat, pour être respecté des Grands & admiré du Peuple. Cesar, plus vaste dans ses desseins, vouloit être maître dans Rome, pour être maître dans toute la terre. Pompée, pour arriver à son but, s'attacha à Sylla, & l'aida à établir la tyrannie. Sylla mort,

Savans et Illustres.

il oublia Sylla, & se tourna du côté du Peuple, qui ne lui refusa rien. Il parut politique, tant qu'il n'eut pas Cesar pour rival. Il sut faire les premiers pas vers la grandeur : mais il ne sut pas faire les derniers. Sa victoire sur Perpenna avoit effacé la honte de ses défaites par Sertorius : l'abondance qu'il avoit rétablie à Rome, par son expédition plus brillante que glorieuse contre des pirates, sans discipline, sans bravoure, uniquement animés par l'espoir du pillage, l'avoit rendu cher au Peuple : l'entiere défaite de Mithridate, déja abattu & consterné par les victoire de Lucullus, l'avoit rendu plus considérable encore. Il touchoit à son but, mais il ne put y arriver. Cesar, plus adroit, sut lui ravir l'amour du peuple. Par ses grands exploits il effaça ses victoires, renversa sa gloire, & établit la sienne ; il sut enfin le tromper, & se servir même de son crédit. Pompée connut ses fautes, mais il ne put les réparer : il courut aux armes, & fit connoître à Dirachium, qu'il ne savoit ni vaincre, ni combattre. Il périt, comme toute le monde sait, à Alexandrie, l'an de Rome 706, âgé de 56 ans

SCEVOLA [Q. MUCIUS] savant Jurisconsulte, étoit fils de P. Mucius Scévola. Son mérite le fit élever aux premieres dignités de la République. Il gouverna

* B iij

FAITS MEMORABLES DU TEMS DE JULE CESAR.

le cruel Eunuque le desire : pour avoir plus vîte fait, il l'étrangle. Cette horrible action de Mithridate passeroit encore aujourd'hui, chez les Orientaux, pour un trait héroïque ; chez nous ce n'est qu'un trait de férocité.

682.

Spartacus, chef des Gladiateurs révoltés, est battu par Crassus, & périt dans l'action après une résistance digne d'un véritable héros.

Entrevûe de Tigrane & de Lucullus. Tigrane y arrive accompagné de plusieurs Rois, qui par respect pour sa personne, le suivent à pié, pendant qu'il est lui-même à cheval. Il refuse de livrer Mithridate à Lucullus, qui le traite avec hauteur.

683.

Ciceron accuse Verrès, Questeur de la Sicile, d'avoir vexé sa Province. Il le fait condamner à une peine pécuniaire.

La ville d'Heraclée est prise par Cotta, qui la réduit en cendres. Tigrane est battu par Lucullus au passage du Ravin, Lucullus avec 20000 hommes, taille en pieces l'armée de Tigrane composée de plus de 150000.

684.

Le Capitole est rétabli & consacré par Lutatius Catulus, Prince du Senat.

Les troupes de Lucullus se révoltent & refusent de lui obéir.

Savans et Illustres.

l'Asie, en qualité de Proconsul, avec tant de sagesse, que lorsqu'on y envoyoit quelque Magistrat, on lui prescrivoit de régler son administration sur celle de Scevola. On institua même dans l'Asie des fêtes annuelles appellées *Muciennes*, pour renouveller tous les ans la mémoire de ce grand homme. C'est lui qui a inventé la caution *Mucienne*. Elle portoit, que celui à qui on avoit fait un legs, sous caution de ne pas faire quelque chose pendant sa vie, pouvoit demander la délivrance du legs conditionnel, en donnant caution de la restituer s'il venoit à enfreindre la condition apposée au legs. Cicéron dit, que c'étoit un bon Orateur, & un très-habile Jurisconsulte. Il avoit composé un Livre de Définitions, seize sur le Droit, & quantité d'autres Ouvrages. Plusieurs prétendent que c'est le premier dont il est rapporté quelques fragmens dans le Digeste: on y trouve plus de quarante Loix tirées de ses Ecrits. Il fut tué dans le Temple de Vesta, l'an de Rome 666, pendant les proscriptions de Marius.

SERTORIUS (QUINTUS) naquit à Nursia, ville des Sabins. Sa famille étoit obscure: mais par l'éclat de ses vertus, il sut relever la bassesse de sa naissance. Il sacrifia, pour la Patrie, sa jeunesse, son sang & sa vie. Jamais on ne vit tant de vertus

Savans et Illustres,

à la fois, tant de sagesse, tant de prudence, & tant de courage. Il dut à Marius son expérience dans la guerre, Marius lui dut son rétablissement, & lui fit horreur par ses cruautés. Sylla revint victorieux de l'Asie; il établit la tyrannie dans Rome par le sang & le carnage, tout fut soumis, le seul Sertorius ne le fut pas: il se retira en Espagne, & l'Espagne fut l'asyle de ce que Rome conservoit de vertu, le rendez-vous des proscrits, des ennemis de Sylla, & des défenseurs de la République. Rome n'étoit plus dans Rome, elle fut toute où Sertorius étoit. Ce ne fut pas assez pour lui d'être à l'abri de la tyrannie de Sylla, il voulut en affranchir sa patrie, rassembla ce qu'il put trouver de généreux Romains, amassa ce qu'il put gagner de barbares, profita de leurs superstitions pour se les attacher, battit plusieurs fois les armées Romaines, plusieurs fois fit échouer les efforts de Sylla, plusieurs fois enfin il combattit contre Rome, pour Rome même. Il fut tué par son Lieutenant Perpenna, l'an de Rome 681.

SERVIUS SULPICIUS, fameux Jurisconsulte, étoit d'une illustre naissance. Il fut élevé au Consulat, & alla gouverner la Grece en qualité de Proconsul. L'éloquence avoit fait d'abord toute son étude, & il s'y acquit

FAITS MEMORABLES DU TEMS DE JULE CESAR.

685.

Bataille sur les bords de l'Arsanias. Tigrane & Mithridate, chacun à la tête d'une armée, sont battus par Lucullus. Il se trouva dans l'armée de Tigrane des peuples errans comme le sont aujourd'hui les Juifs. Ces peuples se nommoient les Mardiens.

La ville de Nisibe est prise par Lucullus, qui condamne à mort l'Ingénieur Callimaque, parce qu'il avoit brûlé la ville d'Amise.

686.

Pompée est élû Proconsul des mers. Il prend un grand nombre de Pirates qu'il envoye peupler des Villes désertes, & disperse les autres. Metellus soûmet l'Isle de Crete. Les troupes de Lucullus se révoltent & refusent d'aller contre Mithridate & Tigrane.

687.

Le tems de la servitude est arrivé. Les Romains vont eux-même au-devant. Ils dépouillent Lucullus du commandement de ses armées avec lesquelles il avoit tant de fois battu Mithridate, en revétissent Pompée, lui laissent encore le Proconsulat des mers, & par-là lui mettent en main toutes les forces de la République. Lucullus est instruit de ce que Rome fait pour Pompée, & pour n'être pas obligé de lui remettre son armée, il la quitte & reprend le chemin de Rome. Ces deux Généraux se rencontrent dans la Galatie: ils se voyent, & se disent mutuellement des vérités offensantes.

Pompée arrive en Asie, surprend Mithridate pendant

beaucoup de réputation : mais ayant été consulter Q. Mucius Scevola sur une question de Droit, Scevola lui dit, qu'il étoit étonnant qu'un Magistrat comme lui ne sût pas le Droit, ce qui engagea Sulpicius à l'étudier, & il s'y appliqua si sérieusement qu'il devint le plus habile Jurisconsulte de son tems. Ciceron, qui en fait de grands éloges, lui fit dresser, après sa mort, une statue sur la tribune aux Harangues.

Il composa beaucoup de Livres sur le Droit. Avant lui le Droit avoit été sans ordre : mais il le redigea avec méthode. De tous ses Ouvrages on n'en trouve que quatre-vingts-deux passages dispersés dans le Digeste.

SOSIGENES, fameux Astronome d'Egypte, aida à Jule Cesar à réformer le Calendrier. Il vivoit en 707 de Rome.

SYLLA (L. CORNELIUS) descendoit d'une des plus illustres familles de Rome. Je laisse à un autre à faire son histoire. Il eut de grandes vertus : il eut des vices encore plus grands. Ce fut un bon Capitaine, un sage Législateur, un habile politique, un Juge équitable, enfin un ami fidele. Sylla à Cheronée, Orchomene, & Signion renverse, brise & détruit tout ce qui lui résiste ; c'est un guerrier terrible qu'on est forcé d'admirer. Sylla dans Rome mettant tout à feu & à sang ; Sylla faisant massacrer ses concitoïens est un tyran qui fait horreur. Il veut être le libérateur des Romains, il est leur bourreau : il détruit la tyrannie par la tyrannie. Il veut rétablir la liberté, & en arrache les restes. Il abdiqua la Dictature, & s'exposa à la vengeance des Romains, qui, ce jour-là, semblerent prêts à s'armer de poignards, & à lever tous à la fois les bras pour le massacrer : mais Sylla particulier leur fit oublier Sylla tyran. Il mourut d'une maladie pédiculaire, l'an de Rome 676, âgé de 60 ans.

On prétend qu'il avoit composé son épitaphe telle que la voici.

Nemo me amicus in beneficentiâ, Nemo inimicus in ferendâ injuriâ superavit.

THEOPHANE, natif de Lesbos, avoit composé l'Histoire des guerres de Pompée & de Mithridate. Cet ouvrage étoit fort estimé, mais il n'est pas parvenu jusqu'à nous. Pompée, qui l'estimoit beaucoup, lui fit donner le droit de bourgeoisie Romaine.

TREBATIUS TESTA (C) sçavant Jurisconsulte. Jule Cesar l'exila, pour avoir pris le parti de Pompée : mais Ciceron, qui aimoit Trebatius obtint son rappel. Cesar connut son mérite, le prit en affection, au point

Faits memorables du tems de Jule Cesar.

la nuit, & taille son armée en pieces sur les bords de l'Euphrate. Mithridate se sauve à Sinoria avec trois de ses gens, & une de ses maîtresses qui étoit Greque d'origine. Elle avoit toûjours combattu à ses côtés, & dans sa fuite elle pansa ses blessures.

Tygrane va trouver Pompée, dépose son diadème aux piés de ce Romain, qui le lui remet sur la tête, & le force à payer six mille talens.

688.

Bataille donnée sur les bords de l'Abas. Pompée y tua de sa propre main Cosis, qui commandoit soixante mille Albaniens. Stratonice, femme de Mithridate, mere de Xipharès, livre à Pompée un Fort où sont les trésors & les maîtresses de son mari : Pompée lui fait rendre les trésors, & la renvoye à Mithridate, qui, pour la punir de sa trahison, fait déchirer son fils Xipharès en sa présence.

Pompée prend un Château où il trouve les lettres amoureuses de Mithridate à Monime.

Cesar fait rétablir les trophées de Marius, que Sylla avoit fait abattre.

689.

Mithridate leve des troupes pour aller faire la guerre en Italie.

Mort de Mithridate. Lorsqu'il étoit sous les murs de Panticapée, on vint lui annoncer que son fils Pharnace avoit soulevé son armée contre lui. Cette nouvelle l'accabla, & abattit ce grand courage qui avoit toûjours résisté à tant de défaites : enfin poussé au dé-

Savans et Illustres.

qu'il lui demandoit presque toûjours son avis, avant de porter aucun jugement. Auguste conçut beaucoup d'estime pour ce Jurisconsulte, & par son conseil introduisit l'usage des Codiciles. Horace, qui l'estimoit beaucoup, lui adressa deux de ses Satyres. Ce savant Jurisconsulte avoit composé plusieurs ouvrages sur le Droit. Il est cité en plusieurs endroits du Digeste.

VARRON, *M. Terentius Varro*, natif de Rome, étoit lié d'amitié avec Ciceron, & tous les autres gens de mérite qui vivoient à Rome de son tems. Ses grandes qualités l'éleverent aux premieres charges de la République. Lorsque Cesar & Pompée furent en guerre, il se déclara pour Pompée : mais il l'abandonna aussi-tôt qu'il vit que la fortune lui étoit contraire, & se tourna du côté de Cesar, de qui il obtint facilement sa grace.

Il fut enveloppé dans les proscriptions d'Antoine, d'Octave & de Lépide. Pour éviter la mort il sortit de Rome, & dans son malheur, l'étude fut sa consolation. Il avoit près de quatre-vingts dix ans lorsqu'il mourut.

Varron étoit savant en toutes sortes de sciences. Lactance l'appelle le plus savant des Grecs & des Latins.

Il avoit composé une infinité d'ouvrages tant en Grèc qu'en Latin : mais il ne nous est resté que des fragmens d'un très petit nombre. Celui qu'il avoit composé sur la Langue Latine étoit divisé en 24 Livres. Les trois premiers ont été perdus : nous avons encore le quatrieme & le sixieme, dans lesquels il fait connoître l'origine des mots Latins. Il nous est resté des fragmens des septiéme, huitieme & neuvieme. Nous n'avons plus que des fragmens très-courts du reste de cet ouvrage. Nous avons encore de lui un Traité *de Re rusticâ*, qui est divisé en trois Livres. De tous ses autres ouvrages on n'en connoît que le nom.

* B

FAITS MEMORABLES DU TEMS DE JULE CESAR.

sespoir, il voulut se tuer : mais son bras, affoibli par les années & les fatigues, ne pouvant lui rendre ce service ; il ordonna à un de ses soldats de le faire.

Pompée prend Jerusalem, entre dans le Temple, pénetre dans le lieu *très-Saint*, où le Grand-Prêtre n'entroit qu'une fois l'an. Il veut voir l'Arche dont on publioit tant de merveilles, & fait lever le voile qui la couvre : mais il ne touche à aucune des choses sacrées, & défend à tout Soldat, & tout Officier, de le suivre. Il impose un tribut aux Juifs, établit Hircan leur Chef & leur Grand-Prêtre, & lui défend de prendre le titre de Roi.

690.

Tout étoit perdu à Rome. La tempérance & la frugalité, vertus par lesquelles les Romains avoient établi leur grandeur, & conservé leur liberté, en étoient bannies, & avoient été remplacées par le luxe, l'ambition, & la mollesse. Ces vices firent des tyrans. Sylla fut le premier, Catilina voulut suivre son exemple, & forma le dessein de tremper ses mains dans le sang de ses concitoyens. Il trouva des complices de son crime dans tous les ordres de la République, parce que dans tous les ordres il y avoit des scélérats. Le carnage alloit commencer, & le sang étoit prêt à couler, lorsque Ciceron, toûjours attentif à tout ce qui regardoit l'intérêt de la patrie, découvrit cette terrible conjuration. Il en fut averti par Fulvia, maîtresse d'un des Conjurés, mit tout en œuvre pour approfondir ce secret important, & y réussit. Il convoqua le Sénat, & l'instruisit des dangers auxquels les Romains étoient exposés. Catilina osa paroître à cette

Faits memorables du tems de Jule Cesar.

assemblée. Tous les Senateurs furent frappés d'horreur. & Cicéron, poussé par l'indignation, prononça un discours qui échauffa tous les esprits, & fit sortir Catilina de Rome. Les Députés des Allobroges découvrent tout le secret de la conjuration au Sénat assemblé dans le Temple de la Concorde. Les Sénateurs délibérent sur le sort des Conjurés. Jule Cesar & Caton disputent avec chaleur sur le genre de leur punition. Pendant cette dispute, on apporte, de la part de Servilie, sœur de Caton, une lettre de tendresse à Cesar. Caton, croyant qu'elle vient de la part d'un des Conjurés, demande qu'elle soit luë publiquement. Cesar la lui donne en riant: Caton la lit, & la lui rend aussi-tôt.

Cicéron, accompagné de plusieurs Sénateurs, va dans les prisons faire étrangler les Conjurés.

691.

Catilina est défait proche Sesules, & périt dans l'action : sa tête est envoyée à Rome.

Cesar, allant briguer la dignité de Grand Pontife, dit à sa mere, qui le conduisoit en pleurant, » vous » apprendrez aujourd'hui la nouvelle de mon élévation » ou de mon exil „.

Il répudie Pompeïa, parce qu'elle est soupçonnée d'avoir fait introduire Clodius dans sa maison, lorsqu'on y célébroit la fête de la bonne Déesse.

692.

Pompée, revient de la conquête de l'Asie, il passe par Rhodes, entre dans l'Ecole de Possidonius d'Apamée, Philosophe Stoïcien, & dépose à la porte tous

Faits memorables du tems de Jule Cesar.

les ornemens de sa dignité Proconsulaire. Il apprend que Cesar a commerce avec sa femme Mucia, & la répudie, même avant d'arriver à Rome.

Le Sénat & le Peuple se disputent à l'envi à qui lui rendra de plus grands honneurs.

693.

Jule Cesar, allant en qualité de Questeur en Espagne, passe par une bourgade. Entendant ceux qui sont avec lui se demander s'il y a des brigues dans ce lieu pour les magistratures, il leur dit : » j'aimerois » mieux y être le premier que le second à Rome. » Il pleure en lisant l'histoire d'Alexandre le Grand, parce qu'à son âge le Macédonien avoit conquis presque tout l'Univers. Il soûmet une partie de l'Espagne où les Romains n'ont point encore porté leurs armes. Voilà le chemin par lequel il parvint à la grandeur. Pour se faire des créatures, il distribue les richesses qu'il a amassées dans son Gouvernement. Il s'unit à Pompée & à Crassus, les reconcilia tous deux & profita de leur crédit pour obtenir le Consulat.

On fait transporter de Lacédémone à Rome des murs sur lesquels il y a une peinture magnifique.

694.

Pompée épouse Julie fille de Cesar.

Cesar propose dans le Sénat une Loi, pour faire distribuer les terres de la campagne entre vingt mille Citoyens : voyant que le Sénat s'y oppose, il convoque une assemblée du peuple, & fait recevoir la Loi. Bibulus, qui étoit son Collegue au Consulat, veut s'y opposer,

Faits memorables du tems de Jule Cesar.

mais il est chassé de la place par le peuple : il s'en plaint au Sénat, & voyant qu'il n'en peut avoir satisfaction, il se retire chez lui où il reste toute l'année, & laisse le gouvernement de la République à Cesar. Ce fut à cette occasion que Ciceron fit cette plaisanterie : *Julio & Cæsare Consulibus.*

Applaudissemens du peuple sur les paroles d'un Comédien qui font allusion aux Triumvirs, & dont voici le sens, » vous n'êtes grands que par nos miseres. »

Clodius est cité & accusé devant le peuple d'avoir prophané les mysteres de la bonne Déesse. Tout autre que Cesar eût été embarrassé dans cette occasion. Clodius lui étoit nécessaire parce qu'il avoit un grand crédit parmi le peuple, ainsi il lui étoit important de ne pas se joindre à ses accusateurs ; il avoit répudié sa femme & ne pouvoit pas la déclarer innocente. Ce grand homme, toujours fécond en détours, répondit, lorsqu'on lui demanda s'il n'avoit pas connoissance que Clodius avoit prophané les mysteres de la bonne Déesse, qu'il n'en savoit rien, & qu'il n'avoit répudié sa femme, que parce qu'il ne falloit pas que la femme de Cesar fût même soupçonnée.

695.

Clodius, pour se venger de Ciceron qui avoit déposé contre lui, l'accuse devant le peuple d'avoir fait mourir les complices de Catilina sans en avoir informé le peuple, qui étoit seul juge en matiere de crime. Tout le monde l'abandonna, sa langue même l'abandonna aussi ; ce grand homme qui avoit si bien défendu les autres, ne put lui-même se défendre. Il fut exilé, & tous ses biens furent confisqués. Le Sénat, voulant

Faits memorables du tems de Jule Cesar.

réparer la faute qu'il avoit faite en abandonnant Ciceron, écrit en corps aux Princes & aux villes de l'Asie, pour le leur recommander.

Jule Cesar part pour les Gaules au commencement d'Avril. Il défait les Helvetiens qu'il trouve occupés à passer la Sône. Il rassure ses soldats épouvantés de l'énorme grandeur de ceux d'Ariovifte chef d'un parti des Germains.

696.

Le Sénat ordonne par un décret le rappel de Ciceron. Ce décret est ratifié dans une assemblée générale du peuple tenue au Champ de Mars le 14. Août.

Grande cherté à Rome causée par l'affluence de peuple qui est venu de toutes parts donner son suffrage pour le rappel de Ciceron.

Gabinius, Proconsul de Syrie, pacifie la Judée, fait rétablir Samarie & d'autres villes détruites.

La ville de Noyon, épouvantée des machines de guerre que Jule Cesar fait construire pour l'assiéger, ouvre ses portes.

Bataille donnée contre les Nerviens : les troupes de Cesar plient, mais voyant leur Général l'épée à la main les exciter par son exemple, elles retournent aux ennemis avec tant de courage, qu'elles les taillent en pieces, sans qu'il en reste un seul.

Ciceron & Caton se brouillent, parce que Ciceron veut faire annuller les actes de Clodius.

697.

Ptolomée Auletes, Roi d'Egypte, vient à Rome implorer

de l'Histoire des Empereurs. 33

FAITS MEMORABLES DU TEMS DE JULE CESAR.

implorer le secours de la République, contre ses sujets qui l'ont chassé de ses Etats.

Tous les Magistrats de Rome, du nombre desquels sont Pompée & Crassus, vont faire leur cour à Cesar, qui est allé passer son quartier d'hyver à Lucques. La République est huit mois sans Consuls.

698.

Bataille donnée à l'endroit où le Rhin se joint à la Meuse : Cesar y fait un horrible carnage des Usipetes. Il fait construire son fameux pont sur le Rhin, pour faire passer ses troupes en Allemagne. Il passe dans la Bretagne, dite à présent l'Angleterre, où il gagne plusieurs batailles.

Pompée, ne pouvant se résoudre à quitter Julie sa femme, qu'il aime passionnément, envoye deux Lieutenans gouverner l'Espagne, dont il est Proconsul. Pour rendre sa puissance égale à celle des deux autres Triumvirs, Cesar & Crassus, il leve une armée qu'il fait cantonner dans l'Italie.

699.

Gabinius, Gouverneur de Syrie, est accusé par Ciceron. Débordement du Tibre, qui cause un grand dégât à Rome.

Crassus, allant contre les Parthes, passe par Jerusalem, prend trente millions qui sont en dépôt dans le Temple, & exige des sommes considérables pour ne pas piller le Sanctuaire.

Cesar passe une seconde fois dans la Bretagne, & en soûmet une partie.

C

Faits memorables du tems de Jule Cesar.

Mort de Julie, fille de Cesar, femme de Pompée. Bataille de Charres : Craſſus y eſt défait & tué par Surena, Général des Parthes, qui envoye ſa tête au Roi Orodès. Ce qui échappe de l'Armée Romaine eſt mis en eſclavage.

700.

Jule Cesar convoque les Etats Généraux des Gaules à Lutece, aujourd'hui Paris. Il falloit un Cesar pour conquérir les Gaules, & soûmettre les Gaulois. Ce grand homme, admirable en tout, après les avoir conſternés par leurs défaites, après les avoir forcés de mettre les armes bas, après s'être rendu maître de leur pays, entreprend de gagner leur cœur, & de leur faire aimer la domination des Romains. Il y réuſſit en ſe conformant à leurs uſages, & en mêlant à leurs lois les lois Romaines. Les Gaulois avoient coûtume de tenir des Etats Généraux dans chaque Nation. Cesar ſuivit cette coûtume. Il donna le droit de Bourgeoiſie Romaine aux principales Villes, prit dans ſon armée les plus diſtingués d'entre ces peuples, & leur donna des dignités dans la République, lorſqu'il fut maître dans Rome.

Mort de Clodius, tué par Milon.

701.

Milon eſt exilé à Marseille : Ciceron plaide pour lui, mais il ne peut le faire rappeller.

Pompée épouſe Cornelie, veuve de Craſſus.

Avarie, aujourd'hui Bourges, eſt priſe par Jule Ceſar : la garniſon étoit compoſée de quarante mille hommes ; il n'en réchappa que huit cens.

Faits memorables du tems de Jule Cesar.

Siége d'Alexia. Cesar défait sous les murs de cette Ville une armée de trois cens mille hommes, qui venoit au secours des assiégés. La Ville se rend, & livre Vercingentorix, qui avoit été déclaré Roi de l'Auvergne & des pays circonvoisins.

Orodès, Roi des Parthes, jaloux de la gloire de son Général Surena, vainqueur de Crassus, le fait tuer.

Cassius resté seul Officier Général après la défaite de Crassus, bat les Parthes dans la Syrie, & fait périr leur Général Arsacès.

702.

Ciceron, alors Proconsul de Cilicie, prend la Ville de Pindenisse, la livre au pillage, & en fait vendre les habitans à l'enchere. Il remporte quelques avantages sur les Parthes dans l'île de Chypre.

Cesar envoye un Officier à Rome demander la prolongation de son Gouvernement avec le Consulat. Cet Officier, sur le refus qu'on lui fait, dit, mettant la main sur la garde de son épée : *Ceci lui donnera ce que vous lui refusez.*

La ville d'Uxellodun est prise par Cesar, qui fait couper la main droite à ceux qui l'ont défendue.

Cesar, après avoir conquis & pacifié les Gaules, les réduit en province Romaine. Il y avoit fait périr, selon le témoignage de plusieurs Auteurs, un million d'hommes, & en avoit battu trois millions.

703.

Crispe-Salluste est noté d'infamie, à cause de ses débauches.

Faits memorables du tems de Jule Cesar.

Prieres publiques pour la convalescence de Pompée.

704.

La République expire, Rome va avoir un maître. Pompée, comme les autres Romains, admire la valeur de Cesar, apperçoit son pouvoir, & craint qu'il n'en fasse toûjours usage. Il s'oppose à ses desseins, tâche de le forcer à licencier ses troupes, & à abandonner son Gouvernement; & sur son refus, engage le Sénat à le déclarer ennemi public. Cesar n'ayant plus de ressource qu'en ses armes, les tourne contre Rome, fait avancer ses troupes, & arrive sur les bords du Rubicon. Là, l'idée qu'il alloit être le tyran de sa patrie, l'arrête : mais l'ambition lui fait continuer sa route. Pompée, accompagné des Consuls & du Senat, se retire à Capouë.

Prise de Corfinium. Domitien, bisayeul de Neron, y commande pour Pompée, il veut s'empoisonner : mais son Medecin le trompe, & lui donne, au lieu de poison, un breuvage assoupissant. Il sut bon gré à son Medecin de l'avoir trompé, lorsqu'il eut connu la grande clémence de Jule César. Siége de Brinde, Pompée étoit enfermé dans cette Ville : mais il se sauva pendant la nuit.

Cesar va à Rome, prend l'argent du trésor public, & s'empare d'une somme considérable qui est en dépôt, pour fournir aux guerres subites que les Gaulois ont coûtume de causer dans l'Italie. Il dit, en la prenant : » Je puis prendre cet argent, car j'ai mis les » Gaulois hors d'état de nous faire la guerre ».

Cesar défait Affranius & Petreïus, Lieutenans de Pompée en Espagne. Il leur fait grace, à condition

Faits mémorables du tems de Jule Cesar.

qu'ils ne serviront jamais contre lui. Toute l'Espagne se soûmet à Cesar.

Cesar est proclamé Dictateur à Rome. Il se fait donner le Consulat & abdique la Dictature.

Octave, Officier de Pompée, est obligé de lever le siége de Salone : les assiégés voyant les ennemis se livrer au repos, pour tromper les sentinelles, mettent leurs femmes sous les remparts, font une sortie, & tuent un si grand nombre d'ennemis, qu'ils ne sont plus en état de continuer le siége.

705.

Pompée ôte la couronne d'Egypte à Cleopatre, & la met sur la tête de Ptolomée Denys.

Milon, meurtrier de Clodius, est tué au siége de Cossa.

Les soldats de Cesar manquent de pain dans un camp proche Dyrachium : ils en font d'une racine nommée *Cara*.

Combat proche Dyrachium. Cesar veut enlever un fort qu'occupent les troupes de Pompée : mais il est repoussé si fortement, que ses soldats prennent la fuite, sans qu'il lui soit possible de les rallier. Ce fut à cette occasion qu'il dit, que Pompée ne savoit pas vaincre, puisqu'il ne l'avoit pas poursuivi.

Bataille de Pharsale donnée sur les bords de l'Enipée. Pompée est défait par Cesar, se sauve en Egypte croyant y trouver un asyle auprès du jeune Roi auquel il a accordé sa protection contre Cleopatre : mais son malheur fit oublier ses bienfaits. Ptolomée, par le conseil de ses Ministres, lui fait trancher la tête, pour la présenter à Cesar.

C iij

Faits memorables du tems de Jule Cesar.

Ciceron refuse de prendre le commandement des débris de l'armée de Pompée : il se retire à Brinde, pour y attendre sa grace de Cesar.

Les Athéniens, qui avoient pris le parti de Pompée, obtiennent leur grace de Cesar.

Cesar arrive à Alexandrie : il est frappé d'horreur, & en même tems saisi de douleur à l'aspect de la tête de Pompée que lui présente Ptolomée. Il lui fait donner une honorable sépulture dans un des fauxbourgs d'Alexandrie.

706.

Le Sénat élit Cesar Dictateur pour un an : il en apprend la nouvelle en Egypte.

Cléopatre se fait porter enveloppée dans un paquet, dans la chambre de Jule Cesar. Il est frappé de sa beauté, & en devient amoureux. Les Egyptiens l'assiégent dans le Palais d'Alexandrie où il s'est retranché : ils veulent se rendre maîtres de ses vaisseaux, mais il prévient leur dessein en y mettant le feu. La flamme se communique au Muséum, & brûle la Bibliotheque composée d'environ quatre cents mille volumes, sans qu'on en puisse sauver un seul.

Cesar, secouru par les Rhodiens, bat la flotte des Egyptiens : voyant que la barque dans la quelle il est, fait eau, il se jette à la nage, quitte sa robe de pourpre, crainte qu'elle ne le fasse reconnoître de loin, & attrappe une autre barque.

Mort de Ptolomée Denys : voyant que son armée prend la fuite, il entre dans une barque pour se sauver : mais elle se trouve si chargée qu'elle coule à fond. Cette mort met fin à la guerre.

Faits memorables du tems de Jule Cesar.

Cléopatre accouche d'un fils auquel elle donne le nom de Cesarion.

Bataille du Mont Scotius: Cesar instruit de la révolte de Pharnace, fils de Mithridate, quitte Cléopatre, passe en Asie. Il arrive, il se présente & tout est soûmis. *Veni, vidi, vici*: ce sont les termes dont il se servit lorsqu'il manda cette victoire au Sénat.

Il retourne à Rome & en chemin fait grace à Ciceron qu'il trouve à Brinde.

Les biens de Pompée sont mis à l'enchere.

Les soldats de Cesar se mutinent: il paroît devant eux, leur parle avec fierté, les étonne & les ramene à leur devoir.

707.

Bataille de Tapse en Afrique. Jule Cesar y défit Q. Scipion & Juba Roi de Numidie & de Mauritanie. Ce Roi si fier avant la bataille, se voit réduit à demander la vie à ses sujets. Il les prie de le sauver: mais voyant qu'aucune ville ne veut le recevoir, il se tue, pour éviter de tomber entre les mains de Cesar. Scipion est arrêté en passant en Espagne: il se tue.

Caton se tue à Utique, voyant qu'on veut livrer la ville à Cesar.

Cesar retourne à Rome, & y triomphe trois fois: la premiere pour la victoire des Gaules, la seconde pour la victoire d'Egypte, & la troisieme pour la victoire du Pont. * Il fut sensible aux reproches que ses soldats lui firent pendant ces triomphes, au sujet du crime auquel on lui imputoit de s'être prêté pen-

---

* C'étoit un usage chez les Romains, que les soldats, pendant le triomphe de leur Général, lui reprochoient ses vices.

FAITS MEMORABLES DU TEMS DE JULE CESAR.

dant son séjour chez le Roi Nicomede. Il fait distribuer au peuple huit millions deux cens mille livres.

Rome change de face par les superbes bâtimens qu'il y fait faire.

Réformation du Calendrier Romain. Cesar fit venir d'Alexandrie un savant Astronome nommé Sosigenes qui régla l'année sur le mouvement annuel du Soleil dans l'ecliptique dont la durée est de trois cents soixante-cinq jours six heures un peu moins. Comme ces six heures faisoient un jour au bout de quatre ans, Sosigenes fit trois années de suite de trois cents soixante-cinq jours, & la quatriéme de trois cents soixante-six. Ce jour qu'on ajoûtoit tous les quatre ans fut placé après le vingt-quatre Fevrier, qu'on appelloit *sexto Calendas*, c'est-à-dire, sixiéme avant les Calandes, & ce jour intercalaire fut appellé *bis sexto Calendas*. C'est de-là que vient l'usage d'appeller bissextiles toutes les années de trois cents soixante-six jours. Ciceron dit, au sujet de cette réforme, que le Ciel changeoit à la volonté de Cesar.

Ciceron publia à la loüange de Caton un ouvrage qui a passé pour une merveille. Cesar en publia un contre Caton, sous le titre d'Anti-Caton. Plusieurs Auteurs parlent de ces ouvrages, mais ils ne sont pas parvenus jusqu'à nous.

Cléopatre vient à Rome, pour voir Cesar dans sa grandeur : il la fait loger chez lui.

708.

Cesar va en Espagne contre les fils de Pompée qui y ont formé un puissant parti. Il prend Attegue le 9.

de l'Histoire des Empereurs.

FAITS MEMORABLES DU TEMS DE JULE CESAR.

Fevrier à leur vûe. Il réduit en cendre la ville d'Agubis.

Bataille de Monda donnée le 17. Mars. Cesar y défait entierement Cn. Pompée, fils du grand Pompée. Cette victoire est celle qu'il eut le plus de peine à remporter. Voyant que son armée plioit, il se jetta au milieu des ennemis, pour se faire tuer, ce qui anima ses soldats au point que les ennemis, ne pouvant soûtenir leurs efforts, prirent la fuite.

Cn. Pompée, est pris dans la tour de Lauron, où il s'est sauvé après sa défaite, & massacré par les soldats.

Cesar est déclaré Dictateur perpétuel. C'est l'époque de la destruction de la République.

Le Sénat lui permet de porter toujours une couronne de laurier, dont il se servit avec plaisir, parce qu'elle couvroit le devant de sa tête qui étoit chauve. Le célebre Auteur des Mémoires de Trévoux fait à ce sujet une remarque fort juste. *Cesar*, dit-il, *fut un enfant qui oublia que le vainqueur de Pompée seroit toujours bien, dès qu'on le représenteroit au naturel.* Cette remarque est mise au sujet du Buste de Jule Cesar qui est au Capitole. *Voyez les Mémoires de Trévoux pour le mois de Mars 1752.*

Carthage & Corinthe sont rebâties par les ordres de Cesar.

709.

Grands préparatifs pour la guerre des Parthes.

Mort de Cesar. Il fut assassiné dans le Sénat & tomba aux piés de la statue de Pompée. Le peuple est touché de compassion en voyant le corps de ce grand homme percé de coups.

Octave apprend que Jule Cesar l'a adopté : il retourne à Rome, & fait ratifier son adoption par le

Faits memorables du tems de Jule Cesar.

Peuple. Ciceron prononce la premiere Philippique contre M. Antoine.

710.

Bataille donnée le 14. Avril dans la Gaule Cisalpine, proche la voie Émiliene. Antoine y fut défait par les Consuls Hirtius & Pansa. Octave livre bataille à Antoine & lui fait lever le siége de Mutine, où Brutus s'est retiré après le meurtre de Jule Cesar. Les deux Consuls périssent dans cette action, & Octave reste seul à la tête de l'armée Consulaire. Il va droit à Rome, & s'y fait élire Consul, quoiqu'il ne soit âgé que de dix-neuf ans.

Le seul nom de Jule Cesar étonne & présente à l'idée plus même qu'un héros. Dès sa jeunesse il fut un prodige; dès sa jeunesse il attira sur lui les regards de tout le monde. Il fut grand en tout, grand dans ses idées, grand dans ses desseins, plus grand encore dans ses actions. Rome connut son ambition, Rome le craignit, il trompa Rome. Il réussit toûjours, parce qu'il ne fit jamais de faute. Il sut tout prévoir, il sut tout préparer. Aux grands obstacles il opposa de grands efforts, & les surmonta par une valeur invincible. Les Gaulois intimidoient les Romains qui n'osoient tenter de les soûmettre : Cesar marcha contr'eux : Cesar les soûmit. Dans son armée, il fut le plus courageux soldat, le plus habile ingénieur. Dans son Conseil il fut toûjours la meilleure tête. Tous ses combats finirent par des victoires : ses victoires furent autant de pas qu'il fit à la grandeur. Il profita de tout, parce qu'il n'oublia rien. Toûjours entreprenant, toûjours vif, ses desseins furent formés, poursuivis &

Faits memorables du tems de Jule Cesar.

accomplis en même tems. Il savoit vaincre, il savoit encore mieux gouverner : par ses armes il soûmettoit les peuples, par ses vertus il gagnoit leurs cœurs. Tout le monde connoît ses vices, tout le monde sait que les plus grands hommes en ont eu. Quelques loüanges qu'on lui donne, elles seront toûjours au-dessous de celles qu'il mérite. Plus on l'examine, plus on l'admire ; & l'étonnement est épuisé avant qu'on soit arrivé à ses plus grands exploits. Il fut enfin tel que devoit être le maître de Rome, si Rome devoit en avoir un. Ce fut lui qui subjugua les Romains contre la puissance desquels avoient échoüé les efforts de tant de Rois, les efforts de tant de nations, les efforts enfin de toute la terre. Ce fut lui qui soûmit les Romains si fiers de leurs conquêtes, si attachés à leur liberté ; ce fut lui qui renversa la République, & sur ses débris établit la Monarchie : ce fut lui qui jetta les premiers fondemens de l'Empire. Sa valeur fraya le chemin au throne, son nom honora ceux qui y furent assis après lui : son nom fut deshonoré par la plûpart de ses successeurs. Ce même nom retrouve son éclat chez celui qui le porte aujourd'hui.

Il est inutile de faire l'éloge des Commentaires de Jule Cesar : tout le monde les connoît, tout le monde les admire, & convient que ce héros narre ses victoires aussi rapidement qu'il les a remportées.

Faits memorables pendant le Triumvirat de Marc-Antoine, Octave & Lepide.

On ne peut s'empêcher d'être sensible à l'état déplorable où se trouva Rome alors. Les Magistrats n'avoient plus de pouvoir, les Loix étoient sans force, les malheureux gémissoient accablés sous le poids de l'injustice : ils n'avoient plus ces fameux Orateurs, pour défendre leurs intérêts : la justice n'avoit plus de Ministres pour prononcer ses Oracles, le peuple n'avoit plus d'oreilles pour les entendre. Trois séditieux se rendirent maîtres de tout, & sous prétexte de mettre la paix dans leur patrie, ils y allumerent la guerre, renverserent tout ce qui résista à leur ambition, massacrerent les plus grands hommes, & immolerent à leurs intérêts ce qui étoit resté de vertu dans Rome : mais tous trois trop ambitieux pour souffrir des émules, ils se déchirerent les uns les autres, & le plus cruel de ces trois Tyrans resta seul maître. Il voulut alors faire oublier ses crimes : mais ils étoient trop grands, & ses concitoyens qu'il a pour toûjours privés de leur liberté, s'en sont plaints, même à la postérité.

710.

Octave, Antoine & Lepide, ont une entrevûe dans l'isle du Rheno, riviere de Lombardie : ils y forment cette fameuse ligue connue sous le nom de Triumvirat, partagent entr'eux l'Empire du monde, jurent la perte de tous ceux qui peuvent résister à leurs ambitieux desseins, & crainte d'en oublier quelqu'un, ils en dressent une liste. Ils se demandent & s'abandonnent l'un à l'autre leurs amis & leurs parens. Rome est en proie à trois Tyrans, & la mort des plus

SAVANS ET ILLUSTRES.

SALLUSTE, *Crispus Sallustius*, Historien Latin, étoit natif d'Aminterne, nommée aujourd'hui Santo-Vittorino. Il fut élevé à Rome, où il parvint aux premiéres dignités. Ses mœurs étoient si dépravées qu'il fut noté d'infamie, & dégradé du rang de Sénateur. Ayant été surpris en adultere par Milon, il fut fouetté, & condamné à une amende. Il consuma tout son bien par ses débauches. Jule Cesar, dont il avoit embrassé le parti, le fit rentrer dans l'ordre des Senateurs, & lui donna le Gouvernement de la Numidie, où il amassa des richesses immenses par les injustices les plus criantes. Il fit bâtir à Rome une maison magnifique & des jardins qu'on appelle encore aujourd'hui les jardins de Salluste. Il mourut vers l'an 719 de Rome. Il avoit composé une Histoire Romaine qui commençoit à la fondation de Rome: mais il ne nous en reste que des fragmens.

Nous avons encore de ce célébre Auteur deux Ouvrages, qui sont l'histoire de la Conjuration de Catilina, & l'histoire des guerres de Jugurtha, Roi de Numidie. Ces ouvrages sont admirés de tout le monde: mais on lui reproche d'avoir trop fait usage des vieilles façons de parler. Aucun Auteur avant lui n'avoit fait plus d'éloge de la vertu, & n'avoit blâmé avec plus de

PRINCES CONTEMPORAINS.

Des Juifs.

ANTIGONE, fils d'Aristobule, que Pompée avoit mené prisonnier à Rome, fut demander du secours aux Parthes, qui le placerent sur le throne des Juifs, l'an 40. avant J. C. Herode, revenu de Rome, où il s'étoit sauvé, assiégea Jérusalem, prit Antigone prisonnier, & lui fit trancher la tête, l'an 37 avant J. C.

HERODE, fils d'Antipatre, Iduméen d'origine, fut proclamé Roi des Juifs à Rome, par le Sénat l'an 40 avant J. C. Il vint assiéger Jerusalem, prit Antigone prisonnier, le fit périr avec Hircan, à qui les Parthes avoient coupé les oreilles. Il se fit confirmer la couronne des Juifs par Marc-Antoine qui avoit l'Empire d'Orient, & eut l'adresse de gagner la confiance & l'amitié d'Auguste, après la défaite d'Antoine. Lorsqu'il se vit affermi sur le throne, il exerça toutes sortes de cruautés contre ses Sujets. Il fit périr son épouse Mariamne, & plusieurs de ses enfans; il fit massacrer les innocens, espérant que J. C. périroit parmi le grand nombre. Il fit rétablir le Temple de Jérusalem, fit bâtir la ville de Cesarée en Judée, & mourut de pourriture peu de mois après la naissance de J. C.

Après la mort d'Herode, Au-

FAITS MEMORABLES DU TEMS DU TRIUMVIRAT
de Marc-Antoine, Octave & Lepide.

grands hommes est le nœud qui les unit. Ils arrivent à Rome, se font donner le Gouvernement de la République par un Plebiscite, & font afficher leur liste, au bas de laquelle est l'Arrêt de proscription de tous ceux dont le nom y est écrit.

Horribles massacres causés par les proscriptions. Cicéron y est enveloppé. Il eut la tête tranchée par un traître à qui quelque tems auparavant il avoit sauvé la vie.

Quantité de Dames Romaines sauvent la vie à leurs maris, par des actions héroïques, d'autres font périr les leurs, pour être plus libres dans la débauche.

711.

Antoine & Octave, marchent contre Brutus & Cassius, qui s'étoient retirés en Macédoine.

Hante, capitale de la Licie, est prise par Brutus. Les habitans se voyant hors d'état de résister, mettent le feu à leur ville, pour périr avec leur liberté. On trouva des femmes qui s'étoient étranglées avec le même cordon avec lequel elles avoient étranglé leurs enfans, & qui tenoient encore à la main la torche avec laquelle elles avoient mis le feu à leur maison. Cet horrible spectacle toucha Brutus, jusqu'à lui faire verser des larmes.

Bataille donnée dans la plaine de Philippes. Cassius, voyant son armée totalement défaite par Antoine, se tue de désespoir. Brutus avoit eu quelqu'avantage sur Octave, pendant cette bataille : mais lorsqu'Antoine se fut joint à Octave, il ne put leur résister à tous les deux, & dans son désespoir il imita Cassius.

de l'Histoire des Empereurs. 47

Savans et Illustres.

force le vice & l'avarice de son tems : mais il n'a pas suivi les préceptes de morale dont ses écrits sont remplis, & sa vie n'a été qu'un tissu de crimes.

Princes contemporains.

Des Juifs.

guste partagea le Royaume de Judée entre ses trois fils, sous le titre de Tetrarques, avec défense de prendre celui de Roi.

D'Egypte.

CLEOPATRE, morte 30 ans av. J. C.

Des Parthes.

PHRAHATES IV. fit massacrer ses trente freres, au commencement de son regne, pour s'assûrer la couronne. Pendant les guerres civiles d'Auguste & d'Antoine, il se rendit maître de l'Armenie & de la Medie. Il fut chassé de son throne par ses propres sujets, auxquels ses cruautés l'avoient rendu odieux : mais il y remonta par le secours des Scythes. Il défit M. Antoine, qui étoit allé avec une puissante armée pour le chasser de la Medie : mais lorsqu'Auguste fut proclamé Empereur, Phrahatès, pour faire alliance avec lui, lui renvoya les aigles Romaines que les Parthes avoient prises sur Crassus, & sur Antoine. Il fut assassiné l'an 4 de J. C. par son fils Phraatace qu'il avoit eu d'une esclave Greque dont Auguste lui avoit fait présent. On croit que cette femme entretenoit un commerce incestueux avec son fils, & qu'elle l'engagea à tuer son pere.

Faits memorables du tems du Triumvirat de Marc-Antoine, Octave & Lepide.

712.

Octave distribue aux soldats vétérans les terres du Mantouan. Virgile obtient de lui que les terres de son pere en soient exceptées.

Prise de Pérouse. Le Consul L. Antonius, qui avoit pris les armes contre les Triumvirs, à la sollicitation de l'ambitieuse & jalouse Fulvie, femme de M. Antoine, y étoit retranché.

M. Antoine fait comparoître à Tarse tous les Souverains des nations voisines, accusés d'avoir suivi le parti de Brutus. Cléopatre s'y trouve : Antoine en devient amoureux.

713.

Les Parthes assiégent Jerusalem, enlevent Hircan Souverain des Juifs, & lui coupent les oreilles.

Bataille donnée sur le Mont Taurus : Ventidius Lieutenant d'Antoine, y taille en pieces la Cavalerie des Parthes. Il les défit encore deux fois depuis : l'une sur le Mont Amanus, où leur Général Barzapharnes périt ; l'autre à Cyrrestique où Pachorus, fils du Roi Orodès fut tué. Antoine épouse Octavie sœur d'Octave. Sexte Pompée, fils du grand Pompée, fait la paix avec les Triumvirs. Le grand nombre de vaisseaux qu'il avoit ramassés de toutes parts le rendoit maître de la mer : il pouvoit fermer le passage à tous les vaisseaux qui portoient du blé à Rome, & par-là y causer la famine.

714.

Faits memorables du tems du Triumvirat de Marc-Antoine, Octave & Lepide.

714.

Senatus-Consulte, qui porte que les Consuls ne resteront plus un an en charge, mais qu'on marquera toûjours l'année par le nom de ceux qui auront été élûs au premier Janvier.

715.

Bataille donnée à la hauteur de *Cume*, au cap de Sylla, aujourd'hui de *Scigillo*. Octave, qui vouloit chasser Sexte Pompée de la Sicile, ne put étendre tous ses vaisseaux; il fut repoussé si vigoureusement, qu'il pensa périr; une tempête survenue tout à coup fracassa le reste de sa flotte, au point qu'il fut obligé d'abandonner son entreprise.

Ventidius triomphe à Rome, pour la victoire qu'il avoit remportée sur les Parthes, aux environs du Mont Taurus. C'est le même qu'on avoit vû entre les bras de sa mere attaché derriere le char de Pompée Strabon, lorsqu'il triompha des Alliés. Antoine reçoit d'Antiochus trois cents talens, pour évacuer Samosate capitale de la Commagene.

716.

Agrippa exerce à la manœuvre les vaisseaux d'Octave dans le lac Lucrin. Mort d'Orodès Roi des Parthes.

Hérode défait Antigone aux environs de Jéricho. Jérusalem est prise vers le mois de Mars, par So-

Faits mémorables du tems du Triumvirat de Marc-Antoine, Octave & Lepide.

sius Lieutenant d'Antoine : il donna la Couronne à Hérode, après l'avoir ôtée à Antigone, à qui il fit trancher la tête à Antioche.

617.

Combat naval entre Miles & Naules : Sexte Pompée y fut battu par Agrippa Lieutenant d'Octave. Lorsqu'il vit que tous ses vaisseaux étoient perdus, il se sauva, & abandonna son armée de terre, qui se voyant sans Général se donna à Octave. Lepide veut s'emparer de la Sicile : mais toutes ses troupes l'abandonnent & se rangent du parti d'Octave, qui le dépouille de la qualité de Triumvir & le réduit à la vie privée. Par cette campagne, Octave se trouva maître de la Sicile & de l'Afrique. Il établit un Guet en Italie, pour arrêter les voleurs, dont le nombre étoit très grand.

Retraite d'Antoine. Il étoit allé attaquer les Parthes : mais il fut obligé de se retirer après avoir été battu plusieurs fois. Il auroit même péri avec toute son armée dans les déserts de la Médie, si un Romain, qui avoit été pris par les Parthes à la défaite de Crassus, & qui y étoit resté depuis ce tems, ne l'avoit conduit par des chemins détournés.

718.

Mort de Sexte Pompée, dernier fils du grand Pompée. Se voyant abandonné de ses troupes qui refuserent de le suivre chez les Parthes où il vouloit se réfugier, il vint se livrer à Titius Amiral d'Antoi-

Faits mémorables du tems du Triumvirat de Marc-Antoine, Octave & Lepide.

ne. Cet Officier lui fit trancher la tête sur les bords du Sangaris. Octave établit un Guet dans la Sicile, qui étoit remplie de voleurs. Bataille donnée dans l'Illyrie. Octave, pour encourager ses soldats qui refusoient d'aller au combat, prend un bouclier, & marche à leur tête.

Prise de Metule. Octave pensa y périr : pour animer ses soldats, il s'élança le sabre à la main sur un pont qu'il avoit fait jetter sur la muraille de la ville, mais ce pont rompit sous lui. Les habitans brûlerent leur Ville.

719.

Plusieurs villes de la Liburnie sont détruites par Octave, parce qu'elles refusent de se rendre.

Bataille donnée proche Setorie. Octave y défit les Dalmates : il fut dangereusement blessé à la cuisse, d'une pierre lancée avec force.

Antoine prend Artavasde, Roi de la grande & de la petite Arménie, & le fait charger de chaînes, parce qu'il l'avoit trahi l'année précédente, lorsqu'il fut contre les Parthes. Artaxias veut secourir son pere : mais Antoine bat son armée, & le force de se retirer chez les Parthes. Antoine, pour satisfaire Cléopatre, triomphe à Antioche. Le Roi Artavasde fut attaché derriere son char.

720.

Agrippa fait faire à Rome des aqueducs magnifiques pour conduire l'eau sur les Monts Palatin & Viminal. Les Illyriens renvoyent à Auguste les étendarts qu'ils avoient enlevés à Gabinius.

D ij

Faits memorables du tems du Triumvirat de Marc-Antoine, Octave & Lepide.

Antoine, à la follicitation de Cléopatre, qui afpiroit à être la maîtreffe du Monde, fe brouille avec Octave.

721.

Les Confuls fe déclarent publiquement pour Antoine, & vont le trouver en Orient. Cléopatre engage Antoine à répudier Octavie. Senatus Confulte qui déclare Antoine ennemi de la patrie. Augufte donna pour prétexte qu'Antoine vouloit faire déclarer Cléopatre Reine des Romains.

722.

Bataille d'Actium, aujourd'hui le Cap *Figalo*, donnée le 2. Septembre. Antoine y fut défait par Agrippa Amiral d'Octave, fous les ordres duquel il commandoit. Cléopatre épouvantée de l'horreur du combat, prit la fuite. Antoine, quoique la victoire femblât fe déclarer en fa faveur, la fuivit & laiffa fa flotte fans Général : elle fut défaite ; ce qui en refta fe rendit à Octave, qui fit grace aux Officiers & aux foldats. Il retourne à Rome pour appaifer les Vétérans qui s'étoient révoltés.

723.

Hérode, qu'Antoine avoit placé fur le Throne des Juifs, fait tuer Hircan, à qui les Parthes avoient coupé les oreilles.

Gallus, Lieutenant d'Octave, bat Antoine au fiége de Parctonium.

FAITS MEMORABLES DU TEMS DU TRIUMVIRAT de Marc Antoine, Octave & Lepide.

Octave fait le siège d'Alexandrie. Il n'y trouva pas beaucoup de résistance, parce que Cléopatre donna ordre qu'on lui ouvrît les portes. On ne peut s'empêcher de plaindre le sort d'Antoine, en le voyant périr pour une femme, qui cesse de l'aimer lorsqu'il cesse d'être heureux.

Mort d'Antoine. Sur un faux bruit que Cléopatre s'étoit tuée, il se perça de son épée : mais ayant appris que ce bruit étoit faux, & qu'elle s'étoit retirée dans une Pyramide, il s'y fit porter, & expira devant elle.

Octave entre dans Alexandrie, fait grace aux habitans, & permet à Cléopatre de faire faire les funérailles d'Antoine avec telle pompe qu'elle voudroit.

Entrevûe de Cléopatre & d'Octave. Elle essaya, mais en vain, de lui faire prendre de l'amour pour elle.

Mort de Cléopatre âgée de 39 ans. Voyant qu'Octave étoit décidé à la faire attacher derriere son char, lorsqu'il triompheroit à Rome, elle se fit piquer par un aspic.

Octave fit sucer la plaie : mais elle étoit déja morte. Il fit ouvrir le tombeau d'Alexandre le Grand qui avoit été transporté de Babylone, où il etoit mort, à Alexandrie, & jetta des fleurs sur son corps.

Conjuration formée contre Octave : Mecene l'arrêta dès son commencement, en faisant mourir M. Lepidus, fils du Triumvir, qui en étoit le chef.

Naissance de Caïus Cesar Octavius, dit Auguste.

Il naquit à Rome le 22. Septembre, sous le Consulat de Ciceron & d'Antoine, l'an de Rome 690: son pere s'appelloit Caïus Octavius, sa mere Accie. Elle étoit fille d'Accius Balbus, & de Julie, sœur de Jule Cesar. La famille Octavia étoit originaire de Velitres. Il y avoit un quartier de cette Ville qui se nommoit le *quartier Octave*, ce qui prouve que cette famille y tenoit un rang distingué. Une branche de cette famille vint s'établir à Rome, & fut mise au rang des Sénateurs par Servius Tullius; celle dont Auguste descend vint s'y établir quelque tems après. Elle resta long-tems dans le corps Plebeïen, mais, lorsqu'elle fut une fois aggrégée au corps des Sénateurs, elle parvint aux premieres dignités. Octave avoit toujours été fort attaché à son grand oncle Jule Cesar, dont il prit le nom lorsqu'il sut qu'il en avoit été adopté. Le Sénat donna, par flaterie, à Octave le nom d'Auguste.

Faits memorables pendant le regne d'Auguste.

724.

Triomphe d'Auguste. On y vit le portrait de Cléopatre mourante qui attacha les regards de tous les spectateurs. On ferme le Temple de Janus, qui depuis le regne de Numa avoit été presque toûjours ouvert.

Dédicace de la Chambre Julienne: Auguste y fit placer cette fameuse statue de la Victoire qu'il avoit fait apporter de Tarente, pour en faire une seconde Déesse

Femmes.

SERVILIE, fille de Servilius Isauricus. Auguste la répudia.

CLODIA, fille du fameux Clodius, tué par Milon, & de Fulvie, alors mariée à Marc-Antoine. Auguste la répudia pendant le Triumvirat, & la renvoya à sa mere, avec qui il étoit brouillé, disant qu'il la renvoyoit vierge.

SCRIBONIE, il la répudia à cause de son humeur sombre & bisarre, & de ses jalousies, le jour même qu'elle accoucha de Julie.

LIVIE, fille de Livius Drusus Claudianus. Tibere Claude Neron dont elle avoit eu Tibere, la lui céda, lors même qu'elle étoit grosse de Drusus, surnommé Germanicus. Elle avoit toutes les qualités du corps & de l'esprit. Sa beauté lui attiroit les regards de tous les Romains. Son esprit vif & pénétrant, son amour pour les sciences la fit estimer de tous les savans. Sa vertu la fit aimer de son époux. Avec elle Auguste partagea ses soins & sa puissance : par ses conseils, elle éclaira Auguste, & lui fit souvent connoître ses intérêts & son devoir. Jamais femme ne poussa la politique plus loin ; jamais femme ne sut mieux la couvrir. Son ambition ne se borna pas à être la femme d'un Empereur, elle voulut encore être la mere d'un Empereur, & mit tout en usage pour réussir. Elle pouvoit tout

Enfans.

JULIE, qu'il eut de Scribonie sa troisieme femme. Auguste eut un soin particulier de son éducation. Il ne détournoit les yeux de dessus l'Empire, que pour les fixer sur sa fille. Sa rare beauté, son esprit vif & délicat, sa science même la firent connoître, admirer & aimer de tout le monde. Elle épousa Marcellus. Son rang lui attira des courtisans ; sa beauté lui attira des amans. Elle goûta le plaisir de l'amour, qu'elle porta même jusqu'à la débauche, sut tromper la vigilance de son pere, & la confiance de son mari. Elle devint veuve, & presqu'aussitôt femme d'Agrippa. Son goût pour la débauche augmentoit tous les jours. La vieillesse de son mari le lui rendit odieux : elle prit pour amans tout ce que Rome avoit de jeunes gens, & les favorisa tous, disant que c'étoit assez pour son mari qu'elle lui fût fidele tant qu'elle n'étoit pas enceinte, & qu'elle ne lui donnât point d'enfant étranger. Après la mort d'Agrippa Auguste la fit épouser à Tibere. Ce rusé politique obéit ; mais ne voulant pas être témoin des débauches de sa femme, & n'osant s'en plaindre, il quitta la Cour. Auguste, enfin instruit des excessives débauches de sa fille, qui poussa l'impudence jusqu'à faire mettre sur la statue de Mars autant de couronnes qu'elle s'étoit prostituée de fois pendant la nuit ;

D iv

Faits memorables du regne d'Auguste.

tutelaire de Rome. Cette statue causa beaucoup de bruit sous les Empereurs Chrétiens, qui la firent ôter du Sénat. Symmaque s'en fit le défenseur, & déploya toute son éloquence pour la faire rétablir sous Valentinien II.

Le Sénat donne à Auguste le titre d'Empereur à perpétuité, l'établit Général de toutes les troupes de la République.

Auguste fait placer dans le Capitole la fameuse statue Colossale de Jupiter, que M. Antoine avoit enlevée à Samos. Elle est de Myron, un des plus fameux Sculpteurs de l'ancienne Grece. On la trouva à Rome, sous des terres, on ne sait pas au juste en quel tems. Lorsque Grandvelle, depuis Cardinal, alors Ministre de Charles-Quint, fut à Rome, Marguerite d'Autriche, Duchesse de Camarino, lui fit présent de cette statue, qui faisoit le plus bel ornement du Jardin de Médicis à Rome. Ce Ministre la fit placer dans son Jardin à Besançon. Lorsque Louis XIV. prit Besançon, les Magistrats de la ville lui firent présent de cette statue. Les bras étoient cassés & tour le bas, depuis le dessous du nombril. Drouilli, Sculpteur, la termina par le bas en terme, & y ajouta une draperie qui la ceint en bas & remonte sur l'épaule. Elle est à Versailles, dans une allée à main gauche en descendant vers le Théâtre d'Eau. C'est une des plus belles antiques qui existe : le marbre est de Paros. C'est cette même statue à laquelle Auguste, Germanicus, Trajan, Marc-Aurele, Septime Severe, Dece, Aurelien & Probe, en revenant de leurs conquêtes, ont sacrifié. Quelle satisfaction pour un amateur de l'antiquité, de voir de ses propres yeux cette Idole à qui

de l'Histoire des Empereurs. 57

| FEMMES. | ENFANS. |

faire : elle fit tout ; le crime ne l'arrêta point : elle fit périr toute la famille d'Auguste, elle fit périr Auguste même, & couronna son fils. Elle mourut l'an 30 de J. C. âgée de 80 ans. Son corps fut mis dans le mausolée d'Auguste

Mort.

Il mourut à Noles le 19 Août 14 de J. C. âgé de 75 ans 10 mois 26 jours. Son corps fut porté à Rome, où on prit des habits de deuil. Ses cendres furent portées au champ de Mars où on les mit dans le tombeau qu'il avoit fait faire pour sa famille.

Savans et Illustres.

Agrippa (M. Vipsanius) étoit d'une naissance peu illustre Par sa valeur, il parvint aux premieres dignités de la République. Auguste lui fut redevable de l'Empire. Par deux victoires, il le plaça sur le throne. La premiere dans la Sicile, d'où il chassa Sexte Pompée, qui s'y étoit fait un puissant parti; la seconde à Actium, où il défit M. Antoine. Auguste lui donna en mariage sa fille Julie, qui étoit veuve de Marcellus, fils d'Octavie. Il mourut dans la Campanie l'an 741 de Rome, revenant de la conquête des Pannoniens qui s'étoient revoltés : la maladie dont il mourut l'y arrêta. Auguste ayant appris sa maladie partit,

Auguste, dis-je, pleura, & l'exila dans l'isle Pandataire sur la côte de Campanie, où Tibere, étant Empereur, la laissa mourir de faim, l'an 14 de J. C.

Princes contemporains.

Des Juifs.

Herode, mort peu après la naissance de J. C.

Des Parthes.

Phrahate's IV. 4. de J. C.
Phrahatace fut élevé sur le throne par son pere : mais ce parricide en fut chassé par Orodès II. après un regne de quelques mois.

Orode's II. fut chassé de ses Etats après un regne de sept mois, l'an de J. C. 5.

Vonone's I. fils de Phrahatès IV. fut envoyé à Rome, lorsqu'Auguste fit la paix avec les Parthes, qui, après avoir chassé Orodès II. le redemanderent à Auguste, qui le leur envoya : mais n'ayant pu s'accoûtumer aux mœurs qu'il avoit prises des Romains pendant le long séjour qu'il avoit fait à Rome, ils le chasserent, & mirent à sa place Attaban, Roi des Scythes, qui étoit du sang des Arsacides.

Vononès, n'ayant pu remonter sur le throne, se retira chez les Romains. Tibere, qui régnoit alors, l'envoya en Cilicie, où il

ces Héros, ces maîtres du monde ont rendu leurs hommages!

725.

Auguste veut renoncer à l'Empire : il consulte Agrippa, & Mecene : Agrippa approuve son dessein, Mecene l'en détourne.

On bâtit à Rome une Bibliotheque publique.

726.

Auguste propose au Sénat assemblé de se démettre de la souveraine puissance : mais on le prie de la garder.

Si l'on ne juge de cette action que par les simples apparences, on y trouvera une grandeur d'ame digne des premiers tems de la République : mais si on l'examine avec attention, on sentira que ce ne fut qu'une ruse dont Auguste se servit, pour obtenir des Romains même la souveraine puissance, & pour effacer de leur esprit l'idée de tyran, qu'il sentoit avoir méritée jusqu'alors, parce que jusqu'alors il n'avoit agi que par violence.

Assemblée du Sénat le 17. Janvier : on y donne le surnom d'Auguste à Octave. Par le même Sénatus-Consulte, on donne le nom d'Augustus au mois *Sextilis*, parce que dans ce mois, Auguste avoit défait Antoine, & soûmis l'Egypte.

Crassus prend la ville de Genucla, capitale des Bastarnes, qui autrefois avoient enlevé les aigles Romaines à C. Antoine.

Agrippa fait bâtir en l'honneur de Jupiter Vengeur, ce fameux Temple nommé *Panthéon*. Il subsiste encore aujourd'hui. Boniface IV. l'a dédié à la Sainte Vierge & aux Martyrs.

Savans et Illustres.

pour l'aller voir : mais il le trouva mort, & pleura beaucoup ce fidele ami.

Asconius Pedianus, dit *le Jeune*, étoit un excellent Grammairien. Virgile & Tite-Live en faisoient beaucoup de cas. Il avoit composé plusieurs ouvrages : mais ils ne sont pas venus jusqu'à nous. Il vivoit vers le commencement de l'Ere commune.

Aufidius Bassus avoit composé une histoire de la guerre d'Allemagne, & des guerres civiles : elle n'est point parvenue jusqu'à nous : mais les anciens Auteurs en parlent beaucoup. Il vivoit du tems d'Auguste.

Capito (Atteius) étoit un Jurisconsulte très-éclairé dans le Droit Public & Civil. Il fut Consul l'an de Rome 746. On l'accuse d'avoir fait sa cour avec beaucoup de bassesse à Auguste & à Tibere. Il avoit composé des Commentaires sur la Loi des douze Tables, sept Livres *De jure Pontificum*, un Livre *De Officio Senatoris*, dix *De jure Sacrificiorum*. Il ne nous reste de cela que sept Passages cités dans le Digeste.

Cascellius (Aulus) Chevalier Romain. Il méprisoit les grandeurs, au point qu'il refusat le Consulat qu'Auguste vouloit lui donner, & se contenta de la Questure. Il s'appliqua aux Belles-Lettres & au Droit, & se

Princes contemporains.

Des Parthes.

le fit garder : mais ayant appris qu'il vouloit s'échapper, il donna ordre de le faire mourir l'an 6.

Artaban, étoit Roi des Scythes. Les Parthes, après avoir chassé Vononès I. lui proposerent de monter sur le throne de leur pays. Il donna la couronne d'Arménie à son fils Orodès : mais Germanicus défit plusieurs fois les Parthes, chassa Orodès de l'Arménie, & força Artaban à demander la paix. Artaban, par ses cruautés, se rendit insupportable à ses Sujets : ils le chasserent, & demanderent un Roi à Tibere, qui leur envoya Phrahatès, fils de Phrahatès IV : mais il mourut en chemin. *Voyez* la suite sous Tibere, à l'article des Rois des Parthes.

Faits memorables du regne d'Auguste.

727.

Auguste soûmet les Cantabres, peuples d'Espagne.
Tous les riches Romains, à l'exemple d'Agrippa, font des embellissemens à Rome.

728.

Carisius prend Lancia, ce qui engage tous les Espagnols révoltés à se soûmettre.
Auguste en Espagne donne dans son camp des spectacles de différentes espéces: tous les barbares Espagnols y courent, & sont étonnés à la vûe de ces magnificences, qui jusqu'alors leur avoient été inconnues.

729.

Les Romains sont chassés de l'Arabie heureuse par le Roi Sabas, qui, les voyant épuisés par les chaleurs excessives du pays, donne sur eux & les met en déroute. Ce fut la premiere fois que les Romains porterent les armes dans ce pays: ce fut aussi la derniere.
Hérode fait bâtir proche les rives du Jourdain, un temple qu'il dédie à Auguste. Il fait bâtir une Ville en l'honneur des Cesars, entre Joppé & Dora, & lui donne le nom de Cesarée.

730.

Réjoüissances publiques au sujet de la convalescence d'Auguste. Il fut guéri par Antonius Musa, qui lui ordonna les bains froids, ce qui donna à ce Médecin une grande réputation.

distingua dans l'un & l'autre genre. Horace fait mention de lui dans son Art Poëtique. Cascellius a composé plusieurs ouvrages sur le Droit. Il est cité quatorze fois dans le Digeste.

Denys d'Halicarnasse, vivoit du tems d'Auguste. Il séjourna à Rome vingt-deux ans, pendant lesquels il apprit la langue Latine, & lut tous les Livres qui pouvoient lui servir dans le dessein qu'il avoit de composer une histoire sur les Antiquités Romaines Il exécuta son projet, & donna vingt Livres en langue Greque, qui contenoient toutes les Antiquités Romaines. Mais il ne nous est resté, de cet ouvrage, que les onze premiers Livres.

Sa Chronologie passe pour être fort exacte.

Denys le Géographe, étoit natif de Charax, située entre les fleuves du Tygre & d'Eulée. Auguste l'envoya en Orient pour écrire ce qu'il y trouveroit d'utile pour Caïus Cesar, qui devoit aller faire la guerre en Arménie & en Arabie. On ne sait quand il est mort : nous avons de lui une Geographie en Vers.

Gallus [*P. Cornelius*] fut un grand Capitaine, & un très-bon Poëte. Il avoit composé plusieurs ouvrages. Les Savans prétendent que ce que nous avons sous son nom n'est pas de lui.

Virgile, qu'on peut croire n'a-voir eu pour amis que des gens d'un mérite distingué, fait son éloge en plusieurs endroits.
Tum canit errantem Permessi ad
   flumina Gallum,
Aonas in montes ut duxerit una
   sororum,
Utque viro Phœbi chorus assurrexerit omnis.
   Ecl. VI.
Gallo, cujus amor tantum mihi
   crescit in horas,
Quantum vere novo viridis se
   subjicit alnus.
   Ecl. X.

Didyme, d'Alexandrie, s'attira une grande réputation par son assiduité au travail : il composa jusqu'à trois mille cinq cents Traités, dont plusieurs étoient des Dissertations sur la patrie d'Homere, sur la mere d'Ænée, sur les mœurs d'Anacréon & de Sapho, & autres choses semblables. Il travailla aussi à la critique de différens Auteurs, & osa même blâmer jusqu'au style de Cicéron. On appelloit ce grand faiseur de Livres *entrailles d'airain,* parce qu'il étoit infatigable au travail. Il paroît qu'on n'a pas beaucoup perdu à ne point avoir ses ouvrages.

Germanicus, fils de Drusus & de la vertueuse Antonie, fut exempt de tous les vices, & n'eut même aucun défaut. L'esprit est étonné de ses grandes qualités, & le cœur s'attendrit sur ses malheurs. Sa taille étoit majestueuse :

Faits memorables du regne d'Auguste.

Jugement équitable d'Auguste, au sujet de deux prétendans à la Couronne des Parthes, qui le prennent pour juge de leur différend. Il décide que Phrahatés doit monter sur le Throne, par droit de succession, au préjudice de Tiridatés, que les Parthes ont choisi.

731.

La peste en Italie fait périr beaucoup de monde. Auguste refuse la dignité de Dictateur.

Conjuration formée contre Auguste. Elle est éteinte par la mort de Murena & de Cœpion, qui en sont les chefs. Auguste accorde la paix à Candace, mere & Régente du Roi d'Ethiopie : il lui rend son Royaume que Petronius a subjugué.

732.

Troubles à Rome causés par l'élection d'un Consul. Auguste étoit alors en Sicile : il envoya Agrippa pour les appaiser. Julie, fille d'Auguste, épouse Agrippa.

733.

Tibere place Tygrane sur le throne d'Arménie. Phrahatés, Roi des Parthes, pour faire alliance avec Auguste, lui renvoye les aigles & les autres étendarts, & tous les soldats Romains que son pere a pris sur Crassus, avec ceux qu'il a pris lui-même sur Antoine. La plûpart de ces soldats s'étoient mariés chez les Parthes, & s'y étoient accoûtumés à l'esclavage. Ce même Roi envoye ses fils à Rome, pour y prendre les mœurs des Romains.

il montroit toujours de la grandeur en public : il étoit doux dans la société, fidele dans l'amitié, prudent & brave à la guerre. Par ses exploits il étendit les bornes de l'Empire ; par ses vertus il parut digne de l'Empire ; il en parut encore plus digne en refusant de l'accepter. Chacun l'admiroit en public, & l'aimoit en particulier : mais Tibere le regarda toujours avec des yeux jaloux, ne cessa jamais de le haïr, parce qu'il ne cessa jamais de le craindre ; & pour affermir son autorité chancelante, il fit périr en lui le plus grand des Romains. Tous les Peuples, tous les Rois à sa mort verserent des larmes : Tibere l'avoit ordonnée, il l'apprit avec joie, & en arrêtant les pleurs & les gémissemens des Romains, il sembla le faire mourir une seconde fois. Il mourut à Daphné auprès d'Antioche, l'an de J. C. 20, de Rome 773, âgé de 34 ans.

HIGIN [JULIUS] affranchi d'Auguste, étoit lié d'une amitié fort étroite avec Ovide. Nous avons sous son nom des Fables, & un Traité d'Astronomie en vers Latins.

HORACE, *Quintus Flaccus Horatius*, Poëte Latin, né à Venuse en Apulie, étoit fils d'un Affranchi fort riche, qui l'envoya faire ses études à Rome. Ses grandes dispositions & les progrès admirables qu'il faisoit, le lierent d'a- mitié avec les jeunes gens de la premiere distinction. A l'âge de vingt-deux ans il alla étudier la philosophie à Athenes. Brutus, l'un des meurtriers de Jule Cesar, passa par cette Ville, l'emmena avec lui, & lui donna une place de Tribun des soldats dans son armée. Horace s'étant trouvé à la bataille de Philippes, prit la fuite, il retourna peu de tems après à Rome, où il fut obligé de faire des * vers pour vivre. Virgile & Varius les trouverent très-bons, en montrerent quelques-uns à Mecene, qui voulut voir Horace, le prit en affection, le présenta à Auguste, qui lui accorda sa grace, & le combla de bienfaits. Ce Poëte mourut le 27 Novembre 745 de Rome, âgé de 57 ans. Tout le monde connoît les ouvrages d'Horace, & les loüanges qu'on leur doit.

LABEO [ANTISTIUS] savant Jurisconsulte, étoit d'une illustre naissance. Il s'appliqua dès sa jeunesse à étudier les Principes de la Grammaire. Il avoit coûtume de passer six mois de l'année à converser avec les savans, & les autres six mois à composer. Il refusa le Consulat qu'Auguste lui proposa. Il prétendoit qu'il y avoit deux sortes de Dieux, les uns qui présidoient

* *Paupertas impulit audax,*
Ut versus facerem....

Faits memorables du regne d'Auguste.

734.

La grandeur des Romains est arrivée à son plus haut degré ; toute la terre en est étonnée. Porus, Roi des Indiens, envoye des Ambassadeurs à Auguste lui demander à faire alliance avec lui.

Mort de Virgile.

Agrippa défait les Cantabres révoltés une seconde fois. Ce peuple étoit brave, & il disputa long-tems la victoire.

Naissance de la Vierge.

735.

Auguste craint d'être assassiné : il ne paroît au Sénat qu'avec une cuirasse. Il fait associer Agrippa à la puissance Tribunitienne. Lepide, ancien Triumvir, est dégradé du rang de Sénateur, & confondu avec la plus vile populace.

736.

Auguste donne de magnifiques spectacles, & engage les spectateurs à y paroître avec les plus beaux habits qu'il leur seroit possible. On le vit se mêler avec le peuple, pour siffler une mauvaise représentation.

737.

Mécene, jaloux de sa femme Terentillia, se refroidit avec Auguste, qui en étoit amoureux.

Les Gaulois, qui s'étoient soulevés, tremblent à l'arrivée d'Auguste, demandent la paix, & donnent des ôtages.

Savans et Illustres.

au mal. Il a composé des Commentaires sur la Loi des douze Tables, trente Livres *ad Edictum Prætoris peregrini*, plusieurs *Prætoris urbani*, huit *Credibilium* ou *Probabilium*, dix ouvrages posthumes, intitulés *Posteriorum*, plusieurs *Epistolarum*, d'autres *Commentariorum Juris Pontificii*, quelques-uns *de Diis animalibus*, & *de Disciplinis Etruscis*. Tous ces ouvrages sont perdus: on en trouve quatre cents citations dans le Digeste.

MANILE, *Manilius*, Poëte Latin, a écrit en vers un Traité d'Astronomie en six Livres, sur les étoiles fixes: il ne nous en est resté que cinq, le dernier n'est pas même entier. Quoique le sentiment le plus suivi soit qu'il a vécu du tems d'Auguste, on ne trouve cependant rien dans ses ouvrages qui ressente la pureté du langage de ce siécle.

MECENE, tiroit son origine des Rois d'Etrurie. Il n'a jamais voulu monter plus haut que le rang de Chevalier dans lequel il étoit né. Auguste l'aimoit & le consideroit à cause de sa prudence, & de sa douceur. Il avoit même pris tant d'empire sur l'esprit de ce Prince, qu'il lui arrivoit quelquefois de le reprendre durement de ses défauts, sans que l'Empereur s'en offensât. Un jour Mecene, passant par la place publique, vit Auguste, qui, en jugeant des criminels, avoit un air de colere; il en fut affligé, & sentit que ce Prince, en cessant d'avoir de la douceur, cessoit de se faire aimer. Comme il ne pouvoit l'aborder à cause de la foule, il lui jetta des tablettes sur lesquelles il avoit écrit ces mots, *retire toi bourreau*. Auguste prit en bonne part cette remontrance, quoique dure, & descendit aussi-tôt de son Tribunal. Mecene fut quelque tems brouillé avec l'Empereur, qu'il crut être amoureux de sa femme Terentilla. Il mourut au mois de Septembre 745 de Rome. Son goût pour les Sciences, & son attachement pour Auguste qu'il aima toûjours quoique Souverain, ont illustré sa mémoire, & transmis son nom jusqu'à nous.

NICOLAS de Damas, Philosophe Péripatéticien, étoit un célebre Orateur. Il vivoit à la Cour d'Herode. Auguste eut occasion de le voir, & conçut beaucoup d'estime pour lui. Il avoit composé une histoire en cent quarante-quatre Livres, qui contenoit ce qui s'étoit passé depuis la création du monde: mais il ne nous en est rien resté, non plus que de plusieurs autres ouvrages qu'il avoit composés.

OVIDE, est un des plus illustres Poëtes Latins. Il naquit à Sulmone en Italie dans la contrée des Peligniens. Ses talens lui attirerent l'estime & l'amitié des plus illustres personnes de Rome; Auguste même l'admit au nombre de ses amis. On

E

Faits memorables du regne d'Auguste.

Agrippa, par complaisance pour Hérode, fait sacrifier cent bœufs au Dieu des Juifs dans le temple de Jerusalem.

738.

Lollius, Lieutenant d'Auguste, soûmit aux Romains toute l'étenduë du pays qui est depuis le Mont Pangée jusqu'au Mont Hæmus au de-là du Mont Atlas.

Tibere bat les Germains révoltés. Agrippa va pacifier l'Asie Septentrionale, prête à se révolter : Julie son épouse l'y accompagne, & y essuie beaucoup de fatigues.

Mort de Vidius ; c'étoit un homme si cruel que lorsque quelqu'un de ses esclaves avoit commis la moindre faute, il le faisoit jetter dans ses étangs, pour engraisser ses murenes. Auguste, informé de cette cruauté, en affranchit plusieurs, & fit raser sa maison après sa mort.

739.

Grand incendie à Rome : la Basilique que Paul Emile avoit fait bâtir, fut réduite en cendres avec le temple de Vesta. Auguste les fit réparer dans la suite à ses frais.

740.

Auguste revient à Rome après avoir pacifié les Gaules, où il avoit passé deux ans : tous les ordres de la République vont en corps le saluer dans son Palais : il fut déclaré grand Pontife, place vacante depuis quelques jours par la mort de Lepide, ancien Triumvir.

Agrippa refuse l'honneur du triomphe.

n'ignore pas que ce grand homme a été aimé & favorisé des plus illustres Dames de Rome. On n'a jamais pu découvrir la raison qui engagea Auguste à l'exiler. Il mourut dans son exil à Tomies sur le pont Euxin, l'an 17. de J. C. âgé de près de 60 ans. Tout le monde connoît les ouvrages qui nous sont restés de ce fameux Poëte. Ceux qu'on regrette le plus d'entre ses ouvrages perdus sont la Tragédie de Medée, dont Tacite & Quintilien ont dit tant de bien; les six derniers Livres des Fastes; un Livre contre les mauvais Poëtes, & le Poëme des loüanges d'Auguste.

La prodigieuse facilité qu'il avoit de faire des vers l'a quelquefois empêché d'être correct, même dans le langage. Il a souvent sacrifié les beautés solides dont il étoit capable au brillant de son imagination.

PROPERCE, *Sextus Aurelius*, Poëte Latin fort célebre. Son pere avoit pris le parti d'Antoine, ce qui engagea Auguste à le faire mourir : lorsque Properce vint à Rome, il se fit admirer par ses talens ; tous les beaux esprits de son tems lierent avec lui. Mecene le prit en affection. Il mourut en 735 de Rome.

Nous avons de lui quatre Livres d'Elégies, où on remarque une grande pureté de style, du sentiment dans les pensées, & de la délicatesse dans l'expression.

TIBULLE *Aulus Albius*, excellent Poëte Latin. Nous avons de lui quatre Livres d'Elégies. Son style passe pour être net, pur & poli. Personne n'a écrit avec plus de tendresse †. Il est mort fort jeune ; quelques uns ont même soûtenu qu'il n'avoit pas vingt ans. Ovide qui l'aimoit beaucoup composa à sa mort une très belle Elegie, que nous avons encore.

TITE-LIVE, *Titus-Livius*, né à Padouë, étoit fort estimé d'Auguste, il fut chargé de l'éducation de Claude, qui fut depuis Empereur. Il retourna dans sa vieillesse à Padouë, où il mourut le 4 Janvier 21 de J. C. Il a composé une histoire Romaine en cent quarante Livres : elle contenoit ce qui s'est passé depuis la fondation de Rome, jusqu'à la mort de Drusus Germanicus en Allemagne : mais de ce grand ouvrage, il ne nous en est resté que trente cinq Livres ; qui même ne sont pas de suite. La seconde Decade est perdue ; nous n'avons que la premiere, la troisieme, la quatrieme, & la moitié de la cinquieme. Tite-Live avoit composé en outre des Dialogues, qu'il avoit dédiés à Auguste. On le regarde comme le

† Despréaux a dit de lui :
Ce n'étoit pas jadis sur ce ton ridicule,
Qu'Amour dictoit les Vers que soupiroit Tibulle.

E ij

Faits memorables du regne d'Auguste.

741.

Auguste est déclaré pere de la patrie, par tous les Ordres de la République; autrefois on avoit vû de grands hommes le mériter & ne pas l'obtenir : aujourd'hui on le prodigue.

Mort d'Agrippa.

742.

Tibere épouse Julie fille d'Auguste, alors veuve d'Agrippa.

Drusus ravage le pays des Sicambres révoltés, de-là il va soumettre la Frise. Sa flotte échoüa au moment du reflux & demeura à sec; les Frisons lui donnerent du secours, & soûtinrent ses vaisseaux avec des pieux, pour attendre une nouvelle marée.

743.

Drusus est surpris dans un défilé en Germanie : il s'en tire en passant sur le ventre des ennemis. Il soûmet tout le Pays qui s'étoit révolté. Auguste voulut qu'il se contentât de l'ovation.

Il prit la résolution de n'accorder le triomphe à aucun particulier, & fut imité par tous ses successeurs. Cette petitesse dans Auguste, qui craignoit d'accorder à la valeur & à la vertu des distinctions trop éminentes, perdit la République. Le triomphe étoit la seule récompense digne d'une grande action, le triomphe formoit les héros, le triomphe avoit rendu Rome la maîtresse du monde : le refus du triomphe la mena par degrés à une décadence honteuse. Les grands hommes ne sont excités que par l'espoir

modele de tous les Historiens.

TROGUE POMPE'E, Historien, né au Pays de Vonones dans la Gaule Narbonnoise, a vécu vers le commencement de l'Ere commune. Il avoit composé une histoire Universelle en quarante-quatre Livres, dont Justin a fait l'abregé. Cet abregé a fait perdre ce grand ouvrage qui avoit pour titre l'*Histoire Philippique*, parce qu'il y parloit de l'Empire des Macédoniens fondé par Philippe pere d'Alexandre le Grand.

VALGIUS (CAÏUS) avoit composé un ouvrage sur la propriété des plantes, mais qui n'est pas venu jusqu'à nous. Horace en parle comme d'un bon Poëte. Il vivoit en 741 de Rome.

VARIUS étoit aussi un Poëte illustre. Auguste le pria de mettre la derniere main à l'Æneïde : mais il n'osa l'entreprendre. Il ne nous est rien resté de ses ouvrages.

VIRGILE, *Publius Virgilius Maro*, surnommé le Prince des Poëtes Latins, étoit fils d'un Potier d'Andes dans le territoire de Mantouë, où il naquit le 15 Octobre 684 de Rome. Auguste l'aimoit & l'estimoit beaucoup à cause de la bonté de son caractere, & de la beauté de son génie. Il mourut dans la Calabre le 22 Septembre, 19 ans avant J. C. âgé de 50 ans 11 mois 7 jours, en revenant de Grece, où Auguste l'avoit mené. Son corps fut porté à Naples ; on mit sur son tombeau ces vers qu'il avoit composés lui-même.

Mantua me genuit, Calabri rapuere, tenet nunc
Parthenope. Cecini pascua, rura, duces.

Ses ouvrages sont connus & admirés de tout le monde ; & personne encore n'a pu lui enlever, en le surpassant ou l'égalant, le glorieux titre de Prince des Poëtes.

VITRUVE, né à Verone, étoit un célebre Architecte. Il dédia à Auguste un Livre d'Architecture en Latin. Cet ouvrage est divisé en dix Livres, & est parvenu tout entier jusqu'à nous.

Faits mémorables du regne d'Auguste.

des grandes récompenses. Le triomphe seul les flatoit, le triomphe seul les faisoit agir. Le triomphe cessa : ils ne trouverent plus rien digne d'eux, & n'agirent plus.

Bataille donnée dans une vallée entre le Mont Hæmus & le Mont Pangée. Lucius Calpurnius Piso, y tailla en pieces une armée de Thraces, levée par un Fanatique, qui se disoit inspiré de Bacchus.

Mort d'Octavie sœur d'Auguste. Le Sénat voulut lui décerner des honneurs divins : mais Auguste s'y opposa.

744.

Drusus pousse ses conquêtes dans la Germanie, jusque sur les bords de l'Elbe. Mort de Drusus. On lui avoit donné le surnom de Germanicus, à cause de ses conquêtes dans la Germanie.

745.

Tibere remporte quelques victoires sur les Germains révoltés.

Hérode Roi des Juifs, va trouver Auguste, campé proche d'Aquilée, & le prie de juger deux de ses fils qu'il soupçonnoit d'en vouloir à sa vie : Auguste l'engage à leur faire grace.

746.

Jeux funéraires en l'honneur d'Agrippa. Auguste ordonna que tout le monde y parût en habit de deuil.

de l'Histoire des Empereurs.

FAITS MEMORABLES DU REGNE D'AUGUSTE.

747. 748.

Caïus Cefar fils de Julie & d'Agrippa, est déclaré Prince de la jeuneſſe. Tibere, mécontent des débauches de Julie, qu'il n'oſoit répudier, ſe retire à Rhodes où il paſſe ſept ans. Hérode envoye à Rome un célébre Orateur nommé Nicolas de Damas, qui le fait rentrer en grace auprès d'Auguſte.

749.

Hérode fait étrangler à Sébaſte ſes deux fils aînés, Alexandre & Ariſtobule qu'il crut, ſur de faux rapports, en vouloir à ſa vie. Leurs corps furent portés à Alexandrium où on leur donna la ſépulture.

750.

Il découvre une conjuration que ſon troiſieme fils avoit formée contre lui, & le fait enfermer, pour attendre le jugement d'Auguſte, ſur ſon châtiment.

751.

Auguſte inſtruit des débauches de ſa fille Julie, l'exile dans l'iſle Pandataire, aujourd'hui *Santa Maria*. Il fit périr une partie de ceux qui avoient été complices de ſes débauches, & exila les autres. Caïus Ceſar, petit-fils d'Auguſte, oblige Phrahates à évacuer la petite Armenie, dont il s'étoit emparé.

Cyrinus, Gouverneur de Syrie pour les Romains, ordonne la récenſion du peuple Juif, pour impoſer un tribut ſur chaque famille.

Faits mémorables du règne d'Auguste.

Naissance de J. C. le 25. Décembre.

752.

Massacre des enfans nouveaux nés aux environs de Bethléem. Hérode alarmé à l'arrivée de trois Mages, qui étoient venus des pays Etrangers rendre hommage à J. C. qu'ils disoient être le nouveau Roi des Juifs, donna ordre de massacrer tous les enfans nouveaux nés. Il fit étrangler son troisieme fils Antipatre, ce qui fit dire à Auguste, qu'il aimeroit mieux être le cochon d'Hérode, que son fils, parce que les Juifs ne mangeant point de pourceau, n'en tuoient jamais

Mort d'Hérode Roi des Juifs.

Trois mille Juifs furent massacrés le jour de Pâques par des soldats qu'Archelaüs, fils d'Hérode, fit entrer dans le Temple, pour appaiser une sédition formée contre lui.

753.

Auguste divise le Royaume des Juifs, entre les trois fils d'Hérode, & leur défend de prendre le titre de Rois, leur accordant seulement celui de Tétrarques.

De J. C. 1.   *De Rome 754.*

Tibere, après avoir passé huit ans à Rhodes, est rappellé à la sollicitation de sa mere Livie.

* Quoiqu'on soit très-persuadé qu'il n'y a pas moins de trois années d'erreur sur la naissance de J. C. j'ai cru devoir suivre l'Ere commune.

de l'Histoire des Empereurs. 73

FAITS MEMORABLES DU REGNE D'AUGUSTE.

L. Cefar, petit-fils d'Augufte, meurt à Marfeille. C'étoit le fecond fils de Julie & d'Agrippa.

De J. C. 2.   De Rome 755.

Augufte propofe à Tibere de l'adopter : mais ce rufé politique fait femblant de le refufer.

De J. C. 3.   De Rome 756.

Mort de Caïus Cefar l'aîné des petits-fils d'Augufte. Domnes, qui commandoit pour les Parthes, dans la ville d'Artaxate, lui avoit donné un an auparavant un coup de poignard. Cette bleffure fut caufe de fa mort.

Augufte adopte Tibere, & lui fait prendre le nom de Cefar.

La conjuration de Cinna, petit-fils du grand Pompée du côté maternel, eft découverte : Augufte le fait venir, le convainc de fon crime, & au lieu de le punir, lui fait des préfens & le défigne Conful pour l'année fuivante. Il fuivit en cela le confeil de Livie.

De J. C. 4.   De Rome 757.

Débordement du Tibre. Fameufe éclipfe de Soleil. Grande famine à Rome : on chaffa tous les efclaves & les gladiateurs.

De J. C. 5.   De Rome 758.

La cherté engage les Sénateurs à quitter Rome

FAITS MEMORABLES DU REGNE D'AUGUSTE.

pour aller vivre dans leurs métairies. Le feu consume presque la moitié de Rome.

Auguste établit une caisse Militaire.

De J. C. 6.   De Rome 759.

Il établit un impôt qui étoit le cinquieme de la vente d'un esclave, & en fait acheter du blé pour remplir les magasins publics.

De J. C. 7.   De Rome 760.

La Judée est réduite en province Romaine, & Archelaüs, fils d'Hérode, qui y régnoit sous le titre de Tétrarque, est exilé à Vienne dans la Gaule Transalpine. Tibere pacifie la Pannonie & la Dalmatie, révoltées sous la conduite de deux particuliers nommés Batons.

De J. C. 8.   De Rome 761.

Germanicus prend Retine. Il y perdit beaucoup de monde, parce que si-tôt que les Romains furent entrés dans la ville, les habitans mirent le feu à des matieres combustibles, dont ils avoient rempli les soûterrains.

Andrium est prise par Tibere. Il pensa y périr.

Défaite de Varrus, dans la forêt de Teutobourg ou Cæsia en Germanie. Il fut surpris par les ennemis qui taillerent son armée en pieces : de trois légions qu'il commandoit, il en périt dix mille hom-

Faits mémorables du regne d'Auguste.

mes. Il se tua lui-même : les Germains couperent sa tête, & l'envoyerent à Auguste pour l'insulter.

De J. C. 9.   De Rome 762.

Tibere soûmet la Germanie, & venge l'affront que les Romains avoient souffert par la défaite de Varrus.

De J. C. {10. 11.}   De Rome {763. 764.}

Auguste condamne au feu tous les libelles diffamatoires, & ordonne la punition des Auteurs.

De J. C. 12.   De Rome 765.

Il établit le vingtieme sur le revenu des Romains. Cet impôt déplut beaucoup au peuple.

De J. C. 13.   De Rome 766.

Le Sénat permet à Auguste de choisir tous les ans vingt Sénateurs, pour lui servir de conseil, parce que son grand âge l'empêchoit d'aller souvent au Sénat. Tout ce qu'il régloit avec eux avoit la même force que si le Sénat y avoit été assemblé en corps.

De J. C. 14.   De Rome 767.

Auguste fait le dénombrement du peuple Romain. Il meurt à Noles le 19 Août.

Auguste dut sa puissance à la fortune & à la sou-

Faits memorables du regne d'Auguste.

plesse de son caractere, & une partie de sa réputation & de sa gloire à la flaterie. Par un zele feint & une douceur simulée, il gagna la confiance du Sénat qui le choisit pour défenseur de la République, contre les entreprises d'Antoine : mais il n'employa les armes que sa patrie lui mit aux mains, que pour lui ravir sa liberté. N'ayant presqu'aucune vertu militaire, il s'associa avec Antoine, profita de ses victoires, & s'en fit comme un rempart contre tous ses ennemis. Ce fut alors que son avarice & sa cruauté se montrerent dans tout leur jour : il suffisoit d'être riche pour être proscrit & massacré ; le mérite & la reconnoissance n'arrêtoient point sa fureur. Lorsqu'il crut son pouvoir assez affermi, il ne voulut plus le partager, & profita des fautes d'Antoine, pour le détruire, immola tout ce qui lui faisoit ombrage, fit couler ce qui restoit du sang du grand Jule, & revint à Rome, où tout plia sous lui. Se voyant sans concurrent, il songea à se faire une réputation glorieuse chez la postérité. Pour faire oublier ses crimes passés, il travailla à plier son caractere du côté de la clémence : mais ses efforts auroient été inutiles, sans les sages conseils de ceux à qui il avoit donné sa confiance. Mécene lui épargna plusieurs fois la honte de tremper ses mains dans le sang de ces citoyens, & c'est à Livie qu'il est redevable de ce généreux pardon qu'il accorda à Cinna. Il ne doit donc, à proprement parler, la grande réputation dont il a toûjours joüi, qu'au bonheur qu'il eut de vivre dans un siecle fertile en écrivains habiles dont, à l'instigation de Mécene, il acheta la plume par ses libéralités. Le desir qu'il eut de transmettre à la postérité un nom illus-

Faits memorables du regne d'Auguste.

tre, lui fit choisir, pour son successeur, Tibere, dont il connoissoit les vices; persuadé qu'ils feroient sortir avec plus d'éclat les vertus dont il s'étoit masqué. C'est ainsi qu'Auguste sacrifia le bonheur de ses peuples à son ambition.

Auguste avoit composé les commentaires de sa vie: mais ils ne sont pas parvenus jusqu'à nous. Tous les Savans sont sensibles à la perte de cet ouvrage, qui nous éclairciroit sur plusieurs faits dont il ne nous reste que des monumens incertains: il nous feroit connoître le style d'un Prince, sous le régne duquel les belles Lettres ont été poussées au plus haut degré de perfection: il nous feroit connoître le génie de ce grand politique & nous verrions Auguste tout entier.

FAITS MEMORABLES DU REGNE D'AUGUSTE.

REMARQUES.

Les Romains, en changeant de gouvernement, semblerent changer de caractere. Pendant la République le dernier citoyen, comme le premier avoit l'ame grande. Sous les Empereurs tout changea. Auguste, en établissant la Monarchie, ne songea qu'à sa grandeur, & y sacrifia les intérêts de l'Etat. En se revêtissant de toutes les premieres magistratures, il ôta aux particuliers l'espérance de se signaler. L'amour de la gloire & des distinctions avoit donné du courage aux Romains, & leur avoit fait faire de grandes actions. Lorsqu'ils perdirent ces aiguillons, ils perdirent en même tems le courage, & tomberent dans la mollesse. Ils regarderent l'Etat avec indifférence, parce que l'intérêt de l'Etat n'eut plus rien de commun avec eux. Auguste fit encore une plus grande plaie à la République, en établissant une garnison perpétuelle dans Rome : il ouvrit par-là le chemin au despotisme, que ses successeurs saisirent avidement. Ils trouverent sous leur main des bras toûjours armés pour leur défense; ils oserent tout, parce qu'ils ne craignoient rien ; & le desir d'envahir des patrimoines leur fit commettre des crimes qu'on ne lit qu'en frémissant. Tout le monde alors donna dans la flaterie ; les grands pour conserver ce qu'ils possédoient, les petits pour obtenir ce qui leur manquoit. Vespasien monta au throne, & remedia aux maux que ses huit prédécesseurs avoient faits à la République; il fut imité, même surpassé en sagesse par Tite : mais Domitien leur succéda, Domitien ce monstre hor-

Faits memorables du regne d'Auguste.

rible qui détruisit leur ouvrage, immola ceux qui avoient fait paroître de la vertu sous ses deux prédécesseurs & qui oserent en conserver sous lui. Il acheva de perdre la République, & de ruiner les particuliers en augmentant la paye des troupes. Les soldats s'accoûtumerent aux luxe, se relâcherent de l'ancienne discipline militaire. Le grand Trajan, le severe Adrien, & les vertueux Antonins leur imprimerent du respect, & les retinrent dans les bornes de leur devoir : mais insensiblement ils s'accoûtumerent à élire des Empereurs, ils s'accoûtumerent encore à massacrer ceux qui refuserent de les enrichir des dépouilles des peuples; & les Romains furent toûjours en proie aux soldats, & presque toûjours gouvernés par des tyrans. Cet horrible gouvernement dura jusqu'au moment auquel la Religion Chrétienne monta sur le throne, & se répandit dans tout l'Empire. Cette Religion qui, outre les espérances flateuses qu'elle présente à tous les hommes, leur prescrit une morale si belle & si pure, entr'autres sages reglemens qu'elle occasionna dans l'Etat, fit supprmer les affreux spectacles de gladiateurs, bannit des cœurs la cruauté, & y établit l'amour du prochain, vertu si nécessaire dans la société, & si méritoire pour le Ciel.

Naissance et origine de Tibere.

Il naquit à Rome le 16 Novembre 712. de Rome, son pere s'appelloit C. Claudius Tiberius Nero : il descendoit en ligne directe d'Appius Claudius, Censeur à Rome l'an 441. de la fondation de cette ville. Sa mere étoit la fameuse Livie, qu'Auguste épousa lorsqu'elle étoit enceinte de Drusus surnommé Germanicus. Elle étoit de la même famille que son premier mari. Un de ses ayeuls nommé C. Livius Drusus Claudius passa par adoption dans la famille Livie. Les Claudes étoient originaires de Lacédémone. Un de leurs ancêtres passa en Italie, s'établit à Regille au pays des Sabins ; un nommé Atta Tatius Claudius vint à Rome, y amena un si grand nombre de parens & de vassaux qu'on en forma une tribu. Il entra dans l'Ordre Patricien par un Arrêt du Sénat, sa famille s'y conserva toûjours depuis, & fut illustrée par beaucoup de Consulats, cinq Dictatures & autant de triomphes. Cette famille prit le surnom de Néron, qui en langue Sabine signifie fort & courageux.

Faits memorables du regne de Tibere.

De J. C. 14.   *De Rome 767.*

Assemblée du Sénat, où on ouvre le testament d'Auguste, qui nomme Tibere son successeur à l'Empire. Ce rusé politique, pour couvrir son ambition, ne l'accepta qu'après bien des sollicitations.

Julie, fille d'Auguste, femme de Tibere, meurt de misere à Rhege, où Auguste l'avoit exilée.

Agrippine,

FEMMES.

AGRIPPINE, fille du grand Agrippa & de Cœlia Attica, fille de Pomponius Atticus, Chevalier Romain, le grand ami de Ciceron.

Tibere aimoit beaucoup Agrippine ; il fut très-affligé lorsqu'Auguste le força à la répudier pour épouser Julie. Un jour qu'il la rencontra, il fut tout ému, ce qui engagea Auguste à lui faire défendre de jamais paroître devant Tibere.

JULIE, *voyez* l'article des enfans d'Auguste.

MORT DE TIBERE.

Il mourut à Mizene dans la Campanie le 16 Mars 37 de J. C. âgé de 78 ans, après en avoir régné 22, 7 mois & 4 jours. Son corps fut porté à Rome, & ses cendres furent mises dans le tombeau des Cesars. On accusa Caligula de l'avoir étouffé.

SAVANS ET ILLUSTRES.

ANTHENODORE de Tarse fut Précepteur de Tibere. Il avoit composé plusieurs Livres dont on faisoit beaucoup de cas : mais ils ne sont pas parvenus jusqu'à nous.

APPION ou APION, né à Oasis en Egypte, sous la fin du regne d'Auguste. Il se disoit d'Alexandrie, parce qu'il avoit obtenu le droit de bourgeoisie de cette Ville. C'étoit un habile

ENFANS.

D'Agrippine.

DRUSUS. Sejan, premier Ministre de Tibere, le fit empoisonner par son Medecin.

De Julie.

Un fils dont on ignore le nom. Il mourut en bas âge.

PRINCES CONTEMPORAINS.

Papes.

S. PIERRE, Vicaire de J. C. étoit natif de Bethsaïde, Bourg de Galilée. Il avoit toûjours porté le nom de Simon : mais J. C. ayant connu la bonté de son caractere, & l'attachement qu'il avoit pour lui, lui donna le nom de *Cephas*, qui en notre langue signifie Pierre, voulant dire qu'il l'établissoit la pierre fondamentale de son Eglise. Depuis ce tems les Disciples l'appellerent toujours Pierre. Après la mort de J. C. S. Pierre établit son Siége à Antioche, de-là il le transporta à Rome, & l'y tint 25 ans. Il fut martyrisé sous Neron le 29 Juillet 66 de J. C.

Des Parthes.

TYRIDATE. Tibere voyant que Phrahatès, que les Parthes lui avoient demandé, étoit mort en chemin, leur envoya Tyridate : mais il ne put résister à Attaban,

F

Faits memorables du regne de Tibere.

Tibere envoye exécuter ceux des complices des débauches de Julie, qu'Auguste s'étoit contenté de-xiler.

Germanicus est déclaré Proconsul des légions à perpétuité. Trois de celles qui étoient en Illyrie, sous la conduite de Blésus, se révoltent.

De J. C. 15.   De Rome 768.

Tibere acquite les legs qu'Auguste avoit faits au peuple. Il y fut forcé par la raillerie d'un particulier, qui voyant passer sur la place publique un convoi, s'approcha du mort & lui dit : *Souvenez-vous de représenter à Auguste, dans les Champs Elisées, que les legs qu'il nous a faits ne sont point encore acquittés.* Tibere en ayant été informé, le fit venir & lui dit : *Allez-vous même apprendre à mon pere qu'ils sont acquittés, c'est moi qui vous en donne la commission* ; après quoi il le fit tuer par sa garde Impériale.

Les légions de la Germanie, que Drusus commandoit sur le Rhin, se soulevent aussi-tôt qu'elles apprennent la mort d'Auguste, & que Tibere est élû son successeur. Les soldats prétendoient que le droit d'élire un Empereur n'appartenoit qu'à eux. Ils voulurent proclamer Drusus ; qui eut la générosité de les refuser, & l'adresse de les appaiser.

De J. C. 16.   De Rome 769.

Fameuse bataille dans la forêt d'Hessia. Germanicus y défit une armée de Germains venue pour le surprendre.

Savans et Illustres.	Princes Contemporains.

Grammairien ; il avoit composé plusieurs ouvrages : mais il ne nous est resté que quelques fragmens de son Traité contre les Juifs. Il vivoit encore sous Claude.

Cordus Cremutius, Sénateur Romain, a composé une histoire des guerres civiles & du regne d'Auguste. Il se laissa mourir de faim en 777 de Rome, se voyant cité au Tribunal de Tibere pour avoir fait l'éloge de Cassius dans son histoire des guerres civiles. Ses ouvrages ne sont pas parvenus jusqu'à nous.

Massurius Sabinus, savant Jurisconsulte, étoit d'une basse naissance, & fort pauvre, n'ayant pour vivre que les libéralités de ceux qui venoient à son Ecole. Il eut beaucoup de crédit sous Auguste & sous Tibere. Ce dernier lui accorda une permission particuliere de repondre sur les questions de Droit. Il composa douze Livres, intitulés *Memorabilia*, trois *Juris Civilis*, plusieurs *Responsorum*, & quantités d'autres. Il est cité environ quatre-vingts-dix fois dans le Digeste, une fois dans le Code, & trois fois dans les Instituts.

Nerva (Cocceius) savant Jurisconsulte, étoit un homme d'un grand génie. Tibere conçut une si grande estime pour lui, qu'il lui donna le Consulat, & l'emmena avec lui à Caprée : mais Nerva ne pouvant souffrir les cruautés de Tibere, se laissa

Des Parthes.

qui le défit, & le chassa peu de mois après son arrivée l'an de J. C. 36.

Artaban, après avoir défait Tyridate, resta seul possesseur du Royaume des Parthes. Il fit alliance avec Claude. Il mourut l'an 42 de J. C. après un regne de 29 ans.

FAITS MEMORABLES DU REGNE DE TIBERE.

Il défait Arminius, & prend sa femme prisonniere. Pour cette victoire Tibere lui laisse prendre le titre d'*Imperator*. Il arrive dans la forêt de Teutobourg, à l'endroit où Varus avoit été défait huit ans auparavant : il lui fut indiqué par plusieurs soldats de son armée, qui avoient été à cette défaite, par les débris d'un camp, & par la grande quantité d'ossemens de morts qui y étoient restés. Il fit creuser un fossé pour mettre tous ces os, & chassa Arminius de la forêt, où il s'étoit retranché.

Cinna, à la tête de quatre légions que Germanicus lui avoit confiées, fut attaqué par les Germains dans des marais ; il y essuya quelque perte : mais lorsqu'il eut attrapé la terre ferme, il les battit, & força Arminius à fuir. Agrippine, femme de Germanicus, va avec son fils Caligula, sur les bords du Rhin ; elle félicite Cinna sur sa victoire, & donne des récompenses à tous les soldats.

Tibere, qui la soupçonnoit de vouloir mettre son mari à la tête de l'Empire, en fut si jaloux, qu'il ne put s'empêcher de faire paroître son mécontentement en public.

De J. C. { 17. 18. }   De Rome { 770. 771. }

Camille, descendu en ligne directe du fameux Dictateur le grand Camille, bat Tacfarinas, soldat aventurier qui s'étoit mis à la tête des Musulans, petit peuple d'Asie, vers les confins de la Numidie.

Mort d'Archelaüs, Roi de Cappadoce : Tibere, qui lui en vouloit, le fit venir à Rome se justifier de quelques accusations qu'il lui suscita ; voyant que le

Savans et Illustres.

mourir de faim. On trouve trente-trois citations de ce Jurisconsulte dispersées dans le Digeste.

PATERCULE, *Velleius Paterculus*, Historien Latin, étoit originaire de Naples. Il fut Lieutenant de Tibere en Allemagne. Nous avons de lui un abrégé en deux Livres de l'histoire de la Grece, de l'Orient, de Rome, & de l'Occident : mais nous n'avons pas tout son ouvrage. Cet Auteur est inimitable dans ses portraits, & a écrit avec un agrément qu'il est difficile d'égaler. On l'accuse cependant d'avoir trop flatté Tibere & Sejan.

PHEDRE, natif de Thrace, étoit un affranchi d'Auguste. Nous avons de lui cinq Livres de Fables en vers. Il les publia sous le nom d'Esope, pour leur attirer plus de réputation : mais on croit que la plûpart sont de lui, & qu'il y en a très-peu d'Esope. Tous les Connoisseurs admirent la pureté, la simplicité de son style, & la façon naturelle avec laquelle il narre.

REMMIUS-PALEMON, esclave, apprit les Belles-Lettres en suivant son Maître au Collége ; il les enseigna à Rome avec beaucoup de réputation, sous Tibere & sous Claude. On le croit Auteur d'un Poëme sur les poids & mesures, qui est parvenu jusqu'à nous. Seneque acheta de lui une vigne celebre par son extraordinaire fertilité. Il mourut sous Néron.

Savans et Illustres.

STRABON, fameux Geographe, étoit natif d'Amise dans le Pont. Il mourut vers la douziéme année du regne de Tibere, dans un âge fort avancé. Il a composé une Geographie en dix-sept Livres, après avoir été lui-même visiter tous les lieux dont il vouloit parler. Il avoit composé plusieurs autres ouvrages : mais ils ne sont pas venus jusqu'à nous.

TRASILE avoit composé un ouvrage sur la généalogie & sur les écrits de Platon : mais il ne nous reste rien de lui. Il mourut en 36 de J. C.

VALERE-MAXIME, Historien Latin, prit le parti de Sexte Pompée. Lorsqu'il fut de retour à Rome, il écrivit les actions les plus remarquables des Romains, & des grands hommes. Son ouvrage est en neuf Livres : il le dédia à Tibere. Plusieurs croyent que l'ouvrage que nous en avons n'est qu'un abrégé du sien composé par Julius Paris. On ne sait quand mourut Valere-Maxime.

VERRIUS [FLACCUS] célebre Professeur de Rhétorique à Rome, mourut fort âgé sous Tibere : On lui attribue plusieurs Livres des choses mémorables, & un écrit sur la signification des mots.

VOTIENUS, est loüé par Ovide & par Seneque : il fut exilé en 777 de Rome dans les îles Baleares pour avoir composé des Satyres sur Tybere, qui ne sont pas venues jusqu'à nous.

F iij

Faits memorables du regne de Tibere.

Sénat refusoit de le condamner, il le fit empoisonner.

Bataille fameuse donnée sur les bords du Visurgis. Germanicus y défit Arminius chef des Cherusques. Les vaincus revinrent le lendemain à la charge: mais ils furent tous taillés en pieces. La flotte de Germanicus est surprise par une horrible tempête : plusieurs galeres furent jettées sur différentes côtes, & furent long-tems sans pouvoir rejoindre la flotte. Germanicus reprend une aigle Romaine sur les Marses qui la gardoient depuis la défaite de Varus. Il est rappellé à Rome, & y triomphe le 26 Mai 18e. année de J. C.

Tibere fait déclarer Germanicus Empereur d'Orient.

De J. C. 19.   De Rome 772.

Zénon, dit depuis Artaxias, est placé sur le throne d'Armenie par Germanicus.

Les temples des Egyptiens sont rasés à Rome, leurs Dieux jettés dans le Tibre, & leurs Prêtres mis en croix, parce qu'ils avoient souffert qu'on violât une jeune Dame nommée Pauline, dans un de leurs temples. On chasse les Juifs de Rome, parce qu'un d'entr'eux avoit gardé, pour lui-même, des présens que Fulvie, Dame Romaine, envoyoit au temple de Jérusalem, après avoir embrassé la Religion Juive.

Le 8. Juillet il se forma une nouvelle île dans l'Archipel, près celle de Delos. Un terrible tremblement de terre renversa plusieurs villes dans l'Asie, du nombre desquelles furent Ephese, & Nicephore. On vit des montagnes s'engloutir en terre, & leur

Faits memorables du regne de Tibere.

cime être de niveau avec les rases campagnes, on en vit s'élever d'autres : des abîmes s'ouvrirent, on y trouva des corps d'une grandeur prodigieuse, dont on prit une dent qui avoit plus d'un pié de long ; on la porta à Tibere, qui pour juger de la grandeur de tout le corps, fit faire une tête proportionnée à cette dent, après quoi il la renvoya pour être jointe au reste du corps, regardant comme un sacrilége de violer la sepulture des morts.

De J. C. 20.   De Rome 773.

Tibere fait réparer les Villes endommagées par le tremblement de terre de l'année précédente.

Germanicus meurt à Antioche, empoisonné par Pison. Il fut regretté universellement. Les Rois même les plus éloignés furent affligés à sa mort, * & envoyerent des larmes, pour mettre dans son tombeau.

De J. C. 21.   De Rome 774.

Agrippine arrive à Rome avec l'urne qui contenoit les cendres de son mari Germanicus ; le Sénat va en corps au devant d'elle : on porta l'urne au champ de Mars, dans le tombeau qu'Auguste avoit fait faire pour sa famille.

Les Cherusques, voyant qu'Arminius vouloit prendre la qualité de Roi, le tuerent. Il les avoit

---

* Selon un usage établi chez les Anciens, lorsqu'il mouroit quelqu'un de marque, les personnes les plus distinguées envoyoient un petit vase fait en forme de larme, qui étoit sensé contenir les pleurs que leur avoit fait verser la mort du défunt, & on avoit soin de les mettre dans son tombeau.

Faits memorables du regne de Tibere.

souvent fait revolter contre les Romains.

Tibere craint que Pison ne révele les ordres qu'il lui avoit donnés d'empoisonner Germanicus ; il le fait empoisonner dans la prison où il étoit détenu.

Un petit corps de cinq cents vétérans défait Tacfarinas à Thala, petit Château en Afrique.

De J. C. 22.   De Rome 775.

Bataille d'Autun : Silius y défait Sacro-vir, qui avoit soulevé presque toute la Gaule.

De J. C. 23.   De Rome 776.

Toutes les villes de l'Empire Romain envoyent des Députés à Rome, pour justifier les droits d'asyle de leurs temples. Tibere renvoya au Sénat la connoissance de cette affaire ; les Sénateurs en reçurent la commission avec plaisir, parce que cela leur fournissoit occasion de voir les actes & les privileges accordés par les plus illustres des anciens Romains, les Traités faits avec les Rois, & toutes les Villes d'Europe & d'Asie. Le droit d'asyle fut par tout borné à certains crimes.

Blæsus, en Afrique, défait Tacfarinas, & reçoit le titre d'*Imperator* par Tibere même.

Tibere fait mourir un particulier qui se vantoit de rendre le verre malleable. *Les Physiciens prétendent que ce secret est impossible.*

De J. C. 24.   De Rome 777.

On abolit à Rome tous les spectacles étrangers.

Faits memorables du regne de Tibere.

De J. C. 25.   De Rome 778.

Dolabella défait, & tue Tacfarinas dans la Mauritanie Cesarienne.

Vibius accuse son propre pere d'avoir voulu soûlever la Gaule. On vit le pere chargé de chaînes défendre sa cause contre son propre fils. Il semble que ce n'étoit pas assez pour les Romains d'avoir perdu leur liberté, & d'avoir un Tyran pour maître, ils cherchent à se détruire les uns les autres, & n'ont plus d'oreilles pour entendre la voix de la nature.

De J. C. 26.   De Rome 779.

Tibere empêche les Espagnols d'ériger un Temple en son honneur. Un paysan de l'Espagne citerieure tranche la tête à Pison, Gouverneur de cette Province. Il est arrêté, on lui fait endurer les plus cruels tourmens: mais rien ne peut l'engager à découvrir ses complices. Cette fermeté épouvante Tibere.

De J. C. 27.   De Rome 780.

Poppeus Sabinus fait périr un nombre infini de montagnards de Thrace: ils s'étoient retirés sur une montagne escarpée où Sabinus les enferma, & les fit périr par la famine.

Onze Villes d'Asie envoyent à Rome se disputer l'honneur de faire bâtir un Temple au nom de Tibere & du Sénat.

Danger de Tibere. Il pensa être écrasé dans une grotte en Campanie, par des pierres qui croulerent: Sejan

Faits memorables du regne de Tibere.

soûtint celles qui étoient sur la tête de l'Empereur, & lui sauva la vie, ce qui augmenta beaucoup son crédit.

De J. C. 28.   De Rome 781.

Funeste évenement arrivé à Fidéne, ville de Sabinie. Un certain Atteius, fils d'affranchi, y donna un spectacle de Gladiateurs, ce qui y attira beaucoup de monde, parce que Tibere n'aimant pas les spectacles, ils étoient devenus fort rares à Rome. L'amphithéatre, qui étoit de charpente, écrasa sous la quantité de monde qui étoit dessus. Tacite dit qu'il y périt environ cinq mille personnes.

Grand incendie à Rome. Tout le quartier du mont Cœlius est réduit en cendres. Tibere indemnise tous les particuliers qui avoient souffert quelque perte.

Malonie, Dame Romaine d'une illustre naissance, résiste à la brutalité de Tibere, & se perce d'un poignard pour éviter son ressentiment.

De J. C. 29.   De Rome 782.

Sabinus est étranglé & jetté dans le Tybre; on assûre que son chien s'y jetta avec le corps de son maître. Son crime étoit d'avoir toûjours été attaché aux intérêts d'Agrippine, veuve de Germanicus. Lotiaris, à la sollicitation de Tibere, le fit venir chez lui, le mena dans l'appartement le plus reculé de sa maison où il avoit fait cacher trois témoins; là il lui fournit occasion de se plaindre de l'Empereur, fut le dénoncer, & le fit condamner.

La Frise se révolte, ne pouvant souffrir les exac-

Faits memorables du regne de Tibere.

tions d'Olenus qui y étoit en qualité de Lieutenant du Gouverneur.

De J. C. { 30. { 31. }   De Rome { 783. { 784. }

Jesus-Christ choisit ses Apôtres peu après Pâques l'an 31.

Cordoue en Espagne est soûmise par le Proconsul Domitius Ænobarbus. Il amena à Rome le Rheteur Seneque & ses trois fils qui en étoient natifs.

Agrippine, veuve de Germanicus, est exilée dans l'île Pandataire sur la côte de Campanie.

De J. C. 32.   De Rome 785.

Mort de Sejan. Tibere ayant appris qu'il tentoit à se faire proclamer Empereur, envoya ordre au Sénat de le condamner. Il eut la tête tranchée le 17 Octobre, son corps fut jetté dans le Tibre. On fit périr toute sa famille, sans épargner même une fille qu'il avoit en très-bas âge.

L'Orient se révolte ayant à sa tête un jeune homme fils de M. Silanus beau-pere de Caligula. Tibere le fit tuer, par-là cette révolte fut appaisée.

De J. C. 33.   De Rome 786.

On fit le Procès à tous les amis de Sejan. Tibere fait enlever des enfans de tous côtés pour servir à ses plaisirs impudiques.

Faits memorables du regne de Tibere.

Mort de Jesus-Christ, le Vendredi 3 Avril. Tibere, sur le rapport que Pilate lui fit des miracles opérés à la mort de Jesus-Christ, proposa au Sénat de le mettre au nombre des Dieux : mais sa proposition fut rejettée, sous prétexte de ne point admettre de Divinité étrangere.

Grande famine à Rome qui fait murmurer le peuple contre Tibere. Drusus, fils du second Germanicus, meurt de faim ; Tibere avoit défendu à ceux qui le gardoient dans sa prison de laisser passer aucun aliment : on le trouva mort au bout de neuf jours mangeant la bourre de ses matelats.

Les Apôtres établissent des Diacres, pour avoir soin des biens temporels de l'Eglise. S. Etienne martyr fut le premier Diacre.

De J. C. 34.   De Rome 787.

Tibere voyant que l'argent étoit rare à Rome, en prête à ceux qui en avoient besoin, pour trois ans sans intérêt.

S. Paul est converti miraculeusement, lorsqu'il alloit à Damas persécuter les Chrétiens.

Les Apôtres établissent S. Jacques Evêque de Jerusalem. Pour marque de sa dignité, il portoit sur le front une lame d'or. Il gouverna l'Eglise de Jerusalem l'espace de 29 ans.

De J. C. 35.   De Rome 788.

Lentulus Getulicus, qui commandoit les légions de la haute Germanie, ayant appris que Tibere vou-

Faits memorables du regne de Tibere.

loit lui faire son procès, lui manda que, pour sauver sa vie, il entreprendroit tout. L'Empereur eut peur & cessa de le poursuivre.

De J. C. 36.   De Rome 789.

S. Pierre établit son Siége à Antioche & y gouverna sept ans.

Pharasmane, Roi des Iberiens, chasse Artabane de l'Arménie dont il s'étoit emparé.

Les Apôtres composent le Symbole. Ils se séparent pour aller prêcher l'Evangile dans toutes les parties du monde connu.

De J. C. 37.   De Rome 790.

Paix conclue entre les Parthes & les Romains.

Grands dégâts à Rome causés par les débordemens du Tibre, & par un très-grand incendie. L'Empereur dédommagea ceux qui avoient le plus perdu.

Mort de Tibere.

Tibere étoit un des plus grands génies qui ait paru: mais il avoit le cœur dépravé. Composé de vertus & de vices, il étoit courageux, prudent & actif, enfin ce qu'on appelle un grand Capitaine, cruel, méfiant, de mœurs dissolus. Parvenu à la suprême puissance, il ne régla sa conduite que sur la politique la plus deliée, qu'il poussa même souvent à l'excès. Voyant que le Sénat lui étoit entierement soûmis, il ôta au peuple ce reste d'autorité qu'Auguste lui avoit laissé. Sa défiance lui fit entretenir la paix dans l'Etat, craignant toûjours que ceux auxquels il confieroit les

Faits memorables du regne de Tibere.

forces de l'Empire ne s'en serviffent contre lui-même. Il ne pardonnoit jamais une faute qui l'intéreffoit ; il fuffifoit d'être foupçonné pour être coupable, & d'être accufé pour être condamné. Il aimoit mieux faire périr un innocent que de laiffer un criminel impuni. Il eut honte à la fin de refter à Rome où tout lui retraçoit fes crimes, où chaque famille lui reprochoit la mort de fon chef, où chaque ordre pleuroit le meurtre de fes plus illuftres membres : il fe retira dans l'île de Caprée, où, fans difcontinuer fes crimes, il fe livra aux plus infames débauches. Il pouffoit l'avarice jufqu'à refufer aux pauvres les befoins les plus effentiels de la vie. Il fuffifoit d'être fon parent, pour être criminel. On ne fait quel étoit le motif qui lui faifoit chercher la deftruction de fes proches. Ne feroit-ce point aller trop loin de croire que par un excès de cruauté il voulut faire oublier fes crimes en ne laiffant de fa famille que le feul Caligula qui pût lui fuccéder ?

Naissance et origine de Caïus Julius Cesar Germanicus dit Caligula.

Caligula naquit à Antium le 31 Août de l'an 13 de J. C. Il étoit fils du fecond Germanicus & d'Agrippine, fille de Julie & du grand Agrippa : mais cet infenfé croyoit qu'il étoit deshonorant pour lui d'avoir Agrippa au nombre de fes ayeuls, & préféroit la honte d'être fils d'une mere fortie d'un incefte, à l'honneur d'être petit-fils du plus grand Capitaine de fon tems. Il difoit que fa mere Agrippine étoit fortie d'Augufte & de Julie fa fille.

de l'Histoire des Empereurs.

FEMMES.	ENFANS.

Junie Claudie, *Junia Claudia*, fille de Marius Junius Silanus : elle mourut en couche.

Ennia Nævia que son favori Macron, dont elle étoit épouse, lui céda. Il en avoit été favorisé avant qu'elle eût fait divorce avec Macron. Il la fit périr peu après qu'il fut élevé à l'Empire.

Livia Horestilla, qu'il fit enlever à C. Calpurnius Pison, le jour même de leur mariage. Il la répudia peu de tems après.

Lollia Paulina, *Lollia Paulina*, étoit d'une grande beauté & d'une vertu à l'épreuve. Il l'enleva aussi à C. Memmius Regulus, Proconsul de Macédoine ; il la répudia peu de tems après, avec défense d'avoir jamais affaire à aucun homme. Lorsqu'Agrippine, mere de Neron, eut épousé Claude, elle la fit exiler, l'ayant accusée de sortilége. Peu après elle envoya un Tribun la tuer, avec ordre de lui apporter sa tête. Lorsqu'on la lui présenta, elle en ouvrit la bouche pour voir à ses dents si c'étoit elle.

Cesonie, *Cesonia*, à laquelle il fut plus attaché qu'aux autres, quoiqu'elle ne fût ni belle ni jeune, & qu'elle eût déja eu trois enfans d'un autre mari : mais elle aimoit le luxe & étoit très voluptueuse, ce qui la lui rendoit fort agréable. Lorsqu'il étoit en partie de plaisir avec quelques-uns de ses amis, il la faisoit mettre toute nue, pour la leur faire

De Cesonie.

Julie Drusille, qui fut massacrée avec sa mere par le meurtrier de son pere.

PRINCES CONTEMPORAINS.

Papes.

S. Pierre 66.

Des Parthes.

Artaban, 43.

Naissance et origine de Caïus Julius Cesar Germanicus *dit* Galigula.

L'origine de la famille Claudia d'où sortoient les Germanicus, est expliquée au commencement du regne de Tibere.

Caligula fut adopté par Tibere, fils adoptif d'Auguste ; le surnom de Caligula lui vint de ce que son pere le menoit, dès son enfance, dans les camps, & lui faisoit porter un habit de guerre : les soldats badinoient avec lui, & l'appelloient *Caligula*, qui est le diminutif du mot Latin *Caliga*, qui signifie en notre Langue, guêtre.

Faits mémorables du regne de Caligula.

De J. C. 37.   De Rome 790.

Le Senat casse le testament de Tibere, par lequel il associoit son petit-fils Tiberius Nero Gemellus à l'Empire, & proclame Caligula seul Empereur.

Il envoye chercher les os de sa mere, qui étoit morte dans l'île Pandataire, où Tibere l'avoit exilée, & les fait mettre dans le tombeau des Cesars.

Il fait grace à tous les criminels de lese-Majesté.

Mort de Tiberius Nero Gemellus : Galigula le força de se tuer.

Agrippa, petit-fils d'Herode, reçoit la couronne des mains de Caligula.

Persécution des Juifs à Alexandrie ; on leur fit souffrir les plus horribles tourmens pendant les mois de Septembre & Octobre.

Herode le Tetrarque de Galilée, est relegué en Espagne avec la fameuse Herodias, sa femme. Il y mourut.

voit

de l'Histoire des Empereurs.

FEMMES.   MORT DE CALIGULA.

voir de la tête aux piés. On croit qu'elle lui avoit fait prendre un breuvage pour le rendre toûjours amoureux d'elle. Il disoit souvent que quand il devroit faire donner la question à sa Cesonie, il vouloit qu'elle lui dît pourquoi il l'aimoit si passionnément. Elle fut tuée peu de jours après Caligula.

MORT DE CALIGULA.

Il fut assassiné par un nommé Chera, Tribun d'une des Compagnies des Gardes Prétoriennes, le 9 Fevrier à sept heures du soir, dans une galerie qu'il traversoit pour aller au bain en sortant du spectacle. Son corps y resta presque toute la nuit. On le fit porter dans un jardin où ses sœurs ne le brûlerent qu'à demi & l'enterrerent précipitamment de peur que la populace n'outrageât son cadavre. Il avoit alors 28 ans, & en avoit regné 3, 9 mois, 28 jours.

Faits memorables du regne de Caligula.

De J. C. 38.   De Rome 791.

Mort de Macron, favori de Caligula, qui ne pouvant souffrir ses remontrances, le fit périr. Il força son beau-pere à se couper la gorge.

Caligula veut qu'on le regarde comme un Dieu, & se fait bâtir des Temples.

De J. C. 39.   De Rome 792.

Caligula fait meubler un Palais pour son cheval & lui donne des esclaves. Il fait bâtir sur la mer un pont qui alloit depuis Baïe jusqu'à Puzoles. Pour le construire il fit ramasser des vaisseaux de toutes parts, ce qui causa la famine à Rome, parce qu'il n'en restoit plus dans les mers pour porter des grains.

Terreur de Caligula. Etant en Allémagne à la tête d'une armée, il apprit que l'ennemi approchoit ; il fut saisi d'une si grande frayeur, qu'il prit la fuite sans donner aucun ordre à ses troupes.

Il découvre une conjuration formée contre lui, & fait périr les chefs.

Galba défait les Allemans.

De J. C. 40.   De Rome 793.

Mort de Ptolomée, Roi de Mauritanie. Caligula l'envoya en exil, & le fit tuer en chemin, parce qu'il avoit paru au spectacle avec un habit si brillant, qu'il avoit attiré les regards de tout le monde.

Caligula veut faire placer sa statue dans le Temple de Jerusalem avec ordre de l'y adorer comme un Dieu. Les Juifs, qui ne goûtoient pas ce nouveau culte, en-

Faits mémorables du règne de Caligula.

voyerent des Députés à Rome prier l'Empereur de ne pas faire exécuter son dessein : mais il les reçut avec dureté, leur fit plusieurs questions impertinentes, sans leur répondre à ce qu'ils étoient venus lui demander. Sa mort arrêta cet abominable dessein.

Il conduit une armée sur les confins de la Gaule ; prêt à passer dans la Bretagne il fait sonner de la trompette, fait faire les mêmes préparatifs que si l'ennemi eût été présent, & donne ordre aux soldats de ramasser des coquillages dans leurs casques.

Un esclave, nommé Androcle, est condamné à se battre publiquement contre un lion ; cet animal à qui trois ans auparavant il avoit guéri une plaie, le reconnoît, & lui lêche les piés. On fait grace à l'esclave, & on lui donne le lion.

Pilate, Gouverneur de Judée, se tue de désespoir, à Vienne en Dauphiné, où il avoit été exilé.

De J. C. 41.   De Rome 794.

Mort de Caligula : il fut tué le 9 Février en sortant du spectacle.

Les Romains croyoient que Tibere les avoit mis à l'épreuve de tous les maux : contens, pourvû que tout autre que lui regnât, ils reconnurent avec joie Caligula pour leur Empereur. Ce nouveau tyran accoûtumé à obéir, & doutant encore de sa puissance, commença son regne par quelques actions de clémence : mais lorsqu'il fut accoûtumé à tout pouvoir, il s'abandonna à son caractere, & commit des crimes jusqu'alors inconnus, accabla les peuples d'impôts, enleva le bien des particuliers, viola les femmes de

FAITS MEMORABLES DU REGNE DE CALIGULA.

la premiere distinction, en présence même de leurs maris, poussant l'impudence jusqu'a parler en public des beautés & des défauts qu'il leur avoit trouvés. Il commit des incestes avec toutes ses sœurs. Malheur à ceux qu'il s'avisoit de haïr, sa haine alloit toujours à la mort : & pour n'être pas barbare à demi, il prolongeoit leur supplice pour s'en amuser, & ne les faisoit tuer que quand la corruption de leurs plaies en rendoit l'odeur insupportable. Le spectacle le plus agréable pour lui, étoit de voir décapiter des hommes. Ceux que leurs places mettoient dans le cas de l'approcher souvent, étoient toujours exposés à lui servir de récréation par quelque mort tragique. Deux Consuls, au milieu desquels il étoit assis, le voyant éclater de rire, lui en demanderent la raison : *Je ris, leur repondit-il, parce que je songe qu'à l'instant même je peux vous faire égorger tous les deux.* Il avoit enfin tous les vices, & n'avoit aucune vertu, le nom seul de l'ennemi le faisoit fuir.

NAISSANCE ET ORIGINE DE L'EMPEREUR CLAUDE.

Il naquit à Lion l'an 743 de Rome. Il étoit fils du premier Germanicus, & d'Antonia fille de M. Antoine, & d'Octavie sœur d'Auguste.

L'origine de la famille des Germanicus Claudius, est expliquée au commencement du regne de Tibere.

FEMMES.	ENFANS.

Æmilia Lepida, arriere-petite-fille d'Auguste. Il l'épousa tout jeune : mais Auguste la lui fit répudier & la renvoya à ses parens, parce qu'il en avoit eu quelque sujet de mécontentement.

Livia Medullina Camilla, descendue de l'ancien Dictateur Camille. Elle lui fut promise étant encore très-jeune : mais elle mourut le jour même qui étoit marqué pour la célébration de leur mariage.

Plantia Herculania. Il la répudia à cause de ses débauches, & parce qu'elle fut accusée d'un meurtre.

Ælia Petina, qu'il répudia pour des causes légeres.

Messaline (Valerie, fille de Messala Barbatus, cousin germain de Claude du côté maternel. Cette Princesse a poussé l'impudicité jusqu'au dernier excès. Elle eut pour amans toute la maison de l'Empereur : Officiers, Soldats, Esclaves, tout lui étoit bon. A peine y avoit il un jeune homme dans Rome qui ne pût se vanter d'avoir eu part à ses faveurs. Souvent même elle quittoit le lit de l'Empereur lorsqu'elle le voyoit endormi, pour aller se prostituer dans les lieux publics dont elle ne sortoit que lorsque l'approche du jour ne lui permettoit plus d'y rester. C'est d'elle qu'un fameux satyrique a dit : *lassata viris, nec dum satiata recessit.*

De Plantia Herculania.

Drusus, qui mourut fort jeune.
Claudia. Il ne voulut pas la reconnoître, parce qu'il se persuada que Plantia sa mere l'avoit eue d'un de ses Esclaves nommé Boteris. Elle vint cependant au monde avant que cinq mois fussent accomplis depuis que Claude avoit répudié sa mere.

De Petina.

Antonia. Il lui fit épouser Cn. Pompeius Magnus, ensuite Faustus Sylla. Neron la fit tuer, parce qu'elle avoit refusé de l'épouser après la mort de Pompeius Magnus.

De Messaline.

Octavie, qui fut mariée à Neron après avoir fait divorce avec Junius Silanus : Neron la répudia lorsqu'il fut Empereur, & la fit tuer quelque tems après.

Britannicus, que Neron fit empoisonner, craignant qu'il ne voulût tôt ou tard monter sur le throne.

MORT DE L'EMPEREUR CLAUDE.

Il mourut le 13 Octobre 54 de J. C. âgé de 64 ans, après en avoir regné 13, 8 mois & 2 jours. On croit qu'il fut empoisonné par Agrippine sa femme. Ses cendres furent mises dans le tombeau des Cesars.

FAITS MEMORABLES DU REGNE DE CLAUDE.

De J. C. 41.   De Rome 794.

Claude effrayé du meurtre de Caligula, s'étoit caché; les soldats l'ayant rencontré, par hasard, le proclamerent Empereur. Le Sénat, quoiqu'il eût envie de rétablir la République, n'osa s'opposer à son élection, & le reconnut.

Ceux qui avoient trempé dans la conjuration formée contre Caligula, font condamnés à mort.

Galba refuse l'Empire que les Gaulois lui offrent.

Les Maures, qui s'étoient révoltés, pour venger la mort de leur Roi Ptolomée, que Caligula avoit fait tuer, font battus & se soûmettent.

Galba soûmet les Cattes.

Les Marses font défaits par Gabinius, qui leur reprend la derniere aigle Romaine, qui leur étoit restée depuis la défaite de Varus.

De J. C. 42.   De Rome 795.

Suetonius Paulinus défait les Maures & pille leur pays jusqu'au-de là du Mont Atlas.

Claude fait construire le port d'Ostie.

Camille, Gouverneur de Dalmatie, se fait proclamer Empereur à la tête des troupes qu'il commandoit, mais ses soldats le tuerent peu après.

Aria, Dame Romaine, voyant Pœtus son mari convaincu d'avoir trempé dans une conjuration contre l'Empereur, & condamné à mort, pour cet attentat, s'enfonce un poignard dans le sein, & le présente à son mari, en lui disant: *Prend Pœtus, cela ne fait point de mal.*

de l'Histoire des Empereurs.

FEMMES.	PRINCES CONTEMPORAINS.

Enfin ſes débauches étoient ſi publiques que ſon mari même ne put les ignorer ; il la fit tuer l'an de J. C. 48.

AGRIPPINE, fille de Germanicus, frere de Claude, étoit venue de Cn. Domitius Ænobarbus de qui elle avoit eu Neron lorſqu'elle épouſa Claude. Elle pouſſa l'impudicité, à peu de choſe près, auſſi loin que Meſſaline. On l'accuſoit de commerce inceſtueux avec ſon frere Caligula. Devenue l'épouſe de Claude, elle lui fit commettre des meurtres ſans nombre, & mit le comble à ſes cruautés, en le faiſant punir lui-même pour mettre ſur le throne Impérial Neron ſon fils du premier lit. Quelqu'un lui ayant prédit que ce fils la feroit périr, elle répondit : *N'importe à quel prix pourvû que je ſois mere d'un Empereur.* En effet Neron, las de la gêne dans laquelle elle le tenoit, la fit maſſacrer l'an de J. C. 59.

PRINCES CONTEMPORAINS.

Papes.

S. PIERRE, 66.

Des Parthes.

ARTABAN, 43.
GOTARZE s'empara de la couronne, quoiqu'Artaban l'eut laiſſée par Teſtament à Bardanes ſon ſecond fils : mais ſes Sujets le chaſſerent la même année à cauſe de ſes cruautés, 43.

VARDANES fut élevé ſur le throne après que ſon frere en eut été chaſſé : mais ſes cruautés le rendirent inſupportable à ſes Sujets qui le tuerent en 49.

GOTARZE remonta ſur le throne après la mort de Vardanès ſon frere : mais ayant recommencé ſes cruautés, les Parthes firent revenir de Rome Meherdates qui fut défait, & pris priſonnier par Gotarze, qui mourut l'an 50.

VONONES ne regna que peu de mois. Il mourut l'an 50.

VOLOGESE, fils de Vononès II. Lorſqu'il fut monté ſur le throne il donna le Royaume d'Arménie à ſon frere Tyridates : mais les Romains l'en chaſſerent, & le forcerent de venir en recevoir la couronne des mains de Neron. Les grandes révolutions qui arriverent à Rome furent cauſe que Vologeſe fut longtems tranquille. Il fit alliance avec Veſpaſien, & mourut en 91.

SAVANS ET ILLUSTRES.

ASCONIUS PEDIANUS, natif de Padoue, étoit un bon Grammairien. Il s'eſt rendu célebre par des Commentaires ſur Ciceron. On croit qu'il a écrit ſous Claude, & qu'il a été douze ans aveugle. Il mourut à l'âge de 72 ans.

CERINTHE, Héréſiarque, étoit

G iv

Faits memorables du regne de Claude.

De J. C. 43.   *De Rome 796.*

Saint Pierre va à Rome, où il établit son siége qu'il y tint 25 ans.

Claude, passe en Angleterre, en soûmet une partie, y laisse Plautius, avec ordre de soûmettre le reste.

De J. C. $\begin{cases} 44. \\ 45. \\ 46. \end{cases}$ *De Rome* $\begin{cases} 797. \\ 798. \\ 799. \end{cases}$

Il parut dans la mer Egée, un Isle nouvelle, dont l'émersion avoit été précédée d'une prodigieuse éruption de fumée, de feux & de pierres.

Agrippa, Roi des Juifs, petit-fils d'Hérode, meurt à Césarée rongé de vers l'an 44, après avoir régné 7 ans sur la tétrarchie de Philippe, & 3 ans & quelques mois sur toute la Judée.

De J. C. 47.   *De Rome 800.*

Dénombrement du peuple Romain : on y comprit tous ceux qui avoient droit de bourgeoisie ; le nombre se monta à six millions neuf cens soixante quatre mille. Il se trouva un homme à Boulogne en Italie, qui avoit cent cinquante ans. L'Empereur vérifia le fait lui-même.

Révolution chez les Parthes ; ils chassent Artaban leur Roi, qui secouru par Isaate Roi de l'Adiabene, les force de consentir à son rétablissement.

Corbulon soûmet les Allemans révoltés.

SAVANS ET ILLUSTRES.   SAVANS ET ILLUSTRES.

Juif d'origine. Il voyagea dans sa jeunesse en Egypte, où il apprit la Philosophie; de là il passa en Asie, où il s'opposa aux Apôtres en soûtenant que la Circoncision étoit nécessaire, & que les Chrétiens ne pouvoient s'abstenir de la loi sous aucun prétexte. Il soûtenoit que ce n'étoit pas Dieu qui avoit fait le monde, mais une vertu bien inférieure à la puissance souveraine; que la loi & les Prophetes venoient de cette même vertu qui avoit créé le monde, & non point de Dieu; que le Dieu des Juifs n'étoit qu'un Ange, que Jesus-Christ étoit fils de Joseph & de Marie, & n'étoit pas plus qu'un autre homme; que sa sagesse & sa vertu l'avoient mis au-dessus des autres, que le Christ, envoyé par le Dieu Souverain, étoit descendu sur lui en forme de Colombe, lui avoit révelé le Pere inconnu jusqu'alors, & que lui l'avoit révelé aux autres, & fait des miracles. Il disoit que lorsque Jesus avoit souffert, le Christ l'avoit quitté & étoit remonté au Ciel, & que Jesus étoit ressuscité quelque tems après sa mort. Il disoit en outre, qu'après la résurrection générale il y auroit un regne terrestre; qu'à Jerusalem les hommes joüiroient de tous les plaisirs pendant mille ans, ce qui a donné lieu à la secte des Millenaires.

S. MATHIEU, Apôtre & Evangeliste, natif de Galilée, étoit Receveur de quelques impôts, & son Bureau étoit sur le bord de la mer de Galilée. J.C. passant par devant son Bureau lui dit de le suivre. Cet Apôtre fut un des plus attachés à Jesus-Christ. Il mourut chez les Parthes, on ne sait pas au juste en quel tems. C'est le premier qui a écrit un Evangile.

NICOLAS, Hérésiarque, étoit originaire d'Antioche; il étoit Gentil: mais il embrassa le Judaïsme, puis le Christianisme. Les Apôtres qui remarquerent en lui une grande vertu, l'élûrent Diacre. Un jour qu'ils lui reprocherent qu'il étoit jaloux de sa femme qui étoit fort belle, il l'amena au milieu des Disciples, & lui permit d'épouser qui elle voudroit: mais tous rejetterent sa proposition. Quelques-uns l'ont accusé d'avoir établi plusieurs Hérésies: mais d'autres l'ont excusé, disant qu'il en avoit été la cause, sans en être l'Auteur, parce qu'il avoit dit qu'il falloit abuser de la chair, entendant qu'il la falloit mortifier. Plusieurs, après cela s'abandonnoient à toutes sortes d'impuretés, & à tous les excès, disant qu'ils suivoient les préceptes du Diacre Nicolas.

S. PAUL, l'Apôtre, natif de Tarse, ville de la Cilicie, étoit Juif sorti de la race d'Abraham, & de la Tribu de Benjamin. Son

FAITS MEMORABLES DU REGNE DE CLAUDE.

De J. C. 48. De Rome 801.

Meſſaline femme de Claude, épouſe publiquement Silius : Narciſſe la fit tuer, crainte qu'elle ne le fît périr, ſi elle rentroit en grace auprès de l'Empereur.

Pluſieurs croyent que la Sainte Vierge mourut cette année à Epheſe.

De J. C. 49. De Rome 802.

Claude épouſe Agrippine, ſa niece, alors mere de Neron. Elle fait rappeller d'exil Seneque, à qui elle confie l'éducation de Neron.

Grande famine en Grece. Les Juifs ſont chaſſés de Rome par l'ordre de Claude.

Premier Concile tenu à Jéruſalem par les Apôtres. Saint Pierre y préſida. Il y fut décidé que les Gentils nouvellement convertis ſeroient exempts de la circonciſion, & de l'abſtinence des viandes défendues par la Loi de Moyſe.

Saint Pierre eſt repris publiquement à Antioche par Saint Paul, ſur ce qu'après avoir mangé toutes ſortes de viandes indiſtinctement avec les Gentils convertis, il change de conduite à l'arrivée de quelques Juifs nouvellement Chrétiens.

Les Parthes tuent leur Roi Vardanès, qui leur étoit devenu inſupportable à cauſe de ſes cruautés : ils demandent un Roi à Claude qui leur envoye Méherdate, petit-fils de Phrahate leur Roi, du tems d'Auguſte : Gotarze le battit & lui fit couper les oreilles.

pere étoit de la Secte des Pharisiens. Il se nommoit d'abord Saul : mais il prit depuis le nom de Paul. Sa conversion n'est ignorée de personne. On sait avec quel zele il prêcha la foi. Il eut la tête tranchée à Rome le 29 Juin 67, âgé de 68 ans. En matiere de Théologie & de Dogmes, lorsqu'on parle du grand Apôtre c'est toujours de S. Paul qu'on entend parler.

Son style est noble, mais vif; & c'est peut-être la partie de l'Ecriture qu'on cite le plus souvent.

POMPONIUS MELA, natif d'Espagne, vivoit sous l'Empereur Claude. Il a composé une description du monde en trois Livres. Cet ouvrage est parvenu jusqu'à nous.

QUINTE-CURCE. On ignore le lieu de sa naissance : les uns disent qu'il a vécu sous Auguste, les autres sous Claude. Vossius assûre qu'il n'a écrit que sous Vespasien. Il composa l'histoire d'Alexandre le Grand en dix Livres. On a perdu les deux premiers, la fin du cinquieme, le commencement du sixieme, & quelques endroits du dernier. Son style est beau, quoiqu'il ne soit pas toûjours soûtenu. On l'accuse d'avoir trop cherché à relever Alexandre, & de lui avoir même fait honneur dans cette vûe, d'exploits supposés.

SERVILIUS (MARCUS) a composé une Histoire Romaine dont les anciens auteurs font beaucoup d'éloges : mais elle n'est pas venue jusqu'à nous.

Faits memorables du regne de Claude.

De J. C. 51.   De Rome 803.

Claude adopte Neron à la sollicitation d'Agrippine.

Les Cattes révoltés, sont soûmis par Lucius Pomponius.

Les Suéves chassent Vannius leur Roi ; il vient implorer le secours de Claude, qui lui donne des terres pour passer le reste de ses jours dans la tranquillité.

De J. C. 51.   De Rome 804.

Grande famine à Rome, causée par la stérilité.

Rhadamiste s'empare de l'Armenie, après avoir fait étouffer son oncle Mithridate avec sa femme & ses enfans. Il en fut chassé peu de temps après, par Vologese Roi des Parthes, qui donna ce Royaume à son frere Tyridate.

Caradoc, fils de Cinobelin, Roi dans la Grande Bretagne, qui soûtenoit la guerre contre les Romains depuis neuf ans, est fait prisonnier & envoyé à Rome ; en y arrivant il dit : *Je suis étonné que des gens qui ont de si beaux Palais, envient les cabanes de mon pays.* Claude lui donne la liberté.

De J. C. 52.   De Rome 805.

Saint Paul prêche à Athenes, & convertit Saint Denys l'Aréopagite.

De J. C. 53.   De Rome 806.

Neron engage Claude à décharger ceux d'Ilium de tout impôt, parce qu'ils étoient les ancêtres des Romains.

Faits memorables du regne de Claude.

De J. C. 54. *De Rome 807.*

Cérinthe commence à publier ses hérésies.
Mort de Claude.

Claude fut un Prince foible, timide, toûjours étonné, toujours enfant, un imbécille qui ne connut ni sa force, ni sa foiblesse, ni ses droits, ni son devoir. Il apprit les débauches de ses femmes, il en fut même témoin, & connut sa honte sans en être troublé. Il signa lui-même le contrat de mariage de Messaline avec Silius, & fut aussi insensible à cet affront, qu'il l'avoit été à tous les autres : il l'auroit laissé impuni si un de ses affranchis n'eût pas eu intérêt de faire périr Messaline. Maître de tous il étoit soûmis à tous. Sa femme vouloit-elle se venger du mépris d'un amant, elle le trouvoit toûjours prêt à lui obéir. Ses esclaves avides du bien d'un particulier, lui conseilloient-ils de le faire périr, il prononçoit l'Arrêt de mort. Camille, Gouverneur de Dalmatie, se fit proclamer Empereur, & écrivit à Claude une lettre pleine de menaces s'il ne se démettoit de l'Empire : Claude alloit s'en démettre si on ne l'en avoit empêché. Enfin ce Prince sans jugement, sans idées, sans discernement, toujours prêt à suivre le premier conseil, étoit avare, liberal, clément ou cruel, selon le caractere de ceux qui l'entouroient. Il semble que la nature s'étoit occupée toute entiere à en faire un personnage ridicule. * » Sa figure étoit passable quand
» il demeuroit assis & qu'il ne disoit mot ; dès qu'il
» marchoit ou qu'il s'avisoit de parler, on voyoit
» un sot qui ne savoit ni se soûtenir, ni prononcer

* Mem. de Trevoux 1752.

Faits memorables du regne de Claude.

« deux syllabes. Une tête toûjours branlante, un ris
» niais, une langue embarrassée, un ton de voix féro-
» ce, annonçoient ce ridicule Empereur.

Naissance et origine de l'Empereur Neron.

Il naquit à Rome le 15 Décembre 37 de J. C. Son pere s'appelloit Cn. Domitius Ænobarbus; sa mere se nommoit Agrippine. Elle étoit fille du second Germanicus & d'Agrippine, petite-fille d'Auguste. Lorsqu'elle eut épousé Claude, elle l'engagea à adopter Neron, & fit empoisonner son mari, pour faire proclamer son fils.

La famille des Domitius étoit originairement Plébeïene : mais étant entrée dans le corps des Sénateurs, elle s'y soûtint avec honneur, & fournit sept Consuls & un Triomphateur.

Faits memorables du regne de Neron.

De J. C. 54.   *De Rome 807.*

On ouvre les portes du Palais le 13 Octobre un peu après midi, & on déclare la mort de Claude.

Burrhus, Préfet des Gardes, présente Neron aux soldats qui le proclament Empereur; le Sénat confirme cette élection.

Agrippine fait périr Narcisse, affranchi de Claude.

De J. C. 555.   *De Rome 808.*

Corbulon force les Parthes à demander la paix, & leur fait donner des ôtages.

de l'Histoire des Empereurs.

FEMMES.   ENFANS.

OCTAVIE, fille de Claude & de Messaline, étoit d'une rare beauté. Neron la répudia, sous prétexte qu'elle étoit stérile. Peu de tems après il l'envoya en exil, où il la fit tuer, l'ayant fait accuser d'adultere par Anicet son Affranchi.

POPPE'E SABINE, Fille d'un Questeur, étoit d'une beauté surprenante : elle étoit de ces figures qu'on ne regarde qu'avec admiration. Tous ses traits étoient réguliers : un air noble & majestueux regnoit sur toute sa figure ; enfin les monumens antiques qui nous restent d'elle nous la représentent si belle, qu'on va jusqu'à douter s'ils sont fideles. Elle avoit épousé un Chevalier Romain, à qui Neron l'enleva. Il la mit chez Othon qui en devint si amoureux qu'il ne pouvoit souffrir Neron pour son rival, & refusoit la porte à tous ceux qui venoient la lui demander de sa part. On assure qu'il la refusa à Neron même, qui ne put se la faire ouvrir ni par prieres, ni par menaces, ce qui l'engagea à envoyer Othon en Portugal en qualité de Gouverneur. Alors il fit venir Poppée chez lui, & l'épousa. † ,, Cette Princesse ,, étoit molle, affectée, licen- ,, tieuse, tellement idolatre de ,, ses attraits, que tous les jours

† *Mem. de Trevoux*, Mars 1752.

CLAUDIA, qu'il eut de Poppée. Il lui fit donner le surnom d'*Augusta* : mais elle mourut fort jeune.

PRINCES CONTEMPORAINS.

Papes.

S. PIERRE, 66.

S. LIN, Disciple de S. Pierre, qui l'avoit élevé à la Prêtrise pour être son Coadjuteur. Il étoit natif de Volterre en Toscane. Il eut la tête tranchée le 23 Septembre 67.

Des Parthes.

VOLOGESE, 91.

SAVANS ET ILLUSTRES.

ANNÆUS-CORNUTUS, étoit très-savant ; tous les gens de Lettres recherchoient son amitié, & avoient beaucoup de confiance en ses avis. Neron, ayant le dessein de composer une histoire Romaine en quatre cents volumes, lui en demanda son avis. Cornutus répondit que personne ne liroit cet ouvrage à cause du trop grand nombre de volumes; quelqu'un, qui étoit présent, dit qu'on lisoit ceux de Chrysippe qui étoient en bien plus grand nombre ; Cornutus répondit qu'ils étoient utiles pour régler les mœurs ; Neron l'exila pour cette réponse. Il avoit composé

Faits memorables du regne de Néron.

Mort de Britannicus fils de Claude. Neron craignant toujours que ce Prince ne voûlut se faire proclamer Empereur, le fit empoisonner en présence d'Agrippine, qui en fut fort affligée, voyant qu'elle perdoit l'unique moyen qui lui restoit de tenir Neron dans la dépendance. Les funérailles de ce Prince, furent faites la nuit avec beaucoup de promptitude.

De J. C. 56.   De Rome 809.

Fameuses paroles de Neron: lorsqu'on lui présentoit à signer un Arrêt de mort porté contre quelques voleurs, il dit : *Je voudrois ne savoir pas écrire.*

Il fut maltraité la nuit, par un Sénateur nommé Montanus. C'étoit sa coûtume de courir les ruës toutes les nuits avec une troupe de jeunes gens. Une entre autres, sortant d'une taverne, il rencontre ce Sénateur avec sa femme, il voulut insulter la femme : mais le mari le frappe avec beaucoup d'emportement. Quelques jours après ce Sénateur apprit que c'étoit à l'Empereur à qui il avoit eu affaire, il lui écrivit pour lui en faire excuse. Neron, qui n'en avoit rien dit jusqu'alors, s'emporta & dit : *Quoi il m'a battu & il vit encore ?* Le Sénateur fut contraint de s'empoisonner.

De J. C. { 57.   *De Rome* { 810.
         { 58.   { 811.

Néron abolit quantité d'impôts, & accorde des priviléges aux Marchands qui apportoient du blé à Rome.

elle

| FEMMES. | SAVANS ET ILLUSTRES. |

„ elle faisoit traire cinq cents
„ ânesses pour en former un
„ bain de lait, où elle se la-
„ voit. Pour contenter la jalou-
„ sie de Neron, elle sortoit peu,
„ se voiloit le visage à moitié,
„ *ne satiaret aspectum*; elle pos-
„ sédoit toutes sortes de quali-
„ tés, *præter honestum animum*.
„ Elle avoit pour époux un bru-
„ tal qui la tua d'un coup de
„ pié, lorsqu'elle étoit grosse,
„ un soir qu'elle se plaignoit en
„ termes un peu durs, qu'il re-
„ venoit trop tard de la course
„ aux chariots. Pour lui faire
„ honneur il employa plus de
„ bois de cinnamome à lui dres-
„ ser un bûcher, qu'il n'en pou-
„ voit croître durant une année
„ dans tout l'Empire.

STATILIA MESSALINA. Pour l'épouser Neron fit tuer son mari Atticus Vestinus, alors Consul. Après la mort de Neron, se voyant retombée dans un état privé, elle passa le reste de sa vie dans l'étude des Belles-Lettres.

MORT.

Il se tua lui-même le 11 Juin 68 à la maison de campagne d'un de ses Affranchis, où il s'étoit sauvé, voyant qu'on le cherchoit pour le faire perir du dernier supplice. Ses cendres furent mises dans un tombeau qu'on lui érigea sur le haut d'une colline. Il étoit alors âgé de 32 ans, & en avoit regné 13, 8 mois, 2 jours.

un ouvrage intitulé, la Philosophie des Grecs, & des Commentaires sur Virgile : mais ces ouvrages sont perdus.

ANDROMAQUE, natif de Crete, étoit un Medecin fort habile. Il a composé un Poëme sur la Theriaque, qui se trouve inseré dans les ouvrages de Galien. Il mourut l'an 65 de J. C.

BALBIUS (C.) fut fait Préfet d'Egypte en 55. Il a écrit quelques choses de ce qu'il y a vû, entre autres un combat à l'embouchure du Tibre entre les Crocodiles & les Dauphins, qui furent vainqueurs. Seneque le regardoit comme un homme fort savant.

CARPOCRATE, Hérésiarque, étoit natif d'Alexandrie. Il soutenoit que J. C. étoit fils de Joseph & de Marie, qu'il étoit né comme les autres hommes, & qu'il n'y avoit que sa vertu qui le distinguoit des autres ; il disoit que le monde avoit été créé par les Anges, & que pour ariver à Dieu, qui est au-dessus d'eux, il falloit avoir accompli toutes les œuvres du monde, & que quiconque ne l'auroit pas fait, son ame, après sa mort, passeroit d'un corps dans un autre corps, ensuite dans un autre, jusqu'à ce qu'il eût tout accompli ; qu'ainsi le plus sûr étoit de s'acquitter de cette dette au plûtôt en accomplissant dans le premier corps toutes les œuvres

H

Faits memorables du regne de Neron.

Les Hermondures font un horrible massacre des Cattes, qu'ils avoient voüés à Mercure.

Corbulon prend Artaxata, capitale de l'Armenie. Il la fit raser, mais Tyridate la fit rétablir quelques années après.

Dans le pays des Juhons, aujourd'hui les Comtés de Nassau & d'Issembourg, on vit sortir de terre, des feux qui brûloient les blés, les maisons, & qui détruisirent plusieurs Villages.

De J. C. 59. De Rome 812.

Corbulon prend Tigranocreta.

Néron fait massacrer sa mere Agrippine. Ce tyran, pour la faire périr, la fit embarquer dans une galere construite de façon que le haut tomboit de lui-même, & le fond s'ouvroit. Ce stratagême ne lui ayant pas réussi, il envoya son affranchi Anicet, la massacrer à Baye, où elle s'étoit sauvée. Ses funérailles furent faites la même nuit qu'elle fut massacrée.

Les remords dont Néron fut agité après cet horrible crime, prouvent que la nature fait entendre sa voix, même aux plus cruels tyrans. Il croyoit toûjours voir sa mere couverte de sang & percée de coups, & ces plaies lui sembloient autant de bouches qui lui reprochoient son parricide.

Le 30. Avril à 1. ou 2. heures parut une éclipse de soleil si totale qu'on vit les étoiles.

Néron fait empoisonner sa tante Domitia, pour s'emparer de ses biens.

De J. C. 60. De Rome 813.

Corbulon chasse Tyridate de l'Armenie, & Né-

de la chair. Il avoit pour maxime qu'il n'y avoit point d'action mauvaise en elle-même, que c. n'est que l'opinion des hommes qui en fait la distinction. Avec ces principes il commettoit toutes sortes d'abominations. Ses disciples faisoient souvent leurs prieres tout nuds : les femmes étoient communes entr'eux. Ils les faisoient avorter pour empêcher la multiplication de l'espece. Ils marquoient leurs Disciples au bas de l'oreille avec un fer chaud ou avec un rasoir, & leur donnoient le nom de Gnostiques, qui signifie savans, pour donner plus de poids à leur Secte. Cette Secte causa bien des maux aux Chrétiens, parce que les Payens croyoient qu'ils avoient les mêmes maximes que les Gnostiques.

Cassius Longinus (C) Jurisconsulte. Il fut Consul sous Tibere, l'an de Rome 704, Préfet sous Claude, l'an 782. Neron l'exila en Sardaigne, parce qu'il avoit mis au nombre des portraits de ses ancêtres celui de Caïus Cassius l'un des meurtriers de Jule Cesar. Vespasien le rappella de son exil : mais il ne vecut pas longtems après. Il a composé plusieurs Livres du Droit civil. Il est cité 130 fois dans le Digeste, & trois fois dans les Instituts.

Corbulon, étoit le plus grand Capitaine de son tems : il chassa les Parthes de l'Arménie, & força Tyridate, frere de Vologese leur Roi, d'aller à Rome recevoir la couronne d'Arménie des mains de Neron, qui voyant que le credit de Corbulon s'augmentoit de jour en jour, lui manda, par une lettre pleine d'affection, de le venir trouver. Corbulon obéit : mais lorsqu'il fut à Chorinthe, sans troupes, il trouva un ordre que Neron avoit envoyé de le faire mourir. Il se tua lui-même en 67. Tous les soldats le regretterent. Il avoit composé une histoire de tout ce qu'il avoit fait en Orient : mais elle n'est pas parvenue jusqu'à nous. Pline le Naturaliste la cite quelquefois.

Fabius Rusticus, Historien Latin, étoit ami de Seneque. Tacite dit qu'il étoit regardé comme le plus éloquent Historien de son tems. Il ne nous reste rien d'une histoire qu'il avoit composée, que ce qu'en cite Tacite.

S. Luc, Evangeliste, étoit originaire d'Antioche, né dans la religion payenne. On prétend qu'il étoit Medecin, même fort habile dans cette profession. Il fut disciple de S. Paul, après la mort duquel on ne sait ce que devint S. Luc. On trouve seulement qu'il mourut à 80 ans passés. Outre l'Evangile, il composa les Actes des Apôtres sur ce qu'il avoit vû lui-même.

Lucain (M. Annæus) Poëte Latin, né à Cordoue en Espagne. Il étoit neveu de Seneque le Philosophe. Neron l'aimoit beaucoup, cependant il lui fit

FAITS MEMORABLES DU REGNE DE NERON.

ron donne ce Royaume à Tigrane, descendu d'Hérode Roi des Juifs.

Plusieurs villes de l'Asie sont détruites par un tremblement de terre.

Pedanius Secundus, Préfet de Rome, est tué par un de ses esclaves ; on les fait tous périr quoique le nombre se montât à 400. pour engager les autres esclaves de Rome, à veiller plus soigneusement à la conservation de leurs maîtres.

Il naquit un enfant à quatre têtes, & tous les autres membres multipliés à proportion ; on le fit voir à Néron.

Suetonius Paulinus, soûmet l'Angleterre révoltée sous la conduite de Boudicée Reine des Iceniens, aujourd'hui la province d'York.

De J. C. { 61. / 62. }   De Rome { 814. / 815. }

Mort de Burrhus, Préfet du Prétoire. Tigellinus lui succede.

Néron répudie Octavie, fille de Claude, & épouse Poppée.

Mort d'Octavie le 11. Juin : Néron l'éxila, & peu de tems après lui envoya ordre de s'ouvrir les veines. Poppée voulut qu'on lui apportât sa tête.

Les Parthes & les Romains évacuent l'Armenie. Un Paysan Juif, nommé Jesus, fils d'Ananus, venu à Jérusalem au mois d'Octobre, pour assister à la Fête des Tabernacles, se met à crier : *Malheur aux Juifs, malheur à Jérusalem, malheur au Temple.* Il continua à crier de cette sorte pendant 7 ans & 5 mo s, jusqu'à ce que pendant le siége de Jérusalem, en fai-

défendre de publier ses ouvrages, parce qu'il étoit jaloux qu'il fit de meilleurs vers que lui ; ce qui piqua Lucain au point qu'il entra dans la conjuration de Pison. Neron en ayant été averti lui envoya ordre de se faire mourir. Lucain se coupa les veines, & mourut en 65 âgé de 26 ans. Il avoit composé un Poëme sur l'embrasement de Rome. Il a été perdu avec plusieurs ouvrages de ce Poëte. Nous n'avons de lui que la Pharsale, ou le Poëme des guerres civiles. Lucain avoit l'esprit grand & élevé : mais il ne pouvoit se modérer. Son style est élevé, mais il est quelquefois trop affecté.

S. Marc, Evangeliste, étoit Juif ; il naquit à Cyrene dans la Province de Libye. Il fut converti par la prédication des Apôtres. On croit qu'il fut Disciple & Interprete de Saint Pierre. Lorsque les Apôtres se séparerent, S. Marc alla en Egypte. Il fut martyrisé à Alexandrie le 25 Avril 68.

On remarque que dans son Evangile il ne fait souvent qu'abreger Saint Mathieu.

Pamphile, femme fort savante. Elle étoit native d'Epidaure, & épousa Socratide, homme de beaucoup d'érudition, avec qui elle passa treize ans. Les conversations qu'elle eut avec son mari, & avec ceux qui venoient chez elle, la rendirent fort savante. Elle composa une histoire mêlée, divisée en 33 Livres, un abrégé des œuvres de Ctesias en trois Livres, & plusieurs autres ouvrages qui ne sont pas venus jusqu'à nous.

Perse, *Aulus Flaccus Persius*, Chevalier Romain, étoit natif de Volterre en Toscane. Il mourut le 24 Novembre âgé de 30 ans. Il a composé des Satyres, pour reprendre les défauts des Orateurs & des Poëtes de son tems ; il n'y épargne pas même l'Empereur Neron. Il avoit composé d'autres ouvrages, que Cornutus, habile Philosophe, conseilla à sa mere de supprimer après sa mort.

Perse semble avoir travaillé pour se rendre inintelligible. Presque tous les savans l'ont abandonné ; & ceux qui l'entendent le mieux n'en font pas beaucoup de cas.

Petrone, natif de Provence, fut pendant quelque tems ami de Neron : mais il quitta la Cour lorsqu'il vit que l'Empereur se livroit à des débauches grossieres. Tigellinus l'accusa d'avoir trempé dans la conjuration formée contre Neron, qui lui envoya ordre de se faire mourir. Il se coupa les veines, & mourut en 66. Il étoit regardé comme un homme voluptueux : on dit qu'il passoit les jours à dormir, & les nuits à se divertir. Il est fameux par une Satyre qu'il envoya cachetée à Neron, où il lui reprochoit ses vices sous des

FAITS MEMORABLES DU REGNE DE NERON,

fant le tour des murailles, il fe mit à crier d'une voix plus haute qu'à l'ordinaire : *Malheur fur la Ville, malheur fur le Temple, malheur fur moi.* Une pierre lancée par une machine le tua, lorfqu'il finiffoit ces mots.

De J. C. 63.   De Rome 816.

La ville de Pompées dans la Campanie, eft abyfmée par un tremblement de terre, le 5 Février.

De J. C. 64.   De Rome 817.

Embrafement de Rome le 19 Juillet. Il dura neuf jours, les plus beaux monumens de l'antiquité furent brûlés : il y eut dix quartiers de la ville réduits en cendres. Tous les Auteurs prétendent que Neron fit cet embrafement, pour fe faire une image de l'incendie de Troye. Il fit rebâtir ce qui avoit été brûlé, marqua le plan des maifons, & rendit la ville beaucoup plus belle qu'elle n'étoit auparavant. Il dédommagea ceux qui avoient le plus perdu.

Perfécution des Chrétiens. C'eft la premiere.

Neron rendit un Arrêt qui ordonnoit le fupplice de tous ceux qu'on découvriroit être Chrétiens : il faifoit couvrir de cire & d'autres matieres combuftibles ceux qu'on atrapoit & les faifoit brûler la nuit, difant que cela fervoit de flambeaux. Cette perfécution fut enfin fi cruelle, que le peuple avoit compaffion des Chrétiens, quoiqu'il les eût en horreur.

Neron fait faire un fuperbe Palais à Rome : il contenoit prefqu'un quart de la ville, on l'appelloit le Palais d'Or.

noms empruntés. On croit que ce qui nous en est resté n'en est qu'un extrait, qui a été fait sans goût & sans choix : on y découvre cependant des beautés admirables, beaucoup de délicatesse & une grande pureté de style. Le peu de vers qu'on y trouve sont d'une rare beauté. On admire la facilité avec laquelle il a peint le caractere de ses personnages, les faisant tous parler selon leur profession.

SENEQUE, *Annæus Seneca*, étoit originaire de Cordoüe en Espagne. Il embrassa la Philosophie Stoïcienne, & mena une vie très-austere, ne faisant usage que des choses qui sont absolument nécessaires à la vie. Dion Cassius est d'un sentiment bien opposé à tous les autres Auteurs qui ont parlé de lui. Si nous voulons l'en croire, Seneque cachoit les plus affreux vices sous le voile de l'austerité. Son exil fut la punition d'un adultere qu'il commit avec Julie, sœur de Germanicus. Il participa aux impuretés d'Agrippine, mere de Neron, & apprit à Neron ces infames lubricités qu'on n'ose nommer. Il amassa des richesses immenses par les voies les plus injustes. On est cependant certain qu'il se retira de la Cour pour n'être pas témoin des crimes de Neron, ce qui fait douter s'il fut coupable des crimes que Dion lui impute. Ayant été accusé d'être complice de la conjuration de Pison, Neron, sans examiner l'accusation, lui envoya ordre de se donner la mort. Il se fit ouvrir les veines & mourut l'an 65 de J. C.

La plus grande partie de ses ouvrages sont parvenus jusqu'à nous. Les sentimens ont été long-tems partagés au sujet de Seneque. Les uns prévenus par le feu, & les pensées brillantes qu'ils trouvoient dans ses ouvrages, le mettoient au nombre des meilleurs Auteurs : les autres, l'examinant plus scrupuleusement, y trouvoient des pointes froides & des pensées peu solides, & ne lui accordoient point cette éloquence mâle qui fait admirer les bons Auteurs. Aujourd'hui les gens de goût, sans le mettre au nombre des plus grands Ecrivains, ne laissent pas d'en faire cas.

Il y a de lui un grand nombre de Lettres. Les huit que nous avons sous son nom adressées à l'Apôtre S. Paul, & les six de cet Apôtre adressées à Seneque sont supposées, & quoique S. Augustin dans la cité de Dieu, & S. Jérome, dans son Traité des Auteurs Ecclésiastiques, les croient véritables, les savans les regardent cependant comme indignes de l'un & de l'autre, & croyent qu'elles n'en sont point effectivement.

Des dix Tragédies qu'on attribue à Seneque le Philosophe, il n'y en a tout au plus que trois

*H iv

Faits memorables du regne de Neron.

De J. C. 65.   De Rome 818.

Les principaux du Sénat forment une conjuration contre Neron, un esclave ayant vû apprêter des poignards à son maître, fut en avertir Neron, qui fit mettre à la question le maître de cet esclave; dans les tourmens il découvrit tous les complices, qui furent tous exécutés. Lucain & Seneque y furent enveloppés.

Chûte de Simon le Magicien; il vouloit se faire passer pour Christ, & s'élevoit en l'air par le secours des démons: Saint Pierre & Saint Paul, par leurs prieres, le firent tomber. Il se cassa les jambes, & mourut peu après.

La peste fait périr beaucoup de monde à Rome.

De J. C. 66.   De Rome 819.

Mort d'Annæus Mela, frere de Seneque: Neron le fit périr, pour avoir recherché avec trop d'empressement la succession de son fils Lucain. Petrone se fait ouvrir les veines, se voyant accusé d'avoir trempé dans la conjuration formée contre Neron.

Les Juifs se révoltent le 6. Mai. Ils y furent engagés par les exactions de Florus, Gouverneur de Judée. Tyridate, frere de Vologese, Roi des Parthes, vient à Rome recevoir la couronne d'Arménie des mains de Neron. Il fut reçû avec beaucoup de magnificence; l'Empereur paya sa dépense pendant tout le tems qu'il resta à Rome.

Cestius Gallus, Gouverneur de Syrie, assiége Jérusalem le 1. Novembre. Il fut obligé de lever le sié-

qui soient de lui. C'est le sentiment des Savans. M. de Tillemont le croit Auteur de la Medée suivant l'autorité de Quintilien. Selon ce savant moderne, il y a apparence que l'Œdipe est encore de lui, & que les autres sont de différens Auteurs, qui s'appelloient Seneque.

On trouve qu'il y a dans ces Tragédies tant de pointes & de Sentences, qu'elles occupent & fatiguent l'esprit, sans faire sur le cœur l'effet qu'on doit attendre d'une Tragedie.

SIMON, dit le Magicien, naquit en un bourg de Samarie appellé Gitthon. Il embrassa la Religion Chrétienne, & reçut le Batême en 34. Il conçut le desir de faire des miracles comme il en voyoit faire aux Apôtres, & leur proposa des sommes considérables s'ils vouloient lui en donner le pouvoir; mais voyant qu'il ne pouvoit rien obtenir d'eux, il se fit chef de parti, publia qu'il étoit Dieu, & qu'il souffroit qu'on le nommât comme on vouloit, qu'il avoit paru à Samarie comme Dieu le Pere, chez les Juifs comme Dieu le Fils, & chez les autres Nations comme le Saint Esprit. Il avoit avec lui une Esclave nommée Helene qu'il avoit achetée à Tyr. Il disoit qu'elle étoit la premiere conception de son esprit, la mere de toutes les choses, qu'elle avoit engendré les Anges qui avoient fait le monde, qu'ils l'avoient enfermée dans le corps d'une femme, & que de siecle en siecle ils la faisoient passer dans le corps d'une autre femme, pour la retenir sur la terre, afin qu'on ignorât qu'ils eussent un auteur de leur être. Il disoit qu'ayant vû les Anges gouverner mal le monde, il étoit descendu en terre pour tout réformer, qu'il avoit paru souffrir en Judée sans souffrir. Il débitoit quantité d'autres absurdités auxquelles une infinité de personnes ajoûtoient foi, car il avoit beaucoup de Disciples. Il eut recours à la magie pour faire des miracles, & fut précipité, à la priere de S. Pierre, un jour qu'il s'étoit élevé en l'air, se cassa les deux jambes & mourut peu après en 65. Il fut adoré comme un Dieu pendant sa vie, & même longtems après sa mort.

FAITS MEMORABLES DU REGNE DE NERON.

ge au bout de huit jours, & fut défait dans sa retraite par les Juifs.

Saint Pierre est martyrisé à Rome le 29. Juin. Il fut mis en croix la tête en bas comme il l'avoit demandé. L'Apôtre Saint Jean va en Asie combattre les erreurs qu'y répandoit Cerinthe. Ce fut pour les réfuter qu'il composa son Evangile.

De J. C. 67.   De Rome 820.

Mort de Corbulon, qui avoit chassé les Parthes de l'Arménie. Neron, à qui ses grandes qualités le rendoient suspect, lui manda de venir à Rome: mais lorsqu'il sut qu'il avoit quitté son armée, il envoya ordre de le faire mourir; Corbulon n'attendit pas qu'on exécutât l'ordre de l'Empereur: il se tua lui-même à Corinthe.

L'Empereur, après avoir passé un an en Grece, à chanter, à conduire des chariots, & à faire mourir ceux qui n'applaudissoient pas à ses folies, revient à Rome.

Vespasien arrive en Judée, prend quantité de villes révoltées, les réduit en cendres, & fait passer au fil de l'épée tous les hommes qu'il trouve dedans.

Il prend Jotapa le 1. Juillet: le siége dura sept semaines, il y périt quarante mille Juifs; Joseph l'Historien qui en étoit Gouverneur, y fut pris. Vespasien, touché de son mérite, lui fit grace, & le mit au nombre de ses amis.

Saint Paul est martyrisé à Rome. On lui trancha la tête parce qu'il étoit citoyen Romain.

Faits memorables du regne de Neron.

De J. C. 68.   De Rome 821.

Galba, Gouverneur de la Gaule Tarragonoise, désapprouve publiquement les vexations que les Intendans exerçoient dans toutes les provinces de l'Empire : Neron instruit de cette hardiesse, envoya ordre de le faire mourir. Galba, pour éviter le supplice, dont il étoit menacé, se fait proclamer Empereur par le conseil de Vindex, Gouverneur de la Gaule Celtique.

Toute la Gaule reconnoît Galba pour Empereur. Othon, Gouverneur du Portugal, appellé alors la Lusitanie, embrasse le parti de Galba, lui donne sa vaisselle d'or & d'argent, & lui cede ses troupes. Neron, à cette nouvelle devient furieux, & déchire ses habits. Il leve des troupes à la hâte pour envoyer contre les révoltés, fait déclarer Galba ennemi public, & vend tout ce qu'il pouvoit avoir en Italie : Galba fait vendre, de son côté, ce que Neron avoit en Espagne.

Vindex défait par Verginius, se tue de desespoir.

Verginius refuse l'Empire, que les soldats veulent lui donner.

Tout l'Orient se soûleve contre Neron. Grande famine à Rome.

Les Prétoriens proclament Galba Empereur. Le Sénat déclare Neron ennemi public, & le condamne à mourir. Neron se tue.

Il étoit bien juste qu'un parricide, & un fléau du genre humain, fût son propre bourreau.

Il semble que Neron ne parvint à l'Empire que pour faire connoître combien un homme qui s'aban-

Faits memorables du regne de Neron.

donne à son mauvais naturel, peut commettre de crimes.

Les commencemens de son regne furent heureux, & Neron dans sa jeunesse, imita Auguste dans sa vieillesse ; sa douceur alla même au point de desirer ne savoir pas écrire, pour ne point signer les Arrêts de mort des criminels : mais lorsque son caractere se fut développé, qu'il eut fait le premier pas vers la débauche, il commit les crimes les plus affreux ; le viol, l'inceste, le meurtre, rien ne l'arrêta, il alla même jusqu'au parricide. Le nom de Neron nous présente enfin l'idée du monstre le plus abominable qui ait jamais paru.

Naissance et origine de Servius Sulpicius Galba.

L'Empereur Galba naquit le 9. Janvier 750. de Rome, dans une petite ville d'Italie, située sur une montagne proche Terracine. La famille des Sulpices, dont Galba descendoit, étoit originaire de Camarie où on établit une colonie du tems de Romulus. Il est sorti de cette famille de grands hommes.

On ne sait pourquoi, ni quand les Sulpices ont porté le nom de Galba.

Faits memorables du regne de Galba.

De J. C. 68.   De Rome 821.

Galba étant à Narbone, reçoit des députés du Sé-

Femmes.

LEPIDA. Il la perdit avant d'être parvenu à l'Empire, & ne voulut point se remarier, pas même à Agrippine, mere de Neron, qui lui fit proposer de l'épouser, lorsqu'elle fut veuve de Domitius Neron.

Mort.

Il fut assassiné le 16 Janvier 69 de J. C. par les Prétoriens, qui le jour précedent avoient proclamé Othon Empereur. Son corps demeura jusqu'au milieu de la nuit au lieu où il avoit été tué ; Agerius son affranchi l'enleva, & ayant trouvé sa tête dans le lieu où on jettoit le corps des suppliciés, il la joignit au reste du corps qu'il brûla, & en porta les cendres dans un jardin qu'il avoit sur la voie Aurelie. Il avoit alors 72 ans, & avoit regné sept mois, sept jours.

Enfans.

Il eut deux fils de Lepida qui moururent fort jeunes.

PRINCES CONTEMPORAINS.

Papes.

S. LIN, 67.

Des Parthes.

VOLOGESE, 91.

Faits mémorables du regne de Galba.

nat qui lui annoncent qu'il eſt reconnu Empereur, & le complimentent au nom de tout le corps. Galba prit alors le titre de Ceſar, qui étoit attaché à la puiſſance ſouveraine.

Tous les Gouverneurs des Provinces, lui font prêter ſerment de fidélité par leurs ſoldats.

Verginius, qui avoit pluſieurs fois refuſé l'Empire, eſt rappellé à Rome, où il vieillit dans la vie privée.

Galba fait démolir les fortifications des villes de Langres & de Treves, parce qu'elles lui avoient long-tems réſiſté avant de ſe ſoûmettre à lui. Lyon eſt privée de ſes revenus, parce qu'elle avoit toûjours été fidele à Neron.

Mort de Nimphidius : les Prétoriens le tuerent, parce qu'il avoit voulu ſe faire proclamer Empereur. Galba fit périr tous ſes complices, qui étoient tous gens de marque.

Maſſacre des ſoldats de la Marine. Lorſque Galba paſſoit à Ponte-mole, ils vinrent le prier de leur laiſſer le titre de Légionaires, que Neron leur avoit donné. La fierté avec laquelle Galba répondit à leur priere, les fit murmurer ; il donna ordre aux Cavaliers de fondre ſur eux ; il y en eut une grande partie de maſſacrés.

Galba arrive à Rome : la mauvaiſe conduite de ſes Miniſtres l'y rend odieux.

Il rappelle d'exil tous ceux qui y étoient par ordre de Neron, & les rétablit dans leurs dignités : mais l'avarice l'empêche d'achever ſon ouvrage. Il oublia la reſtitution de leurs biens, & au lieu de réparer les crimes de Neron, il s'en rendit complice.

de l'Histoire des Empereurs.

Faits memorables du regne de Galba.

Les Prétoriens murmurent, parce qu'on ne leur donne pas les sommes qu'on leur avoit promises au nom de Galba. Il parut devant eux, & leur tint ce langage plein de fierté: « Un Empereur doit choisir » ses soldats & non les acheter ».

Il ordonne de punir ceux qui avoient fait périr des innocens, par de fausses accusations.

Trebonius Garucianus tue Macer, qui vouloit faire un parti en Afrique.

Cornelius Aquinus, & Julius Valens, font périr Fonteius Capito, Gouverneur de la basse Germanie, qui vouloit se faire proclamer Empereur.

Une femme accouche à Siracuse d'un enfant à trois têtes. Les villes de la Sicile se divisent, ce qui y cause un grand tumulte.

De J. C. 69.   De Rome 822.

Vitellius est proclamé Empereur par les troupes de la basse Germanie dont il étoit Gouverneur. Le 2. Janvier, il fut proclamé à Cologne. Valens, qui commandoit une légion dans la basse Germanie, le conduisit en cette ville tout plein de vin & en robe de chambre. Les légions de la haute Germanie lui prêtent serment de fidélité.

Valerius Asiaticus, Gouverneur de la Belgique, se range de son parti : toute la Gaule le reconnoît. Galba adopte L. Pison Frugi, le 10. Janvier. Il lui donna la préférence sur tous ses autres amis, parce qu'il crut voir en lui toutes les vertus nécessaires à un Empereur.

Othon est proclamé Empereur à Rome par les

Faits memorables du regne de Galba.

Prétoriens : il fait maſſacrer Galba.

Galba fut grand tant qu'il ne régna pas : mais ſes vertus devinrent des défauts, lorſqu'il fut Empereur, parce qu'il ne ſut pas s'élever avec la fortune, & qu'il garda toujours le caractere d'un particulier.

Naissance et origine de Sylvius Othon.

Il naquit à Rome le 28. Avril 32. de J. C. ſa famille, originaire de Ferentino en Italie, étoit fort ancienne. Elle deſcendoit des anciens Rois de Toſcane. Son pere M. Sylvius Othon étoit Chevalier Romain, il entra dans le corps des Sénateurs, par le crédit de Livie, veuve d'Auguſte, mere de Tibere. Othon avoit été favori de Neron, parce que c'étoit ſon principal compagnon de débauches.

Faits memorables du regne d'Othon.

De J. C. 69.   De Rome 822.

Le Sénat donne à Othon le titre d'Empereur. Les Gouverneurs de preſque toutes les provinces lui font prêter ferment de fidélité par leurs troupes.

Le Lyonnois & toutes les troupes qui y étoient en quartier ſe tournent du côté de Vitellius, à qui Valens ſoûmet toute la Gaule.

Othon lui propoſe des ſommes conſidérables pour l'engager à renoncer à l'Empire, lui promet d'épouſer ſa fille, & lui offre de l'aſſocier à l'Empire. Vitellius n'accepte aucune de ſes propoſitions.

Poppe'e

de l'Histoire des Empereurs. 129

FEMMES.

POPPÉE SABINE. Neron après l'avoir enlevée à son mari, la mit en garde chez Othon, qui en devint amoureux au point qu'il ne voulut pas la ceder, quelques prieres, & menaces que lui fit Neron. *Voyez la suite à l'article des femmes de Neron.*

MORT.

Il étoit à Berfello lorsqu'on vint lui annoncer la perte de la bataille de Bedriac; après avoir conseillé à ceux qui étoient auprès de lui de songer à leur conservation, il se tua le 15 Avril au matin, en 69 de J. C. âgé de 37 ans, après avoir régné trois mois & deux jours. Vitellius voulut voir son corps; & fit passer son cheval par dessus. On ne l'enterra point dans la sépulture des Cesars; on lui érigea un tombeau, sur lequel on mit une inscription toute simple.

ENFANS.

Il n'en eut point.

PRINCES CONTEMPORAINS.

Papes.

S. LIN, 67.

Des Parthes.

VOLOGESE, 91.

I

Faits memorables du regne d'Othon.

Les Roxolans, qui étoient entrés dans la Mœsie, pour la piller, sont défaits par M. Appius qui y commandoit : ils périrent presque tous.

Trouble à Rome causé par les Prétoriens ; ils vouloient massacrer tous les Sénateurs, parce qu'ils avoient vû charger plusieurs charettes d'armes qu'ils crurent avoir été amassées pour faire la guerre à Othon. Ils s'appaiserent lorsqu'Othon leur eut assûré que c'étoit par son ordre qu'on avoit ramassé ces armes.

Combat naval donné sur les côtes de la Provence. La flote d'Othon défit celle de Vitellius.

Bataille de Cremone, donnée dans un lieu nommé les *Castors*, à quatre où cinq lieues de Cremone. Cecina Lieutenant de Vitellius, y fut battu par Suetonius & Marius, Lieutenans d'Othon.

Bataille de Bedriac, entre Cremone & Mantoue, donnée le 13. Avril. Titien frere d'Othon y fut défait par Valens & Cinna, Lieutenans de Vitellius. Othon à Bersello, autrefois Brixellum, apprend la nouvelle de la perte de cette bataille : il se tue.

Othon avoit passé sa jeunesse dans les plaisirs & la débauche, il avoit été étroitement lié avec Neron, & avoit trempé dans la plûpart de ses crimes, ce qui donna lieu de croire qu'il eut plûtôt fait un tyran qu'un bon Empereur, & que les Romains furent heureux d'en être bientôt délivrés. Ses dernieres paroles avant de se porter le coup mortel, ,, Il vaut ,, mieux qu'un périsse pour tous, que tous pour un, ,, attendrirent les Romains jusqu'aux larmes, & lui ont valu de grands éloges de la part des Ecrivains, qui nous ont présenté sa mort comme un trait d'héroïsme,

FAITS MEMORABLES DU REGNE D'OTHON.

digne des premiers tems de la République : mais si l'on perce au de-là des apparences, on n'aura pas de peine à voir que l'amour de la patrie fut le prétexte qu'il prit pour mourir, mais que la crainte fut son vrai motif.

NAISSANCE ET ORIGINE DE L'EMPEREUR AULUS VITELLIUS.

Il naquit à Rome le 24 Septembre de l'an 15 de J. C. On ne trouve point la véritable origine de la famille de Vitellius : les Auteurs n'en disent rien de positif. Celui qui fut Empereur étoit fils de L. Vitellius, qui avoit été trois fois Consul & une fois Censeur. Sa mere s'appelloit Sextilia ; elle étoit d'une famille assez illustre. Lorsque Galba l'envoya commander les légions de la basse Germanie, il étoit si pauvre qu'il fut obligé de vendre un pendant d'oreille de sa mere, de donner sa maison à loyer, & de loüer une seule chambre pour loger sa famille.

FAITS MEMORABLES DU REGNE DE VITELLIUS.

De J. C. 69. *De Rome 822.*

Tout l'Empire reconnoît Vitellius : il fait grace aux Généraux d'Othon. Le 25 Mai, il passe à Bedriac pour aller à Rome, & demande à voir le camp d'Othon ; on voulut l'en empêcher, parce que les cadavres de ceux qui avoient été tués à la bataille

Faits mémorables du regne de Vitellius.

sentoient mauvais: mais il répondit: » L'odeur d'un » ennemi mort est toujours agréable, & surtout cel- » le d'un citoyen. » Il arrive à Rome au mois de Juillet, & se fait déclarer Consul perpétuel. Sa plus grande occupation alors, fut de boire & manger.

Cruauté de Vitellius. Sur une fausse accusation, il fit tuer en sa présence Junius Blasus, pour satisfaire, disoit-il, ses yeux de la mort d'un ennemi. Il fait mourir de faim sa mere Sextilia, parce qu'on lui avoit prédit qu'il vivroit long-tems s'il lui survivoit. Elle le savoit sans doute capable d'une action dénaturée; car lorsqu'elle avoit appris qu'il étoit proclamé Empereur, elle n'avoit pû retenir ses larmes.

Le 1 Juillet, Vespasien, que Neron avoit envoyé en 66 faire la guerre aux Juifs révoltés, est proclamé Empereur dans Alexandrie. Tous les Princes & Gouverneurs d'Asie le reconnoissent; Vologese, Roi des Parthes lui offre du secours.

Cecina, que Vitellius avoit envoyé contre Antonius Primus, qui étoit passé en Italie, à la tête d'une légion pour appuyer le parti de Vespasien, veut engager ses soldats à passer du côté de Vespasien; ils le chargent de chaînes.

Bataille donnée à trois lieues de Bedriac, le 26 Octobre. Varus ayant attaqué avec trop de précipitation les troupes de Vitellius, fut repoussé: mais Primus vint à son secours, combattit avec tant de valeur & de prudence, qu'il poussa les ennemis jusqu'à Cremone, où il les contraignit d'entrer. Une nouvelle armée, du parti de Vitellius, arrive la nuit proche Cremone; Primus, qui y tenoit bloqués les restes de celle qu'il avoit battue la veille, livre bataille

FEMMES.

PETRONIA, fille de Petronius, qui avoit été Consul. Elle mourut avant que son mari fût Empereur.

GALERIA FUNDANA, fille d'un Preteur. Elle avoit plus de vertu que de beauté : la nouvelle de l'élévation de son mari la fit trembler, parce qu'elle prévit sa chûte. Elle s'affligeoit de ses débauches, & avoit horreur de ses crimes. Il fut tué, & Galeria, moins sensible à la perte des biens & des grandeurs, qu'à la mort de son mari, passa le reste de sa vie à le pleurer.

MORT.

Il mourut à Rome le 20 Décembre âgé de 54 ans, après avoir regné 8 mois. Lorsqu'il vit Primus, Lieutenant de Vespasien, maître de Rome, il alla se cacher chez le Portier du Palais dans la loge aux chiens, d'où on le tira pour le promener par la Ville tout nud, les mains liées derriere le dos, une épée sous le menton pour le faire tenir droit ; de-là on le conduisit au lieu des supplices où il fut tué à petits coups. Son corps fut traîné avec un croc dans le Tybre. Galerie sa veuve le fit enterrer.

ENFANS.

PETRONIUS, qu'il eut de sa premiere femme Petronia. On dit qu'il étoit borgne. Son pere l'empoisonna, pour joüir des biens que sa mere lui avoit laissés.

Il eut plusieurs fils & filles, de sa seconde femme Galeria. Un de ses fils étoit begue. Lorsque Vitellius sortit du palais Impérial, pour dire qu'il renonçoit à l'Empire, il en tenoit un entre ses bras qui n'avoit pas plus de 5 ans. Il paroît que c'est le seul enfant mâle qui lui ait survécu, car un an après la mort de son pere, Mucien le fit tuer, parce qu'il falloit, disoit-il, éteindre toute semence de guerre civile. Vespasien donna une dot considérable à une de ses filles en la mariant. On croit que toutes les autres étoient mortes.

PRINCES CONTEMPORAINS.

Papes.

S LIN, 67.

Des Parthes.

VOLOGESE, 21.

Faits memorables du regne de Vitellius.

à celle qui venoit d'arriver, en fait un horrible carnage, & la force à se retirer. Un soldat Espagnol, de l'armée de Primus, poursuivit un soldat ennemi, l'atteignit & le blessa : mais s'étant mis en devoir de le dépouiller, il reconnut que c'étoit son pere. On compte que dans cette bataille il périt cinquante mille hommes de part & d'autre.

Primus prend Cremone & la fait raser. Vespasien la fit rétablir quelque tems après.

Valens, qui alloit chercher du secours pour Vitellius, est pris par Paulin Intendant de la Gaule Narbonnoise ; il le fit mourir à Urbin, & envoya sa tête à Rome.

La flotte de Vitellius se donne à Vespasien ; toutes les troupes qu'il avoit sur terre en font autant.

Le dix-huit Décembre, Vitellius apprend que toutes ses troupes l'avoient abandonné, il sort du Palais Impérial en habit de deuil, tenant un de ses enfans entre ses bras, & déclare, en pleurant, qu'il veut quitter l'Empire pour le bien & le repos public : le peuple touché de compassion le fait rentrer dans le Palais, & lui promet de lui garder toujours la fidélité qu'il lui avoit promise.

Embrasement du Capitole : les soldats Allemans qui étoient toujours restés attachés au parti de Vitellius, veulent prendre Sabinus & tous ceux qui s'étoient déclarés du parti de Vespasien ; ils les assiégent dans le Capitole, où ils s'étoient sauvés ; on vit tout à coup la flamme s'élever de toutes parts, & le Capitole fut réduit en cendres. On ne sait qui y mit le feu.

Combat donné sous les murs de Rome : Primus ar-

Faits memorables du regne de Vitellius.

rive, défait sans beaucoup de peine, les nouvelles levées de Vitellius, composées d'esclaves & de populace; les vieux soldats Allemans lui résistent, il les pousse dans la ville de quartier en quartier, & les défait à la fin, parce qu'ils n'avoient personne à leur tête pour les rallier.

Mort de Vitellius.

Vitellius, pendant le court espace de tems qu'il a régné, a commis toutes sortes de crimes : avide de richesses, il faisoit périr tous ceux qui en possédoient, pour se les approprier; sans songer à affermir sa puissance encore chancelante, & à régler l'Etat, il se livra au vin, à la bonne chere, & à toutes sortes d'autres excès.

Naissance et origine de l'Empereur Vespasien.

Il naquit dans une petite maison de campagne près de Rieti, le 17 Novembre de l'an 9 de J. C. Son pere Titus Flavianus Sabinus, étoit natif de Rieti, aujourd'hui le Duché de Spolete. Sa mere Vespasia Polla, étoit fille d'un Tribun des soldats, sœur d'un Sénateur. La famille Flavia, dont Vespasien descendoit, loin d'être des premieres de Rome, étoit au contraire fort obscure. Vespasien ne rougissoit pas de le dire lui-même, & se moquoit de ceux qui disoient que ses ancêtres étoient illustres, & Neron ne lui confia les troupes qu'il envoya contre les Juifs, que parce qu'il n'y avoit pas d'apparence qu'un homme d'une naissance si basse pût s'élever à l'Empire.

Faits memorables du regne de Vespasien.

De J. C. 70.   De Rome 823.

Toute l'Egypte reconnoît Vespasien pour Empereur.

Vologese, Roi des Parthes, lui envoye des Ambassadeurs le complimenter sur son élévation à l'Empire. Il part pour Rome & envoye son fils Tite, former le siége de Jérusalem, avec défense de faire aucune grace aux Juifs.

Réjoüissances publiques à Rome à l'occasion de l'arrivée de Vespasien. Il réforme l'ordre du Sénat & des Chevaliers.

Siége de Jérusalem au commencement d'Avril. Elle fut prise & brûlée le sept septembre suivant. La pâque y avoit attiré beaucoup de monde, qui fut obligé d'y rester à cause du siége. La famine y fut si grande, que les Juifs furent obligés de manger leurs souliers.

Une Dame, nommée Marie, Juive, d'au-delà du Jourdain, qui étoit allée à Jérusalem pour être à la Pâque, ayant tout perdu ce qu'elle avoit apporté, même jusqu'à ses vivres que les soldats lui avoient enlevés, se trouva si pressée par la faim, qu'elle tua un enfant qu'elle allaitoit, le fit cuire & en mangea la moitié. Les soldats attirés par l'odeur de la viande entrerent chez elle, la forcerent de leur montrer ce qu'elle avoit fait cuire : mais ayant vû son enfant cuit & à moitié mangé, ils s'en retournerent tous remplis d'horreur. Tite, en ayant été instruit, frémit & jura qu'il enseveliroit ce crime sous les ruines de la ville. On soûtient qu'il périt pendant ce siége plus d'onze cent mille Juifs.

Vespasien assûre des pensions aux Professeurs d'Eloquence, Greque & Latine.

FEMMES.

FULVIA DOMITILLA, étoit d'une basse naissance. Elle mourut avant que son mari fût Empereur. Il n'en eut point d'autre.

MORT.

Il mourut dans le même lieu où il étoit né, à sa maison de campagne le 24 Juin âgé de 69 ans, 7 mois, 7 jours, après avoir regné 10 ans 6 jours, depuis qu'il fut proclamé Empereur à Alexandrie.

ENFANS.

TITE, qui lui succéda à l'Empire.

DOMITIEN, successeur de Tite.

DOMITILLA, qui mourut avant que son pere fût Empereur.

PRINCES CONTEMPORAINS.

Papes.

S. LIN, 67.
S. CLET, natif de Rome: il avoit été disciple de S. Pierre, qui en fit son second Coadjuteur, après S. Lin, auquel il succéda dans le Pontificat. S. Clet fut martyrisé l'an 91.

Des Parthes.

VOLOGESE, 91.

Faits memorables du regne de Vespasien.

De J. C. 71.   De Rome 824.

Tite fait sont entrée triomphante à Rome: son pere Vespasien triompha avec lui. On vit alors les Vases Sacrés, & les Livres de la Loi, présentés en spectacle aux Payens.

Impôt levé sur les boues de Rome. Lorsque Vespasien en reçut le premier argent, il le montra à Tite, qui n'approuvoit pas cet impôt, & lui dit: *Cet argent sent-il plus mauvais que d'autre?*

Temple de la Paix bâti à Rome par Vespasien. Il fut achevé en 75. On en voit encore quelques vestiges. On y mit les plus riches dépouilles du Temple de Jérusalem.

De J. C. 72.   De Rome 825.

Vespasien réduit la Commagene en Province Romaine, parce que le Roi de cette contrée avoit voulu se révolter.

Les Romains refusent du secours aux Parthes, contre les Alains.

Vologese, Roi des Parthes écrit à Vespasien, & signe sa lettre: *Arsace Roi des Rois*. Vespasien lui fait réponse, & signe la sienne: *Flavius Vespasien*.

Cercalis soûmet ceux de Northumberland dans la Grande Bretagne.

De J. C. 73.   De Rome 826.

Révolte à Alexandrie: les habitans voyant qu'on enlevoit le blé d'Egypte pour Rome, craignent la famine, & se révoltent.

Savans et Illustres.

Curatius, étoit un célebre Orateur, & très-bon Poëte. Il avoit composé plusieurs Tragédies qui passoient pour être fort bonnes: mais il ne nous est rien resté de lui.

Bassus (Cæsius) Poëte Lyrique & Historien, fut brûlé avec la maison dans laquelle il étoit, par les flammes du mont Vesuve en 79 de J. C. Il ne nous est rien resté de ses ouvrages. Perse, qui étoit de ses amis, lui adressa sa sixiéme Satyre.

Frontin, *Sextus Julius Frontinus*, étoit un bon guerrier & un savant Jurisconsulte. Il fut Preteur en 70, & ceda sa place à Domitien. Il battit plusieurs fois les Anglois contre qui Vespasien l'envoya en 78. Il s'appliqua beaucoup à la lecture des Auteurs Grecs & Romains qui avoient traité de la guerre. Il a laissé quatre Livres des stratagèmes, qu'on croit qu'il composa sous Domitien. Nerva lui donna, en 98 de J. C. l'intendance des eaux & des aqueducs de Rome, sur quoi il composa un ouvrage qui nous est resté. Il a composé plusieurs autres petits ouvrages qu'on trouve dans le Recueil de Scriverius. On croit qu'il mourut l'an 101 de J. C.

Julius Secundus, avoit écrit la vie d'un Julius Asiaticus. Il a publié des Harangues dont Quintilien parle en fort bons termes: mais tous ces ouvrages ne sont pas venus jusqu'à nous.

Savans et Illustres.

Messala (Vipsanius) étoit d'une naissance illustre. Il embrassa le parti de Vespasien contre Vitellius, & servit sous Primus qui soumit Rome à Vespasien. Tacite dit qu'il a écrit cette guerre civile, & qu'il étoit fort éloquent: mais cet ouvrage est perdu.

Moderat, Philosophe Pythagoricien a écrit divers traités de Philosophie. Il étoit de Cadix en Espagne. Ses ouvrages ont été perdus.

Mucien, a composé une histoire, & une Géographie de l'Orient. Il a travaillé à faire un recueil de tous les Discours, les Actes, & les Lettres des Anciens Romains qui se trouvoient dans les Bibliothèques. Il ne nous est rien resté de ses ouvrages. Il mourut en 76.

Nerva (Cocceius), fils du fameux Jurisconsulte de ce nom, sous Tibere, & pere de l'Empereur Nerva, étoit un esprit vif & pénétrant. Il s'appliqua dès sa jeunesse à l'étude du Droit, & fit tant de progrès, qu'à l'âge de 17 ans, il répondit publiquement sur toutes les questions qui lui furent proposées. Il avoit composé un traité des prescriptions, & plusieurs autres dont on trouve dix Passages dispersés dans le Digeste.

Pegasus, Jurisconsulte, étoit d'une naissance obscure. Il parvint par son mérite au Consulat & à la Prefecture de Rome.

FAITS MEMORABLES DU REGNE DE VESPASIEN.

Vespasien envoye des Gouverneurs en Grece, à Rhodes, à Byzance, à Samos, en Thrace, en Sicile & dans la Commagene, qu'il réduisit en Provinces Romaines, parce que ces pays se ruinoient par les séditions. Il chasse tous les Philosophes de Rome, parce qu'ils incitoient le peuple à la révolte.

De J. C. 74.   De Rome 827.

Vespasien fait le dénombrement des citoyens Romains. Ce fut la derniere fois qu'il fut fait; il s'y trouva deux personnes âgées de 150 ans.

De J. C. 75.   De Rome 828.

On mesure les murailles de Rome, qu'on trouve être de plus de cinq lieues de tour: toutes les rues ensemble, en y comprenant le camp des Prétoriens, faisoient plus de vingt-cinq lieues de chemin.

De J. C. 76.   De Rome 829.

Tremblement de terre qui renverse trois villes dans l'île de Cypre.

De J. C. 77.   De Rome 830.

Peste furieuse à Rome. On assûre que pendant plusieurs jours on y compta plus de dix mille morts chaque jour.

Savans et Illustres.

Juvenal l'appelle le meilleur & le plus saint Interprete des Loix. Il fut auteur du Senatus-Consulte qui est appellé de son nom Pegasien. Ce Jurisconsulte est cité à peu près trente fois dans le Digeste.

PLINE dit L'ANCIEN, étoit de Verone ; il vivoit sous Vespasien & sous Tite qui le consideroient beaucoup. Il fut Intendant en Espagne, où il composa la vie de Neron, & plusieurs autres ouvrages qui ne sont point venus jusqu'à nous. Il fut suffoqué par l'embrasement du mont Vesuve, qu'il voulut voir de trop près, l'an 79 âgé de 56 ans. Il nous reste de lui une histoire naturelle divisée en trente-sept Livres. Tous ceux qui ont lû cet Ouvrage l'admirent, pour la beauté du style, & la profondeur de science qu'on y trouve. Lorsqu'on fait attention à l'étendue immense de travail qu'il lui a fallu embrasser pour composer cet ouvrage ; on conçoit bien qu'il n'a pas eu le tems de vérifier tous ses Mémoires, & on convient que quoiqu'il se soit trompé quelquefois, il n'en mérite pas moins le titre de savant.

PROCULUS LICINIUS, fameux Jurisconsulte, étoit Disciple de COCCEIUS NERVA, qui avoit paru sous Tibere. Il suivoit avec beaucoup d'exactitude les sentimens de Labeo, auxquels il donnoit tant de clarté qu'on l'en regardoit comme premier Auteur. Il avoit composé huit Livres de Lettres. Ses ouvrages sont cités plus de cent fois dans le Digeste, & deux fois dans les Instituts.

QUINTILIEN, *M. Fabius Quintilianus*, naquit à Calahorra en Espagne. C'étoit un celebre Orateur, la Reine Berenice l'écoutoit plaider avec beaucoup de plaisir. Il fut Professeur d'éloquence à Rome pendant vingt ans, & s'acquit beaucoup de réputation. Pline le jeune fut son disciple. Lorsque Domitien lui ordonna de sortir de Rome, il alla à Lyon, où il fut obligé de recommencer à professer l'éloquence pour vivre. Nous avons de lui une Rhetorique en douze Livres, qui est très estimée des connoisseurs.

SABINIUS (CŒLIUS) habile Jurisconsulte, fut Consul sous Othon & Vitellius. Vespasien reconnut son mérite, & chercha toutes les occasions de l'obliger. Il a composé un Commentaire *Ad Edict. Edilium Curulium*, dont on se servoit souvent dans les affaires du Commerce. Il est cité sept fois dans le Digeste.

Faits memorables du regne de Vespasien.

De J. C. 78.   De Rome 831.

Agricola soumet le pays de Nort-Galles, & l'île d'Anglesea, qui avoient depuis quelque tems secoüé le joug des Romains. Sa douceur le fit aimer des peuples mêmes, auxquels il ôtoit la liberté.

De J. C. 79.   De Rome 832.

Mort de Sabinius de Langres. Il avoit pris le titre de Cesar dans les Gaules, neuf ans auparavant: mais son armée ayant été défaite, il s'étoit caché dans une caverne sous terre, où sa femme Peponille l'alloit souvent voir, elle en eut même deux enfans. On en avertit Vespasien, qui le condamna à mort lui & sa femme. Il fit grace à leurs enfans.

Conjuration de Cecina découverte : Tite le fit tuer.

Vespasien meurt en travaillant. On lui avoit entendu dire quelque tems auparavant, qu'il falloit qu'un Empereur mourût de bout.

Vespasien ne parut mériter l'Empire que lorsqu'il fut Empereur. La bassesse de ses sentimens, le rendit encore plus méprisable que sa naissance. Une lâche flaterie vis-à-vis des affranchis qui avoient le plus de crédit à la Cour, étoit le seul moyen qu'il mettoit en usage pour parvenir aux dignités. Avide d'argent & de richesses, il faisoit les trafics les plus honteux, & ne rougissoit pas même de l'usure pour en amasser. Il sut cependant allier à ses vices un grand talent pour la guerre, qui lui mérita la confiance des soldats & lui valut l'Empire. Il devint alors

FAITS MEMORABLES DU REGNE DE VESPASIEN.

tout différent de lui-même, s'appliqua avec soin au gouvernement de l'Etat, régla la justice, abolit les délateurs, pardonna aux accusés; il fut enfin si clément, qu'il regrettoit le sang des criminels : mais il ne cessa point d'être avare & fut toûjours impudique.

NAISSANCE ET ORIGINE DE TITUS SABINUS VESPASIANUS, *connu sous le nom de* TITE.

Il naquit le 30 Décembre 4 de J. C. Il étoit fils de Vespasien, son prédécesseur, & de Flavia Domitilla.

FAITS MEMORABLES DU REGNE DE TITE.

De J. C. 79.   *De Rome* 832.

Tite est reconnu seul Empereur le 24 Juin, selon que Vespasien l'avoit ordonné par son Testament.

Agricola soûmet plusieurs Villes d'Angleterre.

Embrasement du mont Vesuve. Il fut précédé d'un fracas furieux, après quoi on vit, tout d'un coup, sortir une grande quantité de feu, avec une fumée si considérable que le soleil en fut obscurci. Cela fut suivi d'une si prodigieuse quantité de cendres mêlées de terres & de pierres, que l'air & la mer en furent remplis au point que les poissons & les oiseaux furent étouffés, avec une grande quantité d'hommes & de bestiaux. Les villes de Pompeies & d'Herculane furent englouties. On a découvert depuis peu la ville d'Herculane. Cet amas de cendres & de terres vola jusqu'en

Faits memorables du regne de Tite.

Afrique & en Egypte. Pline l'ancien, oncle & pere adoptif de Pline le jeune étoit alors à Misene; sa curiosité sur tous les événemens extraordinaires l'engagea à s'approcher du mont Vesuve pour voir de plus près ce phénomene : il fut étouffé par l'épaisseur de l'air. Le Poëte Cæsius Bassus fut brûlé par ce débordement de feu, avec la maison où il étoit.

De J. C. 80. De Rome 833.

On croit que ce fut vers ce tems que Tite renvoya la Reine Berenice, sacrifiant son amour aux loix de l'Etat, qui défendoient aux Empereurs d'épouser des Reines, & faisant connoître par ce sacrifice combien il étoit maître de ses passions.

Il fait réparer les dégâts causés par le débordement du mont Vesuve.

Embrasement de Rome : il dura trois jours. Le Capitole, le Pantheon, la Bibliotheque d'Auguste, le Théatre de Pompée, & plusieurs autres bâtimens publics furent brûlés. Tite vendit les ornemens de son Palais, pour faire rebâtir les édifices publics.

Rome est affligée de la peste. On crut qu'elle étoit causée par les cendres du mont Vesuve.

Agricola ravage une partie de l'Ecosse.

De J. C. 81. De Rome 834.

Troubles en Asie. Ils furent causés par un nommé Terentius qui voulut se faire passer pour Néron. Il se retira chez les Parthes, qui le reçurent fort bien, résolurent de le faire proclamer Empereur, firent des

FEMMES.

ARRICIDIA TERTULLA, fille d'un Chevalier Romain qui avoit été autrefois Prefet du Pretoire. Elle mourut avant que Vespasien, pere de son mari, fût Empereur.

MARTIA FURNILLA, qu'il épousa avant d'être Empereur. Il la répudia à la sollicitation de Berenice.

MORT.

Il mourut dans le même lieu où son pere Vespasien étoit mort, le 13 Septembre 81 de J. C. âgé de 41 ans, après un regne de deux ans, deux mois, vingt jours. Lorsque son frere Domitien le vit à l'article de la mort, il le fit mettre dans une cuve pleine de neige, sous prétexte de le rafraîchir: il y expira. Ses cendres furent mises dans le tombeau des Cesars.

ENFANS.

JULIA SABINA, qu'il eut de Martia Furnilla : il voulut la donner en mariage à son frere Domitien, qui la refusa, ne voulant pas quitter sa femme Domitia. Elle épousa Sabinus, son cousin, fils de Flavius Sabinus, frere de Vespasien. Domitien en étant devenu amoureux fit mourir son mari pour en joüir plus librement. Il la força de tuer un fils qu'elle avoit eu de lui. Elle en mourut de chagrin.

PRINCES CONTEMPORAINS.

Papes.

S. CLET, 91.

Des Parthes.

VOLOGESE, 91.

Faits memorables du regne de Tite.

préparatifs de guerre pour exécuter leurs desseins.

Tite se sentant malade, se retire au pays des Sabins : dans son chemin il est surpris d'une fievre violente. Sentant que sa fin approche, il est tourmenté des regrets qui sont ordinaires à tous ceux qui voyent la mort auprès d'eux. Levant ses yeux languissans au Ciel, il se plaignit de mourir dans un âge si peu avancé, sans l'avoir mérité, disant qu'en sa vie il n'avoit fait qu'une chose qu'il eût à se reprocher. Les savans cherchent en vain à deviner ce que ce pouvoit être. Il ne s'expliqua point, & l'imagination ne suffit pas pour suppléer un fait historique. Il n'eut que le tems d'arriver avant de mourir.

L'idée qui est attachée au nom de Tite est plus grande que tous les éloges qu'on peut lui donner. Il fut l'amour & les delices du genre humain.

Naissance et origine de Flavius Domitianus dit Domitien.

Il naquit le 24 Octobre 51 de J. C. Il étoit frere de Tite, fils de Vespasien & de Flavia Domitilla.

Faits memorables du regne de Domitien.

De J. C. 81.   De Rome 834.

Domitien se fait proclamer Empereur sans attendre que Tite fût mort.

De J. C. 82.   De Rome 835.

Il fait condamner au supplice beaucoup de personnes pour crime d'adultere.

FEMMES.

Domitia Longina, fille du célebre Domitius Corbulon. Il l'enleva à L. Æmilius Lamina, son mari, & lui fut si attaché qu'il ne voulut pas la répudier pour épouser la fille de Tite qui la lui proposoit : mais s'étant apperçu qu'elle s'abandonnoit à un Comédien nommé Paridis, il la répudia, & la reprit quelque tems après. Suetone assûre qu'elle étoit fort débauchée, & qu'elle ne faisoit pas difficulté d'avoüer ses crimes. Domitien, ne pouvant plus la souffrir à cause de ses débauches, forma le dessein de la faire mourir : elle en fut instruite, entra dans la conjuration formée contre lui, & fut la plus ardente à hâter l'exécution du forfait des conjurés.

MORT.

Il fut assassiné dans sa chambre par un Affranchi de Domitilla le 18 Septembre 96, âgé de 45 ans, après en avoir regné 15 & 5 jours. Sa nourrice Phyllis fit enlever son corps par ceux qui avoient soin de donner la sépulture aux pauvres, le fit porter à sa maison de campagne, où elle le brûla, & porta ses cendres secrettement dans le temple qu'il avoit fait bâtir en l'honneur des Flaviens, & les mit avec Julie, fille de Tite.

On assûre qu'Apollonius de Tyanes, étant à Ephese, où il

ENFANS.

Il eut un fils de Domitia Longina, mais qui mourut en très-bas âge.

Il en eut un autre de Julia Sabina sa niece, il la força à le tuer, ce qui la fit mourir de chagrin.

PRINCES CONTEMPORAINS.

Papes.

S. Clet, 91.

S. Clement, natif de Rome, étoit d'une famille Patricienne. Il avoit refusé le Pontificat après la mort de S. Lin. Lorsqu'il fut Pape, il écrivit aux Catholiques de Corinthe qui étoient divisés, & les réunit. Trajan, ayant été instruit du zele qu'il avoit pour la Religion Chrétienne, l'exila dans la Chersonese Taurique où il le fit martyriser le 23 Novembre de l'an 100.

Des Parthes.

Vologese, 91.

Pacorus, fils de Vologese. Il eut peu de guerres à soûtenir contre les Romains : mais il en eut beaucoup à soûtenir contre ses propres Sujets. Il mourut l'an 108.

Faits mémorables du regne de Domitien

La secte des Nazaréens commence à paroître. Il suivoient l'ancien & le nouveau Testament, se faisoient circoncire & baptiser, ne mangeoient point des viandes défendues par la loi, solennisoient le Samedi & le Dimanche. Ils disoient que Jesus-Christ étoit fils de Joseph & de Marie, né comme un autre homme : mais qu'il étoit le seul & vrai Prophéte, & que sa vertu étoit si grande qu'on l'appelloit le Fils de Dieu. Le nom de Nazaréens leur venoit de Nazareth, lieu de la Naissance de J. C. On le donnoit dans le commencement à tous les Chrétiens : mais ceux de cette Secte furent les seuls qui le garderent, le préférant à celui de Chrétiens.

De J. C. 83.   De Rome 836.

Agricola soûmet plusieurs peuples de l'Ecosse.
Domitien défend de faire des Eunuques.
Domitien va en Allemagne, pour soûmettre les Cattes ; il triomphe à son retour, quoiqu'il n'eût livré aucune bataille.

De J. C. 84.   De Rome 837.

Bataille donnée proche le mont Grampius, aujourd'hui Granzebain, dans l'Ecosse Septentrionale : Agricola y défit les Chalcédoniens, & plusieurs autres peuples des environs qui avoient à leur tête un nommé Galgacus.
Les Horestes se soûmettent. Agricola fait faire à sa flotte le tour des trois îles Britanniques, & découvre que ce sont des îles, ce qu'on avoit ignoré jusqu'alors.

MORT. SAVANS ET ILLUSTRES.

faisoit un discours au peuple dans le tems même qu'on massacroit Domitien à Rome, baissa la voix, cessa même de parler, & regardant fixement à terre, fit trois ou quatre pas en avant & se mit à crier : *frappe, frappe le tyran* ; après quoi, il dit au peuple étonné : *réjoüissez-vous ; le tyran Domitien vient d'être tué à cet instant.* Plusieurs Auteurs rapportent ce fait, & le donnent pour constant.

SAVANS ET ILLUSTRES.

AGRICOLA (CN. JULIUS) natif de Frejus, étoit le plus grand Capitaine de son tems. Il soûmit l'Angleterre, en fit le tour, & découvrit que c'étoit une île. On avoit cru auparavant que c'étoit un nouveau monde. Il mourut vers l'an 93 de J. C. On croit que Domitien le fit empoisonner.

APOLLONIUS DE TYANES, célebre Philosophe & Magicien, naquit à peu près dans le même tems que J. C. Il étoit d'une si grande beauté qu'on ne pouvoit le voir sans admiration. Dès sa jeunesse, il laissa croître sa barbe & ses cheveux, ne mangeoit que des herbes & des légumes, ne buvoit que de l'eau, & marchoit nuds piés. Il se retira dans un temple d'Esculape, dont il se disoit être le Favori. On venoit de tous les côtés le voir. Pendant cinq ans il garda le silence, & ne se faisoit entendre que par signes : il écrivoit quelques mots, lorsqu'il ne pouvoit se dispenser de répondre. Au bout de cinq ans il ouvrit la bouche, se mit à enseigner, se disant inspiré ; & le ton décisif avec lequel il parloit étonnoit & persuadoit les peuples. Il a fait quantité de choses surprenantes, si l'on en croit Philostrate, qui à la priere de l'Impératrice Julie, femme de Septime Severe, composa sa vie. Il assûre entr'autres que ce Magicien étant à Ephese vit la mort de Domitien, qu'on massacroit à Rome. Il a vecu cent ans, & plus. Il n'y a personne de bon sens qui ajoute foi à la vie d'Apollonius de Tyanes, écrite par Philostrate : outre qu'elle est remplie de faits qui ne s'accordent point avec les bons Historiens, c'est que les miracles qui lui sont attribués ne peuvent pas avoir été opérés par un imposteur. Les Payens même, n'y ajoutoient pas foi, & Lucien dit que sa vie est une Tragédie.

BALBUS (C. VALERIUS FLACCUS SETINUS) Poëte Latin. On croit qu'il étoit de Padoue : mais on ne sait pas le tems qu'il est mort. Nous avons de lui un Poëme sur le voyage des Argonautes divisé en huit Livres. Les Savans n'en font pas grand cas, ils disent qu'outre qu'il y a plusieurs fautes contre les regles de l'art, on n'y trouve aucunes beautés,

Faits memorables du regne de Domitien.

Il découvrit en même tems l'île d'Islande.
Les Cattes chassent Cariomer Roi des Querusques.

De J. C. 85.   De Rome 838.

Domitien, jaloux de la gloire qu'Agricola s'étoit acquise dans l'Angleterre, le rappelle & le reçoit froidement. Dans les tems de la République, Rome auroit accordé à Agricola des récompenses dignes de ses services ; mais elle étoit dans l'esclavage, & le tyran à qui elle étoit soûmise, haïssoit les grands hommes parce qu'il les craignoit.

Revolte des Nasamons causée par la violence avec laquelle Domitien faisoit lever les Impôts sur les Provinces. Ils tuerent ceux qu'on avoit envoyés chez eux lever ces impôts, defirent Flaccus, Gouverneur de Numidie, & prirent son camp, où ayant trouvé beaucoup de vin, ils en burent en si grande quantité qu'ils s'enivrerent tous : Flaccus en fut averti, revint sur eux, & les fit tous passer au fil de l'épée, sans épargner même les enfans.

De J. C. 86.   De Rome 839.

Domitien prend le titre de Divus, & défend qu'on lui en donne d'autre.

Les Daces se révoltent sous la conduite de Decabale, défont Appius Sabinus, ensuite plusieurs autres Capitaines qui périrent avec leur Armée. Domitien sort de Rome, va dans la Mœsie, & envoye Julien contre les Daces, qu'il défit au point que Decabale leur chef fut obligé de demander la paix : mais on la lui refusa.

& que le style en est froid & languissant.

EPAPHRODITE, natif de Cheronée dans la Beocie, étoit esclave d'un Prefet d'Egypte; il étoit célebre à Rome dès le tems de Neron, & vécut jusque sous Nerva. Il a composé plusieurs Livres de Grammaire, qui ont été perdus. Il mourut âgé de 75 ans.

JOSEPH l'Historien étoit d'une illustre naissance parmi les Juifs. Vespasien que Neron avoit envoyé pour soûmettre ce peuple révolté, prit Joseph au siege de Jotapat, lui accorda la vie à la priere de Tite, qui avoit conçû beaucoup d'estime & d'affection pour lui. Lorsque Vespasien fut à Rome prendre possession de l'Empire, Tite mena Joseph avec lui au siége de Jerusalem, où il exhorta plusieurs fois les Juifs à se soûmettre aux Romains. Après la prise de Jerusalem Tite l'emmena à Rome où Vespasien lui donna le droit de bourgeoisie Romaine, & lui assigna une pension que Tite lui continua. Domitien le prit en affection & lui fit beaucoup de présens.

Joseph composa l'Histoire de la guerre des Juifs en Syriaque & en Grec. Il divisa cet ouvrage en 7 Livres. Tite donna son approbation à cet Histoire, la signa, & la fit mettre dans toutes les Bibliotheques publiques.

Il composa ensuite l'Histoire génerale des Juifs qu'il commença dès l'origine du monde. Cet ouvrage est divisé en vingt Livres, & a pour titre les *Antiquités Juives*. Nous avons encore de Joseph un ouvrage contre Apion, qui contredisoit l'antiquité des Juifs. Il en avoit composé plusieurs autres qui ne sont pas venus jusqu'à nous. On fait beaucoup de cas des ouvrages de Joseph, on l'appelle même le Tite-Live des Juifs: mais on l'accuse d'avoir déguisé les miracles attestés par l'Ecriture.

JUVENAL. *Decimus Junius Juvenalis*, natif d'Aquin, est celebre par ses Satyres. Un Comédien puissant à la Cour de Trajan, se trouvant offensé de quelques Vers de sa septieme Satyre, le fit envoyer en Egypte à l'âge de quatre-vingts ans, où il commanda un Régiment campé à l'extremité de ce pays. Ce satyrique est toujours chagrin: son style n'est ni délicat, ni naturel; on y trouve cependant des expressions assez heureuses.

MARTIAL, *M. Valerius Martialis*, natif de Bibilis en Espagne, est celebre par ses Epigrammes. Il vint à Rome à l'âge de vingt ans: il y en demeura trente. Tous les Empereurs l'aimerent beaucoup, sur tout Domitien, après la mort duquel il retourna dans son pays où il mou-

FAITS MEMORABLES DU REGNE DE DOMITIEN.

Decabale voyant qu'il n'avoit d'autre espoir que celui de ses armes, ramasse de nouvelles troupes, fait de nouveaux efforts, tombe sur les Romains & les force à lui demander la paix, mais à des conditions honteuses. Il en exigea des sommes considérables d'argent, des ouvriers de toutes sortes d'arts, & un tribut annuel que les Romains payerent jusqu'à ce que Trajan eût défait les Daces. Diegis vient recevoir des mains de Domitien la couronne de ce pays pour Decabale son frere. Domitien triompha à Rome pour cette paix, qui ne se fit qu'en 91 ; car la guerre des Daces dura au moins quatre ans.

De J. C. { 87. 88. }   De Rome { 840. 841. }

Bataille donnée sur les bords du Rhin. L. Antonius, Gouverneur de la haute Germanie, qui s'étoit fait proclamer Empereur, y fut défait par Licinius Appius Maximus, Proconsul de la Bithynie. Sa tête fut envoyée à Rome, où on l'exposa publiquement. Domitien exerça bien des cruautés, pour découvrir les complices de la révolte d'Antoine. Les Parthes lui envoyerent ce Terentius Maximus, qui avoit voulu se faire passer pour Neron. Domitien ayant entendu dire qu'il naîtroit un homme de la Race de David qui regneroit sur toute la terre, il fit chercher tous ceux qui en descendoient, & ordonna qu'on les fît mourir. On amena un jour devant lui deux Chrétiens, petits-fils de l'Apôtre S. Jude, qui étoient de la Race de David. Il les regarda, & leur ayant trouvé trop de simplicité pour être ambitieux, il les renvoya sans leur faire de mal.

rut à l'âge de 75 ans vers l'an 100 de J. C.

Le style de Martial est quelquefois trop enflé. Les pointes de ses Epigrammes ne consistent que dans des jeux de mots; différent de Catule, dont les pointes consistent toûjours dans des pensées.

SILIUS ITALICUS, se laissa mourir de faim à l'âge de 75 ans en 100 de J. C. voyant que les Medecins ne pouvoient guérir un clou qui lui causoit une douleur insupportable. Nous avons de lui un Poëme de la seconde guerre Punique divisé en dix-sept Livres. Cet ouvrage est généralement méprisé.

STACE, *P. Statius Papinus*, natif de Naples, a composé deux Poëmes héroïques, la Thébaïde divisée en douze Livres, & l'Achilleïde dont il n'y a que deux Livres, parce que la mort l'empêcha de l'achever. Il a composé, en outre, cinq Livres de Sylves qui sont plusieurs petits Poëmes sur divers sujets. Ses vers sont assez harmonieux: mais son style est froid & son ouvrage bisarre.

SULPICIA, Dame Romaine, composa un Poëme contre Domitien, qui persécutoit les Philosophes. Elle avoit fait une Satyre sur l'amour & la fidélité conjugale: mais ces ouvrages ont été perdus. Il ne nous reste d'elle qu'une Satyre qu'on trouve ordinairement à la fin de celles de Juvenal. On en dit assez de bien.

FAITS MEMORABLES DU REGNE DE DOMITIEN.

De J. C. { 89. 90. 91. }   De Rome { 842. 843. 844. }

Il paroît que ce fut cette derniere année que Domitien triompha des Daces. Il donne des spectacles magnifiques à Rome. Pendant qu'on repréfentoit un combat naval, il furvint un orage & une pluie furieufe : l'Empereur demeura au fpectacle en changeant fouvent de cafaque, & voulut que tout le monde y demeurât auffi.

Cornelie, qui étoit la premiere veftale eft enterrée toute vive, pour avoir violé la chafteté de fon état. Ceux qui furent accufés d'avoir été complices de fes débauches furent fouettés jufqu'à la mort.

De J. C. 92.   De Rome 845.

Domitien défend de planter de nouvelles vignes dans l'Italie, & ordonne d'arracher la moitié de celles qui étoient dans les autres provinces.

De J. C. 93.   De Rome 846.

Mort de Cn. Julius Agricola, vainqueur de l'Angleterre. Il fut regretté de tous les Romains qui accuferent Domitien de l'avoir fait empoifonner.

L'Empereur va lui-même contre les Sarmates, qui avoient battu plufieurs légions Romaines. Il eut affaire avec les Marcomans : mais on ne fait s'il fut vainqueur ou vaincu.

Faits memorables du regne de Domitien.

De J. C. 94.   De Rome 847.

Tous les Philosophes sortent de Rome, pour éviter les cruautés de Domitien qui s'étoit déchaîné contr'eux. Sulpicia, Dame Romaine, dont Martial loue les mœurs & la science, fit un Poëme sur la fuite des Philosophes. Elle y traitoit fort mal Domitien.

Nerva est exilé à Tarente, parce qu'il fut soupçonné d'aspirer à l'Empire. Apollonius de Tyanes vient à Rome pour excuser Nerva : Domitien le fait mettre en prison, & le renvoye libre quelque tems après.

De J. C. 95.   De Rome 848.

L'Empereur fait paver le chemin de Sinuesse à Pouzoles.

Persécution des Chrétiens : elle dura presqu'un an & il y eut beaucoup de martyrs.

De J. C. 96.   De Rome 849.

Mort de Domitien, il fut assassiné dans son Palais. Le peuple renversa ses statues, & effaça son nom de dessus les monumens qu'il avoit fait bâtir.

On peut mettre Domitien au nombre de ces monstres qui ont deshonoré le genre humain. Il avoit tous les vices sans avoir aucune vertu, & commit lui seul plus de crimes que les Tiberes, les Caligulas & les Nerons ensemble. La timidité, qui étoit le fond de son caractere, le portoit à la défiance & à punir comme coupables convaincus tous ceux qu'il soupçonnoit ; enfin cet implacable Empe-

Faits memorables du regne de Domitien.

reur fut craint & haï de tout le genre humain, parce qu'il craignoit & haïssoit tout le genre humain. Son regne est marqué au coin de l'horreur & du ridicule. Cet insensé voulant tout régler par lui-même, dans les affaires les plus intéressantes de l'Etat, n'assembloit pas son conseil, mais pour décider dans quel vase il feroit cuire un turbot, il convoquoit le Sénat. * Et ce corps qui autrefois n'étoit occupé que du sort de la terre, eut la bassesse de souffrir qu'on ravalât son autorité à décider une question de cuisine.

Naissance et origine de Cocceius Nerva.

Il naquit à Narni, ville de l'Ombrie, le 17 mars 32 de J. C. sa famille étoit originaire de Crete où elle avoit tenu un rang assez distingué : mais les Romains, qui ne faisoient aucun cas des familles qui n'étoient point originaires de chez eux, le regardoient comme un homme nouveau. Son ayeul M. Cocceius Nerva fut Consul sous Tibere, l'an de J. C. 23 & eut toujours beaucoup de crédit sous cet Empereur, qui l'emmena avec lui dans l'île de Caprée, où il se laissa mourir de faim, ne voulant plus être témoin des crimes de ce méchant Prince. Son pere étoit ce savant Jurisconsulte que Vespasien combla d'honneurs & de bienfaits.

* Juvenal, Sat. IV.

de l'Histoire des Empereurs. 157

FEMMES.	ENFANS.
On ne trouve aucun Auteur qui dise que Nerva ait eu de femmes.	L'Histoire ne parle pas plus de ses enfans que de ses femmes.

MORT.

Il mourut le 27 Janvier 98 de J. C. âgé de 72 ans, après avoir regné seize mois, huit ou neuf jours. Son corps fut mis dans le tombeau des Cesars.

PRINCES CONTEMPORAINS.

Papes.

S. CLEMENT, 100.

Des Parthes.

PACORUS II. 108.

FAITS MEMORABLES DU REGNE DE NERVA.

De J. C. 96.   De Rome 849.

Nerva est proclamé Empereur d'un consentement unanime de tous les ordres de la République, le 18 Septembre, qui étoit le même jour que Domitien fut massacré.

Il se répandit un bruit que Domitien n'étoit pas mort. Nerva en fut si effrayé, qu'il pâlit : mais Paterne le rassûra, en lui disant qu'il avoit vû périr Domitien. Lorsque le Sénat, en corps, complimentoit Nerva sur son élévation, un de ses amis nommé Arrius Antoninus, ayeul de l'Empereur Antonin, lui dit, en l'embrassant : " Le peuple est bien heureux " d'avoir un Empereur tel que vous : mais vous " êtes à plaindre d'être chargé du poids onereux de " de l'Empire qui vous expose à tant d'inquiétude & " de périls. "

Les troupes campées près du Danube sont prêtes à se révolter : Dion Chrysostome les appaise.

Nerva examine les crimes des exilés, rappelle ceux qu'il ne trouve pas coupables, & leur rend leurs biens. Il fait supplicier tous les esclaves qui avoient accusé leurs maîtres.

De J. C. 97.   De Rome 850.

Mort du fameux Virginius Rufus, qui avoit plusieurs fois refusé l'Empire que les soldats lui avoient proposé. Il étoit alors Consul.

Nerva découvre une conjuration formée contre lui par plusieurs Sénateurs, qu'il se contenta d'exiler, ne voulant pas violer le serment qu'il avoit fait, de ne fai-

Faits memorables du regne de Nerva.

re mourir aucun Sénateur. Il abolit tous les nouveaux impôts établis par Domitien.

Les Prétoriens se révoltent, vont au Palais, & forcent Nerva à consentir à la mort de ceux qui avoient fait périr Domitien. Il fit ce qu'il put pour les arrêter, disant qu'il ne vouloit pas pousser l'ingratitude jusqu'au point de permettre qu'on massacrât ceux de qui il tenoit l'Empire : mais les Prétoriens le forcerent de se prêter à ce qu'ils vouloient. Il connut de-là que son grand âge le rendoit trop foible, pour soutenir seul le poids de l'Empire, & qu'il lui falloit un collegue. Il jetta les yeux sur Trajan, alors Gouverneur de la basse Germanie ; il l'adopta vers la fin d'Octobre, & dans une assemblée du peuple le déclara son collegue & son successeur à l'Empire.

Nerva écrit à Trajan, pour le prier de punir l'insolence des Prétoriens : Trajan les fait venir dans la Germanie, les casse & fait punir Elien qui s'étoit mis à leur tête lors de leur révolte.

Inondation du Tibre, qui cause un grand dégât dans l'Italie.

De J. C. 98.   De Rome 851.

Nerva fait cesser la persécution contre les Chrétiens, & défend de les accuser. Il meurt le 27 Janvier.

Ce Prince étoit fort doux, prudent & sage: mais on l'accuse de n'avoir pas eu assez de fermeté.

Naissance et origine de M. Ulpius Trajanus, dit Trajan.

Il naquit à Italique près de Seville en Espagne le 18 Septembre 52 de J. C. Sa famille, originaire de la même ville où il naquit, étoit fort ancienne : mais elle ne s'étoit point illustrée. Le pere de Trajan qui s'appelloit aussi Trajan, avoit eu les honneurs du triomphe sous Vespasien, qui l'avoit mis au nombre des Sénateurs & l'avoit admis à la dignité de Consul.

Faits memorables du regne de Trajan.

De J. C. 98. De Rome 851.

Adrien annonce la nouvelle de la mort de Nerva à Trajan qui étoit à Cologne, où il resta plusieurs mois, pendant lesquels il reçut les Députés de plusieurs peuples étrangers, qui l'envoyerent prier de continuer avec eux la paix qu'ils avoient obtenue de ses prédécesseurs.

Les Camaves & les Angrivariens, peuples de la Germanie, se réunissent, pour chasser les Bructeres du pays qu'ils habitoient. Ces derniers perdirent plus de soixante mille hommes dans l'action. Les Romains, qui étoient présens à cette bataille, virent avec joie la défaite des Bructeres qui étoient haïs de tous leurs voisins à cause de leur orgueil.

De J. C. 99. De Rome 852.

Trajan fait son entrée à Rome à pié, pour montrer aux Romains le mépris qu'il faisoit des vaines grandeurs. Il fait distribuer des sommes d'argent au peuple, & abolit tous les crimes de lese-Majesté.

Plotine,

de l'Histoire des Empereurs.

FEMMES.

PLOTINE, l'Histoire ne nous fait connoître ni sa famille, ni le lieu de sa naissance. Trajan l'avoit épousée longtems avant d'être adopté par Nerva. Elle n'avoit rien d'agréable dans la figure : mais sa douceur la fit aimer, la délicatesse de son esprit la fit admirer, & sa chasteté la fit respecter. On ne connut en elle aucun vice, on n'y remarqua même aucun défaut, & par ses sages conseils elle contribua à la splendeur du regne de Trajan : elle l'avoit vû avec joie commencer & augmenter sa fortune, elle le vit avec modestie monter au throne. Alors elle eut soin de lui donner de sages conseils, elle eut soin de les lui faire exécuter. Pendant ses guerres elle se chargea de la regence de l'Empire, & se faisoit aimer, par sa douceur, sa sagesse & sa modération lorsque son mari se faisoit admirer par ses exploits. Elle se rendit, enfin, digne de toute sa confiance, l'amena au point de sacrifier ses volontés aux siennes : malgré le mépris qu'il faisoit d'Adrien, elle le lui fit adopter, & par-là se fit un appui sur lequel elle soûtint sa grandeur & sa puissance, même après la mort de son mari. Adrien lui fit toujours rendre les honneurs dûs à une Impératrice. Il écouta toûjours ses conseils, suivit ses volontés, & lui rendit enfin ce qu'il lui devoit à raison de l'Empire qu'il tenoit d'el-

ENFANS.

On ne trouve point que Trajan ait eu d'enfans.

MORT.

Il mourut à Selinunte, appellée depuis Trajanople, vers le commencement d'Août 117 de J. C. âgé d'environ 65 ans, après en avoir regné dix-neuf, six mois & quinze jours. Son corps fut brûlé à Selinunte, & ses cendres furent mises dans une urne d'or que sa femme Plotine fit mettre dans le vaisseau qui devoit la porter à Rome, où l'on reçut les cendres de son mari en triomphe, dans un char sur lequel on avoit mis son image; de-là on les plaça sous la colonne Trajane.

PRINCES CONTEMPORAINS.

Papes.

S. CLEMENT, 100.

S. ANACLET, natif d'Athenes, ayant entendu prêcher S. Pierre, se convertit & s'attacha à cet Apôtre qui l'ordonna Diacre, & Prêtre peu après. Il succeda dans le Pontificat à S. Clement. L'Eglise fut assez tranquille pendant qu'il fut Pape, parce que Trajan, sur la Lettre que Pline lui adressa en faveur des Chrétiens, fit cesser la persécution. S. Anaclet fut martyrisé le 3 Juillet, 112.

S. EVARISTE, étoit Juif d'o-

Faits mémorables du regne de Trajan.

Saint Clement Pape appaise une division qui régnoit depuis long-tems parmi les Chrétiens de Corinthe.

De J. C. 100.   De Rome 853.

Trajan fait serment en public de ne rien faire contre les lois, pendant son Consulat. C'est le premier Empereur qui ait eu cette complaisance.

Marius Priscus, Proconsul d'Afrique, est accusé de crime de péculat. Pline le jeune & Corneille-Tacite sont nommés commissaires pour examiner sa conduite : ils le trouvent coupable de plusieurs violences, en donnent avis au Sénat, qui le bannit de Rome, & de l'Italie. On assûre que Trajan, qui étoit au Sénat, lorsqu'on agita cette affaire, envoya plusieurs fois avertir Pline de ne pas parler avec tant de chaleur, crainte de s'incommoder.

Un particulier, nommé Largius Macedo, est assommé par ses esclaves, qu'il traitoit avec beaucoup de dureté. Ils furent tous suppliciés.

De J. C. 101.   De Rome 854.

Rome va recouvrer toute sa gloire. Les délateurs sont bannis, les innocens sont protégés, les coupables punis, les grands Capitaines ne sont plus en butte à la jalousie d'un tyran, les soldats sont retenus dans la discipline. Trajan marche à grands pas à la gloire.

Il s'ennuie de payer le Tribut auquel le lâche Domitien s'étoit soûmis, & pour s'en relever il va attaquer le Roi des Daces dans son pays, & taille son armée en pieces. On assûre que Trajan déchira sa

FEMMES.

le. Le chagrin qu'il fit paroître à sa mort, les pleurs dont il arrosa son tombeau, ont fait croire qu'il avoit eu pour elle plus que de la reconnoissance. Elle mourut l'an 129.

SAVANS ET ILLUSTRES.

APOLLODORE de Damas, étoit un très-habile Architecte : il fut fort estimé de Trajan, qui l'employa à la construction d'un grand nombre de beaux édifices, entr'autres de cette fameuse place au milieu de laquelle il éleva la colonne Trajane. Un jour Apollodore s'entretenoit avec Trajan, qui lui demandoit son avis sur quelque bâtiment qu'il avoit dessein de faire faire. Adrien voulut dire son avis : mais Apollodore lui dit durement : *Mêlez-vous de peindre vos citrouilles* ; genre de peinture qui étoit fort du goût d'Adrien ; cette dureté lui fit concevoir une haine implacable contre Apollodore. Lorsqu'il fut Empereur, il envoya à cet Architecte le dessein d'un temple qu'il avoit bâti en l'honneur de Venus, & de Rome, avec ordre de dire son avis : Apollodore dit que ce temple n'étoit ni assez élevé, ni assez dégagé, d'ailleurs que les Statues étoient trop hautes, que lorsqu'elles voudroient sortir elles ne le pourroient pas Adrien, qui avoit été l'Architecte du Temple, piqué de la façon avec laquelle Apollodore lui en fai-

PRINCES CONTEMPORAINS.

rigine, natif de Bethléem. Il fut martyrisé le 26 Octobre 109.

Des Parthes.

PACORUS II. 108.

COSROE's, frere de Pacorus II. voulut disposer de l'Armenie : mais Trajan mena une puissante armée contre lui, le chassa de ses Etats & mit sur le throne des Parthes Parthamaspate, qui étoit de leur nation. Cosroès resta errant jusqu'à ce qu'Adrien, successeur de Trajan, l'eut rétabli sur le throne des Parthes, après avoir fait Parthamaspate Roi d'une nation voisine. Cosroès mourut l'an 134.

Faits memorables du regne de Trajan.

casaque pour faire des bandes à ceux qui étoient blessés. Il assiége Zermizegeture, capitale de la Dace. Decabale vient lui demander la paix & lui cede la moitié de son Royaume.

Trajan laisse une forte garnison à Zermizegeture, & retourne à Rome, où il triomphe, & prend le surnom de Dacique.

De J. C. 102. 103.   De Rome 855. 856.

Il commence à persécuter les Chrétiens, parce qu'il ne veut point souffrir de religion étrangere. Il fait faire un port à Civita-Vecchia, qui n'étoit alors qu'une maison de plaisance.

Pline va gouverner la Bithynie & le Pont, en qualité de Lieutenant de l'Empereur. Ce fut au sujet des supplices qu'on faisoit souffrir aux Chrétiens de ce pays qu'il écrivit cette fameuse lettre à Trajan qui lui fit une réponse contre laquelle Tertullien se recrie avec tant de chaleur. *V. Pline l. 10. Ep. 103. V. Tert. Ap. C. 2.*

De J. C. 104.   De Rome 857.

Les restes du fameux Palais d'Or bâti par Neron, sont brûlés.

Trajan marche une seconde fois contre Decabale, Roi des Daces, qui soûlevoit ses voisins contre les Romains.

Decabale, sachant que Trajan écoutoit tous ceux qui vouloient lui parler, lui envoya plusieurs faux Transfuges pour le tuer : mais l'indiscrétion de l'un d'eux donna des soupçons ; on le mit à la question,

SAVANS ET ILLUSTRES.   SAVANS ET ILLUSTRES.

foit remarquer les défauts, fe fouvenant d'ailleurs de l'infulte qu'il en avoit reçue, en préfence de Trajan, le fit tuer peu après, vers l'an 130.

DION (CHRYSOSME) natif de Peruse en Bithynie étoit un célebre Sophiste. Il avoit compofé plufieurs ouvrages dont il ne nous eft refté que des fragmens. *V. Suid. p. 758 ed. de 1665.*

CELSUS, fameux Jurifconfulte, étoit fils d'un Jurifconfulte du même nom qui eut foin de l'inftruire de bonne heure dans le Droit. Il compofa trente-neuf Livres de Digeftes, vingt d'Inftituts, & treize de Lettres. Il eft cité près de trois cents fois dans le Digefte, deux fois dans le Code, & une fois dans les Inftituts.

S. JEAN l'Apôtre étoit natif de Galilée, fils de Zebedée, frere de Saint Jacques le majeur. Ils étoient tous deux pêcheurs. On fait le miracle par lequel Jefus-Chrift les convertit. Il fuivit Jefus-Chrift à la Croix, & y reçut la Sainte Vierge pour mere. Perfonne n'ignore le miracle par lequel Dieu lui fauva la vie à la Porte Latine à Rome. Il mourut l'an 101 âgé de 100 ans. Il nous refte de lui, outre fon Evangile, l'Apocalypfe. Ce font des révélations fous un fens figuré & très-obfcur.

S. IGNACE, Martyr, originaire de Sardaigne fuccéda dans la Chaire d'Antioche à Evode, que Saint Pierre lui-même avoit étabi après lui Evêque de cette Ville, & fouffrit le martyre à Rome la dix-neuvieme année du regne de Trajan. Nous avons de ce Pere fix Epîtres écrites à différentes Eglifes, & une feptieme adrefsée à S. Polycarpe, qui vivoit dans le même tems; on les regarde avec raifon comme un des plus précieux monumens des premiers fiecles de l'Eglife.

LUSIUS QUIETUS fut un des grands Capitaines de fon tems. C'étoit un Seigneur maure, né dans un pays libre de la domination Romaine. Il alla offrir fes fervices à Trajan; & obtint une place d'Officier. Cet Empereur ayant remarqué en lui de grands talens pour l'art militaire l'avança toûjours, & conçut tant d'eftime pour lui, qu'il penfa le faire fon fucceffeur à l'Empire: mais Adrien, jaloux de fa réputation, & voyant qu'il l'augmentoit de jour en jour, commença à le craindre, & le fit périr l'an 119.

PLINE, dit le jeune, étoit natif de Come dans le Milanès, fils de L. Cecilius, & d'une fœur de Pline l'ancien, qui l'adopta, ce qui lui fit prendre le nom de C. Plinius Cecilius Secundus. Il fut Difciple de Quintilien dans fa jeuneffe, prit le parti des armes, fut Conful l'an 100. après quoi il fut envoyé dans la Bithynie en qualité de Gouverneur. On y tourmentoit beaucoup les Chrétiens. Pline écrivit à Trajan en leur faveur. Il étoit

* L iij

Faits mémorables du règne de Trajan.

& il découvrit ses complices, qui furent tous mis en croix.

Trajan fait faire un pont sur le Danube pour faire passer ce fleuve à ses troupes : ce pont a été estimé le plus bel ouvrage de son tems. Les arches étoient portées sur vingt piles distantes l'une de l'autre de cent soixante & six piés, épaisses chacune de soixante, hautes de cent cinquante, sans compter les fondemens ; il étoit bâti dans l'endroit le plus étroit, mais le plus profond & le plus rapide du fleuve. Pour le garder on fit faire deux Châteaux aux deux extrémités.

L'Apôtre Saint Jean meurt âgé d'environ cent ans.

De J. C. 105.   De Rome 858.

Trajan entre dans le pays des Daces, y fait un carnage horrible & les force à se soûmettre.

Decabale, après avoir résisté avec un courage héroïque, se tue de désespoir, voyant que toutes ses troupes avoient péri dans les différens combats que Trajan lui avoit livrés. Trajan fait porter à Rome la tête de Decabale, érige la Dace en Province Romaine, & y envoye plusieurs colonies. Il triomphe une seconde fois des Daces. Les Indiens lui envoyent des Ambassadeurs le complimenter sur ses victoires.

De J. C. 106.   De Rome 859.

Il découvre une conjuration formée contre lui, & renvoye au Senat le jugement des Conjurés.

On croit qu'il fit faire cette année le grand che-

SAVANS ET ILLUSTRES.

d'un excellent naturel, & paſſoit pour un homme d'une grande probité. Il plaidoit ſouvent, & faiſoit admirer ſon éloquence. Nous avons de lui un Recueil en dix Livres, qu'il fit lui-même de ſes Lettres les mieux écrites. Elles ſervent beaucoup à l'hiſtoire Romaine. Il avoit compoſé pluſieurs ouvrages dont il ne nous eſt reſté que le panegyrique de Trajan. On croit qu'il avoit compoſé une hiſtoire : mais elle n'eſt pas venue juſqu'à nous. Les ouvrages de cet Auteur en général renferment de grandes beautés : mais on lui reproche d'avoir trop couru après l'eſprit.

PLUTARQUE natif de Cheronée dans la Beotie, naquit vers l'an 50. C'étoit un grand Philoſophe, un bon Orateur, & un excellent Hiſtorien. Après avoir voyagé en Grece & en Egypte, il vint à Rome où il enſeigna la Philoſophie. Trajan conçut beaucoup d'eſtime pour lui & l'honora de la dignité de Proconſulaire. Après la mort de ce Prince Plutarque ſe retira dans ſon Pays où il paſſa le reſte de ſa vie. Il a compoſé en Grec les vies des grands hommes Grecs & Latins, qu'il compare les uns avec les autres. Cet ouvrage connu ſous le nom de *Vies des hommes Illuſtres*, eſt parvenu juſqu'à nous. Tous les gens de goût en font un cas infini, & on en a fait beaucoup de Traductions; tant en latin qu'en françois. Nous avons en outre de ce grand Auteur pluſieurs ouvrages de morale, qui, par l'érudition dont ils ſont remplis, ont mérité l'approbation des Savans. On croit que les ouvrages que nous avons ſous ſon nom ne ſont pas tous de lui. Il eut pluſieurs enfans, entr'autres un nommé Lamprias qui a fait une table de ce que ſon pere avoit écrit ſur l'hiſtoire Greque & Romaine : mais elle ne nous eſt pas reſtée toute entiere.

PRISCUS NERATUS, Savant Juriſconſulte. Trajan, qui aimoit tous les gens à talent, l'éleva à la dignité de Conſul : & l'admit à ſon Conſeil. Cet Empereur avoit tant d'eſtime pour ce Juriſconſulte qu'il penſa le déſigner pour ſon ſucceſſeur. Priſcus compoſa quinze Livres *Regularum* qui furent fort eſtimés, ſept Livres *Membranarum*, trois de réponſes & pluſieurs autres de Lettres. Il eſt cité plus de cent ſoixante fois dans le Digeſte.

SATURNINUS POMPEÏUS étoit grand ami de Pline le jeune qui faiſoit corriger ſes ouvrages par lui. Il paroît que Saturninus avoit compoſé pluſieurs harangues, pluſieurs pieces de vers, une hiſtoire : mais tous les ouvrages de ce ſavant Auteur ont été perdus.

TACITE (CORNEILLE) *C. Cornelius Tacitus*, Hiſtorien Latin, étoit Chevalier Romain. Veſpaſien le prit en affection, & com-

L iv

FAITS MEMORABLES DU REGNE DE TRAJAN.

min dans les marais Pontins. On trouve encore les restes de ce grand chemin dans la campagne de Rome. Cosroès Roi des Parthes donne la couronne d'Arménie à son frere Parthamasiris ; Trajan, prétendant que ce droit appartenoit aux Empereurs Romains, marche contre les Parthes.

De J. C. 107.   De Rome 860.

Il arrive à Antioche où il fait son entrée le jeudi 7e. jour de Janvier, ayant une couronne d'olivier sur la tête. Il entre dans l'Armenie avec une nombreuse armée ; tous les Princes des environs vont lui rendre hommage. Parthamasiris, frere de Cosroès Roi des Parthes, s'y rendit avec un grand nombre de Parthes & d'Armeniens ; il ôta de dessus sa tête le diadème d'Armenie, qu'il avoit déja pris, & le mit aux piés de Trajan. Ce spectacle causa beaucoup de joie aux soldats Romains : mais Trajan lui dit de se retirer, parce que son intention étoit de réduire l'Armenie en province Romaine, & d'y mettre un Gouverneur. On le renvoya avec les Parthes qui l'avoient accompagné : mais on retint les Armeniens comme sujets de l'Empire Romain. Parthamasiris voulut chasser les Romains de l'Armenie : mais il fut défait & tué dans une bataille, & Trajan érigea l'Armenie en province Romaine. Plusieurs Rois de l'Orient viennent lui demander à faire alliance avec lui. Il passe dans l'Adiabene pour se venger de Mebarsape, Roi de ce pays, qui avoit fait tuer un grand nombre de soldats Romains, qu'on lui avoit envoyés pour le secourir contre les Parthes.

Savans et Illustres.

mença à l'élever aux Dignités: Tite & Domitien eurent toujours beaucoup d'estime pour lui. Il fut Consul en 93. sous Nerva. Il épousa la fille du fameux Agricola. Il plaida plusieurs fois à Rome, & fit admirer son éloquence; Pline le jeune & lui étoient étroitement liés d'amitié, ils se corrigeoient mutuellement leurs ouvrages. Nous avons de Corneille Tacite un Traité des mœurs des Germains qu'il composa en 98. la vie de son beau-pere Agricola qui paroit être un de ses premiers ouvrages. L'histoire qu'il avoit composée commençoit à la mort de Galba, & finissoit à celle de Domitien: mais de vingt sept années qu'elle contenoit, c'est-à-dire, depuis 69. de J. C. jusqu'à 96. Il ne nous en est resté qu'une année qui est 69. & quelque chose de 70. le reste est perdu. Il avoit en outre composé une histoire qui contenoit ce qui s'est passé depuis la mort d'Auguste jusqu'au regne de Galba. C'est ce qu'on appelle *les Annales de Corneille-Tacite*, parce qu'il avoit eu soin d'y marquer tous les évenemens sous chaque année. Nous n'avons pas cet ouvrage tout entier. On lui attribue le Dialogue des Orateurs que nous avons.

Le style de Tacite est dur, quelquefois même obscur: mais la précision & la vivacité avec laquelle il décrit les événemens, jointes à la facilité avec laquelle il développe le cœur humain, l'ont fait mettre au nombre des meilleurs Historiens.

FAITS MEMORABLES DU REGNE DE TRAJAN.

Saint Simon, cousin de J. C. & second Evêque de Jerusalem, est crucifié à l'âge de 120 ans ; c'étoit le dernier des Disciples de J. C.

La secte des Ecclésiastes commence à se répandre : ils avoient fait une religion composée du Christianisme, du Judaïsme & du Paganisme.

De J. C. $\begin{cases} 108. \\ 109. \end{cases}$ De Rome $\begin{cases} 861. \\ 862. \end{cases}$

Grand tremblement de terre qui renversa trois villes dans la Galatie. Il paroît que Trajan retourna cette année à Rome.

De J. C. 110.   De Rome 863.

Trajan fait faire à ses frais un grand chemin de Benevent à Brinde.

De J. C. $\begin{cases} 111. \\ 112. \\ 113. \\ 114. \end{cases}$ De Rome $\begin{cases} 864. \\ 865. \\ 866. \\ 867. \end{cases}$

On bâtit à Rome en 114. cette fameuse place au milieu de laquelle on mit la colonne Trajane. Pour la bâtir on abattit une montagne de cent quarante-quatre piés de haut, dont on fit une plaine unie. La colonne Trajane marque par sa hauteur celle de cette montagne. Ce fut le fameux Apollodore qui fut l'Architecte de cette place.

Trajan retourne en Orient, pour faire la guerre aux Parthes.

de l'Histoire des Empereurs.   171

Faits memorables du regne de Trajan.

De J. C. 115.   De Rome 868.

Il fait venir un grand nombre de bateaux, pour construire un pont sur le Tigre. Les Parthes, campés de l'autre côté du fleuve, firent tout ce qu'ils purent pour l'en empêcher: mais ils furent à la fin obligés de se retirer.

Trajan soûmit, sans beaucoup de peine, l'Adiabene, l'Assyrie & les lieux nommé Arbeles, si célebres par les victoires qu'Alexandre y avoit autrefois remportées sur les Perses. Les Parthes, épuisés par leurs divisions continuelles, n'avoient point de troupes à lui opposer: il entre dans leur pays, sans presque trouver de résistance, prend Seleucie & Ctesiphon, capitale du Royaume des Parthes, fait la fille du Roi Cosroès prisonniere, & enleve le throne royal qui étoit d'or massif. Cosroès se sauva & mena une vie errante jusqu'à ce qu'Adrien successeur de Trajan l'eut rétabli sur le throne des Parthes en 117. Ces victoires causerent une grande joie aux Romains qui avoient toûjours eu les Parthes pour rivaux, sans pouvoir les vaincre.

Trajan soûmet tous les pays des environs, même tout ce qui est jusqu'aux Indes. Il va à Babylone, pour voir la maison où étoit mort Alexandre le Grand: mais il n'y trouve que des monceaux de terre & de pierres, & des masures où l'on ne pouvoit plus rien discerner. Voilà l'état où étoit réduite cette superbe ville dont la magnificence a surpassé tout ce que les Historiens en ont pû dire.

Grand tremblement de terre à Antioche, le 23. Décembre. Trajan, qui y étoit allé passer l'hyver,

FAITS MEMORABLES DU REGNE DE NERON.

y fut blessé ; & pour se sauver, il sauta par une fenêtre. On trouva sous les débris des maisons une infinité de gens morts ; les uns avoient été écrasés, les autres avoient péri faute de secours. On ne put sauver qu'une femme qui s'étoit nourrie de son lait, & un enfant qui suçoit encore le sein de sa mere, quoiqu'elle fut morte.

Les Juifs se soulevent dans l'Egypte, dans la Thebaïde & dans la Libye Cyrenaïque, contre les autres peuples qui habitoient ces pays.

De J. C. 116.   De Rome 869.

Trajan descend le Tigre jusqu'à l'Ocean, soûmet en passant l'Arabie heureuse, qu'il réduit en province Romaine. Il ne paroît pas qu'il soit allé jusqu'aux Indes, quoiqu'on trouve plusieurs inscriptions de ce tems qui en marquent la conquête.

Les pays que Trajan avoit soûmis, se révoltent & massacrent les garnisons Romaines. Il envoye contr'eux Maxime & Lusius Quietus. Maxime fut défait dans un combat où il périt ; Lusius Quietus, remit beaucoup de peuples sous l'obéissance des Romains. Il défit dans la Mésopotamie un grand nombre de Juifs révoltés. Trajan lui donna, pour récompense le Gouvernement de la Palestine. Les Juifs furent encore défaits par un Lieutenant de Trajan dans l'île de Cypre, où, sous la conduite d'un certain Artemion, ils s'étoient révoltés & avoient massacré près de deux cents quarante mille hommes, & ruiné la ville de Salamine, après en avoir égorgé les habitans. On assûre que long-tems après on n'y souffroit point de

Faits memorables du regne de Trajan.

Juifs, qu'on égorgeoit même ceux que la tempête y jettoit.

Trajan craint que les Parthes ne se révoltent. Il leur donne un Roi nommé Parthamaspate : mais il fut bien-tôt méprisé de ses sujets. On trouve encore des médailles où on voit un Roi prosterné aux piés de Trajan, avec cette inscription : *Il donne un Roi aux Parthes.*

Trajan n'étoit pas assez jeune pour essuyer toutes ces fatigues sans se lasser. Il s'apperçut que le poids des années diminuoit ses forces ; & se voyant arrêté par-là dans le cours de ses conquêtes, il regretta de n'être pas monté au throne plus jeune, & de ne pouvoir arriver victorieux aux dernieres extrémités du monde.

De J. C. 117.   De Rome 870.

Trajan assiége Atra, située près du Tigre : mais les chaleurs excessives de ce pays le forcerent à lever le siége, quoiqu'il eût déja fait breche à la muraille. Il y perdit beaucoup de monde, & pensa même y périr, parce que les ennemis, qui le connoissoient à ses cheveux blancs, tiroient tous sur lui. L'Empereur Septime Severe, fit depuis le siége de cette même ville : mais il ne fut pas plus heureux que Trajan.

Trajan meurt au commencement d'Août.

Trajan fut grand en tout. Ses vertus seules l'éleverent à l'Empire. Il remplit la terre de son nom, passa souvent d'Occident en Orient, avec une rapidité incroyable, étendit les bornes de l'Empire dans toutes les parties du monde, soûmit cette fiere nation qui avoit toûjours résisté à la puissance Romaine,

Faits memorables du regne de Trajan.

ces Parthes jusqu'alors indomptés, & fit trembler les Indes. Il savoit commander, il savoit encore mieux se faire obéir ; ses volontés étoient justes, & les peuples les exécutoient avec joie. Il étoit généreux sans être prodigue, magnifique sans faste, & doux sans foiblesse. Il aimoit ses sujets comme ses enfans, & évitoit de répandre le sang sur des apparences douteuses, dans l'idée qu'il valoit mieux laisser un criminel impuni, que de condamner un innocent. Il remplissoit avec dignité le personnage de Prince : mais sujet en même-tems aux foiblesses de l'homme, il aima le vin & les femmes à l'excès.

Naissance et origine de P. Ælius Adrianus *dit* Adrien.

Il naquit à Rome le 24 Janvier 76. de J. C. Sa famille étoit originaire d'Italique en Espagne. On croit qu'elle étoit anciennement de la ville Adria, dans la Bruse d'où elle étoit allée s'établir en Espagne. Marcellin, son trisayeul, fut le premier Sénateur de cette famille. Le pere d'Adrien s'appelloit Afer : il étoit cousin germain de Trajan qui fut tuteur d'Adrien après la mort d'Afer. Sa mere Domitia, étoit de Cadis. On croit que Trajan n'adopta pas Adrien. Ce qui donne lieu à ce soupçon, c'est que la mort de Trajan fut cachée pendant quelques jours &, que l'adoption étoit signée de Plotine, qui jusqu'alors n'avoit jamais signé pour Trajan.

FEMMES.

JULIE SABINE, *Julia Sabina*, petite fille de Marciane, sœur de Trajan, étoit belle & vertueuse; l'espérance de l'Empire qu'elle présentoit pour dot à celui qui l'épouseroit, la fit rechercher de tous les courtisans. Adrien fut le plus politique, le plus adroit & le plus heureux; sans avoir de l'amour pour elle il sut lui en faire paroître, mit dans ses intérêts Plotine qui avoit tout pouvoir, & devint l'époux de Sabine qu'il trompa tant que ses souhaits ne furent pas accomplis: mais lorsqu'il fut Empereur, & qu'il n'eut plus rien à espérer, ni à craindre, il cessa de se contrefaire, & lui marqua le dégoût qu'il avoit pour elle. Sabine dans son malheur n'avoit aucune ressource, le pouvoir de celui qui l'affligeoit étoit trop grand pour qu'elle pût lui résister; & le peuple toûjours soûmis aux volontés du Monarque, n'osant plaindre ceux qu'il persécute, n'osant aimer ceux qu'il hait, & méprisant ceux qu'il méprise, insulta plusieurs fois à Sabine. Suetone l'Historien, eut la bassesse de déclamer contre elle. Il crut augmenter sa fortune en augmentant les malheurs de cette infortunée; il la traita avec dureté: mais il fut la victime de sa lâche politique; Adrien sans être sensible aux outrages qu'enduroit tous les jours Sabine, punit

ENFANS.

Adrien n'eut point d'enfans. Sabine disoit publiquement qu'elle n'avoit pas voulu lui en donner de crainte que ce ne fût la ruine du genre humain.

MORT.

Il mourut d'hydropisie à Baye le 10 Juillet 138 âgé de 62 ans 5 mois 17 jours, après avoir regné 20 ans 11 mois moins 1 jour. Son corps fut brûlé à Pouzoles dans la maison de Ciceron. Antonin son successeur apporta ses cendres à Rome & les fit mettre dans le mausolée qu'Adrien s'étoit fait bâtir proche le Tybre. Ce mausolée subsiste encore aujourd'hui sous le nom de Château S. Ange, & c'est la principale forteresse de Rome. Antonin empêcha le Sénat de condamner la mémoire d'Adrien.

SAVANS ET ILLUSTRES.

ARRIEN, Historien Grec, natif de Nicomédie, étoit regardé comme un des plus savans de son tems: on l'appelloit même le nouveau Xenophon. L'Empereur Adrien l'envoya gouverner la Cappadoce où il battit les Alains dont il arrêta les courses. Il composa l'histoire d'Alexandre le Grand. Il nous en est resté sept Livres dont on fait beaucoup de cas, parce qu'il avoit eu recours aux histoires d'Ale-

Faits mémorables du regne d'Adrien.

De J. C. 117.   De Rome 870.

Le 11 Août, Adrien reçoit à Antioche la nouvelle de la mort de Trajan : il s'y fait proclamer Empereur, envoye au Sénat une lettre qu'il avoit reçûe le 9 du même mois, dans laquelle Trajan lui marquoit qu'il l'avoit adopté. Cette lettre étoit signée de Plotine femme de Trajan. Adrien écrit au Sénat, pour s'excuser d'avoir pris le titre d'Empereur sans son aveu, & affirme que les soldats l'avoient promptement proclamé, crainte que l'Empire ne demeurât vaquant. Dans cette même lettre il promet de ne rien faire contre le bien public & de ne faire mourir aucun Sénateur.

Il abandonne tous les pays conquis par Trajan, & rappelle les garnisons qui y étoient. Il rétablit Cosroès sur le throne des Parthes d'où Trajan l'avoit chassé. Crainte que le fameux pont que Trajan avoit fait faire sur le Danube, ne servît aux Barbares pour passer dans la Mœsie, Adrien le fit abattre, & n'en laissa que les piles qui ont subsisté long-tems après.

De J. C. 118.   De Rome 871.

Le Sénat décerne les honneurs* du triomphe à Adrien, qui le refuse, & le fait accorder à la mémoire de Trajan dont il fit mettre l'image sur le char de triomphe.

Adrien fait une remise de tout ce qui étoit dû au fisc, & brûle dans la place publique tous les billets & les mémoires qui en auroient pû occasionner la recherche.

De J. C. 119.   De Rome 872.

Les Sarmates & les Roxolans se soûmettent. Ils

FEMMES.	SAVANS ET ILLUSTRES.

la hardiesse de Suetone, lui ôta ses emplois, & le chassa du Palais. Enfin Sabine, poussée au désespoir, se plaignit en public de l'ingratitude d'Adrien, qui, selon l'opinion la plus commune, la fit empoisonner l'an 138. Ainsi périt la plus vertueuse des Romaines, qui malgré la haine & le mépris de son mari, ne cessa jamais de lui être fidele.

PRINCES CONTEMPORAINS.

Papes.

S. EVARISTE, 109.

S. ALEXANDRE, I. natif de Rome, fut martyrisé le 3. Mai 117.

S. SIXTE, natif de Rome le 3 Avril 127.

Des Parthes.

COSROE'S, 134.

VOLOGESE II. voulut s'emparer de l'Arménie après la mort d'Adrien: mais Antonin Pie lui écrivit une lettre pleine de menaces, qui lui fit peur, & l'engagea à abandonner son dessein. Après la mort d'Antonin Pie, il renouvella les prétentions sur l'Arménie, & fut défait par les Généraux de L. Verus que M. Aurele avoit associé à l'Empire. Les Parthes, indignés de cette défaite, chasserent Vologese II. l'an 166.

xandre composées par Ptolomée fils de Lagus, & par Aristobule. Nous avons encore d'Arrien une description des Indes; une des côtes du Pont-Euxin, des côtes Orientales de l'Afrique & de l'Asie jusqu'aux Indes. Il nous est resté, en outre, sous son nom un ouvrage sur l'ordre & l'arrangement des troupes, mais le commencement en est perdu; & un autre de l'ordre donné pour la marche & la bataille des Romains contre les Alains. Cet Auteur avoit composé un Recueil des Entretiens d'Epictete divisé en huit Livres: mais il ne nous en est resté que quatre.

AULU-GELLE, Grammairien Grec, florissoit à Athenes du tems d'Adrien. Il a composé un Ouvrage en Latin intitulé les nuits Attiques. C'est un ramas ingénieux de beaucoup de choses différentes, où on trouve quantité de fragmens des anciens Auteurs, ce qui en fait le principal mérite. De vingt Livres que cet Ouvrage contenoit, il ne nous en est resté que dix-neuf, parce qu'on n'a que l'argument du huitieme.

DIOGENIEN, surnommé le Grammairien, étoit d'Heraclée. Il avoit composé plusieurs ouvrages de Grammaire & de Géographie: mais il ne nous est resté de lui qu'un recueil d'anciens Proverbes.

EPICTETE, natif d'Hieraple

Faits memorables du regne de d'Adrien.

furent si épouvantés de voir les Romains passer le Danube à la nage, pour les joindre, qu'ils n'oserent risquer une bataille.

Adrien fait tuer trois Consulaires accusés d'avoir formé le dessein de le tuer à la chasse. Il découvre peu après leur innocence, & fait tout son possible pour effacer la mauvaise idée qu'il avoit donnée de lui au peuple. Il va dans la Campanie où il fait de grandes largesses aux villes.

De J. C. 120. *De Rome 873.*

On croit qu'Adrien commença cette année ses voyages. Le motif qui lui fit entreprendre de parcourir l'Empire, fut de voir par lui-même ce qu'il y avoit de défectueux dans les provinces, & d'y remedier promptement. Il alla d'abord dans la Germanie où étoient les principales forces de l'Empire. Il fit réparer la ville de Nicée en Bithynie, & celle de Nicomedie, qui avoient été renversées par un tremblement de terre.

De J. C. 121. *De Rome 874.*

Il passe dans la Bretagne, nommée aujourd'hui l'Angleterre, y fait faire un mur d'environ trente lieues de longueur, pour séparer les peuples de cette île qui étoient soumis aux Romains, d'avec ceux qui ne l'étoient pas.

Plusieurs prétendent qu'on en trouve encore des vestiges dans le pays de Northumberland.

en Phrygie étoit esclave d'origine. C'étoit un célebre Philosophe Stoïcien. Domitien le chassa de Rome : mais il y revint après la mort de cet Empereur : Adrien l'estimoit beaucoup, & M. Aurele en faisoit grand cas. Arrien son Disciple publia quatre Livres des Discours qu'il avoit entendus prononcer à ce celebre Philosophe, & dressa l'Enchiridion ou Manuel, qui est parvenu jusqu'à nous. La morale qu'on y trouve est digne d'un Chrétien : les plus grands saints l'ont lû avec plaisir. Ce Philosophe mourut sous M. Aurele dans un âge fort avancé.

Favorin, natif d'Arles en Provence étoit Eunuque. C'étoit un Sophiste fort habile. Il savoit très-bien le Grec & le Latin. Quoiqu'il ait composé beaucoup d'ouvrages, il ne nous en est resté aucun. L'Empereur Adrien, qui l'aimoit beaucoup, le reprit un jour sur une expression, quoiqu'elle fut bonne ; ce Philosophe ne répondit rien, ce qui étonna ses amis, qui lui demanderent pourquoi il avoit cedé si vîte, il leur répondit : *C'est parce que je crois qu'un homme qui a trente légions armées a toûjours raison.* On n'est pas certain du tems auquel il mourut.

Florus, Historien Latin, fort estimé de son tems. Spartien dit que l'Empereur Adrien & Florus ont fait des vers l'un contre l'autre, & qu'Adrien lui reproche de fréquenter souvent les Cabarets. On croit qu'il étoit d'Espagne de la famille de Seneque, & qu'il entra par adoption dans celle de Junius Florus. Nous avons de lui une histoire Romaine jusqu'à Auguste. Son style est serré & nerveux. On y remarque un grand penchant pour la Poësie.

Ænomaus, Philosophe Cynique, natif de Palestine, avoit composé un ouvrage contre les Oracles, où il prouvoit que ce n'étoit qu'une tromperie des hommes. On assûre qu'il l'avoit éprouvé lui-même. Cet ouvrage n'est pas venu jusqu'à nous. Eusebe & Theodoret en rapportent beaucoup de passages.

Pancrate étoit un fameux Poëte qu'Adrien fit recevoir dans le Musée d'Alexandrie. Il avoit composé beaucoup d'ouvrages : mais il ne nous en est resté aucun.

Philon, *Herennius Philon,* originaire de Byblos en Phenicie, avoit composé plusieurs ouvrages : l'Histoire d'Adrien, un Traité sur le choix des Livres, un Catalogue des Villes & des Personnes illustres qu'elles ont produites, & plusieurs autres ouvrages dont nous n'avons que des citations dans différens Auteurs.

Phlegon, natif de Tralles en Asie, étoit un Affranchi d'A-

Faits memorables du regne de d'Adrien.

De J. C. 122.   De Rome 875.

Adrien à Tarragone, tient une assemblée générale de l'Espagne : il pensa y être tué par un esclave, qui étoit fou. On voulut faire périr cet esclave : mais Adrien défendit de lui faire aucun mal, & donna même de l'argent à des Medecins pour le guérir. Cette générosité lui attira l'estime de tous les peuples. De-là il fut en Orient, & passa par Athenes où il rétablit les anciennes loix de Dracon & de Solon.

De J. C. 123.   De Rome 876.

Les Parthes font de grands préparatifs pour faire la guerre aux Romains : mais ils cesserent si-tôt qu'Adrien eut eu une conférence avec leur Roi Cosroès.

De J. C. 124.   De Rome 877.

Il ne se passa rien de remarquable cette année : l'Empereur étoit occupé à visiter l'Asie.

De J. C. 125.   De Rome 878.

Il vint passer l'hyver à Athenes, où il se fit admettre aux mysteres de Cerès & de Proserpine, présida aux jeux publics de cette ville & fit de grandes largesses au peuple.

De J. C. 126.   De Rome 879.

De la Grece il fut en Sicile, au commencement du printems où il monta au haut du mont Æthna pour voir lever le soleil, de-là il retourna à Rome.

SAVANS ET ILLUSTRES.   SAVANS ET ILLUSTRES.

drien. Il a composé plusieurs ouvrages; un sur ceux qui ont vécu longtems, un autre sur les choses merveilleuses, dont on n'a que quelques fragmens. Il avoit fait aussi une description de la Sicile, trois Livres sur les Fêtes des Romains, une explication des lieux célebres de Rome, seize Livres des Olympiades jusqu'à la deux cents vingt neuviéme, commencée l'an 137 de J. C. Il ne nous en est resté qu'une qui est la 177e que Photius nous a conservée. Etienne le Geographe cite plusieurs endroits du quatorzieme Livre de cet ouvrage.

POLEMON, de Laodicée sur le Lys, étoit un excellent Orateur, il étoit rival de Favorin. La ville de Smyrne où il demeuroit devint très-peuplée par le grand nombre de jeunes gens qui venoient de toutes parts pour l'entendre. Adrien accorda beaucoup de priviléges à cette Ville à la recommendation de Polemon. Les Rois & les Princes lui envoyoient des présens, plusieurs mêmes venoient lui rendre visite. Cet Orateur mourut à l'âge de 56 ans sous M. Aurele.

PTOLOME'E, fameux Astronome, étoit de Peluse en Egypte. Plusieurs anciens Ecrivains ont cru qu'il descendoit des Ptolomées Rois d'Egypte: mais on ne trouve point qu'ils ayent eu d'autre raison pour le croire que le nom de Ptolomée qu'il avoit de commun avec eux. Il fit la plûpart de ses observations sur les étoiles fixes à Alexandrie. La neuvieme année de l'Empire d'Adrien il observa une éclipse de Lune. L'Astronomie lui a de grandes obligations. Il a conservé à la postérité les observations & les découvertes des anciens Astronomes qu'il a même beaucoup enrichies. Il est le premier qui ait composé un cours complet d'Astronomie, qui est divisé en douze Livres, & intitulé Almageste. Il nous a laissé ce systême, par lequel il place la terre au centre de l'univers, autour de laquelle il fait tourner circulairement différens cieux, & tous les Astres d'Orient en Occident. Nous avons de lui un ouvrage de Geographie divisé en sept Livres, où il marque les degrés de longitude & de latitude de chaque lieu; c'est le premier qui les ait trouvés. Cet ouvrage est généralement estimé. On y trouve beaucoup de choses à réformer: mais il n'avoit pas toutes les observations nécessaires. Il mourut vers l'an 141 âgé d'environ 78 ans.

SALVIUS JULIANUS, fameux Jurisconsulte, étoit natif de Milan. Il fut Préfet de Rome, & deux fois Consul. Adrien l'engagea à rediger en un seul ouvrage les Edits que les Preteurs donnoient tous les ans depuis très-longtems, & ordonna que ces Edits ainsi redigés fussent observés dans tout l'Empire à per-

Faits memorables du regne de d'Adrien.

De J. C. { 127. 128. 129. }   De Rome { 880. 881. 882. }

Les villes de Nicomedie & de Cesarée en Bithynie, sont ruinées par un tremblement de terre.

Adrien arrive en Afrique : à son arrivée il y tombe une pluie abondante, ce qui ne s'étoit pas vû depuis long-tems. Cet évenement lui attira l'amitié des Afriquains, à qui il fit distribuer de grandes sommes.

Mort de Plotine veuve de Trajan : Adrien, qui lui étoit redevable de l'Empire en fut fort affligé. Il porta le deuil neuf jours, & lui fit rendre toutes sortes d'honneurs.

De J. C. 130.   De Rome 883.

On bâtit à Rome un temple en l'honneur de Venus & de Rome même. Adrien en fut l'architecte, le fameux Appollodore ne le trouva pas regulier. La critique qu'il en fit fut cause de sa mort. Voyez l'article d'Appollodore sous Trajan.

Adrien renvoye à Cosroès Roi des Parthes, sa femme que Trajan avoit fait prisonniere ; & il lui promet de lui renvoyer son trhone d'Or, mais il ne tint pas parole.

Plusieurs Rois de l'Orient viennent à Rome pour voir Adrien.

Les hérésies de Corpocrate commencent à se répandre.

Savans et Illustres.

pétuité, ce qui fit donner à cet ouvrage le nom d'*Edit perpétuel*. Il inséra une clause dans son édit perpétuel, par laquelle les enfans mâles, lorsqu'ils étoient émancipés, partageoient la succession de leur ayeul avec leur pere. Cujas, qui en parle comme d'un excellent Jurisconsulte, dit que l'Empereur Justinien descend de lui. Justinien en parle avec éloge; outre l'Edit perpétuel il avoit composé quantité de Commentaires sur les ouvrages qui avoient paru avant lui. Il est cité une infinité de fois dans le Digeste, six fois dans le Code; autant de fois dans les Instituts & une dans les Novelles.

SUÉTONE, *C. Suetonius Tranquillus*. Le surnom de Tranquillus lui venoit de son pere à qui on avoit donné celui de Lenis qui signifie à peu près la même chose. *Suetonius Lenis*, pere de l'Historien, étoit Chevalier Romain. Suetone l'Historien étoit fort estimé de l'Empereur Adrien qui en fit son Secretaire : mais le peu de respect qu'il eut pour l'Impératrice Sabine, lui fit perdre cette place. Pline le jeune, qui l'estimoit beaucoup, dit que c'étoit un homme d'une grande probité & d'un caractere fort doux. Ce fut à la sollicitation de Pline qu'il mit ses ouvrages au jour. Suetone avoit composé un Catalogue des hommes illustres de Rome : mais cet ouvrage est perdu. C'a été à l'imitation de celui-là que S. Jerôme en a composé un des Auteurs Ecclesiastiques. Il avoit composé plusieurs ouvrages sur la Grammaire, une histoire des Rois de Rome divisée en trois Livres, un Livre sur les jeux Grecs, &c. Nous n'avons de lui que la vie des douze premiers Empereurs de Rome, & quelques fragmens de son Catalogue des illustres Grammairiens. Son histoire de la vie des douze Cesars est sans ordre, & sans éloquence : mais les faits sont d'une exacte vérité.

ZENOBE, fameux Sophiste, enseignoit à Rome du tems d'Adrien. Nous avons de lui une Traduction Grecque de Saluste & un Recueil de Proverbes.

FAITS MEMORABLES DU REGNE D'ADRIEN.

De J. C. 131. De Rome 884.

Adrien part de Rome pour retourner en Orient où il fit plusieurs reglemens.

De J. C. 132. De Rome 885.

Il établit cette année plusieurs petits Rois sur différens peuples situés au Nord du Pont-Euxin. Il passe en Egypte, va à Peluse voir le tombeau du grand Pompée, il le fit rebâtir, parce qu'il tomboit en ruine. Il trouva Alexandrie toute remplie de gens grossiers, légers, turbulens, & toujours prêts à se révolter. Il rendit à cette ville tous ses anciens priviléges.

Il fait bâtir en Egypte une ville en l'honneur d'un jeune homme nommé Antinous, pour qui il avoit eu plus que de l'amitié.

Il va visiter la Libye Cyrenaique, où il tue en chassant un lion d'une énorme grandeur, qui depuis long-tems ravageoit tout le pays.

De J. C. { 133. *De Rome* { 886.
            { 134.   { 887.

Les Juifs se révoltent dans la Palestine, reconnoissent pour leur Roi un nommé Barcokebas qu'ils croyent être le Messie. La cause de cette révolte fut que deux ans auparavant, Adrien avoit envoyé une colonie Romaine à Jerusalem, & avoit fait bâtir un temple à Jupiter dans la même place où étoit autrefois le temple des Juifs. Tant qu'Adrien fut en Orient ils ne dirent rien : mais sitôt qu'il fut parti ils firent éclater leur révolte. Adrien envoye des troupes à Tin-

Faits memorables du regne d'Adrien.

nius Rufus alors Gouverneur de la Judée, & donne ordre à Jule Severe, Gouverneur de l'Angleterre, de se rendre en Judée pour se joindre à Tinnius contre les Juifs.

Les Alains entrent dans la Médie & l'Armenie : Arrien, qui étoit alors Gouverneur de la Cappadoce, les en chasse, & les grandes sommes qu'Adrien leur envoye les empêchent d'y retourner.

De J. C. 135.   De Rome 888.

Adrien passe l'hyver à Athenes, où il fait élever de si beaux bâtimens qu'elle devient comme une nouvelle ville.

Pharasmane, Roi d'Iberie, vient voir Adrien qui lui rendit beaucoup d'honneurs, lui fit de grands présens, & augmenta ses Etats : mais, pour se moquer de lui il fit paroître en public, après son départ, trois cens criminels revêtus de casaques garnies en or, semblables à celles dont ce Roi lui avoit fait présent.

La ville de Bether, située près de Jerusalem, est prise au mois d'Août auquel Jerusalem avoit été prise autrefois par Nabuchodonosor, & le temple détruit par Tite 65. ans auparant. Le siége de Bether dura très-long-tems, parce qu'il s'y étoit retiré un très-grand nombre de Juifs. On assûre qu'il en périt dans les différentes attaques plus de cinq cens quatre-vingts mille, & que la faim & les maladies en firent périr près de trois fois autant. Les Romains perdirent beaucoup de monde : ils menerent tous les Juifs réchappés de ce siége à différentes foires, où ils en vendirent un nombre infini.

Faits memorables du règne d'Adrien.

Adrien retourne à Rome où il arrive le 3 mai. Il y fonda un collége où il mit des Professeurs Grecs. Se voyant attaqué d'une dangereuse maladie il adopte Lucius Commodus, auquel il donne le nom d'Ælius Verus.

De J. C. 136.   De Rome 889.

Adrien se retire à Tivoli, où il fait faire quantité de beaux bâtimens. Il fait mourir Servien son beau-frere âgé d'environ quatre-vingts dix ans, & Fuscus son petit-neveu qui n'en avoit que dix-huit, tous deux faussement accusés d'avoir conspiré contre lui.

Tinnius Rufus, fait passer au mois d'Août la charrue sur la place où avoit été bâti le temple de Jerusalem.

De J. C. 137.   De Rome 890.

Ce fut au commencement de cette année que finit la guerre des Juifs, qui furent entierement ruinés par Jule Severe, à qui, pour récompense, Adrien donna le gouvernement de Bithynie, où il se comporta si sagement que son nom y fut respecté pendant très-long tems.

Adrien fait rebâtir Jerusalem sous le nom d'Ælia Capitolina. Il confia le soin du rétablissement de cette ville à Aquila, originaire de Sinope dans le Pont. On croit que c'est le même qui a interpreté l'Ecriture Sainte.

L'Empereur Adrien, par un Edit, fait défendre aux Juifs, sur peine de la vie, d'entrer dans Jerusalem. Cet Edit fut affiché dans toutes les principales villes

Faits memorables du regne d'Adrien.

de l'Empire, & on mit des gardes aux portes de Jerusalem.

De J. C. 138. De Rome 891.

Lucius Verus qu'Adrien avoit adopté, meurt le premier jour de Janvier. Ses funérailles furent aussi pompeuses que celles d'un Empereur.

Le 25. Février Adrien adopte Tite Antonin, à qui il fait adopter Marc-Aurele & Lucius Verus fils de celui qu'il avoit adopté.

Sabine femme d'Adrien meurt. On soupçonna l'Empereur de l'avoir empoisonnée, au moins ne marqua-t-il aucun chagrin à sa mort.

La maladie d'Adrien augmente, & devient si forte qu'il perd presque la raison. Le chagrin que lui causoit sa maladie le rend si cruel qu'il fait périr plusieurs Sénateurs, & ordonne à Tite Antonin d'en faire tuer beaucoup d'autres ; on fut obligé de les faire cacher. Ne pouvant plus supporter l'excès de son mal, il voulut plusieurs fois se tuer lui-même, & on eut bien de la peine à l'en empêcher.

Adrien meurt d'hydropisie à Baye le 10 Juillet.

Il est difficile de décider si on doit donner à cet Empereur le titre de bon Prince ou celui de tyran. Les belles actions qu'il a faites semblent lui avoir acquis le premier, ses mauvaises lui ont mérité le second. Sans rien décider sur ce point, je raporterai ses bonnes & mauvaises qualités.

Adrien étoit grand, bien fait, robuste & infatigable dans le travail. Il avoit l'esprit grand, vif & pénétrant ; il aimoit les sciences & les arts, & recherchoit la conversation des savans. Les superbes bâti-

Faits memorables du regne d'Adrien.

mens qu'il faisoit faire dans toutes les villes par où il passoit étoient des preuves de sa magnificence ; les largesses qu'il faisoit aux peuples, prouvoient sa libéralité. Il vouloit tout connoître par lui-même, abolissoit les impôts qu'il trouvoit trop onereux, & punissoit sévérement ses Intendants lorsqu'ils étoient convaincus d'avoir vexé les provinces. Quoique bon Capitaine, il préféroit la paix à la guerre. Toutes ces vertus étoient contrebalancées par plusieurs vices. Sa science le rendoit si présomptueux, qu'il se croyoit au-dessus de tous les savans tant morts que vivans. Les cruautés qu'il a commises prouvent que sa douceur étoit feinte, & qu'elle partoit plûtôt de l'envie qu'il avoit de passer pour bon Prince que de bonté naturelle. Son incontinence prouve que ce n'étoit point la vertu, mais le desir des loüanges qui lui dictoit ces loix qu'il établit contre l'impureté. La paix qu'il maintint lui coûta tant par les présens qu'il fit aux Princes étrangers, qu'elle ruina l'Empire plûtôt que de le soutenir. Que ses vertus ayent été feintes où réelles il n'importe : il sut régner & les peuples, sous lui, furent heureux.

Naissance et origine de Tite Antonin dit Antonin le pieux.

Il naquit à Nîmes en Languedoc le 19 Septembre de l'an 86 de J. C. La famille Aurelia dont Tite Antonin descendoit étoit orignaire de Nîme en Languedoc, d'où elle étoit allée s'établir à Lavinium dans

FEMMES.

FAUSTINE, *Annia Faustina Galeria*. On la nomme Faustine la mere, pour la distinguer de Faustine sa fille, qui épousa Marc-Aurele. Elle étoit fille d'Annius Verus, & sœur d'Ælius Verus qu'Adrien adopta. La famille des Annius étoit une des plus anciennes de Rome. Faustine joignoit à l'éclat de sa naissance une rare beauté, un esprit vif & brillant, enfin toutes les qualités qui peuvent servir à rendre une femme aimable. Elle aimoit le plaisir, & s'y livra sans réserve, sans mystere & sans ménagement. Ses débauches ne furent pas ignorées de l'Empereur, qui se contenta de gémir en secret, sans les réprimer, ni les punir. On eut dit même, aux égards qu'il avoit pour elle, qu'elle n'en eût jamais manqué pour lui. Il ne tint pas à elle qu'il ne fût cruel. Plusieurs fois elle osa le blâmer de faire grace à ceux qui étoient convaincus de revolte : mais il n'écouta jamais les conseils d'une femme qui se rendoit odieuse par sa conduite. Elle mourut âgée de trente-sept ans, vers l'an 141.

MORT.

Il mourut dans son Palais de Lorie le 7 Mars 161 âgé de 75 ans, après en avoir regné 22, ses cendres furent mises dans le tombeau d'Adrien.

ENFANS.

M. AURELIUS FLAVIUS, mourut fort jeune, même avant que son pere fût Empereur.

M. GALERIUS AURELIUS ANTONICUS, mort jeune.

AURELIA FADILLA, mariée à Lamina Syllanus. Elle mourut avant que son pere fût Empereur.

FAUSTINE, *Annia Faustina* mariée à M. Aurele successeur d'Antonin. *Voyez* l'art. des femmes de M. Aurele.

PRINCES CONTEMPORAINS.

Papes.

S. SIXTE I. 117.

S. THELESPHORE, originaire de Grece, étoit un homme fort savant ; il fut martyrisé le 5 Janvier 138.

S. HIGIN, natif de Grece, professa longtems la Philosophie à Athenes. Il chassa de l'Eglise les Hérésiarques Cerdon & Valentin qui parurent pendant son Pontificat.

Il fut martyrisé le 8 Janvier 142.

S. PIE étoit Italien d'origine. On ne trouve rien de remarquable pendant son Pontificat. Il fut martyrisé l'onze Juillet 157 ou 159.

Des Parthes.

VOLOGESE II. chassé l'an 166.

NAISSANCE ET ORIGINE DE TITE ANTONIN, *dit* ANTONIN LE PIEUX.

la Campagne de Rome. Cette famille étoit très ancienne : mais il n'y avoit pas long-tems qu'elle s'étoit illustrée lorsque Tite Antonin parvint à l'Empire. Son trisayeul étoit le premier de sa famille, qui fût parvenu aux premieres dignités. Son pere nommé Aurelius Fulvus, avoit possédé de grands emplois à Rome. Sa mere Arria Fadilla étoit fille d'Arrius Antoninus si estimé pour sa vertu ; c'est le même qui voyant son ami Nerva élevé à l'Empire, lui dit qu'il étoit fâché de le voir chargé d'un fardeau si pesant. Que n'auroit-il pas dit à son petit-fils s'il l'avoit vû chargé du même fardeau ?

FAITS MEMORABLES DU REGNE DE TITE ANTONIN.

De J. C. 138.   De Rome 891.

Le Sénat donne à Tite Antonin, le surnom de *Pieux*.

Antonin le Pieux commence son règne par abolir ce qui lui paroît injuste dans les loix, & confirmer ce qu'il y trouve de juste. Il ordonne de rendre la justice aux plus vils particuliers, avec autant d'exactitude qu'on la rendoit aux premiers de l'Etat. Il retranche les pensions faites à ceux qui ne rendoient aucun service au public, & en donne à tous ceux qui faisoient fleurir les sciences.

Le débordement du Tibre cause beaucoup de dommage à Rome. L'Empereur le fit réparer à ses frais.

La famine fit périr beaucoup de monde à Rome. Antonin acheta du blé, du vin & plusieurs autres cho-

APOLLONE, natif de Chalcédoine, étoit un Philosophe Stoïcien; Antonin le fit venir à Rome pour instruire M. Aurele qui alloit encore chez lui prendre ses leçons lors même qu'il fut Empereur. Apollone étoit d'une fierté si grande qu'Antonin ne pouvoit s'empêcher de le mépriser, quoiqu'il le regardât comme un très-habile Philosophe. Lorsqu'il fut arrivé à Rome il voulut que M. Aurele fût chez lui prendre ses leçons, disant que c'étoit à l'écolier à aller trouver le maître, & non au maître à aller trouver l'écolier. Antonin rit de cette fierté, & envoya M. Aurele chez lui. Les Ecrits que nous avons de M. Aurele nous apprennent qu'il faisoit grand cas de ce Philosophe, de qui il dit avoir reçu de très-belles regles de morale. On croit que c'est le même que S. Epiphane dit avoir voulu engager le célebre Bardezane à renoncer au Christianisme.

APPIEN ou APIEN, Historien Grec, étoit natif d'Alexandrie. Lorsqu'il vint à Rome il commença par plaider. Son éloquence le fit estimer de Trajan qui lui confia l'administration de ses biens; Adrien, & Tite Antonin le continuerent dans cet emploi. On croit qu'il n'a écrit que sous Antonin. Il composa une histoire Romaine qui commençoit à la ruine de Troye, & finissoit au regne d'Auguste. Il avoit eu soin d'y marquer ce qui s'étoit passé de plus mémorable dans toutes les Provinces soûmises aux Romains, & avoit marqué la date de tous les événemens. Photius dit que cet ouvrage est divisé en vingt-quatre Livres: mais il ne nous en est resté que ce qui regarde les guerres Puniques, les guerres de Syrie, des Parthes, celles contre Mithridate, & cinq livres des guerres civiles. On trouve dans Suidas un fragment des guerres des Gaules. On a imprimé en seize cents trente-quatre un ouvrage de lui, qui contient les guerres de Judée, de Trajan contre les Daces, & quelques autres peuples. Cet Auteur recherchoit exactement la vérité. Son style est simple, mais vif & animé. On trouve dans sa Préface une description générale de l'Empire Romain.

FRONTO, grand Orateur Latin; quelques-uns mêmes disent qu'il est Emule de Ciceron. S. Jerôme en parle avec beaucoup d'estime. Son éloquence n'étoit pas fleurie; mais elle étoit noble & majestueuse. Il enseigna la Rhétorique a M. Aurele & à L. Verus. M. Aurele eut tant d'estime pour lui qu'il lui fit ériger une statue. On trouve dans le Recueil des Auteurs de la Langue Latine, quelques extraits d'un ouvrage qu'il avoit fait sur la propriété des mots.

HERODE, *Tib. Claudius Herodes*, étoit natif d'Athenes, fils

Faits mémorables du regne de Tite Antonin.

ses nécessaires à la vie, & les distribua gratuitement au peuple.

Plusieurs villes de l'Empire furent ruinées par des incendies & par des tremblemens de terre : Antonin, par ses largesses répara tous ces dommages.

Les Maures se révoltent : mais ils sont battus & forcés à demander la paix. Les Bretons, dits à présent les Anglois, se révoltent & sont défaits par Lollius Urbicus qui étoit Gouverneur de la Bretagne. Les Allemans & les Daces furent battus sous le regne de Tite Antonin. Les Tauroscythes assiégerent la ville d'Albia qui étoit alors une République : mais Antonin les défit & les força à lever le siége.

Plusieurs Rois le prirent pour juge de leurs différens, & sur son jugement mirent les armes bas.

Les Hircaniens, les Bactriens & les Indiens, instruits de ses vertus lui envoyerent des Ambassadeurs.

Pharasmane, qui étoit déja venu à Rome, pour voir Adrien, y revint une seconde fois, pour voir Tite Antonin.

Tous ces évenemens ne se sont pas passés dans la premiere année du regne de Tite Antonin; ils y sont mis, pour ne point brouiller l'ordre des tems, parce qu'il n'est pas possible de connoître l'année où ils se sont passés, les auteurs qui les ont rapportés ayant négligé de la marquer.

De J. C. 239.   De Rome 192.

Tite Antonin donne sa fille Annia Faustina, en mariage à Marc-Aurele, qu'il fait Cesar.

Il envoye un Roi aux Quades peuples de l'Alle-

de l'Histoire des Empereurs. 193

SAVANS ET ILLUSTRES.

de cet Atticus à qui Nerva permit de garder un trésor qu'il avoit trouvé chez lui. Il enseigna l'éloquence Greque à M. Aurele & à Lucius Verus. Il avoit écrit beaucoup de lettres, & composé plusieurs harangues : mais il ne nous en est rien resté. Cet Orateur étoit d'un excellent naturel. Il employa une partie de son bien à soulager les pauvres. Antonin le fit Consul en 143. Il mourut à l'âge de 76 ans, on ne sait pas précisément l'année.

JAVOLENUS PRISCUS, Jurisconsulte, avoit l'esprit vif, mais léger, ce qui n'empêcha pas qu'il ne fît de très grands progrès dans le Droit. L'Empereur Antonin, qui avoit beaucoup de déférence pour ses sentimens, le fit Prefet de Syrie. Javolenus Priscus composa quatorze livres de Lettres, cinq livres sur les ouvrages de Plautius grand Jurisconsulte, des notes sur ceux de Labeo. On trouve environ deux cents passages de Javolenus dispersés dans le Digeste.

JUSTIN, Historien Latin, composa un abrégé de l'Histoire de Trogue-Pompée : cet abrégé est parvenu jusqu'à nous. On trouve cet auteur éloquent : mais il n'est pas toujours exact.

MARCION, Hérésiarque, étoit de la ville de Synope dans le Pont, fils d'un Evêque Catholique. Il mena une vie très

SAVANS ET ILLUSTRES.

austere dans le commencement : mais ayant abusé d'une vierge dont il étoit devenu amoureux, il fut chassé de l'Eglise par son pere même, qui ne voulut jamais le recevoir à la pénitence. Il vint à Rome, où on refusa de l'admettre à la communion, ce qui l'engagea à donner dans les hérésies. Il admettoit deux Dieux ; l'un auteur du mal, l'autre auteur du bien. Il disoit que l'auteur du mal étoit le Dieu de l'ancien Testament, & que c'étoit lui qui avoit créé le monde ; & que l'auteur du bien nous avoit envoyé Jesus-Christ pour nous révéler son existence. Marcion voulut revenir à la pénitence : mais le Pape refusa de le recevoir jusqu'à ce qu'il eût ramené tous ceux qu'il avoit fait tomber dans ses hérésies.

MAXIMUS, Philosophe Platonicien, étoit natif de Tyr. Il enseigna la philosophie à M. Aurele qui dit en avoir reçu de très-belles instructions. Il avoit écrit sur la doctrine d'Homere, & sur quantité d'autres matieres de philosophie : mais ces ouvrages sont perdus. Nous avons de lui plusieurs discours sur la philosophie de Platon.

QUINTILES, (les) étoient natifs de la Troade. L'union qui étoit entre ces deux freres les a rendus célebres dans l'histoire. Lorsqu'ils étoient Gou-

FAITS MEMORABLES DU REGNE DE TITE ANTONIN.

magne, & donne le Royaume de Larzès à un nommé Pacorus. Les Armeniens reçoivent auſſi un Roi de ſa main.

De J. C. 140.   De Rome 893.

Un certain Celſus ſe révolte. L'Impératrice Fauſtine conſeilloit à Antonin de le punir très-ſéverement pour en faire un exemple : mais il lui accorda ſa grace.

Mort de Fauſtine. Quoiqu'elle n'eût pas mené une vie réguliere, Antonin lui fit cependant dreſſer des autels.

De J. C. { 141. 142. 143. 144. }   *De Rome* { 894. 895. 896. 897. }

Marcion commence à publier ſes héréſies en 144.

De J. C. 145.   De Rome 898.

Antonin fait de grandes largeſſes au peuple à l'occaſion de la dédicace d'un temple qu'il avoit fait bâtir en l'honneur d'Adrien ſon prédéceſſeur.

De J. C. { 146. 147. }   *De Rome* { 899. 900. }

Antonin donne la puiſſance du Tribunat à Marc-Aurele le 25. Fevrier. Il fait une remiſe de tout ce

de l'Histoire des Empereurs. 195

SAVANS ET ILLUSTRES. · SAVANS ET ILLUSTRES.

verneurs de quelque Province, l'un étant Lieutenant de l'autre, ils écrivoient en commun à l'Empereur & en recevoient des réponses en commun. M. Aurele les aimoit & les estimoit tous les deux : mais Commode les fit étrangler, parce qu'ils blâmoient sa conduite. Ils avoient composé plusieurs ouvrages : mais il ne nous en est resté que quelques fragmens d'un traité d'Architecture.

SULPICE APPOLLINAIRE, étoit un homme fort savant. Il enseigna la Grammaire à Rome. Aulu-Gelle en parle comme d'un homme fort lettré. Nous avons quelques lettres de lui, un écrit où il reprenoit un nommé Celsus Vindex, Grammairien, & quelques notes sur Terence.

TAURUS CALVISIUS, Philosophe Platonicien, étoit natif de Tyr. Il enseignoit la Philosophie à Athenes, Aulu-Gelle, qui en rapporte plusieurs choses dans ses Nuits Attiques, avoit été son Disciple.

N ij

Faits memorables du regne de Tite. Antonin.

qui étoit dû au fisc, & brûle toutes les obligations qui étoient déposées dans le trésor.

On représente à Rome les jeux Seculaires, pour célébrer la 900e. année de la fondation de cette ville.

De J. C. { 148. 149. 150. 151. }   De Rome { 901. 902. 903. 904. }

Les Juifs voulurent encore se révolter cette année : mais ils furent battus. On croit que Tite Antonin leur laissa la liberté de circoncire leurs enfans, avec défense d'en circoncire d'autres que les leurs, sous peine de subir les punitions qu'Adrien avoit ordonnées pour ceux qui feroient des eunuques.

De J. C. 152.   De Rome 905.

Antonin écrit aux peuples d'Asie pour leur défendre de persécuter les Chrétiens.

De J. C. 153.   De Rome 906.

L. Verus, fils de celui qui étoit mort peu après qu'Adrien l'eut adopté, est fait Questeur & désigné Consul pour l'année suivante. Antonin en faisoit très peu de cas : mais il l'élevoit aux premieres dignités pour exécuter la promesse qu'il avoit faite à Adrien.

Faits memorables du regne de Tite Antonin.

De J. C. { 154. 155. 156. 157. 158. } De Rome { 907. 908. 909. 910. 911. }

Antonin publie un Edit par lequel il défend aux maris d'accuser leurs femmes d'adultere, lorsqu'ils étoient eux-mêmes coupables du même crime.

De J. C. { 159. 160. 161. } De Rome { 912. 913. 914. }

Antonin meurt le 7 Mars 161.

Antonin auroit été un illustre particulier : ce fut un grand Prince. Son caractere l'auroit fait aimer & estimer dans toute sorte d'état, & sa puissance ne lui servit qu'à faire éclater ses vertus. Son unique soin fut de rendre ses sujets heureux. Il commença son regne par abolir ce qu'il trouva d'injuste dans les loix, & par examiner la force & les revenus des provinces, dans la crainte que les impôts ne fussent trop onéreux. Il retrancha les pensions aux personnes inutiles, & n'en accorda qu'à ceux qui rendoient service à l'Etat. Il soulagea les misérables par ses bienfaits, & enrichit les peuples par ses largesses. Son regne fut paisible, parce qu'il préféra la tranquillité de ses sujets au vain titre de conquérant. Il chassa ces infames délateurs qui avoient causé tant de troubles sous les regnes précédens. Il aimoit son peuple comme un

FAITS MEMORABLES DU REGNE DE TITE ANTONIN.

père tendre aime ses enfans, & ne voyoit qu'à regret punir les criminels. On ne peut lui reprocher d'avoir commis aucune action blâmable pendant tout le cours de sa vie. Les vertus de ce grand homme ont rendu son nom si respectable, que plusieurs de ses successeurs se sont fait honneur de le porter.

NAISSANCE ET ORIGINE DE M. AURELE ANTONIN, dit le PHILOSOPHE.

Il naquit à Rome le 26 Avril 121 de J. C.

La famille des Annius, dont il descendoit, étoit très-ancienne. Quelques-uns même la font remonter jusqu'à Numa; elle resta très-longtems dans l'obscurité, aucun de ses ancêtres ne s'étoit distingué dans la République avant Annius Verus son bisayeul, qui de Succube en Espagne, vint s'établir à Rome où il fut admis dans le Sénat. Son fils, qui portoit le même nom, s'attira l'estime de Vespasien qui lui donna la place de Préfet de Rome. Le père de M. Aurele mourut étant Préteur.

FAITS MEMORABLES DU REGNE DE M. AURELE.

De J. C. 161. De Rome 914.

Le Sénat proclame Marc-Aurele Empereur.

Lucius Aurelius Commodus, fils de ce Lucius qu'Adrien avoit adopté, est associé à l'Empire, & prend le nom de Verus.

Les deux Empereurs font augmenter le nombre des enfans qu'on nourrissoit aux dépens du public.

Grands troubles en Armenie, causés par un nom-

FEMMES.

FAUSTINE, *Annia Faustine*, dite *Faustine la jeune*, fille de Tite Antonin. Sans être belle, elle avoit la figure agréable, son esprit étoit vif & enjoüé, & sa conversation aisée; elle faisoit l'amusement de toutes les compagnies où elle se trouvoit, & étoit désirée par tout; bien-tôt elle passa du plaisir à la débauche, se fit mépriser de tout le monde, & devint l'opprobre de sa famille. Fille d'un Prince, qui toujours prêt à gémir du crime, ne le punissoit qu'à regret: femme d'un Philosophe qui s'étoit fait un devoir de tout pardonner, elle n'eut rien à craindre, & osa tout faire, passa par tous les degrés de la débauche, & la poussa jusqu'au dernier excès. Elle n'avoit d'abord admis au nombre de ses amans que des gens de distinction: mais sa lubricité augmentant de jour en jour, elle en reçut de tout état & de toute condition; le Senateur, & le Chevalier Romain étoient confondus chez Faustine, avec l'Affranchi & le Gladiateur; & pour mettre le comble à ses horreurs, elle s'abandonna à son gendre, & écouta, sans rougir, les reproches que lui en fit sa fille. Il ne lui resta enfin aucune trace de pudeur : elle fit plusieurs fois paroître devant elle des Gladiateurs & des Matelots, dans un état que la pudeur ne permet pas de dire, pour choisir

ENFANS.

TITUS ÆLIUS AURELIUS, mort jeune.

TITUS AURELIUS ANTONINUS, mort jeune.

COMMODE, qui lui succéda à l'Empire.

ANTONINUS GEMINUS, jumeau de Commode. Il mourut l'an 165. âgé de quatre ans.

ANNIUS VERUS, mort à l'âge de sept ans, en 170.

LUCILE étoit belle & bien faite, & avoit du penchant pour la vertu: mais ayant été forcée par son pere, à épouser, dès l'âge de 17. ans L. Verus, qui étoit livré aux plus affreux excès, elle conçut du dégoût & même du mépris pour cet indigne époux; elle rougit d'abord de ses excès, se plaignit hautement de ses infidélités, insulta même Faustine sa mere, qui lui avoit enlevé le cœur de son mari; puis cessant de se plaindre, elle prit exemple sur lui, lui rendit infidélités pour infidélités, & le vit mourir sans le regretter. M. Aurele la remaria à Pompeïan: mais il étoit vieux, & Lucile avoit fait le premier pas vers la débauche; elle chercha des amans dont la jeunesse pût la dédommager de la vieillesse de son mari; elle alla jusqu'à accorder ses faveurs à Commode son frere, qui en fut bientôt dégoûté & l'abandonna: elle vit alors tomber tous ses honneurs, & chercha à s'en venger. Après avoir

FAITS MEMORABLES DU REGNE DE M. AURELE.

mé Tiridate qui vouloit s'y faire proclamer Roi. Les Parthes entrent en Armenie avec une puissante armée, Marc-Aurele envoye contr'eux un certain Severin Gaulois d'origine, alors Gouverneur de la Cappadoce : mais il est défait par les Parthes qui passent en Syrie, d'où ils chassent Attidius Cornelianus qui en étoit Gouverneur.

Les Cattes & les Bretons se révoltent.

De J. C. 162.   De Rome 915.

Grande famine à Rome causée par le débordement du Tibre.

L. Verus va contre les Parthes, Calpurnius Agricola contre les Bretons, & Aufidius Victorinus contre les Cattes. Marc-Aurele reste à Rome où par sa prudence, sa douceur & sa sagesse il se fait aimer & estimer du peuple.

De J. C. 163.   De Rome 916.

Statius Priscus prend Artaxata & laisse garnison Romaine à la Ville-Neuve. Marcius Verus est envoyé à sa place commander les troupes d'Armenie, & force les Armeniens à recevoir un Roi de la part des Romains.

Soëme est rétabli sur le throne d'Armenie d'où les Parthes l'avoient chassé, quoiqu'il fût de la race des Arsacides. Il étoit allé à Rome où il avoit été admis au nombre des Sénateurs & élevé au Consulat.

L. Verus prend le nom d'Armeniaque, quoiqu'il n'eût nullement participé aux victoires que les Romains avoient remportées en Armenie, & qu'il fût toujours demeuré à Antioche plongé dans les plaisirs, malgré les sages conseils que lui avoit donnés

Femmes.

ceux qu'elle jugeroit les plus propres à satisfaire sa brutalité. Marc-Aurele en reçut plusieurs fois des railleries piquantes, & lorsqu'on lui conseilloit de la répudier, il répondoit : *Il faudroit donc que je lui rendisse sa dot qui est l'Empire.* Elle suivit M. Aurele, lorsqu'il alloit appaiser la révolte de Cassius ; lui souffla l'esprit de vengeance contre le rebelle & ses complices, & mourut subitement dans un petit village nommé Halala qui est au pié du mont Taurus, l'an 175.

MORT.

Il mourut d'une fievre maligne à Sirmium, le 15. Mars 180. âgé de 58 ans 11. jours. On porta ses cendres à Rome. Elles furent mises dans le tombeau d'Adrien.

Enfans.

été incestueuse, elle n'eut pas horreur du fratricide, forma une conjuration : mais ses horribles desseins furent découverts, & Commode la fit tuer, l'an 183.

FADILLA, dont on ne sait que le nom.

VIBIA AURELIA, l'Histoire ne parle pas plus d'elle que de Fadilla.

DOMITIA FAUSTINA, morte dès l'enfance.

On trouve que M. Aurele maria deux de ses filles à deux illustres Senateurs, l'un nommé Antistius Burrhus, l'autre Petronius Mamertinus : mais on ne sait si ce sont celles qui sont déja nommées, ou si c'en sont d'autres. Caracalla en fit mourir une l'an 212. qui étoit fort âgée : mais on ne sait pas son nom.

PRINCES CONTEMPORAINS.

Papes.

S. PIE, 157, ou 159.

S. ANICET, natif de Syrie, pendant son Pontificat eut la douleur de voir différentes sectes d'hérétiques faire des progrès: mais il eut en même tems la joie de voir plusieurs Catholiques leur résister. Il fut martyrisé le 17 Avril, 168.

S. SOTER, étoit Italien d'origine. Il fut martyrisé le 2. Avril 177.

S. ELEUTHERE, natif de Nicopolis. Il assista d'abord le Pa-

Faits memorables du regne de M. Aurele.

Marc-Aurele dans les lettres qu'il lui écrivoit.

De J. C. 164.   De Rome 917.

Marc-Aurele envoye sa fille Lucile à L. Verus à qui il l'avoit promise en mariage.

Avidius Cassius remporte plusieurs victoires sur les Parthes en Armenie & en Arabie.

De J. C. 165.   De Rome 918.

On croit que ce fut cette année que se donna la fameuse bataille près d'Europe, ville de Syrie, située sur l'Euphrate. Cassius y défit entierement les Parthes, dont le Général nommé Cosroès fut contraint d'aller se cacher dans une caverne couverte par l'ombre de plusieurs arbres.

Cassius pille Seleucie. Il enleva de cette ville une fameuse statue d'Apollon, la porta à Rome où on la mit dans un temple. Il prend Ctesiphon & pille tout le pays d'alentour.

Les Romains accordent la paix aux Parthes, qui leur cedent la Mésopotamie & l'Adiabene.

Peregrin, surnommé Protée, se brûle publiquement à Olympe vers le 16 Juillet à la fin des jeux Olympiques.

De J. C. 166.   De Rome 919.

M. Aurele & L. Verus triomphent des Parthes.

Les troupes qui étoient allées en Orient contre les Parthes apportent la peste à Rome. Elle se répand dans toute l'Italie & par toute la terre, & dépeu-

de l'Histoire des Empereurs. 203

| Savans et Illustres. | Princes contemporains. |

ALEXANDRE dit L'IMPOSTEUR, étoit d'Abonotique en Paphlagonie. Il persuada au peuple de son païs qu'un serpent qu'il avoit apporté de Macédoine & qu'il avoit rendu docile, étoit le Dieu Esculape. Il avoit trouvé le secret de lui cacher la tête, & de lui en placer une autre de figure humaine qu'il faisoit remuer par le moyen de quelques ressorts ; il parvint même à faire croire qu'elle parloit. Les peuples vinrent de toutes parts voir ce spectacle & demander des graces à cette prétendue divinité à laquelle Alexandre donnoit le nom de Glicon. Il lui fit rendre des Oracles. Bientôt on érigea des statues à ce Dieu, & Alexandre s'enrichit des offrandes qu'on lui apportoit. Cette merveille se répandit à Rome & y rendit Alexandre si célebre que Rutilien, homme de la premiere distinction, voulut avoir l'honneur d'épouser sa fille. Lucien, qui n'ajoûtoit pas foi à toutes les autres Divinités, se moqua bientôt de celle d'Alexandre, ce qui irrita cet Imposteur au point qu'il sollicita les Matelots qui passerent Lucien à Amastris dans le Pont, de le jetter à la mer. Lucien en fut informé, & pour se venger, composa la vie d'Alexandre, où il découvre toutes ses fourberies. Alexandre mourut quelque tems avant M. Aurele d'une pourriture à la cuisse, âgé de 70 ans.

Papes.

pe Anicet en qualité de Diacre, il fut ensuite ordonné Prêtre & élû Pape après la mort de S. Soter. Il combattit avec beaucoup de chaleur les erreurs des Valentiniens pendant son Pontificat. Il fut martyrisé le 26. Mai 192.

Des Parthes.

VOLOGESE II. chassé en 165.

MONNESE, fut élevé sur le trône par les Parthes mêmes qui en avoient chassé Vologese II. mais Monnese ayant été battu par les Romains fit une paix honteuse avec eux, ce qui irrita ses Sujets contre lui au point qu'ils le chasserent au bout de quelques mois l'an 166.

VOLOGESE II. fut rappellé l'année d'après qu'il eut été chassé : mais il mourut la même année de son rappel l'an 166.

VOLOGESE III. fils de Vologese II. fut quelque tems tranquille dans ses Etats : mais lorsque Niger & Septime Severe furent en guerre au sujet de l'Empire Romain, Vologese III. fournit du secours à Niger, ce qui irrita Septime Severe au point, que lorsqu'il fut paisible possesseur de l'Empire, il mena une puissante armée contre les Parthes, les défit plusieurs fois, ravagea leur pays, prit Ctesiphon leur capitale, qu'il livra au pillage. Vologese mourut l'an 216.

FAITS MEMORABLES DU REGNE DE M. AURELE

pla quantité de provinces. Outre la peste Rome fut affligée de la famine.

Les deux Empereurs sortent de Rome pour aller contre les Germains, les Sarmates, les Quades & les Marcomans, qui, voulant profiter des malheurs des Romains, s'étoient révoltés.

Les Chrétiens furent persécutés cette année : il y eut beaucoup de martyrs.

De J. C. 167.   De Rome 920.

Les préparatifs de guerre, que les deux Empereurs faisoient, épouvanterent les ennemis au point qu'ils envoyerent demander la paix, qu'on leur accorda.

Saint Julien le Philosophe est décapité à Rome.

De J. C. 168.   De Rome 921.

M. Aurele & L. Verus retournent contre les Allemans révoltés une seconde fois. Ce fut dans cette campagne que M. Aurele commença à écrire ses réflexions philosophiques dans son camp au pays des Quades.

De J. C. 169.   De Rome 922.

Le Medecin Galien engage M. Aurele & L. Verus à retourner à Rome, parce que la peste étoit dans leur armée.

L. Verus âgé de 39. ans meurt d'une apoplexie à Alentinum, lorsqu'il retournoit à Rome. M. Aurele fit porter ses cendres à Rome, & les fit mettre dans le tombeau d'Adrien.

de l'Histoire des Empereurs. 205

SAVANS ET ILLUSTRES.

ALEXANDRE, le Sophiste, qu'on croit être fils d'Apollonius de Tyanes, étoit de Seleucie. Il fut Disciple de Favorin, & enseigna la Langue Greque à M. Aurele. On ne sait en quel tems il est mort.

APOLLONE d'Alexandrie surnommé DISCOLE, étoit un très-bon Grammairien. Nous avons de lui quatre Livres sur la Syntaxe, & un ouvrage que les uns appellent les fausses Histoires, d'autres les Histoires admirables.

APULE'E, Philosophe, étoit de Madaure, colonie Romaine sur les confins de la Numidie, fils d'un des principaux citoyens de cette ville, & d'une petite fille de Plutarque. Après avoir étudié toutes les Sectes des Philosophes, il embrassa celle de Platon dont il a été un des plus célebres défenseurs. Il étudia la magie, & les payens qui ont cru qu'il avoit fait des miracles l'ont comparé à Jesus-Christ. Nous avons de lui plusieurs Traductions des anciens Auteurs, un assez bon discours par lequel il prouva au Proconsul d'Afrique qu'il n'étoit point magicien, comme on l'en avoit accusé. Il avoit composé beaucoup de métamorphoses dont on trouve plusieurs fragmens. Il nous en est resté une entiere divisée en onze Livres. Elle est intitulée la Métamorphose de l'Ane ou l'Ane d'or. C'est un Roman ingénieux. Son style est beau : mais il est un peu affecté.

SAVANS ET ILLUSTRES.

ARISTIDE, fameux Sophiste, étoit d'Adrianotere dans la Mœsie. Il déclamoit fort lentement, parce qu'il disoit qu'il vouloit polir ses discours, & non les vomir. Photius a fait des extraits d'une de ses Pieces qu'on dit lui avoir acquis beaucoup de réputation parmi les Grecs. Il nous reste un ouvrage d'Aristide sur la Medecine qu'on appelle les Journaux d'Aristide.

ARTEMIDORE, natif d'Ephese. Nous avons de cet Auteur un ouvrage divisé en quatre Livres, intitulé l'Art d'expliquer les Songes, & un autre en un Livre, où il rapporte quelques évenemens qui ont suivi les Songes. Cet Auteur est si peu utile qu'on ne le connoît presque pas.

ATHENAGORE, Philosophe Chretien, natif d'Athenes. Il fit des remontrances à l'Empereur M. Aurele sur la persécution des Chretiens. Il lui représenta qu'ils ne faisoient tort à personne, & qu'ils étoient aussi soûmis aux ordres des Empereurs que les peuples les plus fideles ; qu'ainsi il leur devoit son amitié & sa protection comme à ses autres Sujets. Ces remontrances sont parvenues jusqu'à nous. On les trouve sous le titre de *Legation pour les Chrétiens*.

CAÏUS ou Gaïus, très-savant Jurisconsulte. On ne sait rien de sa vie. Il a composé trente-deux Livres *ad Edictum provinciale*, quinze *ad Edictum publicum*, six

FAITS MEMORABLES DU REGNE DE M. AURELE.

On a lieu de croire que M. Aurele ne fut pas fâché de se voir délivré d'un collegue dont les mœurs étoient si différentes des siennes, & qui ne songeoit qu'aux plaisirs & à la bonne chere.

De J. C. 170.   De Rome 923.

Les Marcomans remportent de grands avantages sur les Romains, entrent dans l'Italie & y font un terrible ravage. M. Aurele, pour fournir aux dépens de la guerre fait vendre ses meubles. On le vit même exposer en vente les plus riches ornemens de l'Impératrice, aimant mieux se dépouiller, lui & sa femme, du superflu, que de priver ses sujets du nécessaire. Pour recruter les troupes, dont le nombre diminuoit tous les jours par la peste, on enrôla les Gladiateurs & les Esclaves; ce qui n'étoit point arrivé depuis la seconde guerre Punique. M. Aurele va en personne à la tête de ses troupes.

Les Maures ravagent l'Espagne : ils en sont chassés par le Gouverneur du pays.

Les Bucoles, peuple d'Egypte, se soulevent sous la conduite d'un de leurs Prêtres, tuent toutes les garnisons Romaines qui étoient en Egypte, ravagent tout le pays & s'approchent d'Alexandrie pour en faire le siége. Cassius, Gouverneur de Syrie, met la division parmi eux & les soûmet.

De J. C. 171.   De Rome 924.

M. Aurele taille en pieces une armée d'Allemans. Montan commence à publier ses héréfies.

SAVANS ET ILLUSTRES.   PRINCES CONTEMPORAINS.

sur la Loi des douze Tables, trois des Affranchissemens, un *Regularum*, un *de Casibus*, un Recueil des Intitulés dont il nous est resté quatre Livres. Tous les ouvrages que ce Jurisconsulte avoit composés sont indiqués dans l'index de Justinien. On remarque que son style est fort beau.

CHRYSORE, affranchi de M. Aurele, avoit fait une Liste des Empereurs depuis Jule Cesar jusqu'à M. Aurele, il y marquoit la durée de leur Regne, le mois, le jour de leur mort. Saint Theophile d'Antioche nous a conservé cet ouvrage. Cet Auteur avoit, en outre, composé une chronologie, où il avoit mis les noms de tous ceux qui avoient commandé à Rome depuis sa fondation ; Scaliger en a fait un extrait qu'on trouve dans ses additions à la chronique d'Eusebe.

HERMOGENE, fameux Sophiste, étoit de Tarse. Dès l'âge de quinze ans il s'étoit acquis tant de réputation par ses déclamations, qu'on venoit de toutes parts l'entendre. M. Aurele y fut lui-même, le prit en amitié, & lui fit de grands présens. L'esprit d'Hermogene diminuoit à mesure qu'il vieillissoit, de sorte que sur la fin de ses jours il n'étoit plus du tout considéré.

LUCIEN, natif de Samosates en Syrie, étoit sorti de parens très-pauvres. Il s'appliqua à la Philosophie d'Epicure, dont il suivit les Principes. Ses ouvrages font connoître qu'il n'avoit aucune sorte de Religion. Il se moquoit des superstitions des Payens & de l'attachement des Chrétiens à leur Religion. Il a composé plusieurs ouvrages en Grec qui sont connus & admirés de tout le monde.

MONTAN, Hérésiarque. On croit qu'il étoit eunuque : il étoit natif d'Ardaba, village de la Mysie. Il embrassa la Religion Chrétienne & voulut remplir les premieres dignités de l'Eglise: mais voyant qu'on ne vouloit lui en donner aucune, il se mit à dogmatiser, persuada à plusieurs qu'il étoit inspiré du Paraclet, que les Apôtres n'avoient été inspirés que par le Saint-Esprit, qui ne leur avoit donné qu'une connoissance imparfaite, que pour lui il l'avoit toute entiere au moyen de l'inspiration qu'il recevoit du Paraclet : il regardoit les seconds mariages comme des adulteres, & disoit que l'Eglise n'avoit pas le pouvoir de remettre les péchés commis après le Batême. Il soutenoit que c'étoit un crime de fuir le martyre. Cet imposteur eut bien-tôt un grand nombre de disciples ; on les nomma de son nom Montanistes. Les Evêques d'Asie les excommunierent, ce qui enga-

Faits memorables du regne de M. Aurele.

De J. C. 172.   De Rome 925.

Les Atheniens accufent Hérodes Atticus de vexation : M. Aurele condamne les affranchis d'Atticus, & fupporte avec douceur les reproches piquants de cet Orateur.

M. Aurele, malgré les rigueurs du froid, continue la guerre contre les Germains. Il les défit près le Danube qui étoit gelé.

De J. C. 173.   De Rome 926.

On donne le titre de Germanique à Commode, à caufe des victoires que les Romains avoient remportées fur les Germains.

De J. C. 174.   De Rome 927.

M. Aurele fe laiffa enfermer avec fon armée dans le pays des Quades. Les ennemis, quoiqu'en bien plus grand nombre, n'oferent l'attaquer, mais lui couperent les vivres. La chaleur étoit fi exceffive que fes foldats, ne pouvant plus fupporter la foif, étoient prêts à fe rendre lorfqu'il furvint un orage terrible & une pluie abondante. Ils recevoient l'eau dans leur bouche, & tendoient leurs cafques afin d'en ramaffer pour abreuver leurs chevaux. Les ennemis voulurent profiter de ce défordre pour défaire les Romains : mais, la pluie & les éclairs leur donnant dans les yeux, ils furent repouffés avec beaucoup de perte jufques dans leur camp, qu'ils trouverent embrafé par le feu du tonnere. Ils furent obligés de

gea

gea les Montanistes à faire un Schisme, & à composer une Secte séparée de l'Eglise. Ce Montan mourut sous Caracalla : quelques-uns on dit qu'il se pendit.

NERULLIN étoit fameux en 170. Il avoit une statue à Troade, ville de l'Asie mineure, qui rendoit des Oracles, & guérissoit des malades, lorsqu'il étoit lui-même malade. Ainsi toute la vénération n'étoit que pour la statue à laquelle on offroit des sacrifices.

NUMENE, d'Apamée en Syrie, étoit un célebre Philosophe de la Secte de Pythagore. On l'a dit aussi quelquefois Platonicien, parce qu'il joignoit les dogmes de Pythagore à ceux de Platon. Il a prouvé que Platon avoit tiré de Moïse ce qu'il disoit de Dieu ; & S. Clément d'Alexandrie, rapporte qu'il disoit que Platon n'étoit autre chose que Moïse parlant Grec. On trouve dans Eusebe plusieurs fragmens des ouvrages de Numene, cités aussi par d'autres Auteurs.

PAUSANIAS, Grammairien Grec, naquit à Cesarée en Cappadoce. Il nous est resté de lui une description de la Grece, divisée en dix Livres : la situation & les antiquités de chaque ville de ce pays y sont marquées avec beaucoup d'exactitude, il y a rapporté aussi tout ce qui s'est passé de plus mémorable. Cet Auteur avoit fait un pareil ouvrage à l'égard de l'Asie, de la Syrie, & de la Phœnicie : mais il n'est pas venu jusqu'à nous.

PEREGRIN, surnommé PROTÉ'E, avoit l'extérieur d'un Cynique : mais en particulier, il se livroit aux plaisirs les plus infames. Il embrassa la Religion chrétienne, & la quitta presqu'en même tems. Sa vie austere, & les préceptes de morale qu'il débitoit aux peuples, lui acquirent une grande réputation: mais voyant qu'il commençoit à tomber dans l'oubli, il résolut de faire quelqu'action d'éclat qui rendît son nom célebre même chez la postérité. Pour cet effet il publia dans toute la Grece qu'il se brûleroit lui-même pendant la célébration des Jeux Olympiques, pour faire connoître combien il méprisoit la mort ; ce qu'il exécuta en présence d'un nombre infini de Grecs, qu'un pareil Spectacle avoit attirés à Olympe. Cette action fut admirée de quelques génies foibles : mais elle fut blâmée de tous les gens d'esprit, du nombre desquels étoit Lucien, qui dit qu'on ne manqua pas de publier bien des prodiges qu'on prétendoit être arrivés pendant cette action tragique : mais il assûre qu'il n'en avoit vû aucun, quoiqu'il y fût présent.

POLIENE, l'Orateur, a composé huit Livres des Stratagêmes des grands Capitaines. Casaubon nous a conservé cet ouvrage, où

Faits memorables du regne de M. Aurele.

demander la paix & M. Aurele la leur accorda. Les Auteurs Payens ont rapporté à la protection de Jupiter tonnant ce miracle operé sans doute en faveur des Chrétiens qui étoient en grand nombre, dans l'armée de M. Aurele.

De J. C. 175.   De Rome 928.

M. Aurele fait un traité de paix avec les Quades. Les conditions de ce traité étoient que ces peuples rendroient tous les prisonniers qu'ils avoient faits sur les Romains, qu'ils ne feroient aucun trafic sur les terres de l'Empire, & qu'ils n'habiteroient qu'à deux lieues loin du Danube.

Les Quades rompent le traité de paix, pour se joindre aux Marcomans & aux Iaziges qui étoient en guerre avec les Romains.

Les Marcomans épuisés par les victoires que M. Aurele avoit remportées sur eux, demandent la paix, qu'on leur accorde à condition qu'ils n'habiteront qu'à deux lieues du Danube.

Les Iaziges, pour obtenir la paix, renvoyent tous les prisonniers & les déserteurs Romains, dont le nombre, en tout, se montoit à plus de cent mille; ils promirent aussi de n'habiter qu'à deux lieues du Danube, & de n'avoir aucun commerce avec les sujets de l'Empire Romain.

La guere continue contre les Quades, & dure jusqu'après la mort de M. Aurele.

Avidius Cassius, ce brave guerrier, qui avoit remporté plusieur victoires en Armenie sur les Parthes, fait courir le bruit en Syrie, où il étoit Gouverneur,

Savans et Illustres.

l'on trouve beaucoup d'esprit & d'élégance.

Sextus, natif de Cheronée dans la Beocie, étoit neveu de Plutarque. Il suivit la secte des Stoïciens. M. Aurele, qui fut son disciple, même étant Empereur, disoit qu'il avoit appris de lui l'art de trouver & de ranger d'une maniere claire & méthodique les dogmes nécessaires à la conduite de la vie.

Sextus le Pyrrhonien, plus connu sous le nom de Sextus Empiricus, étoit originaire de Libye. Il nous est resté de lui quelques ouvrages de morale qui font connoître qu'il étoit Pyrrhonien. On trouve sur-tout dans ses 3. Livres des Hypotyposes tout ce que le scepticisme a pû imaginer de plus capricieux, & de plus capable de séduire des esprits foibles.

Scevola [Q.] Servidius, savant Jurisconsulte, fut Précep-

Savans et Illustres.

teur de Septime Severe. Il avoit soin de rediger par écrit toutes les ordonnances de M. Aurele. D'un grand nombre d'ouvrages qu'il avoit composés, il n'en reste que trois cents citations dispersées dans le Digeste.

Sostrate, de Beocie, étoit un Philosophe Cynique. Il menoit une vie fort dure, & ne vouloit point avoir d'esclaves, quoiqu'il fût d'une naissance fort illustre & qu'il eût beaucoup de bien.

On assûre même que dans son extrême vieillesse il aima mieux se laisser mourir de faim que d'acheter des esclaves. Lorsque les Atheniens voulurent établir chez eux un combat de Gladiateurs à l'imitation de ceux de Corinthe, il leur dit, qu'il falloit qu'ils abattissent l'Autel qu'ils avoient dressé à la Miséricorde avant d'établir ce spectacle.

* O ij

Faits memorables du regne de M. Aurele.

que M. Aurele étoit mort, & se fait proclamer Empereur vers le commencement d'Avril. M. Aurele fait des préparatifs pour marcher contre lui : mais ce rébelle fut tué par un Centenier de son armée. Marc-Aurele refusa de voir sa tête qu'on lui avoit envoyée lorsqu'il étoit à Formines prêt à passer en Orient pour appaiser la révolte. Il brûla toutes les lettres de Cassius, pour ne pas connoître ceux qui avoient trempé dans sa révolte.

Commode est associé à la puissance du Tribunat vers le mois d'Août.

Pertinax, qui dans la suite succéda à Commode, est envoyé contre les Germains. Il y acquiert beaucoup de réputation par plusieurs beaux exploits & par sa grande sagesse.

M. Aurele passe en Orient pour étouffer les restes de la révolte de Cassius. Faustine sa femme, qui l'y avoit accompagné, meurt subitement au commencement de l'hyver.

De J. C. 176.   De Rome 929.

Il pardonne à toutes les villes qui avoient embrassé le parti de Cassius, passe à Athenes, y établit des Professeurs publics, & leur assigne des pensions.

M. Aurele revient à Rome, & y triomphe des Germains, le 23. Décembre, avec son fils Commode.

De J. C. 177.   De Rome 930.

Commode est fait Auguste. Son pere fait une remise de tout ce qui étoit dû au trésor public & à ce-

Faits mémorables du regne de M. Aurele.

lui de l'Empereur, depuis quarante six ans : mais Commode exigea par la suite ces mêmes sommes dont son pere avoit fait remise.

La ville de Smyrne est renversée par un tremblement de terre. M. Aurele la fit retablir à la sollicitation du fameux Philosophe Aristide.

Beaucoup de Chrétiens sont martyrisés à Lyon. Plusieurs Magistrats de cette ville forcent les esclaves à accuser les Chrétiens. Le Gouverneur de la province écrit contr'eux à M. Aurele, qui ordonna de punir du dernier supplice ceux qui persisteroient dans la Religion Chrétienne. Theodote fut mis à la question avec plusieurs autres Chrétiens : mais il fut le seul qui renonça au Christianisme. Il fit pénitence, & tomba par la suite dans plusieurs hérésies.

De J. C. 178.   De Rome 931.

M. Aurele part pour l'Allemagne, où les deux Quintiles remportoient de grands avantages sur les ennemis. Il y mena son fils Commode après lui avoir fait épouser Crispine fille de Brutius Præsens.

Cette même année est la date du Senatus-Consulte Orphitien, qui établissoit tous les enfans héritiers de leurs meres, quand même ils auroient été adoptés dans d'autres familles, ce qui n'avoit point été pratiqué jusqu'alors.

Ariogese, que les Quades avoient établi leur Roi, sans le consentement de M. Aurele, est pris & exilé à Alexandrie.

De J. C. 179.   De Rome 932.

Paterne gagne une bataille sur les Quades, les

Faits memorables du regne de M. Aurele.

Marcomans & les Hermondures, vers le mois d'Août.

Lucius, Roi dans la Bretagne, fait prier le Pape Eleuthere de lui envoyer quelqu'un qui l'instruise dans la Religion Chrétienne.

De J. C. 180. De Rome 933.

Mort de M. Aurele.

La mémoire de cet Empereur sera toûjours respectée. Il haïssoit le faste & soûtenoit sa grandeur. Toutes ses actions étoient refléchies, & la passion n'en dictoit aucune. Il étoit doux sans foiblesse, punissoit les crimes, & pardonnoit les fautes. Il soûtint avec éclat la gloire des Romains, sut éviter les dangers & sut encore mieux les braver. La peste, la famine & la guerre affligerent ses peuples : mais il sut les consoler, & remédia autant qu'il put à leurs maux, leur procura des vivres, soûtint la guerre à ses dépens, & se dépouilla de ses richesses pour ne pas fouler ses peuples ; ce Prince merveilleux accordoit tout à ses sujets & se refusoit tout à lui-même. Il couchoit toûjours sur la dure & ne mangeoit qu'autant qu'il falloit pour vivre. Il s'informoit de ce que le public disoit de lui, non par curiosité, mais pour se corriger, si on avoit blâmé sa conduite. Il demandoit des avis à tout le monde, disant qu'il étoit plus juste qu'il suivît le conseil de plusieurs, que plusieurs fussent soûmis à la volonté d'un seul. Ce fut un Philosophe austere, qui ne fut pas plus sensible à la joie qu'à la tristesse. Il fut enfin exempt de tous les vices, & posséda toute les vertus.

Faits memorables du regne de M. Aurele.

Nous avons de lui douze livres de Philosophie, où il s'entretient avec lui-même. Ce sont des pensées détachées qui contiennent ce que la morale a de plus beau pour la conduite de la vie. Le style en est simple & négligé, mais il est si naturel, qu'on ne peut s'empêcher de l'admirer.

Naissance et origine de Commode.

Il naquit à Rome dans le Palais Impérial le 31 Août 161. Son origine est expliquée au commencement de l'article de Marc-Aurele son pere.

Faits memorables du regne de Commode.

De J. C. 180.   De Rome 933.

Commode est proclamé Empereur à Sirmium, au mois de Mars, quelques jours après la mort de son pere.

Pompeien, son beau-frere, l'empêche de retourner à Rome, lui représentant qu'il seroit honteux pour lui d'abandonner une guerre que Marc-Aurele avoit entreprise pour de si justes raisons.

Les Quades sont défaits au mois de Septembre.

Commode, pour retourner à Rome, accorde la paix aux Quades & aux Marcomans, à condition qu'ils n'habiteront qu'à deux lieues loin du Danube, qu'ils fourniront un certain nombre de soldats, & qu'ils lui envoyeront du blé tous les ans.

Faits mémorables du règne de Commode.

Il donne des sommes immenses à d'autres peuples de la Germanie, pour les engager à mettre bas les armes.

Le 22 Octobre Commode entre en triomphe à Rome, pour la paix qu'il avoit faite avec les Germains, & fait de grandes largesses aux soldats & au peuple.

De J. C. 181.   De Rome 934.

Grand incendie à Alexandrie : le Temple de Sérapis est brûlé.

Action loüable de Commode. Un certain Manilius fût convaincu d'avoir trempé dans la révolte de Cassius sous Marc-Aurele; il promit, pour obtenir sa grace, de découvrir plusieurs autres complices : mais Commode refusa de l'écouter, & donna ordre de brûler toutes les letres qu'on lui trouveroit.

De J. C. 182.   De Rome 935.

Commode prend le titre d'*Imperator*, pour quelques victoires remportées sur les Daces, qui avoient repris les armes.

De J. C. 183.   De Rome 936.

Ulpius Marcellus taille en pieces une armée de Pictes, qui avoient passé le mur qu'Adrien avoit fait faire dans la Bretagne, pour séparer ceux qui étoient soûmis aux Romains d'avec ceux qui ne l'étoient pas.

Claude Pompeien, jeune homme de distinction, présenta un poignard à Commode lorsqu'il entroit

FEMMES.

CRISPINE, fille d'un nommé Brutius Præsens, étoit une des plus belles femmes de Rome : mais elle avoit tous les défauts ordinaires à son sexe : la dignité d'Impératrice qu'elle voyoit attachée à la qualité de femme de Commode, le lui fit préférer à tous ceux qui la recherchoient. Lorsqu'elle fut Impératrice elle ne put souffrir de rivale : les honneurs qui étoient restés à Lucile, veuve de Lucius Verus, & sœur de Commode, allarmerent son ambition : elle emprunta le secours de ses charmes, pour gagner le cœur de son mari, & pour humilier sa rivale. Elle se lassa bien tôt d'être fidele, & la crainte seule la retenoit dans le devoir : mais l'infidélité de Commode, & le desir de se venger l'enhardirent ; elle se livra à ses passions, & le premier pas fait elle n'eut plus de retenue. Commode la surprit dans le crime, l'exila à Caprée, où il la fit tuer en 183.

CONCUBINE.

MARTIA, étoit une affranchie : mais sa rare beauté, son esprit vif & pénétrant, capable des plus grandes affaires, lui gagnerent le cœur de Commode, qui lui accorda les mêmes honneurs qu'à une Impératrice. Souvent elle lui donnoit des conseils, souvent elle lui faisoit des

ENFANS.

Commode eut plusieurs enfans, mais ils mouruient tous jeunes.

PRINCES CONTEMPORAINS.

Papes.

S. ELEUTHERE, 192.
S. VICTOR I. étoit Africain d'origine. Il condamna au commencement de son Pontificat l'hérétique Théodote. Il retrancha de sa Communion les Eglises d'Asie, qui refuserent de s'unir à celles de Rome pour la célébration de la Pâque. S. Irenée, Evêque de Lyon, l'avertit que cette punition étoit un peu severe, & lui représenta que ses prédécesseurs n'en avoient pas usé ainsi, quoique les Eglises d'Asie ne célébrassent pas la Pâque dans le même tems que l'Eglise Romaine. S. Victor fut martyrisé le 20 Avril 201.

Des Parthes.

VOLOGESE III. 214.

Faits memorables du regne de Commode.

dans l'emphithéatre, par un endroit obscur, & lui dit: *Voilà ce que le Sénat t'envoye.* Les gardes saisissent ce jeune homme qui fut supplicié peu de tems après. Depuis ce tems Commode conçut une haine implacable contre les Sénateurs, parce qu'on lui avoit dit que le poignard lui étoit envoyé du Sénat.

Lucile, sœur de Commode, convaincue d'avoir trempé dans la conjuration, est exilée à Caprée, où elle est tuée la même année, par ordre de son frere.

Il fait tuer sa femme Crispine, convaincue d'adultere.

Martia, concubine de Commode, l'engage à défendre qu'on persécute les Chrétiens.

Antere de Nicomédie, ministre des cruautés de Commode, est tué par les Préfets du Prétoire. Commode le regreta beaucoup, & fit tuer les auteurs de sa mort.

Plusieurs Sénateurs accusés de révolte sont condamnés & exécutés. De ce nombre furent les deux fameux Quintiles dont on a parlé sous le regne d'Antonin Pie.

De J. C. 184.   De Rome 937.

Les Sarmates sont battus. La guerre continue dans la Bretagne.

De J. C. 185.   De Rome 938.

Terreur de Commode. Lorsqu'il étoit à voir représenter les jeux Capitolins, un Cynique lui dit publiquement, que pendant qu'il s'amusoit à des divertissemens inutiles, son Ministre Perennis cherchoit à

remontrances; mais Commode, dont le caractere étoit indomptable, commença à la haïr, parce qu'elle ne cessoit de le blâmer: & il résolut même de la faire tuer: mais en ayant été instruite elle le prévint. Pertinax, à qui elle fit donner l'Empire, la traita avec douceur: mais Didius Julien la fit tuer l'an 193.

Mort.

Il fut étranglé dans son Palais la nuit du dernier Décembre 192 au premier Janvier 193 âgé de 31 ans 4 mois, après avoir regné 12 ans, 9 mois, 14 jours. On passa son corps enveloppé dans une couverture, au travers des gardes endormis, & on l'enterra dans le premier tombeau qu'on trouva, d'où Pertinax le fit porter dans le mausolée d'Adrien. Ce meurtre fut commis par un Athlete nommé Narcisse, à la sollicitation de Martia, concubine de Commode, d'Electe, grand Chambellan, & de Lætus, Préfet du Pretoire, qui avoient vû leurs noms dans une liste que Commode avoit faite de ceux qu'il devoit faire tuer le lendemain.

Sçavans et Illustres.

ATHENE'E, le Grammairien, étoit de Naucrate, ville d'Egypte. Il avoit composé beaucoup d'ouvrages. Il nous est resté quelques fragmens de son *Dipnosophiste*, qu'on appelle communément *le souper des Savans*. On y trouve beaucoup de choses utiles pour l'antiquité Greque.

PHRYNIQUE, étoit un fameux Grammairien. On ne trouve point d'où il étoit. Nous avons de lui un Recueil de mots Attiques. Il avoit en outre composé un Recueil des plus belles phrases qu'il avoit trouvées dans les Auteurs Grecs: mais cet ouvrage est perdu.

POLLUX (JULIUS) fameux Rheteur Grec, étoit de Naucrate en Egypte. Sa belle voix lui attira l'amitié de M. Aurele. Il savoit passablement le Grec, jugeoit bien d'un Auteur: mais il n'avoit pas le talent de composer lui-même. Nous avons de lui un Recueil de mots Grecs Synonymes qu'il avoit pris dans les meilleurs Auteurs de cette langue. On ne sait quand il est mort.

Faits memorables du regne de Commode.

s'emparer de l'Empire ; Commode fut tout interdit & pâlit de crainte : Perennis fit prendre ce Cynique & le fit brûler vif.

De J. C. 186.   De Rome 939.

L'armée de la Bretagne députe à Commode, pour se plaindre de son Ministre Perennis, & l'accuse de vouloir donner l'Empire à son fils. Commode en est épouvanté, & l'abandonne aux soldats qui le mettent en pieces. Commode prend pour Ministre un certain Cléandre, Phrygien d'origine & esclave de naissance. Son penchant pour la débauche lui avoit attiré la confiance de Commode. Il exerça de plus grandes cruautés que n'avoit fait Perennis.

Antistius Burrhus, beau-frere de Commode, est mis a mort pour avoir repris avec liberté, son beau-frere de ses vices.

Pertinax va gouverner la Bretagne, & y appaise les troupes qui s'étoient révoltées.

Commode établit une flote, pour apporter du blé à Rome lorsque celui d'Egypte manqueroit.

Une très grande quantité de déserteurs se mettent sous la conduite d'un nommé Materne simple soldat, & ravagent l'Espagne & les Gaules, d'où Niger & Severe les chasserent après plusieurs combats.

De J. C. 187.   De Rome 940.

Materne, soldat déserteur, forme le dessein d'usurper l'Empire. Il engage plusieurs soldats à déserter, en forme une armée, pille les Gaules & l'Espagne,

FAITS MEMORABLES DU REGNE DE COMMODE.

vient à Rome à deffein de tuer l'Empereur par rufe : mais ayant été livré par quelques-uns des fiens, il eut la tête tranchée.

La pefte fait périr beaucoup de monde à Rome & dans toute l'Italie. On vit mourir à Rome jufqu'à deux mille perfonnes dans un jour.

Commode, pour éviter la pefte, fe retire à Laurente, ville du Latium. Elle tiroit fon nom de la grande quantité de lauriers qui y étoient alors.

Plufieurs Sénateurs souffrent le martyre à Rome.

De J. C. 188. De Rome 941.

Le tonnere caufe un grand incendie à Rome. Le Capitole fut brûlé, avec une fameufe Bibliotheque remplie de livres fort curieux.

De J. C. 189. De Rome 942.

Grande famine à Rome caufée par Cléandre favori de Commode. Il avoit deffein de s'élever à l'Empire : pour y parvenir il achetoit fecretement tout le blé qui paroiffoit dans les marchers, pour le faire encherir, & en faire des libéralités aux foldats & au peuple, lorfque le tems de faire éclater fon deffein feroit arrivé.

Le peuple ne pouvant plus fupporter les cruautés de Cléandre, fe souleve, & court en foule au Palais de Quintile, où Commode étoit alors, & demande à grands cris la tête de ce cruel Miniftre. On donne ordre aux Prétoriens de fondre fur le peuple dont ils font

Faits memorables du regne de Commode.

un horrible maffacre : mais le peuple fe ranime & fait fuir les Prétoriens. Commode, à la follicitation de fa fœur Fadilla, fait trancher la tête à Cléandre, & l'envoye au peuple, qui fait toutes fortes d'indignités à cette tête. On tua fa femme & fes enfans, & on jetta leurs corps dans des cloaques.

De J. C. 190.   De Rome 943.

Grandes cruautés commifes dans tout l'Empire. On vit plufieurs particuliers tuer un grand nombre de perfonnes avec des aiguilles empoifonnées, pour quelqu'argent qu'on leur donnoit après ces meurtres.

Commode fait tuer plufieurs perfonnes illuftres, même de fes proches parens.

De J. C. 191.   De Rome 944.

Grand incendie à Rome. Plufieurs beaux bâtimens furent réduits en cendres, entr'autres le Temple de la Paix que Vefpafien avoit fait bâtir après la ruine de Jerufalem. Les plus riches dépouilles du Temple des Juifs, qu'on y avoit portées, furent brûlées, avec plufieurs ouvrages des Savans, qu'on y avoit dépofés comme dans un endroit fûr.

Les Romains font défaits par les Sarrafins.

De J. C. 192.   De Rome 945.

Commode fait repréfenter des Jeux au mois de Décembre. Il paroît fur le Theatre, & fe donne en fpectacle au Public.

Faits memorables du regne de Commode.

Commode veut paroître tout nud en public, comme un Gladiateur. Martia, sa concubine, Lætus, Préfet du Pretoire, & Electe, son Chambellan, tâchent de le détourner d'un dessein si extravagant. Commode étoit incapable de discernement; il ne sentit pas l'obligation qu'il leur avoit, & au lieu de les récompenser, il forma le dessein de les faire périr, & alla dans sa chambre écrire leur arrêt de mort. Il sortit aussi-tôt après, & laissa dans sa chambre un enfant, qui prit le papier, & badina assez longtems avec. Martia le rencontra par hasard, lui ôta ce papier, le lut, & voyant que Commode vouloit la faire périr, elle fut avertir sur le champ ceux dont les noms étoient écrits sur le papier, leur conseilla de faire périr Commode, & leur en proposa les moyens. Ils eurent recours au poison. Ce fut Martia elle-même, qui le lui présenta dans un breuvage qu'il prenoit toûjours lorsqu'il revenoit de quelque exercice. Commode s'assoupit, se réveilla & vomit beaucoup. Les conjurés craignant qu'en vomissant il ne jettât le poison, firent entrer un Athlete, nommé Narcisse, qui l'étrangla.

Les crimes que cet Empereur a commis ont rendu sa mémoire aussi odieuse que celle des Tiberes, des Nerons & des Domitiens. Comme eux, il a fait périr les plus illustres personnages de Rome. Ses parens même n'ont pas été à l'abri de ses cruautés, & sa femme a subi le même sort que celle de Tibere. Il avoit cette timidité ordinaire à tous les tyrans. On assure qu'il brûloit sa barbe comme Denys Roi de Syracuse, n'osant se fier à un barbier pour la faire.

Naissance et origine d'Helvius Pertinax.

Il naquit le premier Août 126 dans un lieu appellé *Villa-Martia*, la ville de Mars, située proche la ville d'Albe. Son pere, nommé Helvius Successus, étoit originaire d'Albe, où il étoit Marchand de Bois, dont il faisoit un très-grand débit, parce qu'il avoit trouvé le secret de le sécher de façon qu'il ne faisoit aucune fumée en brûlant. On croit même qu'il avoit été esclave. Il fit apprendre à calculer à son fils, dans l'intention de lui faire continuer son commerce : mais Pertinax qui avoit fait ses études de très-bonne heure, se mit à enseigner la Grammaire à Rome. Voyant qu'il n'y faisoit pas grand profit, il suivit L. Verus en Orient, & donna plusieurs marques de valeur contre les Parthes, ce qui fut cause qu'on l'envoya commander les troupes de la Bretagne. M. Aurele, sur de faux rapports, lui ôta ses emplois : mais lorsqu'il eut reconnu son innocence, il le mit au nombre des Sénateurs, & l'envoya contre quelques peuples révoltés. Commode l'exila à la sollicitation de Perennis, après la mort duquel il fut rappellé & envoyé contre les Bretons. Il étoit Prefet de Rome lorsqu'il fut élevé à l'Empire.

Faits memorables du regne de Pertinax.

De J. C. 193.   De Rome 946.

Lætus & Electe, chefs de la conspiration formée contre Commode, entrent dans la chambre de Pertinax au milieu de la nuit : il s'imagine qu'ils viennent le tuer par ordre de Commode, & leur dit : « Il y a

de l'Histoire des Empereurs.   225

FEMMES.

TITIANA (FLAVIA) fille d'un certain Flavius Titianus que Pertinax éleva à la dignité de Préfet de Rome. On ne sait rien de sa figure : mais on sait ses déreglemens. Elle fut instruite des infidélités de son mari, & ne lui en fit pas de reproches : mais elle encherit sur ses excès. Elle ne s'en tint pas même à la simple infidélité ; elle perdit toute retenue, & s'abandonna à un Jouëur de harpe. Le Public ne l'ignora pas, ni son mari non plus : mais celui-ci uniquement occupé de ses plaisirs, fut insensible aux débauches de sa femme. Elle vit avec joie son mari monter au throne. L'idée d'être supérieure à toutes les femmes, de les voir toutes lui rendre hommage, & de recevoir les honneurs dûs à la premiere femme du monde, flattoit son ame ambitieuse : mais Pertinax, qui n'avoit sû arrêter ses débauches, sut mortifier son ambition, & ne lui permit pas d'accepter tous les honneurs qu'on vouloit lui décerner. Pertinax regna peu ; par sa mort, Titiana rentra dans son premier état & fut réduite à passer le reste de ses jours dans l'obscurité d'une vie privée.

MORT.

Il fut tué par les soldats le 28 Mars 193 âgé de 67 ans, après avoir régné 2 mois 25 jours. Les

ENFANS.

HELVIUS PERTINAX, étoit fort jeune lorsque son pere fut tué. Il étoit d'une humeur fort douce, & le peuple conserva toujours beaucoup d'estime & de respect pour lui. Quoiqu'il ne fût que simple particulier, Caracalla en fut jaloux, & le fit tuer l'an 215, parce qu'il dit, après la guerre que Caracalla fit contre les Getes, qu'il falloit lui donner le nom de Getique, ce qui faisoit allusion au meurtre qu'il avoit fait de son frere Gete.

Pertinax eut une fille dont on ne trouve point le nom. Elle mourut longtems après son pere.

PRINCES CONTEMPORAINS.

Papes.

S. VICTOR, 201.

Des Parthes.

VOLOGESE III. 216.

P

Faits mémorables du règne de Pertinax.

» longtems que je me suis préparé à la mort, tous les
» jours je l'attends : frappez & exécutez l'ordre que
» vous avez reçû ». Ils lui répondent que Commode est mort, & qu'ils viennent lui offrir l'Empire. Il va au camp des Prétoriens, leur dit que Commode est mort d'apoplexie, & qu'on l'a choisi pour son successeur à l'Empire.

Les Prétoriens le proclament, & lui prêtent serment de fidélité.

Le 2 Janvier on renverse les statues de Commode. Pertinax les fait fondre, & vend tous les meubles qu'il trouve chez Commode pour payer la somme qu'il a promise aux Prétoriens.

Il rappelle tous ceux que Commode a exilés pour crime de lese-Majesté.

Tous les peuples de l'Empire marquent, par de grandes réjouissances, la joie qu'ils ressentent de voir Pertinax Empereur.

Les Prétoriens, mécontens de voir que Pertinax veut leur faire observer exactement la discipline militaire, proposent l'Empire à Triarius Maternus Lascivius, Sénateur, d'une illustre naissance : mais il refuse, avertit Pertinax & sort de Rome. Ils s'appaisent, voyant que Pertinax leur confirme tout ce que Commode leur a accordé.

Sosius Flacco est conduit dans le camp des Prétoriens, qui veulent le proclamer. Le Senat en est instruit, & condamne Flacco : mais Pertinax lui donne sa grace.

Mort de Pertinax le 28 Mars.

Il eut fait oublier les cruautés de Commode, & ramené le siecle heureux de Marc-Aurele, s'il eût

Mort. Mort.

Prétoriens, irrités de ce qu'on avoit supplicié quelques-uns de ceux qui étoient coupables de la conjuration de Sosius Flacco, furent attaquer Pertinax dans son Palais, & le massacrent lorsqu'il leur parloit pour les appaiser. Son corps fut mis dans le tombeau de la famille de sa femme.

Faits mémorables du regne de Pertinax.

regné plus longtems. Il chercha toutes sortes de moyens pour éviter de fouler son peuple, rassûra tous ceux dont Commode avoit médité la mort, & fit même grace à ceux qui l'avoient méritée, usa de douceur envers tout le monde, & ne montra de sévérité qu'aux soldats. On l'accuse de n'avoir pas été fort chaste, & d'avoir trop aimé l'argent.

Naissance et origine de M. Didius Severus Julianus.

Il naquit à Milan le 29 Janvier 133. Sa famille étoit originaire de cette Ville où elle avoit toûjours tenu un rang assez distingué. Son pere s'appelloit Petronius Didius Severus, & sa mere Amilia Clara; elle étoit petite fille de Salvius Julianus, fameux Jurisconsulte sous Adrien. Domitia Lucilla, mere de M. Aurele eut soin de l'éducation de Didius Julianus; elle engagea son fils à l'élever au Consulat, & à lui donner plusieurs Gouvernemens. Commode l'exila à Milan, parce qu'il fut accusé d'avoir trempé dans la conjuration de Salvius Julianus, frere de sa mere: mais Lætus, Prefet du Pretoire, le fit rappeller, & obtint pour lui des emplois.

Faits memorables du regne de M. Didius Julianus.

De J. C. 193.   De Rome 946.

Sulpicien, beau-pere de Pertinax, & Julien, vont au camp des Prétoriens, & mettent l'Empire à prix.

FEMMES.	ENFANS.

MANILIE SCANTILLE. On ne sait quelle étoit sa famille. Lorsque son mari fut proclamé Empereur elle fut saisie d'effroi, comme si elle eût prévu le malheur qui devoit lui arriver. Elle a survecu à son mari; puisque selon Spartien, Severe lui permit d'ensevelir le corps de Didius Julien.

MORT.

Il fut tué dans son Palais Imperial le 2 Juin 193 âgé de 60 ans, 4 mois & 4 jours, après avoir regné 66 jours. Le Senat, pour faire sa cour à Septime Severe qui avoit toutes les troupes dans son parti, donna ordre de tuer Didius Julien. On assûre qu'un simple soldat le mena dans un lieu secret des bains du Palais, où il lui fit tendre la tête qu'il lui coupa, & qu'on exposa en public. Severe permit à la femme & à la fille de cet infortuné Empereur d'enterrer son corps dans le tombeau de ses ancêtres, qui étoit à deux lieues de Rome.

DIDIA CLARA, fut mariée à Cornelius Repentinus, avant que Didius Julien fût Empereur. On ignore le reste de sa vie.

PRINCES CONTEMPORAINS.

Papes.

S. VICTOR I. 201.

Des Parthes.

VOLOGESE III. 216.

Faits mémorables du règne de M. Didius Iulianus.

Julien offre une somme plus considérable à chaque soldat ; il est proclamé.

Le 29 Mars le Peuple jette des pierres à Julien, le traite de parricide. Il ordonne aux soldats de faire main basse sur les rebelles ; plusieurs particuliers sont tués.

On remarqua ce même jour trois astres autour du soleil, ce qui fut regardé comme un mauvais présage pour Julien.

Niger, Gouverneur de Syrie, se fait proclamer Empereur à Antioche : tous les peuples le reconnoissent avec joie. Tous les Rois d'au-delà de l'Euphrate & du Tigre lui envoyerent proposer des secours : mais il les remercia, croyant que tout l'Empire se soûmettroit à lui.

Septime Severe, Gouverneur de l'Illyrie, propose à ses troupes d'aller contre Julien, & de venger la mort de Pertinax : elles acceptent sa proposition avec joie, & le proclament Empereur à Sabaria en Pannonie au mois d'Avril. Toutes les Provinces de l'Europe se soûmettent à lui. Il écrit à Albin, qui commandoit une armée considérable dans la Bretagne, l'instruit de son dessein, & pour l'empêcher de se faire un parti, il l'adopte, & lui donne le titre de Cesar. Albin se contente de cet honneur, & reste tranquille.

Severe va droit à Rome. Julien engage le Senat à déclarer Severe ennemi public, & à envoyer des députés aux soldats qui suivoient Severe, pour les engager à abandonner son parti : mais ces députés parlent aux soldats en faveur de Severe & demeurent avec lui.

Julien fait prendre les armes aux Pretoriens & aux

FAITS MEMORABLES DU REGNE DE M. DIDIUS JULIANUS.

soldats de la marine qu'il avoit fait venir de Misene, fortifie le palais Imperial, environne Rome de retranchemens, fait faire un fossé autour, & fait tuer tous ceux qu'il crut vouloir favoriser le parti de Severe. Les Pretoriens abandonnent Julien, le Senat le dépouille de l'Empire par un Senatus-Consulte, qu'il envoye à Severe, & le prie de venir promptement à Rome.

Julien, accablé sous le poids de son infortune, se retire dans son palais ; il cherche des amis ; il demande des conseils : mais abandonné de tout le monde, il reste seul en proie à la crainte & aux remords. Tout l'afflige, tout le désespere, & sa robe impériale semble le menacer à chaque instant de la mort. Voilà l'état dans lequel étoit ce malheureux Prince, lorsqu'un soldat vint lui trancher la tête.

Le moyen dont il se servit pour s'élever à l'Empire l'a rendu si odieux que pas un Auteur n'a voulu dire du bien de lui. Les uns l'accusent d'une gourmandise & d'une avarice insatiables, les autres d'une épargne si sordide, qu'il ne se nourrissoit que d'herbes & de légumes. Tous conviennent qu'il étoit le plus imprudent des hommes : mais aucun ne l'accuse de cruauté.

NAISSANCE ET ORIGINE DE L. SEPTIMUS SEVERUS dit SEPTIME SÉVÈRE.

Il naquit en Afrique le 11 Avril 145. Dion prétend que ses ancêtres étoient originaires des Gaules. Lorsqu'ils vinrent s'établir à Rome, on leur donna la qualité de Chevaliers Romains. Ils furent ensuite admis au nombre des Senateurs, & parvinrent aux premieres dignités. Son pere s'appelloit M. Septimius Geta, & sa mere Fulvia Pia.

FAITS MEMORABLES DU REGNE DE SEPTIME SÉVÈRE.

De J. C. 193.   De Rome 946.

Le 2. Juin le Senat voyant que Severe ne mettoit pas les armes bas, quoiqu'on l'eût informé de la mort de Julien, lui envoye des députés, pour lui demander la paix. Il les reçoit à Terni dans l'Ombrie, & les fait fouiller, craignant qu'ils n'aient caché des armes, pour le tuer; voyant qu'ils n'en ont point, il les traite avec politesse, & leur fait de magnifiques présens. Il envoie ordre d'exécuter les deux cents soldats coupables de la mort de Pertinax, mande les Pretoriens, les fait environner par les troupes qu'il a amenées de l'Illyrie, leur reproche leur crime d'avoir laissé tuer Pertinax, leur bassesse d'avoir vendu l'Empire, & leur lâcheté d'avoir abandonné Julien : après quoi il les casse, leur ordonne de mettre bas les armes, & leur défend d'approcher de Rome plus près de cents mille pas, sur peine d'être punis du dernier supplice.

FEMMES.

MARTIA. Tout ce qu'on en sait, c'est qu'elle mourut long-tems avant que Septime Severe fût Empereur.

JULIE, *Julia Domna*, étoit native d'Emese en Phenicie, fille de Julius Bassienus, Prêtre du Soleil & de Julia Soemias. Sa naissance n'avoit rien d'illustre: mais sa beauté l'élevoit au-dessus de toutes les autres femmes, & l'étendue de son genie l'égaloit aux plus grands hommes. La nature enfin sembloit s'être occupée toute entiere à la perfectionner. Elle alla à Rome, s'y fit admirer, devint l'épouse d'un grand Capitaine, le vit monter au throne, y monta avec lui, &, par ses conseils, lui fit connoître & prevenir tous les dangers qui le menaçoient. Mais sûre du cœur de Septime Severe, elle osa tout, se livra à toutes ses passions, poussa l'impudicité jusqu'au dernier excès, & fit connoître ses prostitutions dans tout l'Empire. Plautien, favori de Septime Severe, sentit ce qu'il avoit à craindre, & pour la perdre fit connoître ses débauches: mais il périt lui-même. Julie reprit son crédit, & recommença ses prostitutions. Après la mort de Severe elle vit fuir les plaisirs d'auprès d'elle, & apprit par expérience ce que c'étoit qu'infortune & douleur. Ses deux fils alterés du sang l'un de l'autre, se déchiroient sans cesse. Caracalla enfin massacra

ENFANS.

BASSIEN, connu sous le nom de Caracalla, *voyez son article*.

GETE, eût l'humeur féroce dans son enfance: mais lorsque l'âge eut développé son caractere, il parut tout different de ce qu'il avoit été. Un jour que Severe vouloit faire périr tous les partisans de Niger & d'Albin, & que Caracalla lui conseilloit de faire périr leurs enfans avec eux, Gete dit : ,, Il y aura donc bien ,, des personnes qui seront fâ- ,, chées que nous ayons vaincu ,, nos ennemis ,,. Caracalla ne pouvoit le souffrir. En vain Septime Severe tâcha de les unir. Après sa mort ils firent éclater leur haine, & Caracalla poignarda Gete entre les bras même de Julie leur mere, qui voulant parer les coups, fut blessée à une main. Gete mourut le 27 Fevrier 212 âgé de 22 ans. Caracalla lui fit faire des funérailles solemnelles, & fit mettre son corps dans le tombeau des Septimes. Septime Severe eut encore deux filles de Julie. Il en maria une à Probe, & l'autre à Aece, qu'il fit Consuls. Il voulut donner la place de Prefet du Pretoire, qui étoit la premiere dignité de l'Empire, à Probe: mais il la refusa.

PRINCES CONTEMPORAINS.

Papes.

S VICTOR I. 201.
S. ZEPHIRIN étoit natif de

Faits memorables du regne de Septime Severe.

Le même jour Septime Severe fait son entrée dans Rome. Il quitte ses habits de guerre à la porte de la ville, se fait accompagner de toutes ses troupes armées, & fait porter les drapeaux des Pretoriens renversés. Il rétablit un nouveau corps de Pretoriens qu'il prend dans l'élite de ses troupes.

Il part au mois de Juillet pour aller combattre Niger, qui s'est fait proclamer Empereur en Orient.

Bataille de Perinthe : les Lieutenans de Niger y remportent quelqu'avantage sur ceux de Severe.

Les hérésies des Theodotiens, qui ont pour chef un nommé Theodote, Coroyeur de Bysance, commencent à se répandre. Ils soutenoient que Jesus-Christ étoit un homme comme un autre.

De J. C. 194.   De Rome 947.

Severe assiege Bysance : mais voyant qu'elle résiste trop longtems, il laisse quelques troupes pour continuer le siége, & conduit le reste de son armée vers Cysie, ville de l'Hellespont.

Bataille de Cysie : Septime Severe défait Emilien, General de Niger. Bataille de Nicée : Candide, Lieutenant de Severe, y défait entierement Niger qui est contraint de prendre la fuite.

Les villes de Laodicée & de Tyr sont brûlées par les Maures, auxquels Niger a donné ordre de les punir de s'être rangées du parti de Severe.

Un torrent, causé par une prodigieuse quantité de pluie & de neige, tombée pendant la nuit, renverse les fortifications que Niger a fait faire pour garder les

FEMMES.   PRINCES CONTEMPORAINS.

Gete entre ses bras. Ses malheurs cependant ne purent la rendre chaste, Spartian dit même qu'elle s'abandonna à Caracalla, qui étant entré dans sa chambre lorsqu'elle s'habilloit, lui dit : ,, Si ,, vous n'étiez pas ma mere je ,, vous demanderois vos fa- ,, veurs ''. Elle lui répondit : ,, Il ne tient qu'à vous de les ,, prendre, car étant Empereur ,, vous êtes au-dessus des loix ,,. Après la mort de Caracalla, voyant qu'elle n'avoit plus aucun crédit à la Cour, que Macrin la traitoit avec dureté, & qu'elle alloit devenir personne privée, elle se laissa mourir de faim à Antioche, son corps fut porté à Rome. On le mit dans le tombeau de Caïus Cesar, & Lucius Cesar, petits-fils d'Auguste, d'où sa sœur Mesa le fit porter dans le mausolée d'Adrien.

MORT.

Il mourut à York dans la Bretagne, le 4 Fevrier 211 âgé de 65 ans, 9 mois 25 jours, après avoir regné 17 ans 8 mois & trois jours. Son corps fut brûlé à York & ses cendres furent mises dans une urne d'or, que ses deux fils & sa femme porterent à Rome, où on la mit dans le fameux mausolée d'Adrien.

SAVANS ET ILLUSTRES.

ALBIN, *Decimus Clodius*, na-

Rome, il excommunia les Montanistes du nombre desquels étoit le grand Tertullien : mais il ordonna de recevoir à la communion ceux qui feroient pénitence. Il fut martyrisé le 20 Décembre 218.

Des Parthes.

VOLOGESE III. 216.

Faits memorables du regne de Septime Severe.

détroits du mont Taurus, & en ouvre les passages à Severe, qui entre dans la Cilicie.

Bataille d'Issus donnée au lieu qu'on appelle les portes de la Cilicie, où Darius avoit autrefois été défait par Alexandre le Grand. Le combat fut fort opiniâtre de part & d'autre : mais les troupes de Severe commençoient à plier lorsqu'il survint un orage dont les éclairs donnoient dans les yeux des soldats de Niger, ce qui leur fit perdre courage, & ranima ceux de Severe au point qu'ils les taillerent tous en pieces.

Niger est tué en fuyant.

Sa tête fut portée à Severe qui l'envoya montrer à ceux de Bysance, qu'on ne put cependant engager à se rendre ; de-là il l'envoya à Rome.

Severe punit tous ceux qui avoient pris le parti de Niger, fait mourir les uns, exile les autres, & confisque leurs biens. Beaucoup s'enfuirent chez les Parthes pour éviter sa fureur.

De J. C. 195.   De Rome 948.

Il soûmet les peuples de l'Adiabene, & les Arabes qui s'étoient révoltés pendant les guerres civiles.

De J. C. 196.   De Rome 949.

Bysance est prise après un siége de trois ans. Les habitans de cette ville avoient résisté avec une opiniâtreté incroyable : on assûre même que la faim les avoit tourmentés au point de se manger les uns les autres.

tif d'Adrumete en Afrique, descendoit des Postumes & des Cesones, familles Romaines fort illustres. Cesonius Postumus, son pere, lui donna le surnom d'Albin, parce que lorsqu'il vint au monde il étoit plus blanc que ne sont ordinairement les enfans. Son mérite l'éleva aux premieres dignités. Il retint les troupes de Bithynie dans le devoir lorsque Cassius se révolta contre M. Aurele, qui, pour récompense, lui donna le Consulat. Commode lui donna le Gouvernement des Gaules; où il défit les Prisons & plusieurs autres peuples; de-là il l'envoya en qualité de Gouverneur dans la Bretagne, où il étoit encore lorsque Pertinax fut tué. Severe lui donna la qualité de Cesar pour l'engager à demeurer tranquille pendant qu'il combattroit Niger, qui s'étoit fait proclamer Empereur dans l'Orient : mais lorsque Niger eut été vaincu & tué, Severe vint attaquer Albin, le défit proche Lyon, où Albin se tua lui-même après sa défaite. Il aimoit les femmes, le vin, la bonne chere, & malgré cela étoit grand guerrier, ce qui l'a fait appeller le Catilina de son siécle.

ANTIPATER, Sophiste, natif d'Hieraple en Asie, fut fort estimé de Severe, qui le chargea du soin d'écrire ses Lettres Greques. Il lui confia l'éducation de ses deux fils Caracalla & Gete. Il fut élevé au Consulat & envoyé gouverner la Bythynie, d'où il fut bientôt rappellé à cause des cruautés qu'il y exerçoit. Il menoit une vie très austere. Lorsqu'il sut que Caracalla avoit tué son frere Gete, il lui écrivit une Lettre très-touchante, où il lui représenta la grandeur de son crime. On ignore le tems de sa mort : mais on croit qu'il a survecu Caracalla.

ARIA Dame Romaine, célebre par son esprit, & sa science. Elle s'étoit appliquée à la philosophie de Platon. Septime Severe eut toujours beaucoup d'estime pour elle. On croit que c'est à elle que Diogene Laerce à adressé son traité de la vie des Philosophes.

BULLA FELIX, Italien d'origine, étoit un fameux voleur. Il avoit amassé une troupe de six cens brigands, qui, pour la plûpart étoient esclaves de Severe & quelques particuliers de chez qui ils s'étoient échappés, parce qu'on ne les nourrissoit pas bien. Bulla, leur chef, étoit informé de tout ce qui sortoit de Rome, & de tout ce qui abordoit à Brinde. Il prenoit toûjours la moitié de ce qu'il trouvoit aux passans, & les laissoit aller. Il pilla l'Italie pendant deux ans, & par son adresse échappoit toujours à ceux qui le poursuivoient. Il fut lui-même au-devant d'un Centenier envoyé à sa poursuite, lui promit de lui livrer Bulla Fe-

Faits memorables du regne de Septime Severe.

Severe en apprit la prise dans la Mésopotamie où il étoit resté depuis qu'il avoit soûmis l'Arabie & l'Adiabene, & fit connoître la joie que lui causa cette nouvelle, en disant à ses soldats : » Nous avons » pris Bysance même. » Il ordonna de faire mourir tous les Magistrats de cette ville, & tous les soldats qui l'avoient défendue, fit vendre tous les biens des habitans, lui ôta le titre de ville, abattit tous les édifices publics, & démolit toutes les murailles. On croit qu'il la fit retablir quelque tems après à la priere de son fils Caracalla.

Albin, qui étoit toujours resté tranquille depuis qu'il avoit été fait Cesar, est instruit que Severe cherche à le perdre. Il rassemble des troupes, passe dans les Gaules où plusieurs Gouverneurs se rangent de son parti. Caracalla est fait Cesar.

Severe apprend la révolte d'Albin, & le fait déclarer ennemi de la patrie par le Sénat.

Grand trouble dans l'Eglise au sujet de la Pâque. Le Pape Victor fait assembler des Conciles par toute la terre, pour décider si on célébreroit la Pâque le quatorze de la lune de Mars, où le Dimanche suivant. Il s'en tint un à Rome où il présida lui-même, un à Lyon où S. Irenée, Evêque de cette ville, présida ; un dans le Pont où Palmes, Evêque d'Amastride, présida ; un dans l'Osroëne, on ne sait qui y présida ; un à Corinthe, où Bacquyle, Evêque de cette ville, présida ; un à Jérusalem où Saint Narcisse, qui en étoit Evêque, présida ; un à Cesarée, où Theophite, qui en étoit Evêque, présida. Il fut décidé à tous ces Conciles qu'il falloit différer la célébration

lix. Sur cette promesse il le mena dans un vallon très-couvert, où il avoit fait cacher plusieurs de ses compagnons auxquels il ordonna de raser les cheveux à ce Centenier, après-quoi il le renvoya en lui disant d'avertir les maîtres de mieux nourir leurs esclaves, & de ne pas les réduire à voler. Deux de ses compagnons ayant été pris, il s'en alla à la prison où ils étoient, & les en tira, faisant semblant d'être le Gouverneur de la Province. Un Tribun des Prétoriens envoyé par Severe, avec beaucoup de Cavalerie à la poursuite de ce voleur, le surprit dans une caverne lorsqu'il dormoit. Il fut vendu par sa concubine qui avertit le Tribun qu'il avoit coutume d'aller reposer dans cette caverne. On l'amena à Rome devant Severe, qui voulut le voir. Le fameux Jurisconsulte Papinien lui demanda pourquoi il s'étoit fait voleur. Bulla lui répondit : *Pourquoi vous êtes vous fait Prefet du Pretoire?* On l'exposa aux bêtes en 207. Après sa mort les six cents hommes qui voloient sous lui se dissiperent.

CLAUDE, fameux voleur pilloit la Judée & la Syrie vers l'an 195. lorsque Severe faisoit la guerre à Niger. Ce voleur apprit que Severe le faisoit chercher avec beaucoup de soin : il vint lui-même à la tête de quelques Cavaliers se présenter à Severe comme s'il avoit été Tribun, le salua & l'embrassa sans être reconnu. Depuis ce tems il se cacha si bien qu'on ne put l'attraper.

DIOGENE de Laerce, petite ville de Cilicie, étoit un philosophe Epicurien. Il a composé en grec la vie des Philosophes, divisée en dix livres. Cet ouvrage est parvenu jusqu'à nous. Quoiqu'on y trouve beaucoup de défauts, il est cependant précieux aux savans, parce que c'est le seul qui nous donne connoissance de la vie des Philosophes ; il avoit composé d'autres ouvrages qui ne sont pas parvenus jusqu'à nous. On ignore le tems auquel il est mort.

GALIEN (*Claudius Galenus*,) étoit un Medecin fort célèbre. Il étoit fils d'un certain Nicon fort bon Mathématicien. Galien alla à Rome en 162 à l'âge de 33 ans, y passa près de quatre ans. Lorsque la grande peste commença en Orient, il s'en retourna dans son pays où il resta jusqu'à ce que M. Aurele l'obligea de le revenir trouver. Il le dispensa de le suivre dans la guerre d'Allemagne : mais il l'obligea d'aller à Rome attendre qu'il fût de retour. On croit qu'il y passa le reste de sa vie, & qu'il vécut près de 70 ans. Nous avons de Galien un grand nombre d'ouvrages sur la Medecine, sur la Rhétorique & la Phi-

Faits memorables du regne de Septime Severe.

de la Pâque au Dimanche d'après le quatorze de la lune de Mars : mais Polycrate, Evêque d'Ephese, homme fort savant & d'une piété reconnue, résista à cette decision dans un Concile qu'il tint à Ephese, où lui & les autres Evêques qui y assisterent, résolurent de ne point changer leur usage, de célébrer la Pâque le jour même auquel arrivoit le quatorze de la lune de Mars. Saint Victor les excommunia tous : mais Saint Irenée Evêque de Lyon, lui fit faire attention qu'il agissoit avec trop de sévérité. On croit même qu'il l'engagea à lever l'excommunication. Cet usage au sujet de la célébration de la Pâque, demeura en Asie jusqu'au Concile de Nicée en 325.

De J. C. 197.   De Rome 950.

Bataille de Lyon, donnée le 19 Février dans la plaine qui est entre le Rhône & la Saône. Le combat fut fort opiniâtre de part & d'autre, parce que les deux armées étoient composées de soldats braves & accoûtumés au combat. L'aile gauche d'Albin fut entierement défaite : mais son aile droite enfonça ceux qui lui faisoient face. Severe même, venu à leurs secours avec les Prétoriens, fut mis en déroute : mais pour faire reprendre courage aux siens il se jetta au milieu des ennemis l'épée à la main. Ses troupes donnerent alors avec tant de feu, que les ennemis, ne pouvant soûtenir leurs efforts, lâcherent prise, & se sauverent à Lyon, où les vainqueurs arriverent aussi-tôt qu'eux, pillerent la ville, & la brûlerent.   losophie

losophie, dont on fait beaucoup de cas.

HERMOCRATE Sophiste, avoit de très-grandes dispositions pour l'éloquence. Septime Severe en faisoit beaucoup de cas & l'écoutoit avec plaisir ; il se plaignoit même qu'Hermocrate ne lui demandoit pas assez. Il le mena avec lui en Orient où il lui fit épouser la fille du Sophiste Antipater : mais il la répudia peu après. Il n'eut pas le tems de perfectionner ses talens, parce qu'il mourut à vingt-huit ans au plus tard.

NIGER, *C. Pecennius Niger Justus*, Chevalier Romain, n'avoit pas eu une bonne éducation, parce que ses parens n'étoient pas riches. M. Aurele, qui en faisoit beaucoup de cas, lui avoit donné le commandement de quelques troupes dans la guerre des Allemans, où il se signala en plusieurs occasions. Il fut élevé à la dignité de Consul à la recommendation des soldats qui l'aimoient beaucoup. Il donna souvent des avis sur le Gouvernement à M. Aurele & à Commode. Severe même suivoit quelques-uns des reglemens qu'il avoit faits sur le Gouvernement. L'Athlete Narcisse engagea l'Empereur Commode à lui donner le Gouvernement de la Syrie. Lorsque Pertinax fut tué, le peuple & les Soldats solliciterent Niger à accepter l'Empire. Il fit assembler un grand nombre de peuples & de soldats à Antioche, leur dit qu'il se croyoit obligé d'aller délivrer Rome de la tyrannie : aussi tôt on le proclama Empereur, & la cérémonie fut faite à Antioche même. Tout l'Orient le reconnut, & tous les Rois d'au delà de l'Euphrate, & du Tigre lui envoyerent proposer du secours. Il étoit simple & n'aimoit pas la flaterie. Un particulier lui ayant demandé à réciter un panégyrique qu'il avoit fait à sa loüange, il lui répondit: ,,Attendez que je sois mort ,, pour me loüer, car faire ,, l'éloge d'un Empereur vivant ,, ce n'est pas le louer parce ,, qu'il fait du bien : mais c'est ,, le flatter pour avoir récom- ,, pense. Pour moi je veux être ,, aimé pendant ma vie & loüé ,, après ma mort''. On assure cependant qu'il aimoit à entendre dire qu'il étoit un second Alexandre. Au lieu de travailler à gagner les autres provinces de l'Empire, il s'amusa à donner des festins & des spectacles à Antioche. Severe vint l'attaquer dans le tems qu'il se croyoit le plus en sûreté, le battit en plusieurs rencontres, & tailla enfin toute son armée en pieces dans une bataille donnée en un lieu appellé les Portes de la Cilicie. Après sa défaite il voulut se sauver chez les Parthes: mais il eut la tête tranchée par

Faits memorables du regne de Septime Severe.

Albin, se voyant sans ressource, se tue lui-même, dans une maison située sur le bord du Rhône, où il s'étoit sauvé après sa défaite. Severe vient voir son corps & le fait fouler aux piés par son cheval. Il ordonne qu'on le laisse devant la porte, jusqu'à ce qu'il soit corrompu, & que les chiens l'ayent déchiré par morceaux, & fait jetter ce qui en reste dans le Rhône. Il envoye sa tête à Rome, & piqué contre les Senateurs, qui, dans un Senatus-Consulte, avoient parlé d'Albin en bien, il leur écrit en ces termes : » Je vous envoye cette tête, pour vous faire » connoître que je suis en colere contre vous, & jus- » qu'où peut aller ma colere ». Peu après il fait mourir la femme & les enfans d'Albin, & fait jetter leurs cadavres dans le Tibre. Il lit les papiers d'Albin & fait périr tous ceux qui se trouvent avoir embrassé son parti. Les premieres personnes de Rome & quantité de Dames de distinction sont enveloppées dans ce massacre.

Severe fait son entrée à Rome. Il y eut de grandes réjoüissances : on vit même des femmes combattre comme des Gladiateurs : mais ces sortes de spectacles furent défendus par la suite.

Severe met Commode au rang des Dieux, fait exposer aux Lions l'Athlete Narcisse qui l'avoit étranglé, & se fait donner, par le Senat, le titre de fils de Marc-Aurele.

Il marche contre Vologese, Roi des Parthes, qui avoit prêté du secours à Niger contre lui, & qui, pendant la guerre contre Albin, s'étoit emparé de la Mesopotamie, à l'exception de Nisibe que Lætus étoit

quelques soldats, qui la porterent à Severe en 19..

NUMERIEN étoit d'une très-basse extraction. Il enseigna pendant quelque tems la Grammaire aux enfans, pour vivre. Lorsqu'Albin eut déclaré la guerre à Severe, ce Maître d'Ecole passa dans les Gaules, se dit Senateur, & feignit d'être envoyé par Severe pour lever des troupes. Il leva en effet un petit corps d'armée avec lequel il battit Albin dans quelques rencontres. Severe informé du service que Numerien venoit de lui rendre, lui écrivit comme à un Senateur, & lui donna ordre de lever une armée plus considérable, ce que Numerien fit, & remporta de grands avantages sur Albin. Il prit sur les ennemis une somme d'argent très-considérable qu'il envoya à Severe. Lorsqu'Albin eut été entierement défait, Numerien vint trouver Severe, lui dit ce qu'il étoit. Severe lui proposa de le faire Senateur, & de lui donner des biens pour soûtenir cet état: mais Numerien refusa, & se contenta d'une modique pension pour pouvoir passer le reste de sa vie à la campagne. On n'est pas sûr du tems auquel il mourut.

PAPINIEN. On le croit parent de Julie seconde femme de Septime Severe. La science qu'il avoit dans le Droit l'a rendu très-fameux dans l'Histoire. Severe conçut beaucoup d'estime pour lui, & le fit Prefet du Prétoire, dont le principal emploi étoit alors de juger les procès avec l'Empereur. On assûre que par ses conseils il adoucit beaucoup l'humeur féroce de cet Empereur, qui avoit tant de confiance en lui, qu'il ne jugeoit jamais rien sans son avis. Caracalla voulut forcer Papinien à lui faire un discours pour l'excuser devant le Senat d'avoir tué son frere Gete: mais Papinien lui dit qu'il étoit plus aisé de commettre un parricide que de l'excuser; d'ailleurs, que c'étoit en commettre un second que d'accuser un innocent après lui avoir ôté la vie. Cette réponse irrita Caracalla qui donna ordre aux soldats de le tuer. Ils l'enleverent, le porterent dans le Palais, où ils lui trancherent la tête d'un coup de hache l'an deux cents douze. Il n'avoit que 36 ans au plus. Tous les Jurisconsultes font un cas infini de Papinien. Valentinien III. ordonne, par une Loi du 7 Octobre 426, que quand les Juges se trouveront partagés sur quelque point de Droit, l'on suivra le sentiment qui sera appuyé par ce genie éminent. C'est le titre qu'il donne à Papinien. Cujas, dit, dans son Epître Dédicatoire du Code Theodosien, que c'est le plus habile Jurisconsulte qui ait jamais été & qui sera jamais. Zosime en avoit dit autant avant Cujas; ajoutant qu'il aimoit au-

Faits memorables du regne de Septime Severe.

allé promptement secourir après la bataille de Lyon. Les Parthes, instruits de l'arrivée de Septime Severe, abandonnent la Mesopotamie. Abgare, Roi de l'Osroêne, se met sous la protection de Severe, lui donne ses enfans en ôtage, & lui fait présent d'un grand nombre d'Archers.

Le peuple commence à persécuter les Chrétiens, quoique Severe n'eût donné aucun ordre pour cela : mais on s'y croyoit autorisé par la loi du Senat, qui défendoit toute Religion étrangere, & par l'ordre que Trajan avoit donné de punir tous les Chrétiens qui seroient cités en justice. Severe s'oppose à cette persécution.

De J. C. 198.   De Rome 951.

Grande dispute entre les Juifs & les Samaritains. Il y eut même une espece de guerre entre ces deux peuples. Severe les appaisa.

Vologese, Roi d'Arménie, apprend que Severe veut envahir ses Etats : il vient au-devant de lui avec une puissante armée, demande à avoir un entretien avec lui, où il lui représente qu'il n'a fourni aucun secours à Niger, lui donne des ôtages, & obtient la paix. Severe lui rendit même ce qu'on avoit conquis de l'Arménie sur ses prédécesseurs.

Severe marche contre les Parthes, prend Seleucie & Babylone, & va droit à Ctesiphon, qu'il prit vers la fin de l'Automne, après un siége très long & très-penible. Il livra cette ville au pillage, fit tuer tous les hommes qu'on y trouva, & emmena prisonniers les femmes & les enfans. Il se fit donner, pour cette victoire,

tant la justice qu'il la connoissoit.

PHILOSTRATE, *Flavius Philostrates*, étoit Athenien d'origine. Il composa en Grec la vie d'Apollonius de Tyane à la priere de l'Impératrice Julie, femme de Septime Severe qui avoit plusieurs Memoires concernans la vie de ce Magicien. Cet ouvrage plein de fables & de mensonges a été principalement composé sur les Mémoires de Damis, disciple & compagnon d'Apollonius, l'imposteur le plus insigne qui ait jamais été, au point qu'il se vante d'avoir vû sur le mont Caucase les chaînes qui avoient servi à y attacher Prométhée. Philostrate, avoit professé l'éloquence à Athenes; de-là il vint à Rome, & fut admis au nombre des gens de Lettres qui fréquentoient la Cour de Julie. Nous avons de lui outre la vie d'Apollonius de Tyane, un autre ouvrage intitulé les Tableaux ou Descriptions. Cet ouvrage est estimé & passe pour être bien écrit.

PLAUTIEN, *Fulvus Plautianus*, favori de l'Empereur Severe, étoit d'une naissance très basse. Il étoit natif d'Afrique & du même pays que Severe. Il gagna la confiance de cet Empereur au point qu'il ne se faisoit rien dans l'Empire qu'il n'y eût donné son consentement : enfin son crédit étoit si grand, qu'on eût cru que Plautien étoit Empereur, & Severe son Officier. Il fit périr plusieurs personnes pour s'emparer de leur bien, & devint si riche qu'on disoit qu'il l'étoit beaucoup plus que l'Empereur même. On lui érigea des statues dans Rome, & le Senat ordonna des prieres publiques pour sa conservation. Sa maison étoit mieux meublée que le Palais Impérial, & sa table mieux servie que celle de Severe. Il poussa l'insolence jusqu'à maltraiter l'Impératrice Julie. Il traita Caracalla, fils aîné de l'Empereur, avec dureté. Caracalla, qui, quoique son gendre, le haïssoit à cause de son insolence, chercha tous les moyens de le perdre, & dit à Severe que Plautien avoit résolu de le tuer, lui & toute la famille Impériale, pour monter sur le throne. Plautien en ayant été instruit, vint dans la chambre de Severe pour se justifier : mais Caracalla, voyant que Severe se laissoit fléchir, se jetta sur Plautien, lui arracha son épée, le fit tuer par ceux qui étoient présens, & fit jetter son corps dans la rue. Severe donna ordre de l'enterrer l'an deux cents quatre.

TITIEN (JULE) fort célèbre par ses écrits. On lui attribue un très-bel ouvrage sur la Géographie, une description des provinces de l'Empire, & des Lettres sous le titre de femmes illustres, où il avoit parfaitement imité le style de Ciceron. Il imi-

Faits memorables du regne de Septime Severe.

le nom de Parthique. On croit qu'il fit la paix avec les Parthes après la prise de Ctesiphon ; car on ne trouve pas qu'il ait été plus loin.

De J. C. 199.   De Rome 952.

Il assiége Atra, ville des Agareniens, dont le Roi avoit fourni du secours à Niger ; il perdit beaucoup de monde devant cette place sans pouvoir la prendre. Après avoir fait reposer ses troupes, & avoir fait provision de vivres, il retourna à la charge : mais il ne réussit pas mieux que la premiere fois, & l'abandonna entierement. Trajan avoit eu le même sort devant cette ville.

Il fait mourir Crispus, Tribun des Prétoriens, & Lætus le plus brave Officier de son armée : le premier parce qu'il disoit que Severe fatiguoit ses troupes pour satisfaire son ambition ; le second, parce qu'il étoit brave, & que les soldats avoient beaucoup de confiance en lui, ce qui causoit de la jalousie à Severe.

De J. C. 200.   De Rome 953.

Severe fait de nouvelles recherches des partisans de Niger en Orient.

Les Chrétiens commencent à être persécutés en Afrique par Vigellius Saturninus qui en étoit Proconsul. Ce fut vers ce tems que Tertullien composa cette célebre apologie des chrétiens que nous avons de lui, & le traité adressé aux Nations & aux Martyrs, pour les exhorter à souffrir patiemment. Il composa aussi le Scorpia-

SAVANS ET ILLUSTRES. SAVANS ET ILLUSTRES.

toit de même le style de tous les Auteurs, pourquoi on l'appelloit le singe de son tems.

TERTULLIEN, *Q. Septimius Florens Tertullianus*, naquit à Carthage vers l'an 160. Il étoit fils d'un Officier du Proconsul d'Afrique. Il fut élevé dans le paganisme, embrassa la Religion chrétienne, & parvint à la dignité de Prêtre. On ignore les circonstances de sa conversion, nous n'avons même aucune histoire de sa vie. Tout ce qu'on en sait, c'est qu'il fut pendant quelque tems un zelé défenseur de l'Eglise, qu'il confondit par des écrits admirables les hérétiques de son siecle, qu'il en ramena plusieurs à la foi, encouragea par ses exhortations les Chrétiens à souffrir le mattyre, pendant la persécution. Il eut le malheur de tomber dans les erreurs de Montan, & d'ajouter foi aux Prophéties de cet imposteur. Il devint alors aussi nuisible à l'Eglise qu'il lui avoit été utile, & les ouvrages qu'il composa contre les Catholiques causerent de grands troubles. Il mourut vers l'an 245, âgé de 85 ans. C'étoit un des plus savans hommes de son tems. Il savoit l'Ecriture sainte à fond, & avoit une grande connoissance de toutes les autres sciences. Nous avons de lui une infinité d'ouvrages qui font l'admiration des Savans. Les Saints Peres n'ont pu s'empêcher de loüer l'esprit qu'on trouve dans ceux qu'il composa après sa chûte. Son style est dur, mais il est vif & energique. Rufin, dit que c'est le plus illustre des Ecrivains. Son discours, dit il, soûtenu par une chaîne de raisons convainquantes arrache le consentement de ceux qu'il ne persuade pas. Ses paroles sont presqu'autant de sentences, & ses réponses presqu'autant de victoires.

Q iv

Faits memorables du regne de Septime Severe.

que contre les Gnoſtiques, & les Valentiniens, qui ſoûtenoient que Dieu n'exigeoit pas qu'on ſouffrît le martyre, qu'il ne vouloit pas qu'on ſe perdît, & que Jeſus-Chriſt avoit verſé ſon ſang pour exempter les Chrétiens de verſer le leur. Ce Traité eſt intitulé le Scorpiaque, parce qu'il y compare le venin des diſ-cours de ces hérétiques à celui du Scorpion.

De J. C. {201. 202.}   *De Rome* {954. 955.}

Severe paſſe dans l'Arabie & dans la Paleſtine, & pardonne à ce qui reſtoit des partiſans de Niger. Il défend, ſous des peines très-rigoureuſes, de faire aucun Juif ni Chrétien, ce qui fit augmenter la perſécution des Chrétiens. Il paſſe en Egypte, viſite le tombeau du Grand Pompée, accorde un Senat à ceux d'Alexandrie, viſite toute l'Egypte, ſe fait inſtruire de toutes les Religions de ce pays, fait ôter tous les Livres qui étoient dans les temples, & les fait mettre dans le tombeau du Grand Alexandre, qu'il fit fermer, pour que perſonne ne vît dans la ſuite, ni le corps de ce Heros, ni ce que contenoient ces Livres.

Il paroît une Comete à Rome vers la fin de cette année.

De J. C. 203.   *De Rome 956.*

Severe, après avoir entierement ſoûmis l'Orient, y établit des Loix & retourne à Rome.

Grandes réjoüiſſances à Rome cauſées par l'arrivée de Severe. Le Senat lui décerna le triomphe pour la

Faits memorables du regne de Septime Severe.

victoire des Parthes: mais il le refusa, parce qu'il étoit alors fort incommodé de la goute.

Il fait distribuer au peuple des sommes considérables, pour ses victoires & pour la solemnité de son regne, pour lequel il n'avoit pas encore donné aucune fête, quoique la dixieme année fût finie du premier Juin.

Abgare, Roi de l'Osroêne, vient à Rome avec une nombreuse suite. On croit que c'est à ce sujet que Tertullien a dit, qu'il avoit vû les perles rougir devant les Dames Romaines, parce que les Orientaux, chez qui elles étoient fort communes, n'en faisoient pas beaucoup de cas.

Caracalla épouse Fulvie Plautille, fille de Plautien.

Severe fait rétablir le fameux Pantheon qui tomboit en ruine.

Le mont Vesuve jette, vers ce tems-ci, beaucpup de feu, qui fut précedé d'un bruit si terrible qu'on l'entendit jusqu'à Capoue.

De J. C. 204.   *De Rome 957.*

Caracalla fait tuer Plautien dans la chambre même de son pere.

Severe fait représenter des Jeux Séculaires au mois de Juin. On ne les avoit pas représentés depuis 88. sous Domitien.

De J. C. 205.   *De Rome 958.*

Grande sterilité en Afrique. Beaucoup de Chrétiens y furent martyrisés cette année.

Faits memorables du regne de Septime Severe.

De J. C. 206.   De Rome 959.

On fait mourir plusieurs Senateurs sur le simple soupçon qu'ils aspiroient à l'Empire.

Les Chrétiens dans chaque Province donnent des sommes considérables aux Magistrats pour qu'ils les laissent tranquilles.

De J. C. 207.   De Rome 960.

Un fameux voleur nommé Bulla Felix, qui, à la tête de six cents autres voleurs, pilloit toute l'Italie depuis près de deux ans, sans qu'on pût l'attraper, est pris cette année & exposé aux bêtes.

Les Lieutenans de Severe remportent cette année quelques victoires dans la Bretagne dont les peuples s'étoient révoltés.

De J. C. 208.   De Rome 961.

Severe donne cette année la puissance du Tribunat à son fils Gete avec le titre d'Auguste.

Il part pour la Bretagne où tous les peuples avoient pris les armes. Il y mena sa femme & ses deux fils, pour leur apprendre à faire la guerre, craignant d'ailleurs qu'en son absence ils ne fissent éclater la haine qu'ils avoient l'un contre l'autre.

De J. C. 209.   De Rome 962.

Severe parcourt toute l'étendue de l'Ecosse, où il perdit près de cinquante mille hommes, parce que les

Faits memorables du regne de Septime Severe.

barbares lui tendent des embûches qu'il ne peut parer. Il les força cependant à lui demander la paix, qu'il ne leur accorda qu'à condition qu'ils lui cederoient une partie de leurs terres.

De J. C. 210. De Rome 963.

Il fait faire un mur en Ecosse pour séparer le pays conquis d'avec celui qui ne l'étoit pas. Il subsiste encore des vestiges de ce mur.

De J. C. 211. De Rome 964.

Severe tombe malade à la ville d'Yorck. On crut que cette maladie venoit du chagrin que lui avoit causé son fils Caracalla, qui étant à cheval derriere lui, avoit voulu le tuer d'un coup d'épée. Ceux qui les accompagnoient, voyant Caracalla lever le bras pour frapper Severe, pousserent un cri qui l'effraya & l'empêcha de porter le coup. Severe se retourna, vit l'épée nue entre les mains de Caracalla, & s'apperçut de son dessein : mais il ne dit rien, & finit ce qu'il avoit à faire. Lorsqu'il fut rentré à la maison où il logeoit, il fit venir Caracalla dans sa chambre & lui dit, en lui présentant une épée : » Si vous voulez » me tuer, exécutez votre dessein, à présent que vous » ne serez vû de personne.

Les barbares de la Bretagne se révoltent sur la nouvelle de la maladie de Severe.

Caracalla, voulant usurper l'Empire, fait soulever les troupes. Severe en est instruit, il se fait porter dans son Tribunal, ordonne qu'on fasse trancher la tête à

Faits memorables du regne de Septime Severe.

tous les Officiers complices de la sédition. Il délibere s'il ne fera point mourir Caracalla : mais la tendresse paternelle arrête sa colere. Il meurt à York le 4 Fevrier.

Septime Severe eut à la fois les plus grands vices & les plus grandes vertus. Il avoit l'esprit vif & pénétrant ; aimoit, cultivoit les vertus, & protégeoit les Sciences. Il étoit brave & savoit commander. Il punissoit séverement les crimes, pardonnoit rarement les fautes, & récompensoit toujours les belles actions. Jamais Prince ne fut plus généreux, jamais tyran ne fut plus cruel. Il ne pouvoit aimer ceux qu'il avoit haïs, & ne pouvoit hair ceux qu'il avoit aimés. Au reste, il fit plus de bien à l'Empire qu'il ne lui fit de mal. Il épouvanta tous les ennemis par ses grandes victoires, & les força à mettre les armes bas. Par sa sévérité il rétablit la discipline parmi les troupes, & réforma une infinité d'abus qui étoient dans l'Empire.

Il avoit composé lui-même l'histoire de sa vie : mais cet ouvrage n'est pas parvenu jusqu'à nous.

Naissance et origine de Bassianus *dit* Caracalla.

Il naquit à Lyon le 4 Avril 188. Il étoit fils de Septime Severe & de Julie. Quelques-uns prétendent qu'il n'étoit pas fils de Julie, mais de Martia, premiere femme de Severe. Je crois que le commerce incestueux qu'il eût avec Julie est la seule raison qui les engage à contredire les Anciens : mais il a commis tant de cri-

| FEMMES. | ENFANS. |

PLAUTILLE (FULVIE) fille de Plautien, favori de Severe. Dion dit que ce que Plautien donna à sa fille en mariage eût suffi pour marier cinquante Reines. Caracalla ne pouvoit la souffrir à cause de sa fierté & de l'insolence de son pere. On croit même qu'il ne lui toucha jamais. Si-tôt qu'il l'eut épousée il chercha les moyens de la perdre, elle & son pere. Lorsqu'il eut fait tuer Plautien, il engagea Severe à exiler Plautille; il voulut même la faire mourir: mais Severe n'y voulut jamais consentir. Lorsque Severe fut mort il la fit tuer l'an 211.

MORT.

Il fut tué le 8 Avril 217 lorsqu'il alloit d'Edesse à Carrhes visiter le temple de la Lune. Il étoit alors âgé de 29 ans & en avoit regné 6, 2 mois & 4 jours. Macrin, qui fut son successeur, fit brûler son corps, & en envoya les cendres à Julie, qui étoit restée à Antioche, de-là il les envoya à Rome, où elles furent mises dans le mausolée d'Adrien.

On ne trouve point qu'il en ait eû.

PRINCES CONTEMPORAINS.

Papes.

S. ZEPHIRIN, 218.

Des Parthes.

ARTABAN IV. dernier Roi des Parthes, eut beaucoup de guerres à soûtenir contre ses propres freres qui lui disputerent la couronne. Pendant ces guerres civiles chez les Parthes, Caracalla entra dans leur pays avec une puissante armée, & y fit de grands dégâts. Lorsqu'Artaban se fut accommodé avec ses freres, & qu'il fut paisible possesseur de la Couronne, il leva une puissante armée pour aller attaquer les Romains: mais Macrin qui avoit succedé à Caracalla, lui proposa des conditions de paix si avantageuses qu'il les accepta Un Perse se souleva contre Artaban IV. se fit un puissant parti, défit les Parthes dans une bataille où Artaban périt & rétablit l'Empire des Perses après avoir détruit celui des Parthes l'an 226.

Naissance et origine de Bassianus dit Caracalla.

mes, & Julie a été si débauchée, qu'on ne peut déguiser la vérité en leur faveur. Il s'appelloit Bassien: mais il prit le nom de Severe Antonin qu'il porta tout le reste de sa vie. Après sa mort on lui donna celui de Caracalla, parce qu'il apporta à Rome l'usage d'un long habit à la Gauloise. Tous les Historiens l'ont désigné sous ce nom.

Faits memorables du regne de Caracalla.

De J.C. 211.   De Rome 964.

Le 4 Fevrier, jour auquel Severe étoit mort, les soldats proclament Caracalla & Gete Empereurs, quoique Caracalla eût voulu les engager à force de présens & de promesses à le proclamer seul Empereur.

Caracalla marche contre les Caledoniens & les Meates, anciens peuples de l'Ecosse, qui avoient repris les armes depuis la maladie de Severe. Pour faire la paix, afin de retourner plus vîte à Rome, il leur ceda ce que Severe avoit conquis sur eux.

Les deux Empereurs, à la sollicitation de Julie leur mere, se donnent des marques extérieures d'amitié.

Caracalla casse plusieurs Officiers, parce qu'ils n'embrassoient pas son parti avec tout l'attachement qu'il auroit voulu. Il envoye tuer Plautille, sa femme, qui étoit exilée dans l'île de Lispare entre l'Italie & la Sicile.

Les deux Empereurs vont à Rome avec leur mere,

SAVANS ET ILLUSTRES. SAVANS ET ILLUSTRES.

S. Clement d'Alexandrie, ainsi appellé parce qu'il en étoit natif, & qu'il y tint l'Ecole Chrétienne. Il avoit été élevé dans le paganisme. On ne sait quand il embrassa la Religion Chrétienne. Il fut obligé de quitter sa Chaire pendant la persécution de Septime Severe. Voilà tout ce qu'on sait de sa vie. Nous avons de lui huit livres de Variétés ou Tapisseries ; ainsi intitulés parce qu'ils contiennent un mélange d'érudition sacrée & prophane ; on a encore de lui une exhortation aux Gentils, & le Pedagogue divisé en trois Livres. On remarque beaucoup d'érudition dans ses ouvrages : mais le style en est dur, même bas, & on n'y trouve ni ordre, ni arrangement.

Maurus (Ælius) affranchi du fameux Phlegon, qui l'étoit d'Adrien, avoit composé plusieurs ouvrages à l'imitation de son Maître : mais ils ne sont pas parvenus jusqu'à nous.

Appien, natif de la Ville de Nazarbe en Cilicie. Il suivit son pere dans l'île de Melita, aujourd'hui Malte, où Severe l'exila. Là il composa ses deux Poëmes en Grec, qu'il fût réciter à Severe, qui les trouva si beaux qu'il lui accorda la grace de son pere, & lui donna une piece d'or par chaque vers ; ce qui a fait appeller ses vers les vers dorés. Il se retira avec son pere dans sa patrie où il mourut à l'âge de 30 ans. Les deux Poëmes qu'il avoit composés pendant l'exil de son pere nous sont restés. L'un est sur la chasse & l'autre sur la pêche. Ces deux ouvrages sont divisés en dix Livres. On prétend qu'il avoit composé d'autres ouvrages sur les guerres de Severe : mais ils ne sont pas venus jusqu'à nous.

Serenus Sammonicus (Quintus) étoit d'une érudition profonde. Caracalla le fit tuer parce qu'il s'étoit attaché à Gete son frere. Il paroît qu'il avoit composé beaucoup d'ouvrages : mais il ne nous est resté de lui que quelques Livres en Vers Latins sur la Médecine, & quelques passages d'un autre ouvrage en prose adressé à Severe.

Faits mémorables du règne de Caracalla.

& portent les cendres de Severe. Pendant leur route ils cherchoient à se faire périr l'un & l'autre : mais ils ne purent venir à bout de leur dessein, parce qu'ils se craignoient tous les deux.

Lorsqu'ils furent arrivés à Rome, ils voulurent partager l'Empire ; Gete proposa de se retirer en Orient : mais Julie, leur mere, les en empêcha, & leur dit que s'ils partageoient l'Empire, ils faudroit qu'ils la partageassent aussi.

Caracalla cherche à tuer Gete au mois de Décembre pendant les Saturnales, ce qui fait éclater leur haine.

De J. C. 212.   De Rome 965.

Le 27 Fevrier Caracalla tue son frere entre les bras de Julie leur mere commune. Après avoir commis ce crime il crie dans le Palais qu'il a échappé à un très-grand danger ; les soldats de garde s'assemblent autour de lui & le conduisent au camp, où étant arrivé il alla droit au lieu où l'on gardoit les drapeaux, qui étoit comme un temple & un asyle : là, se jettant à terre, il dit qu'il remercioit les Dieux de lui avoir conservé la vie, & de l'avoir mis en un lieu de sûreté. Il dit ensuite aux soldats assemblés autour de lui, qu'il étoit seul maître, & augmenta leur paye de moitié, leur donna près de 950 l. par tête, qu'il leur permit d'aller prendre eux-mêmes dans les temples où Severe avoit mis ses trésors. Cette grande libéralité engagea ces misérables à approuver son crime, lorsqu'ils le reconnurent, & à déclarer Gete ennemi public.

Les Prétoriens, campés sur la montagne d'Albane, eurent plus de peine à se rendre : mais l'intérêt a toûjours

Faits mémorables du regne de Caracalla.

jours été le guide des ames basses. Les sommes que Caracalla proposa à ces soldats, les gagna comme les autres.

Caracalla rentre dans Rome avec tous les soldats en armes, & pousse l'impudence, jusqu'à dire dans le Senat que Gete avoit eu envie de le tuer lui-même, & que Romulus avoit tué son frere avant lui. Il voulut faire oublier ce crime par des actions de bonté, & rappella tous les bannis, mais sans leur rendre leurs biens. Il fait mettre Gete au rang des Dieux.

On établit le dixieme sur les successions collaterales. On n'avoit jusqu'alors payé que le vingtieme.

Caracalla fait tous les Sujets de l'Empire citoyens Romains, parce que ceux qui ne l'étoient pas étoient exemts de payer le dixieme qu'il avoit établi sur les successions. On trouve cependant, après cela, dans les Auteurs, des distinctions de Villes municipales ou libres, ce qui étonne tous les Savans. Je crois qu'il seroit difficile d'en donner une raison positive.

Les Egyptiens sont admis dans le Senat par ordre de Caracalla. Il fait mourir une des filles de M. Aurele, parce qu'elle avoit été touchée de la mort de Gete. Tous les autres Empereurs avoient eu beaucoup de respect pour elle en mémoire de son pere.

De J. C. 213.   De Rome 966.

Caracalla va visiter les Gaules. En y arrivant il fait mourir le Proconsul de la Gaule Narbonnoise, & inquiete tous les Gouverneurs des environs;

Faits memorables du regne de Caracalla.

enfin après y avoir commis des cruautés de toute espèce, il retourne à Rome. Julie voyant les énormes dépenses de Caracalla, lui dit qu'après avoir épuisé toutes les Provinces par les impôts & les exactions, il ne lui resteroit plus aucun moyen ni juste ni injuste, pour avoir de l'argent : mais Caracalla répondit à sa mere ; en lui montrant son épée : *Tant que celle-ci nous demeurera l'argent ne nous manquera pas.*

De J. C. 214.   De Rome 967.

Ce fut cette année que Caracalla apporta à Rome l'usage des Caracalles. C'étoit un habit long fait de plusieurs morceaux d'étoffe cousus ensemble, semblable, à peu de chose près, à celui que portoient les Gaulois. On lui donna le nom de Caracalle, d'où on croit que vient le mot de casaque. C'est delà que tous les Auteurs ont donné à cet Empereur le nom de Caracalla. Pour établir l'usage de cet habit, il le portoit lui-même, voulut que les soldats s'en servissent, ordonna que tous ceux qui viendroient le saluer l'auroient sur eux, & en fit une distribution au peuple.

Il retourne dans les Gaules pour faire la guerre aux Allemans. C'est la premiere fois que ce peuple, devenu depuis si fameux, est cité dans l'histoire. Il tire son origine d'un ramas de plusieurs nations ; des Sueves, des pauvres d'entre les Gaulois, qui étoient allés s'établir dans le pays que les Sueves avoient abandonné, & de plusieurs autres peuples qui s'étoient joints à eux.

Bataille donnée vers la Rhetie. Il y périt un grand

Faits mémorables du regne de Caracalla.

nombre d'Allemans & de Cattes qui s'étoient réunis ensemble pour piller les pays voisins.

Les Allemans sont défaits une seconde fois proche la riviere du Mein. Caracalla qui n'avoit aucune idée de l'art militaire, se battit comme un simple soldat. Il défia même plusieurs chefs des ennemis à venir combattre seul à seul.

Il donne une somme considérable aux Cattes & aux Allemans pour se retirer du côté du Rhin. Plusieurs peuples barbares, instruits qu'il avoit donné de grandes sommes aux Cattes & aux Allemans pour faire la paix, lui envoyerent déclarer la guerre. Il vante beaucoup ses forces à leurs envoyés, & leur donne de l'argent pour conserver la paix. Il prend le nom de Germanique & d'Allemanique.

Plusieurs personnes sont condamnées à mort pour avoir porté à leur cou des préservatifs contre la fievre.

De J. C. 215.   De Rome 968.

Victoires remportées sur les Getes peuples de la Dace. Ce fut au sujet de ces victoires que le fils de Pertinax fit une raillerie, & dit qu'il falloit donner à Caracalla le surnom de Getique, ce qui faisoit allusion au massacre qu'il avoit fait de son frere Gete. Ces Getes, sur lesquels Caracalla remporta quelques avantages, étoient les Gots, qui jusques-là n'avoient pas eu affaire avec les Romains. On croit qu'ils étoient originaires de la Suede, qui porte encore aujourd'hui le nom de Gothland, ce qui signifie terre des Gots. Ces peuples passerent de la Suede dans la Saxe & la

Faits memorables du regne de Caracalla.

Pomeranie entre la Vistule & l'Elbe où C. Tacite place les Gothons ; de-là ils furent se placer vers le Palus-Meotide, où on assûre qu'il subsiste encore des peuples de ce nom, & qui parlent la même langue que les Gots parloient alors. De-là ils étoient venus s'emparer du pays que les Getes avoient occupé autrefois sur le Danube ; ce qui les faisoit appeller quelquefois les Getes.

Caracalla visite les bords du Danube, & toutes les Provinces Septentrionales, abandonne la Dace, passe dans la Thrace, de-là en Asie, va à Pergame, à Ilium, & passe l'hyver à Nicomedie, où il se fait haïr par ses cruautés. Il fait faire à Rome une très-belle rue, & plusieurs édifices publics, entr'autres des bains où il y avoit cent chaises de très-beau marbre. On en regardoit l'Architecture comme inimitable.

Vologese III. Roi des Parthes, meurt ; & sa mort cause de grandes révolutions dans ce Royaume entre les enfans de Vologese. Artaban IV. l'emporta, mais ce fut le dernier Roi des Parthes. Ils furent subjugués par les Perses.

De J. C. 216.   De Rome 969.

Caracalla va à Antioche, d'où il mande au Senat qu'il n'ignoroit pas qu'on blâmoit sa conduite : mais qu'il ne s'en inquiétoit pas, parce qu'il avoit des soldats bien armés.

Il mande à Abgare, Roi de l'Osrhoène, de le venir trouver pour faire alliance avec lui. Lorsque ce Roi

Faits memorables du regne de Caracalla.

fut arrivé, il le fit arrêter, & alla attaquer ses Etats, qu'il soûmit sans beaucoup de peine.

Il manda aussi à Vologese, Roi d'Armenie, qui étoit en différend avec ses fils, de le venir trouver, & qu'il les mettroit tous d'accord. Lorsque ce Roi fut arrivé, il le fit arrêter avec ses enfans, & envoya un de ses Lieutenans avec une puissante armée pour soûmettre ses Etats : mais Tiridate, qui s'étoit sauvé lorsque Caracalla fit arrêter son pere & ses freres, leva une puissante armée, & défit entierement les Romains.

Horrible massacre à Alexandrie. Caracalla, qui y étoit allé en sortant d'Antioche, donna ordre à ses soldats de faire main-basse sur le peuple qui l'avoit beaucoup raillé sur la mort de Gete. Il interdit les assemblées des Savans qui se tenoient dans le Musée, & fit faire des murs à tous les quartiers de la Ville, pour ôter à ce qui étoit resté d'habitans la liberté de se voir.

Il retourne à Antioche, envoye demander en mariage la fille d'Artaban, Roi des Parthes, qui la lui refusa à cause de la différence des mœurs, qui étoit entre les Parthes & les Romains. Sur ce refus Caracalla mene une puissante armée contre les Parthes, pille tous les pays par où il passe, prend Arbele où étoient les tombeaux des Rois des Parthes, qu'il renverse & jette tous les os. Il ne trouva aucune résistance chez les Parthes, parce qu'ils étoient occupés par des guerres civiles. Quoique le Senat n'ignorât pas combien les victoires de Caracalla étoient méprisables, la flaterie l'engagea cependant à lui décerner le triomphe, & à lui donner le titre de Parthique & d'Armeniaque.

Faits memorables du regne de Caracalla.

De J. C. 227.   *De Rome 970.*

Les Parthes font de grands préparatifs de guerre contre les Romains.

Caracalla est tué le 8. Avril par un nommé Jule Martial, Centenier des Prétoriens. Tous les peuples se réjoüissent à la nouvelle de sa mort.

Caracalla avoit un cœur plein de vices & un esprit rempli de défauts. C'étoit un genie foible & présomptueux, qui, sans être capable de rien imaginer, ni de rien exécuter de bien, ne vouloit recevoir aucun avis. Il n'avoit d'autre dessein en faisant la guerre, que celui de remporter des victoires; & lorsqu'il trouvoit de la résistance dans les ennemis, il les engageoit, à force d'argent, à fuir & à lui céder la victoire. Pour satisfaire à ses plaisirs, contenter ses soldats, & exécuter les projets les plus ridicules, il dépensoit des sommes immenses, & accabloit les peuples d'impôts. Il ne fit du bien à personne, & fit du mal à tout le monde, massacra tous ceux qui n'avoient pas la bassesse d'applaudir à ses vices, & commit les crimes les plus affreux, trempa ses mains dans le sang de son frere, & eut commerce avec sa mere.

Naissance et origine de M. Opilius Macrinus.

Il naquit en Mauritanie l'an 163. Sa famille étoit très-obscure. Plusieurs Auteurs disent qu'il étoit fils d'un affranchi: quelques-uns même prétendent qu'il l'étoit

FEMMES.

NONNIA CELSA, fille d'un certain Diadumene dont on ne connoît point la famille, par charmes attira autour d'elle toute la jeuneſſe de Rome, prit du goût pour le plaiſir, s'abandonna à la débauche qu'elle pouſſa au dernier excès ; elle épouſa Macrin, non pour avoir un mari, mais pour couvrir ſes débauches. Ses déſordres étoient publics, & on en railloit publiquement : mais Celſa s'étoit dépouillée de toute pudeur, & ne rougiſſoit plus de rien. Septime Severe n'eut pas de honte de ſe mêler parmi la foule de ſes amans, & fit pleuvoir les bienfaits ſur ce mépriſable Macrin, qui, par les proſtitutions de ſa femme, ſortit de ſon état privé, & monta au throne par la baſſeſſe. Sa femme n'eut que le tems de jetter un coup d'œil de ſouveraine ſur l'Univers, & elle retomba auſſi-tôt dans la vie privée, & ſe vit confondue avec le peuple dont elle avoit tant de fois mérité le mépris.

MORT.

Il fut tué à Archelaïde, ville de la Cappadoce, le 7 Juin 218, âgé de 54 ans, après avoir regné 14 mois. Sa tête fut portée à Heliogabale, qui la fit mettre au bout d'une lance pour la montrer à tout le monde.

ENFANS.

DIADUMENE. Son pere lui donna le nom d'Antonin & le titre de Ceſar. Il étoit d'une beauté admirable, ce qui fut cauſe que les ſoldats eurent beaucoup de peine à ſe reſoudre à le tuer, lorſqu'Heliogabale eut vaincu ſon pere.

PRINCES CONTEMPORAINS.

Papes.

S. ZEPHIRIN, 218.

Des Parthes.

ARTABAN IV. 226.

Naissance et origine de M. Apilius Macrinus.

lui-même. Il fut d'abord attaché à Plautien, ce fameux favori de Septime Severe. Après la mort de Plautien il fut exilé en Afrique, où il s'appliqua à plaider pour ceux qui vouloient le charger de leurs causes. Severe le rappella, & lui donna de l'emploi dans les postes d'Italie, & Caracalla le fit Prefet du Prétoire, place qu'il occupoit encore lorsqu'il fut élevé à l'Empire.

Faits memorables du regne de Macrin.

De J. C. 227.   De Rome 970.

Les soldats qui étoient en quartier d'hyver à Edesse, proclament Macrin Empereur le 11 Avril : mais de crainte qu'on ne le soupçonne d'être complice de la mort de Caracalla, il fait semblant de refuser l'Empire. Cependant il mande au Sénat que Caracalla vient d'être tué, & que les soldats l'ont proclamé Empereur. Pour gagner l'amitié des peuples il commença son regne par abolir tous les impôts que Caracalla avoit établis.

Il donne le nom d'Antonin avec le titre de Cesar à son fils Diadumene, que les soldats aimoient beaucoup parce qu'il étoit d'une très-belle figure.

Le Sénat fait Macrin Patricien, le déclare Auguste, Grand-Pontife, avec toutes les autres dignités qui accompagnoient celle d'Empereur.

Il confirme le titre de Cesar à son fils Diadumene, & donne celui d'Auguste à sa femme Nonnia Celsa.

Faits mémorables du regne de Macrin.

Macrin accorde au Sénat la permission de punir tous les Délateurs apostés par Caracalla. Les gens de marque qui se trouverent coupables de ce crime, furent exilés, & les esclaves mis en croix. Enfin tous les ministres des crautés de Caracalla furent punis.

Caracalla est mis au rang des Dieux à la priere des soldats.

Macrin est saisi d'effroi à la nouvelle qu'Artaban, Roi des Parthes, venoit l'attaquer avec une puissante armée : il lui envoye dire que Caracalla étoit mort, qu'ainsi il ne lui restoit plus aucun sujet de faire la guerre aux Romains, puisque celui qui l'avoit offensé n'existoit plus : mais Artaban répond qu'il ne mettra les armes bas que lorsque les Romains auront rebâti les Villes & les Châteaux qu'ils ont ruinés dans son Royaume, lorsqu'ils lui auront donné des sommes suffisantes pour rétablir les tombeaux des Rois qu'ils ont abbatus à Arbelle, & qu'ils auront abandonné la Mesopotamie. Macrin trouve ces conditions trop onéreuses, & marche à sa rencontre. Bataille de Nisibe, où les deux armées se rencontrerent ; elles se battirent pendant deux jours consécutifs. La nuit les séparoit : mais elles recommençoient dès que le jour reparoissoit. Les Romains eurent quelque désavantage ; ce qui épouvanta Macrin au point qu'il envoya proposer dix millions à Artaban, qui les accepta & lui accorda la paix. Tiridate, Roi d'Armenie, lui accorda aussi la paix, à condition qu'il lui renvoyeroit tous les prisonniers que Caracalla avoit faits sur lui, & qu'il lui cederoit tout le pays dont son pere avoit joüi autrefois.

L'amphitheatre de Rome est brûlé par le tonnerre

FAITS MEMORABLES DU REGNE DE MACRIN.

le 23 Août. Le débordement du Tibre fait un grand dégât à Rome : plusieurs personnes sont noyées.

De J. C. 218.   De Rome 971.

Eclipse de Soleil au commencement de cette année. On vit deux Cometes vers le même tems. Les soldats ne pouvant plus supporter la sévérité de Macrin, proclament Heliogabale Empereur à Emese le 16 Mai. Mœsa, son ayeule, leur avoit distribué des sommes considérables pour les engager à se déclarer en faveur de son petit-fils. Macrin, qui étoit alors à Antioche, envoye Ulpius Julien, Prefet du Pretoire, à Emese avec des troupes pour appaiser cette révolte : mais ce Général, par sa lenteur, donna le tems aux rebelles de soûtenir le siége. Lorsque Julien vint les assiéger, ils firent paroître Heliogabale sur la muraille, dirent aux assiégeans que c'étoit le fils de Caracalla, & qu'il leur avoit distribué des sommes immenses. Les assiégeans tuerent tous leurs Officiers, & porterent la tête de Julien à Heliogabale qui les reçut avec joie. Un d'entr'eux eut la hardiesse de la porter à Macrin dans un paquet cacheté avec le cachet de Julien, lui disant que c'étoit celle d'Heliogabale : il se sauva pendant qu'on développoit le paquet. Presque toutes les troupes se tournent du côté d'Heliogabale. Macrin, instruit que les ennemis viennent l'attaquer dans Antioche, se sauve avec le peu de troupes qui lui sont restées fideles ; il rencontre les ennemis avec qui il est obligé d'en venir aux mains. Les Prétoriens, qui étoient toujours restés attachés à son parti, firent des prodiges de valeur, & l'armée d'Heliogabale ne pou-

Faits memorables du regne de Macrin.

vant supporter leurs efforts, alloit prendre la fuite, lorsqu'Heliogabale envoya promettre aux Prétoriens qu'ils conserveroient toujours leur rang s'ils vouloient se mettre de son parti; cette promesse leur fit lâcher prise. A cette nouvelle, Macrin qui, pendant la bataille, s'étoit retiré à Antioche, prend le parti de fuir déguisé: mais il est attrapé à Archelaïde, ville de la Cappadoce, par quelques soldats qui lui coupent la tête & la portent à Heliogabale.

Grande sédition en Egypte: Bassilien qui en étoit Prefet, & Marius Secundus, Gouverneur de Phenicie, avoient toûjours empêché le peuple de prendre le parti d'Heliogabale: mais, lorsque la nouvelle de la défaite de Macrin fut arrivée, tout le peuple se souleva; beaucoup de soldats furent tués, Marius Secundus y périt, & Bassilien se sauva en Italie, où ayant été découvert, il fut conduit à Heliogabale qui le fit mourir.

Jamais on ne vit un particulier plus débauché, jamais on ne vit un Empereur plus imprudent. Avant de monter au throne Macrin s'étoit livré aux plaisirs les plus infames; lorsqu'il fut Empereur il ne songea qu'à satisfaire ses passions, négligea les affaires de l'Etat, & traita avec la derniere sévérité les soldats qui pouvoient lui ôter l'Empire aussi facilement qu'ils le lui avoient donné. La lâcheté qu'il témoigna en se cachant, toutes les fois qu'il fut obligé de combattre l'a fait mépriser de ses sujets; & le crime qu'il commit en faisant perir son Prince, l'a rendu odieux à la postérité.

NAISSANCE ET ORIGINE DU REGNE DE VARIUS AVITUS BASSIANUS dit HELIOGABALE.

Il naquit à Rome vers la fin de l'année 204. Il étoit fils d'un Varius Marcellus d'Apamée, qui, après avoir eu plusieurs Intendances, fut élevé au rang de Senateur, & mourut sans être parvenu à aucune charge considérable. Sa mere s'appelloit Soemie. Elle étoit fille de Julia Mœsa, sœur de Julia Domna femme de Septime Severe. Cette Mœsa faisoit courir le bruit qu'Heliogabale étoit fils de Caracalla, qui l'avoit eu d'un adultere avec sa fille. Plusieurs Auteurs l'ont cru, & disent que Soemie étoit assez débauchée pour que cela fût vrai. Mœsa eut beaucoup de soin de lui & de son cousin Alexandre Severe. Lorsque Macrin lui envoya ordre de sortir de Rome, elle fit consacrer ses deux petits-fils au Soleil, que ceux d'Emese nommoient Heliogabale, & dont cet Empereur-ci fut établi Pontife, c'est de-là que lui vient le nom d'Heliogabale.

FAITS MEMORABLES DU REGNE D'HELIOGABALE.

De J. C. 218.   De Rome 972.

Heliogabale, après la défaite de Macrin, entre à Antioche. Il donna cent soixante-quinze livres à chaque soldat pour que la Ville ne fût point pillée : mais il imposa cette somme sur la Ville même.

Le Senat, quoique mécontent de se voir soûmis à un jeune homme de quatorze ans, le reconnoît Empereur, il lui donne le titre d'Auguste aussi-bien qu'à Mœsa son ayeule, & à Soemie sa mere.

FEMMES.

Julia Cornelia Paula, d'une naissance illustre. Heliogabale fit célébrer son mariage avec beaucoup de solemnité, la répudia peu de tems après, disant qu'elle avoit des défauts au corps que la pudeur ne permettoit pas de dire. Il lui ôta le titre d'Auguste avec tous les autres honneurs qu'il lui avoit donnés.

Julia Aquilia Severa, fille d'un Senateur, étoit Vierge vestale. Il la repudia peu après son mariage, & la reprit après avoir répudié trois autres femmes qu'il avoit épousées & répudiées les unes après les autres.

Annia Faustina, petite-fille de M. Aurele. Il fit mourir son mari pour l'avoir: mais il la répudia peu après son mariage. Il en eut deux autres dont on ne trouve point le nom. Il les répudia bien-tôt, & reprit Julia Aquilia Severa. Toutes les fois qu'il se marioit, il forçoit les peuples à lui faire des présens de nôces considérables.

ENFANS.

Les anciens Auteurs ne disent point qu'il en ait eu.

Princes contemporains.

Papes.

S. Zephirin, 218.

S. Calliste ou Callixte, étoit natif de Rome. Le Jurisconsulte Ulpien haïssoit les Chrétiens au point qu'il engagea Alexandre Severe à les persécuter. S. Callixte fut enveloppé dans la persécution, & fut précipité dans un puits le 14 Octobre 223.

Des Parthes.

Artaban IV. 226.

FAITS MEMORABLES DU REGNE D'HELIOGABALE.

Il fait périr tous les Gouverneurs des Provinces qui avoient été fideles à Macrin. Ne pouvant souffrir les sages avis de Canys, esclave de son ayeule Mœsa, qui avoit toûjours eû soin de son éducation, & qui avoit défait Macrin, il le tue de sa propre main.

On célebre à Rome les jeux Capitolins.

De J. C. 219.   De Rome 972.

Plusieurs personnes aspirent à l'Empire : mais ces séditions furent bientôt appaisées par la mort de ceux qui les avoient causées.

Héliogabale vient à Rome, fait de grandes largesses au peuple, & donne de très-beaux spectacles. Il fait admettre son ayeule Mœsa dans les assemblées du Senat, & la fait placer auprès des Consuls, ce qui dura pendant tout son regne. Il établit sur le mont Quirinal un Senat de femmes où sa mere donnoit des Arrêts sur les habits que devoient porter les femmes, sur le rang qu'elles devoient tenir, & autres choses semblables.

On bâtit à Rome un temple au Dieu Heliogabale que l'Empereur y avoit apporté. Ce Dieu n'étoit autre chose qu'une grosse pierre noire taillée en forme de cône, sur laquelle on voyoit certaines figures bisarres. Les Pheniciens prétendoient qu'elle étoit tombée du Ciel, & avoient, pour ce Dieu, une grande vénération. Il veut qu'on rende à ce Dieu un culte plus grand qu'à tous les autres. Il enleve ce qu'il y a de plus sacré dans les temples pour le porter dans celui d'Heliogabale, entre dans celui de Vesta, où il n'étoit permis qu'aux Vierges & aux Pontifes d'entrer, veut éteindre le feu perpétuel, & enleve le Palladium, qu'on disoit avoir été apporté de Troye par Enée, &

de l'Histoire des Empereurs. 271

MORT.   SAVANS ET ILLUSTRES.

Il eut la tête tranchée le 11 Mars 222 à l'âge de 18 ans, après en avoir regné trois, neuf mois quatre jours. Il étoit allé dans le camp des Prétoriens pour appaiser les soldats qui s'étoient soulevés à la nouvelle qu'on vouloit faire perir Alexandre Severe: mais voyant que les soldats ne vouloient point s'appaiser, il fut se cacher dans les latrines du camp, cherchant à se sauver par quelque canal : les soldats l'ayant découvert avec sa mere Soemie qui le tenoit embrassé, leur tranchérent la tête à tous les deux. On traîna son corps par toute la Ville, & on le jetta dans le Tibre après y avoir attaché une pierre, afin qu'on ne pût le retrouver pour lui donner la sépulture.

AFRICAIN (JULE) Philosophe originaire de Libye, étoit habile en toute sorte de science. Il étoit Prêtre ; ce fut à sa priere qu'Heliogabale fit rebâtir la ville de Nicopole qu'Adrien avoit fondée dans le même lieu où étoit celle d'Emmaüs où J. C. apparut à ses Disciples après sa résurrection. Il avoit composé une chronique Greque depuis le commencement du monde jusqu'à l'an 222 de J. C. Elle n'est pas parvenue jusqu'à nous : mais on croit que celle d'Eusebe en est une copie, à peu de chose près, qu'Eusebe a changée.

Faits mémorables du regne d'Heliogabale.

qui depuis ce tems n'avoit jamais changé de place que lorsque le temple fut brûlé sous Commode. Il le fit placer dans le temple d'Heliogabale. Il fit apporter de Carthage toutes les richesses du temple de la Lune, qu'on y adoroit sous le nom de Céleste, fit même enlever la statue de cette Déesse que toute l'Afrique révéroit, & la plaça dans le temple de son Dieu, qu'il maria avec elle. Il fit célébrer ces nôces à Rome & dans toute l'Italie, & força tous les peuples à lui donner des présens de nôces. Il se fit circoncire en l'honneur d'Heliogabale, & lui sacrifia des enfans de la premiere distinction.

Heliogabale fait périr plusieurs gens de la premiere marque, parce qu'ils ne vouloient pas rendre hommage à son Dieu.

De J. C. $\begin{cases} 220. \\ 221. \end{cases}$ De Rome $\begin{cases} 973. \\ 974. \end{cases}$

La ville de Nicopole, autrefois Emmaüs, près de Jerusalem, est rétablie à la priere de Jule Africain.

Grands tremblemens de terre à Rome vers le mois de Septembre 221.

Dion dit qu'il parut cette même année un homme dans la Mœsie qui avoit la figure & la taille d'Alexandre le Grand. Il étoit accompagné de quatre cents autres hommes couverts de peaux de cerfs. Ils portoient en leurs mains des branches d'arbres; ils marchoient en plein jour, s'arrêtoient quelquefois à sauter & à danser. Ils ne disoient, ni ne faisoient rien à personne, & on ne leur disoit rien. Les Intendans des Provinces

&

Faits memorables du regne d'Heliogabale.

& les Gouverneurs, leur faisoient préparer, aux dépens du public, tout ce qui leur étoit nécessaire. Après avoir longtems voyagé, il s'embarqua à Byfance, passa sur les côtes de la Chalcedoine, où il disparut pendant la nuit, après avoir fait quelques cérémonies.

Heliogabale, à la follicitation de son ayeule Moesa, adopte son cousin, & lui donne le nom d'Alexandre.

Grande sédition à Rome, causée par un ordre qu'Heliogabale avoit envoyé au Senat & aux soldats, de casser l'adoption qu'il avoit faite d'Alexandre Severe, de lui ôter le titre de Cesar, & de le faire mourir. Plusieurs soldats viennent au Palais pour tuer Heliogabale: mais on les appaise en les faisant souvenir du serment de fidelité qu'ils lui avoient prêté, & en leur promettant qu'Heliogabale changera de vie, qu'il écartera de lui les Cochers, les Comédiens, & tous ceux qui l'entretiennent dans ses débauches. Ils exigerent de plus, qu'on leur promît de ne faire aucun mal à Alexandre Severe, & d'avoir soin de lui.

De J. C. 222.   De Rome 975.

Heliogabale, perséverant dans le dessein de faire périr Alexandre, commande à tous les Senateurs de sortir sur le champ de Rome, pour qu'il n'en reste aucun qui soit témoin de son crime; & Sabin, homme Consulaire, n'étant pas parti dans le moment qu'il en avoit reçû l'ordre, il donna ordre à un Centenier de l'aller tuer: mais l'Officier, qui étoit sourd, entendit mal, & alla faire partir Sabin, croyant que c'étoit ce qu'on lui avoit ordonné.

S

Faits memorables du regne d'Heliogabale.

Les soldats, instruits qu'on veut faire mourir Alexandre, se soûlevent & tuent tous les Prefets du Prétoire. Heliogabale va au camp pour les appaiser : mais ils lui tranchent la tête.

Le nom seul d'Heliogabale est un opprobre. Jamais personne ne fut si indigne de commander, ni même si indigne de vivre. Il égala en cruauté les plus cruels tyrans, & surpassa en impudicité les hommes les plus débordés. Sous son regne le palais Impérial n'étoit plus qu'un lieu de débauches, habité par tout ce qu'il y avoit de plus méprisable dans Rome par la naissance & par les mœurs. Pour satisfaire à ses excessives dépenses & à l'avarice insatiable de ses mauvais ministres, les peuples furent accablés d'impôts. Il étoit d'une très-belle figure, & si cela peut s'appeller un mérite, c'étoit le seul qu'il eût.

Naissance et origine de l'Empereur Bassien *dit* Alexandre Severe.

Il naquit le premier Octobre 208 dans la ville d'Arco en Phenicie, dans un temple d'Alexandre le Grand, le jour qu'on y célébroit la mort de ce Heros. C'est de-là que lui vient le nom d'Alexandre, qu'on croit lui avoir été donné par Heliogabale. Il étoit fils d'un nommé Genesius Marcianus qui fut élevé à la Dignité de Consul. Sa mere étoit Julia Mamea, fille de Mœsa, sœur de Julie, femme de Septime Severe. Les sages conseils que cette Dame a donnés à son fils, ont fait croire qu'elle étoit Chrétienne.

FEMMES.	ENFANS.
On voit par les Médailles & les Auteurs, qu'il a eu trois femmes : mais on ne sait ni le tems, ni l'ordre, dans lequel il les a épousées. Sa première pouvoit être la fille d'un nommé Marcien, qu'Alexandre éleva à la dignité de Cesar : mais ayant été convaincu d'avoir trempé dans une conspiration contre Alexandre il fut mis à mort, & sa fille fut répudiée. SULPICIA MEMMIA, fille d'un Consulaire nommé Sulpicius. Voilà tout ce qu'on en sait. SALLUSTIA BARBIA ORBIANA dont on ne sait que le nom.	On ne trouve point qu'il en ait eu.

Faits memorables du regne d'Alexandre Severe.

De J. C. 222.   *De Rome 975.*

Alexandre est proclamé Empereur le 11. Mars. Sa proclamation cause une joie générale dans Rome.

La mere & la grand'mere d'Alexandre choisissent seize Senateurs d'une prudence à l'épreuve, pour lui servir de conseil. Il écouta toûjours leurs avis avec beaucoup de soûmission, & en profita toûjours.

Il fait faire des greniers & des bains publics dans tous les quartiers de Rome où il n'y en avoit pas, renvoye dans chaque Ville les statues qu'Heliogabale avoit fait apporter à Rome, & fait reporter à Emese le Dieu Heliogabale. Il casse les indignes ministres d'Heliogabale, fait confisquer leurs biens, & met à leur place des personnes d'un mérite distingué.

De J. C. 223.   *De Rome 976.*

Mœsa, ayeule d'Alexandre, meurt de vieillesse. On lui fait de pompeuses funerailles, & on la met au rang des Dieux.

De J. C. { 224. 225. 226. }   *De Rome* { 977. 978. 979. }

Artaban IV. Roi des Parthes est défait & tué par un Artaxercès, qui détruit l'Empire des Parthes & rétablit celui des Perses.

MORT.

Il fut tué par les soldats dans son camp proche Mayence le 19. Mars 235. à une heure après midi ; âgé de 26 ans 5 mois & 19. jours après avoir régné 13 ans & 19 jours. On porta ses cendres à Rome, où on bâtit un magnifique tombeau pour les mettre.

On accuse Maximin, son successeur, d'avoir soulevé les soldats contre lui.

PRINCES CONTEMPORAINS.

Papes.

S. CALIXTE, 223.

S. URBAIN I. natif de Rome, attira plusieurs payens à la foi. Il eut la tête tranchée le 25. Mai 230.

S. PONTIAN, natif de Rome, fut exilé par Alexandre Severe dans l'île de Sardaigne, où Maximin le fit périr dans les tourmens le 19 Novembre 236.

Des Parthes.

ARTABAN IV. 226.

Rois des Perses après la destruction de l'Empire des Parthes.

ARTAXERCES, étoit fils d'un soldat Persan nommé Sasan, & de la femme d'un Cordonnier nommé Babec, qui permit à sa femme de commettre un adultere avec Sasan. Au reste Artaxercès étoit brave & entreprenant ; il se fit un puissant parti dans la Perse, qui étoit alors soûmise aux Parthes, alla attaquer Artaban IV. le défit dans une bataille, détruisit l'Empire des Parthes, & rétablit celui des Perses. Il voulut attaquer les Romains : mais ils le repousserent plusieurs fois. Il mourut l'an 241.

S iij

FAITS MEMORABLES DU REGNE D'ALEXANDRE SEVERE.

De J. C. {227. 228.} De Rome {980. 981.}

Ulpien, ce fameux Jurisconsulte, alors Prefet du Pretoire, est tué par les soldats, quelque chose qu'Alexandre fit pour le sauver.

Les troupes qui étoient en garnison dans la Mesopotamie tuent Heracleon leur Général.

Les Prétoriens mécontens de la sévérité d'Alexandre proclament un Antonin Empereur : mais il se sauve.

Ovinius Camillus, d'une ancienne famille de Senateur, veut s'élever à l'Empire ; Alexandre en ayant été averti, le fait venir au Palais, l'associe à l'Empire, & le fait revêtir des ornemens Impériaux : mais Alexandre l'ayant chargé des affaires les plus difficiles, lui causa tant de fatigue qu'il préféra les douceurs de la vie privée à l'éclat du throne : Il demanda comme une grace de pouvoir renoncer à l'Empire, & se retira à sa maison de campagne, où un des successeurs d'Alexandre le fit mourir.

Les Allemans sont défaits dans l'Illyrie par Varius Macrinus, parent d'Alexandre.

Les Prétoriens, craignant la sévérité de Dion l'Historien, demandent sa mort : mais Alexandre la leur refuse, & le désigne Consul pour l'année suivante.

De J. C. 229. De Rome 982.

Artaxercès, Roi des Perses, assiége Atra que Trajan & Severe n'avoient pû prendre. Il eut le même

SAVANS ET ILLUSTRES.

A cole, Historien Latin, avoit composé une histoire fort exacte des vies des Empereurs Alexandre Severe & Valerien, sous lesquels il avoit vecu. Ces ouvrages ont été perdus: mais il est souvent cité par Lampride.

DION (Cassius Cocceianus) fameux Historien Grec, étoit de Nicée en Bithynie. Pertinax conçut une estime particuliere pour lui, & lui donna le rang de Senateur. Severe l'éleva à la dignité de Consul vers la fin de 215. Macrin lui donna le Gouvernement de Smyrne & de Pergame. Alexandre Severe l'envoya gouverner l'Afrique, ensuite la Dalmatie & la Pannonie. Delà Dion revint à Rome où il fut Consul pour la seconde fois en 229. Lorsque son Consulat fut fini, il retourna dans son pays où il passa le reste de sa vie. Cet Auteur avoit composé plusieurs petits ouvrages qui avoient plû à l'Empereur Severe, ce qui lui fit entreprendre toute l'histoire Romaine. Il fut dix ans à ramasser des Memoires de tout ce qui s'étoit passé depuis la fondation de Rome, après quoi il composa une histoire Romaine divisée en quatre-vingts Livres. Elle commençoit à l'arrivée d'Ænée en Italie, & finissoit au regne d'Alexandre Severe, dont il n'a donné qu'un abregé des huit premieres années. Il alloit souvent à Capoue pour s'écarter de l'embarras de la Cour, & travailler en repos. Il ne nous est resté qu'une partie de son histoire: les 34. premiers Livres sont perdus avec la plus grande partie du 35e dont on n'a que quelques fragmens. Les vingt suivans, depuis la fin du 35e. jusqu'au 54e. sont complets, les 6. suivans sont fort tronqués, & il ne nous est resté que quelques fragmens des vingt derniers. L'histoire du regne de Tite Antonin est perdue. Nous avons un abregé assez juste de cet ouvrage depuis le 35e. Livre. Il a été composé par Xiphilin Patriarche de Constantinople dans l'onzieme siecle.

Le style de Dion est beau & élevé. Il avoit composé plusieurs autres ouvrages: mais ils sont perdus.

TURINUS (Vetronius) étoit favori d'Alexandre. Il se faisoit donner de l'argent par les particuliers, pour leur obtenir des graces d'Alexandre, à qui très-souvent il ne prenoit pas même la peine de les demander: mais lorsque l'affaire dont il s'étoit chargé avoit réussi, soit qu'elle eût paru juste, ou autrement, il en demandoit la récompense, comme si c'eût été lui qui l'eût fait réussir. Alexandre fut instruit de l'injustice de ce favori, & pour en être plus certain, il dit à un particulier, qui vint lui demander une grace, de s'adresser à Turinus, & de le venir retrouver secrettement; ce que le particulier fit.

FAITS MEMORABLES DU REGNE D'ALEXANDRE SEVERE.

fort qu'eux, & fut obligé de se retirer après avoir perdu beaucoup de monde. Il soûmet les Medes & les Parthes dont il détruit l'Empire pour rétablir celui des Perses : mais il est battu dans l'Arménie par les fils d'Artaban Roi des Parthes, qui s'y étoient fait un puissant parti.

De J. C. { 230. 231. } De Rome { 983. 984. }

Concile tenu à Icone, petite ville de la Cappadoce. Il y fut décidé que le Baptême donné par les Hérétiques, les Schismatiques ou les Payens seroit nul. L'Eglise a depuis décidé le contraire.

De J. C. 232.   De Rome 995.

Alexandre Severe marche contre Artaxercès qui pilloit la Mésopotamie. Il lui fait proposer la paix : mais Artaxercès lui envoye quatre cents Perses des plus grands & des mieux faits de son armée, tous habillés superbement, lui dire qu'il ne cesseroit de faire la guerre aux Romains que lorsqu'ils auroient abandonné la Syrie, l'Asie, & toute l'étendue du pays qu'avoient autrefois possedé les anciens Perses. Alexandre Severe, pour réponse, fait deshabiller ces quatre cents Perses, & les envoye dans la Phrygie, avec ordre de les employer à cultiver la terre.

Alexandre forme une Phalange de trente mille hommes.

Turinus lui promit de parler pour lui, & de faire réuſſir l'affaire, & ſelon ſa coûtume, ſe fit promettre une ſomme conſidérable devant des témoins. Alexandre accorda la grace que ce particulier lui demandoit ſans que Turinus lui en eût parlé: mais lorſqu'il ſut que la grace étoit accordée, il alla ſe faire payer de la ſomme qui lui avoit été promiſe. Alexandre, à qui le particulier rendit compte, fit inſtruire le procès à Turinus, le fit attacher à un poteau, ordonna d'allumer autour de lui du foin & du bois verd afin que la fumée l'étouffât; & fit crier par un Herault : ,, Le Vendeur de ,, fumée eſt puni par la fumée ,,.

Ulpien, *Domitius Ulpianus*, natif de Tyr en Syrie, fut un très-ſavant Juriſconſulte. Heliogabale lui confia l'éducation d'Alexandre Severe qui, lorſqu'il fut parvenu à l'Empire, le prit pour ſon Secretaire, & eut tant de confiance en lui, qu'il ſuivoit ſon avis en tout. Mamée, mere d'Alexandre Severe, avoit dabord conſeillé à ſon fils de renvoyer Ulpien: mais lorſqu'elle eut connu la vertu de ce grand homme, elle le combla d'honneurs, & engagea ſon fils à le faire Prefet du Prétoire : mais les ſoldats ne pouvant ſouffrir ſa ſévérité, le maſſacrerent, en préſence même d'Alexandre, qui fit tout ce qu'il put pour le ſauver, vers le milieu du mois d'Août de l'an 228.

Ulpien avoit compoſé dix Livres *Pro Tribunali*, dix *De Officio Proconſulis*. Il avoit ramaſſé pluſieurs reſcrits des Princes qui avoient perſécuté les Chrétiens, pour faire connoître comment on devoit les traiter. Lactance cite le ſeptieme Livre de cet ouvrage. Ulpien avoit encore compoſé une infinité d'autres ouvrages. Il eſt cité une infinité de fois dans le Code de Juſtinien. Nous avons encore un fragment de ſes ouvrages nommé le Fragment d'Ulpien.

Faits mémorables du règne d'Alexandre Sévère.

De J. C. 233.   De Rome 986.

Plusieurs soldats d'une légion qui étoit campée à Daphné, s'étoient relâchés de la discipline : Alexandre en fut instruit, & les fit mettre en prison ; toute la légion se souleva. Alors Alexandre vint lui-même pour la ranger à son devoir : mais voyant qu'elle persistoit toûjours dans la rébellion, il la cassa, & dit aux soldats qui la composoient : *Retirez-vous, Citoyens, & mettez les armes bas.* Tous lui obéirent, mirent leurs armes bas, & se retirerent chacun de leur côté. Il rétablit cette légion un mois après à la priere de ses amis. Depuis ce tems elle lui demeura toûjours attachée, & se signala beaucoup dans la guerre qu'il eut contre les Perses.

Artaxercès, Roi des Perses, est battu par Alexandre, qui dans cette bataille fit voir beaucoup de valeur. Il parcouroit les rangs, excitoit les soldats du geste & de la voix, & se jettoit souvent lui-même dans la mêlée. Artaxercès fut obligé de fuir.

De J. C. 234.   De Rome 987.

Les Germains ravagent les Gaules. Alexandre, sur la nouvelle qu'Artaxercès avoit congédié une partie de son armée, qui, selon la coûtume des Orientaux, étoit levée à la hâte, quitte l'Orient pour aller contre les Germains. Il passe par Rome, où il fait une entrée triomphante le 25 Septembre, aux acclamations de tout le monde en général. Il part pour les Gaules.

FAITS MEMORABLES DU REGNE D'ALEXANDRE SEVERE.

De J. C. 235.   De Rome 988.

Alexandre Severe est tué par ses propres soldats le 19 Mars.

Alexandre sut commander & se faire obéir. Il haïssoit le vice, aimoit la vertu & ceux qui la pratiquoient. Il savoit discipliner ses troupes, savoit les conduire & vaincre à leur tête. Il savoit enfin gouverner les peuples, & leur donner des lois, dans un âge où à peine on sait penser. Tous les crimes d'Heliogabale furent autant de conseils pour lui. Heliogabale avoit ruiné l'Empire en le deshonorant ; plongé dans le crime & la débauche, il n'avoit autour de lui que des gens capables des plus affreux excès. Alexandre Severe soûtint la gloire des Romains ; & n'usa de sa puissance que pour les rendre heureux. Il aimoit la justice mais sans donner dans l'excès du rigorisme. Cependant les légions qu'Heliogabale avoit laissées dans la mollesse, & auxquelles il avoit distribué les biens des peuples, ne purent souffrir la sévérité & l'œconomie d'Alexandre Severe : elles massacrerent ce Prince chéri de ses sujets, & respecté de la postérité.

NAISSANCE ET ORIGINE DE L'EMPEREUR C. JULIUS MAXIMINUS *dit* MAXIMIN.

Il naquit l'an 173. en un village situé aux extrémités de la Thrace. Son pere, nommé Micea ou Micca, étoit un Got, & sa mere nommé Ababa ou Abala, étoit née parmi les Alains. Le premier état de Maximin fut celui de Berger, & lorsque les Pâtres de son pays s'attroupoient pour se défendre des voleurs, ils le mettoient à leur tête. Il vint à Rome où il combattit aux Jeux militaires que Septime Severe fit célebrer le 7 Mars 203. en l'honneur de Gete son second fils. Severe, s'étant apperçû que Maximin étoit d'une force extraordinaire, conçut de lui de hautes idées, le fit enrôler dans la Cavalerie, d'où il passa dans les Prétoriens, & eut ensuite plusieurs places d'Officiers, où il se fit aimer & estimer par sa valeur & son exactitude à rendre la justice. Il quitta le parti des armes lorsque Macrin fut élevé à l'Empire, parce qu'il le regardoit comme le destructeur de la famille de Severe, à qui il étoit redevable de sa fortune. Il retourna dans son pays, où on croit qu'il fit quelque trafic. Lorsqu'Alexandre Severe fut élevé à l'Empire, il revint à Rome, se présenta au nouvel Empereur qui le reçut avec beaucoup de marques d'estime, lui donna une nouvelle légion à discipliner, le mit au rang des Senateurs, & l'envoya gouverner plusieurs provinces les unes après les autres. Lorsqu'Alexandre Severe alloit contre les Germains, Maximin aigrit contre lui toutes les nouvelles troupes dont il s'étoit acquis l'affection, & les engagea même à tuer Alexandre, comme on l'a vû ci-dessus.

FEMMES.	ENFANS.
On n'est pas certain quelle étoit la femme de Maximin. On trouve quelques Médailles qui font croire que c'étoit une Pauline, qui mourut avant lui, & à laquelle il fit donner le titre de Déesse.	MAXIMIN, *Julius Verus Maximinus*, étoit d'une si belle figure que toutes les Dames Romaines souhaitoient de l'avoir pour amant. Il épousa Julia Fadilla, arriere petite-fille d'Antonin Pie. Alexandre Severe avoit eu dessein de lui donner en mariage sa sœur Theoclie : mais la férocité de Maximin pere l'en empêcha. Lorsque Maximin fut Empereur il associa son fils à l'Empire, pour donner, disoit-il, aux Romains le plus bel Empereur qu'ils eussent jamais eu. Ce jeune homme devint alors si fier, qu'il ne saluoit personne, pas même ceux qui l'abordoient, quoique son pere lui donnât l'exemple du contraire. Il avoit l'humeur fort gaie, buvoit peu, quoiqu'il mangeât beaucoup, étoit fort liberal, & poussoit la propreté jusqu'à l'excès. Les soldats le tuerent à l'âge de 21 ans, avec son pere, lorsqu'ils faisoient le siége d'Aquilée l'an 238. Lorsqu'on portoit sa tête au bout d'une lance à Rome le peuple fit connoître la douleur qu'il ressentoit de voir qu'on eût tué un homme d'une si rare beauté.

Faits memorables du regne de Maximin.

De J. C. 235.   De Rome 988.

Maximin est proclamé Empereur par les troupes qu'il commandoit dans la Pannonie, celles de la Thrace se joignent à lui, avec tout le reste de l'Armée. Les soldats mêmes qui avoient été le plus attachés à Alexandre, le reconnoissent Empereur, sur l'assûrance qu'il leur donne qu'il n'avoit point eu de part à la mort de ce Prince.

Le Senat, n'osant s'opposer à l'élection des soldats, confirme à Maximin le titre d'Empereur.

Maximin fait périr plusieurs personnes de distinction, persuadé qu'ils le méprisoient à cause de la bassesse de sa naissance.

Magnus, Senateur d'une illustre famille, forme une conjuration contre Maximin. Il gagne, à force de promesses, les Officiers, à qui on avoit confié la garde d'un pont, construit sur le Rhin, & leur fait promettre qu'ils le rompront si-tôt que Maximin l'aura passé afin de l'exposer sans secours à la fureur des Allemans, contre qui il étoit en guerre. Cette conjuration fut découverte, & Maximin fit périr tous ceux qu'il soupçonna d'y avoir trempé, sans vouloir entendre leur justification. Le nombre de ceux qui périrent se monta à plus de quatre mille.

Les Soldats de l'Osroëne, qui avoient toûjours été fort attachés à Alexandre Severe, convaincus qu'il avoit été tué par Maximin, se révoltent & forcent L. Quartianus, homme Consulaire, à accepter l'Empire : mais peu de jours après, un nommé Macedone, qui avoit commandé les Broheniens, & qui avoit été un des premiers à engager Quartianus à ac-

MORT.

Il fut tué avec son fils vers la fin de Mars 238. âgé de 65 ans, après en avoir regné 3. & quelques jours. Leurs têtes furent apportées à Rome pour être montrées au peuple.

PRINCES CONTEMPORAINS.

Papes.

S. PONTIAN, 235.

S. ANTERE, natif de Grece, ne gouverna l'Eglise Romaine qu'un mois. Il mourut au commencement de l'an 236.

S. FABIEN, natif de Rome, fut élevé au Pontificat par un miracle, selon Eusebe, qui dit que lorsque les Chrétiens étoient assemblés pour élire un Pape, on vit une colombe se reposer sur la tête de S. Fabien, qui étoit alors Laïque, ce qui engagea tous les Chrétiens à l'élever au Pontificat. Il fut martyrisé pendant la persécution de Dece, le 20. Janvier 250.

Des Perses.

ARTAXERCE'S, 241.

FAITS MEMORABLES DU REGNE DE MAXIMIN.

cepter l'Empire, lui coupe la tête & la porte à Maximin, qui d'abord la reçut avec de grandes marques d'amitié : mais peu après le fit mourir comme auteur de la révolte, & traître à son ami.

Maximin ravage toute la Germanie, il coupe tous les blés, brûle un nombre infini de bourgs, il ruine enfin près de cent cinquante lieues de Pays, & en abandonne le pillage à ses soldats. Il attaqua les Germains qui s'étoient retirés dans des marais, & fondit sur eux avec tant de fureur, qu'il pensa être enveloppé par les ennemis, dans un marais où il avoit poussé son cheval : il y auroit péri, sans un détachement de son armée qui vint à son secours. Pour ces victoires le Senat lui donna le nom de Germanique.

Grands tremblemens de terre.

Persécution des Chrétiens. Elle fut occasionnée par un soldat Chrétien qui ne voulut pas garder sur sa tête une couronne de laurier que lui avoit donnée Maximin, parce qu'il crut que c'étoit une marque d'idolâtrie. Maximin, ayant connu la cause de ce refus ordonna qu'on fît mourir tous les chefs de l'Eglise, c'est-à-dire, les Evêques, les Prêtres, les Diacres, enfin tous ceux qui étoient cause des progrès que faisoit la Religion Chrétienne. On brûla les Eglises. Plusieurs croyent qu'on avoit commencé à en bâtir sous Alexandre Severe, qui avoit permis aux Chrétiens d'ériger des temples à leur Dieu.

De J. C. 236.   De Rome 989.

Plusieurs souffrent le martyre, d'autres fuient pendant la persécution ; du nombre desquels fut Origene.

Maximin

Faits memorables du regne de Maximin.

Maximin remporte plusieurs avantages sur les Daces & les Sarmates.

De J. C. 237.   De Rome 190.

Eclipse de Soleil le 12. Avril sur les quatre heures après midi. Elle fut si grande qu'on fut obligé d'allumer des flambeaux pour voir.

La persécution continue cette année.

L'Afrique se revolte au mois de Mai. Elle y fut engagée par les vexations de l'Intendant que Maximin y avoit envoyé. Les personnes les plus considérables de ce pays, se voyant ruinées par les sommes immenses que cet Intendant exigeoit d'eux, font venir, pendant la nuit, tous leurs clients, gagnent les soldats qui étoient en garnison dans le pays, tuent l'Intendant, vont à Thrisdun, ville considérable de la Byzacene, y proclament Empereur Gordien, alors âgé de quatre-vingts ans, qui étoit Proconsul de cette Province. Il refusa d'abord : mais voyant qu'on le menaçoit de le tuer, il accepta, & s'associa son fils. Le Senat instruit que Gordien avoit été proclamé Empereur, lui donne le titre d'Auguste, & déclare les Maximins, pere & fils ennemis publics. Le peuple égorge tous les partisans de Maximin, il périt dans ce massacre plusieurs personnes qui n'avoient nulle part à ces troubles. Maximin, pendant ce tems, étoit occupé à faire des préparatifs de guerre contre les Sarmates. Lorsqu'il apprit que le Senat avoit donné le titre d'Augustes aux Gordiens, & que pour lui, on l'avoit proclamé ennemi public, il entra dans une fureur si terrible qu'il ne connoissoit personne : mais,

T

Faits memorables du regne de Maximin.

pour diffiper fon chagrin, il fe livra entierement au vin.

Bataille donnée devant Carthage fur la fin de Juin entre Gordien fils & Capellien, Gouverneur de la Mauritanie pour Maximin. Gordien y fut défait & tué lorfqu'il vouloit rentrer dans la ville après fa défaite. Gordien pere, inftruit de la mort de fon fils, s'étrangle à Carthage où il s'étoit retiré. Jule Capitolin dit, d'après Vulcatius Terentianus, que Gordien pere reffembloit parfaitement à Augufte, qu'il en avoit la voix, le gefte & la ftature, & que fon fils reffembloit autant à Pompée, fi ce n'eft qu'il avoit le ventre un peu plus gros.

Maximin, pour engager fes foldats à lui être fideles, leur promet les biens de tous les Senateurs qui auront trempé dans la révolte; il leur diftribue une fomme confidérable d'argent, & porte fes armes en Italie.

Le Senat, affemblé dans le temple de la Concorde le 9. Juillet, proclame Puppienus Maximus; & Cœlius Balbinus Empereurs. Le peuple force le Senat à donner le titre de Cefar au jeune Gordien alors âgé de 12 ans. C'eft le même qui fut dans la fuite connu fous le nom de Gordien III. parce que fon ayeul & fon pere avoient été proclamés Empereurs.

On leve des troupes dans l'Italie & dans toutes les provinces qui avoient pris le parti du Senat.

Maxime, à la tête de ces nouvelles troupes, marche contre Maximin, & le Senat envoye des Senateurs fortifier toutes les villes de l'Italie, pour que Maximin fe trouvât arrêté par-tout.

Terrible fédition à Rome, entre le peuple & les Prétoriens que Maxime avoit laiffés pour garder la Ville. Plufieurs foldats fans armes, s'étoient mêlés avec

Faits memorables du regne de Maximin.

le peuple assemblé à la porte du Senat, pour entendre ce que s'y disoit. Deux soldats avancerent jusque dans la salle du Senat pour mieux entendre : mais Gallican, homme Consulaire, & Mecenas, qui avoit été Preteur, avancerent sur eux * le poignard à la main, les frapperent & les jetterent morts devant l'autel de la Victoire. Les autres soldats prirent la fuite, & le Senat anima le peuple contre eux au point qu'il les poursuivit jusque dans leur camp; & voyant qu'il ne pouvoit les y forcer, il coupa les canaux qui conduisoient l'eau dans le camp, ce qui irrita les soldats au point qu'ils fondirent sur le peuple, le poursuivirent jusque dans la Ville, & mirent le feu aux maisons. Balbin, qui étoit resté dans Rome, voulut appaiser cette sédition, sans en pouvoir venir à bout : mais elle se calma dès qu'on eut fait paroître le jeune Gordien revêtu de la robe de pourpre.

De J. C. 238.   De Rome 991.

Les troupes de Maximin murmurent, voyant qu'il n'y a point de vivres dans l'Italie, & qu'au lieu de l'abondance qu'elles espéroient y trouver, il n'y avoit pas même de quoi leur fournir leur nécessaire. Les Senateurs avoient eu soin de faire ramasser dans les Villes tout ce qu'il y avoit de vivres dans la campagne.

Maximin assiége Aquilée au commencement du Printems. Les soldats fatigués des travaux qu'il leur faisoit faire, & épouvantés par la nouvelle qui leur

---

* Les Senateurs en portoient toûjours lorsqu'il y avoit quelque sédition à Rome.

T ij

Faits memorables du regne de Maximin.

vint que toute les provinces de l'Empire se disposoient à prendre les armes contr'eux, se soûlevent, tuent Maximin, son fils, & tous ses principaux Officiers.

 Maximin s'étoit élevé, de la naissance la plus vile & plus basse, au plus haut degré de grandeur & de puissance. Sa valeur l'avoit fait estimer, sa sévérité l'avoit fait craindre. Il avoit été bon Général, il fut mauvais Prince. Il savoit commander une armée : mais il ne savoit pas gouverner un peuple. Incapable de régler un Etat, il n'avoit ni jugement, ni politique, faisoit la guerre en brigand, ravageoit & ruinoit le pays ennemi. Il fut méprisable par sa naissance, il le fut encore plus par ses actions. Sa fureur fut la seule regle qu'il suivit : le mérite & la vertu furent pour lui un sujet de haine, & les richesses un objet d'envie. Tous les peuples gémissoient sous sa tyrannie, lorsque les soldats, ayant honte d'avoir aimé un tyran haï de tous les hommes, le sacrifierent à la tranquillité du public & à leur dépit.

NAISSANCE ET ORIGINE DE M. CLODIUS PUPPIENUS MAXIMUS dit MAXIME, & de DECIMUS CŒLIUS BALBINUS dit BALBIN.

Maxime, étoit d'une très-basse naissance. On ne trouve point en quel lieu il naquit. Son pere, qui s'appelloit aussi Maxime, étoit Charron ou Serrurier. Maxime, le fils, s'adonna aux armes dès sa jeunesse ; il parvint, par degrés, aux premieres charges de la Milice. Il fut mis au rang des Senateurs, & fut élevé à la dignité de Consul, de-là il alla gouverner, en qualité de Proconsul, la Bithynie, ensuite la Grece, & successivement plusieurs autres provinces. Il défit les Sarmates & les Germains sur le Rhin. Il fut fait Prefet de Rome, où il se fit aimer des gens de considération par la fermeté avec laquelle il arrêta les folies du bas peuple.

On n'est pas plus certain du lieu, ni du tems de la naissance de Balbin. On croit qu'il tiroit son origine de Cornelius Balbus Theophanes, célebre Historien, natif de l'île de Lesbos, auquel Pompée donna le droit de bourgeoisie Romaine, à cause de son mérite. Balbin avoit été Consul deux fois ; il avoit gouverné l'Asie, l'Afrique, les Gaules, & plusieurs autres provinces, où il s'étoit toûjours fait aimer par sa douceur.

FAITS MEMORABLES DU REGNE DE MAXIME ET BALBIN.

De J. C. 238. De Rome 992.

Les soldats de Maximin mettent les armes bas & demandent qu'on leur ouvre les portes d'Aquilée,

FAITS MEMORABLES DU REGNE DE MAXIME ET BALBIN.

mais on ne voulut les leur ouvrir qu'après qu'ils eurent prêté serment de fidélité à Maxime & à Balbin, ce qu'ils firent le lendemain.

Eclipse de soleil le 2 Avril sur les neuf heures du matin. Elle ne fut pas si considérable que celle de l'année précédente.

La mort de Maximin cause une grande joie à Rome. Lorsque le courier en apporta la nouvelle, le peuple, qui étoit au spectacle, poussa des cris de joie, & courut avec précipitation aux temples remercier les Dieux. Les têtes des deux Maximins, pere & fils arrivent peu après, on les met au bout de deux piques, pour les faire voir au peuple, qui leur fit milles outrages.

Maxime va à Aquilée, y fait la revûe de toutes les troupes, & retourne à Rome où il fait une entrée aussi brillante qu'un triomphe.

Les deux Empereurs font des préparatifs de guerre contre les Gots, qui menaçoient l'Occident, & les Perses qui vouloient envahir l'Orient. Maxime se charge du soin de la guerre des Perses, & Balbin de celle des Gots.

Les Prétoriens ne pouvant souffrir des Empereurs qui n'étoient pas de leur choix, vont au Palais, en forcent l'entrée, enlevent Maxime & Balbin, les tuent, & laissent leurs corps étendus au milieu de la rue, de-là retournent au camp où ils proclament Empereur le jeune Gordien, qu'ils avoient emporté avec eux.

Maxime & Balbin, différoient autant par le caractere que par la naissance. Maxime étoit un brave guerrier qui à une admirable régularité de mœurs,

de l'Histoire des Empereurs. 295

Femmes.	Princes contemporains.
Puppien avoit épousé Quintia Crispilla, Dame d'une très grande résolution. C'est tout ce qu'on en sait.	Papes.
	S. Fabien, 250.
Mort.	Des Perses.
Ils furent tués au milieu de Rome par les Soldats, le 15. Juillet 238. après avoir régné environ 3 mois, depuis la mort de Maximin. On croit que Maxime étoit alors âgé de 74. ans. & Balbin de 60.	Artaxerce's, 241.

T iv

Faits memorables du regne de Maxime et Balbin.

joignoit une grande sévérité. Né de parens pauvres il conserva toûjours un caractere farouche, qui le fit craindre sans le faire haïr. Balbin, moins brave, mais plus doux & plus poli, se faisoit aimer sans se faire craindre. Les vertus de l'un corrigeoient les défauts de l'autre, & l'on peut dire que ces deux Princes faisoient ensemble un bon Empereur.

Naissance et origine de M. Antonius Gordianus *dit* Gordien III.

Il naquit le 20 Janvier 225. de J. C. Les Auteurs ne sont point d'accord sur son origine. Les uns disent qu'il étoit fils d'une sœur du second Gordien qui fut tué à Carthage, & qu'il n'étoit son fils que par adoption, les autres disent qu'il étoit son propre fils, ce qui est plus probable.

La famille des Gordiens étoit fort riche. Ils descendoient en ligne directe des Gracques.

Jule Capitolin dit que Gordien III. ressembloit à Scipion l'Asiatique.

FEMMES.	ENFANS.
Furia Sabina Tranquillina, fille de Misithée, à qui Gordien donna la place de Prefet du Pretoire. Il aida beaucoup l'Empereur de ses conseils, l'engagea a chasser les Affranchis qui l'obsédoient, & abusoient de sa confiance. Lorsqu'il fut Prefet du Pretoire il retint les troupes dans la discipline sans s'en faire hair. On ne sait rien de l'Impératrice sa fille.	Il ne paroît pas qu'il en ait eu.

Faits memorables du regne de Gordien III.

De J. C. 238.   De Rome 991.

Tous les peuples de l'Empire reconnoissent avec joie Gordien Empereur.

De J. C. 239.   De Rome 992.

La Secte des Valesiens commence à se faire connoître. Ils habitent en un gros bourg de l'Arabie nommé le bourg d'Ecathe situé au-delà du fleuve du Jourdain. Ils étoient tous Eunuques, & défendoient à leurs disciples de manger aucune espece de viande jusqu'à ce qu'ils se fussent fait mutiler. On assûre qu'ils prenoient par force tous ceux qui passoient par leur pays, pour les mutiler. L'Eglise les excommunia tous.

De J. C. 240.   De Rome 993.

Sabinien se fait proclamer Empereur en Afrique: mais ses propres soldats le livrerent au Gouverneur de Mauritanie qui étoit resté fidele à Gordien.

De J. C. 241.   De Rome 994.

Mort d'Artaxercès Roi des Perses. Sapor I. son fils & son successeur prend Nisibe, Carres & plusieurs autres villes circonvoisines.

Grand tremblement de terre qui renverse plusieurs villes dont les habitans sont écrasés sous les ruines.

MORT.   PRINCES CONTEMPORAINS.

Il fut tué à Zaïthe de Circese sur l'Euphrate par les soldats que Philippe avoit soulevés contre lui vers le commencement du mois de Mars 244. âgé de 19 ans 3. mois 20. jours, après en avoir regné 5. & 8. mois. Les soldats lui dresserent un tombeau au même lieu où il fut tué. Il subsistoit encore l'an 363.

Papes.

S. FABIEN, 250.

Des Perses.

SAPOR I. fils d'Artaxercès voulut, à l'imitation de son pere, étendre les bornes de son Empire aussi loin qu'elles l'avoient été du tems des anciens Perses: mais il fut repoussé par Gordien, & contraint d'abandonner son projet pendant le regne de cet Empereur. Si-tôt qu'il le sut mort, il revint contre les Romains, avec qui il fut en guerre pendant tout son regne, il fit un de leurs Empereurs prisonnier, & poussa la cruauté jusqu'à le faire écorcher vif. Ce Prince étoit d'une stature gigantesque, il étoit colere & violent. Sa sévérité tenoit de la barbarie. Il punissoit les moindres fautes par les derniers supplices. Il avoit cependant quelques bonnes qualités dans un Monarque. Il maintint toûjours la discipline parmi ses troupes, & eut soin de faire cultiver les campagnes. Il mourut l'an 271.

Faits memorables du regne de Gordien III.

Les * François se jettent dans les Gaules, où ils font un grand ravage. Aurelien, qui fut depuis Empereur, les défit à Mayence, il en tua sept cents & en fit trois cents prisonniers.

De J. C. 242.   De Rome 995.

Gordien épouse Furia Sabina Tranquillina, fille d'un nommé Misithée, homme d'une basse naissance, mais d'une grande vertu.

Le temple de Janus est ouvert à cause de la guerre des Perses.

Gordien, allant contre les Perses, passe par l'Illyrie, défait les Sarmates & les Gots : mais il est défait par les Alains dans les campagnes de Philippes en Macedoine. Il reprend sur les Perses, Antioche, Nisibe, Carres & les autres pays qu'ils avoient conquis sur les Romains ; & pousse ses conquêtes jusqu'à Ctesiphon. Le Senat, pour ces victoires, lui décerne le triomphe, & donne à son beau-pere Misithée, le titre de tuteur de la République.

De J. C. 243.   De Rome 696.

Misithée, beau-pere de Gordien, meurt. Philippe surnommé l'Arabe lui succede dans la place de Préfet du Prétoire.

---

* Ils sont appellés Francs par tous les Auteurs de ce tems. Ces peuples habitoient cette partie de la Germanie qui est depuis l'embouchure du Mein dans le Rhin, jusqu'à l'embouchure du Rhin dans l'Océan. C'est là l'endroit où les Tables de Peutinger les mettent : & voilà la premiere fois qu'ils sont nommés dans l'Histoire.

SAVANS ET ILLUSTRES.

AMMONE SACCAS, fameux Philosophe Chrétien, natif d'Alexandrie. Son premier emploi fut de porter du blé ou autres marchandises, ce qui lui fit donner le nom de Saccas. Quoiqu'il fût dans un âge un peu avancé, il s'appliqua à la Philosophie, & y fit de si grands progrès qu'il fut admis dans le Musée d'Alexandrie. Il tâcha de réunir les sentimens de Platon avec ceux d'Aristote: mais il fut toûjours plus attaché à ceux de Platon. Il enseigna pendant très-longtems la Philosophie à Alexandrie & eut au nombre de ses disciples le fameux Origene, Plotin, le célebre Longin, & plusieurs autres. Il avoit composé plusieurs ouvrages qui lui avoient acquis une grande réputation: mais il ne nous en est resté que des fragmens dispersés dans différens Auteurs.

CENSORIN, étoit un savant Grammairien. Nous avons de lui un Traité en Latin, intitulé *De Die natali*, qu'il dédia à un de ses amis nommé Q. Cœrellius, pour le jour de sa naissance. Il avoit pris de là occasion de parler de la naissance de l'homme, ensuite des jours, des mois & des années. Il avoit composé plusieurs autres ouvrages qui ont été perdus. Son Traité *De Die natali*, est estimé pour la Chronologie.

FORTUNATUS (CONSULTUS CURIUS) a écrit l'histoire de l'Empereur Maximin. On croit que cet ouvrage est dans la Bibliotheque de l'Empereur, & qu'il a été autrefois imprimé en Italie. Vossius le croit Auteur de trois Livres sur la Rhetorique que nous avons sous son nom, & dont on fait beaucoup de cas.

HERODIEN, Historien Grec, avoit été employé à divers ministeres de la Cour & de la Police; ce qui lui avoit donné occasion de connoître par lui-même beaucoup d'évenemens. Il composa en Grec une histoire divisée en huit Livres, qui commence à la mort de Marc-Aurele, & finit à celle de Maxime & Balbin. Cet ouvrage est parvenu jusqu'à nous. Son style est assez beau: mais on l'accuse de manquer d'exactitude, & d'avoir fait des fautes de Geographie.

Faits memorables du regne de Gordien III.

Gordien rentre dans la Perse.

De J. C. 244.   De Rome 997.

Philippe occupoit la seconde place de l'Empire : il voulut occuper la premiere. Son ambition croissant avec sa fortune, lui fit concevoir le desir de s'asseoir sur le throne, & d'en déplacer celui qui y étoit. Pour accomplir son crime il chercha les moyens de faire haïr Gordien des soldats, & de s'en faire lui-même aimer. Il donne ordre au nom de Gordien, de faire éloigner les vaisseaux qui portoient les vivres pour l'armée, afin que les soldats, manquant de vivres se soulevassent. Cet ordre, ou pour mieux le designer, ce crime fut exécuté. Il profita alors du mécontentement des soldats, & leur insinua que Gordien étoit trop jeune pour commander.

Bataille donnée proche la ville de Resaine, sur la riviere d'Abora dans la Mésopotamie. Gordien y battit Sapor & le mit en fuite.

La conjuration de Philippe éclate. Les soldats gagnés par ses promesses & ses présens, tuent Gordien. Je ne rapporte point ici ce que Capitolin dit à ce sujet : j'y ai trouvé trop peu de vraissemblance, je me suis tenu au sentiment des autres Auteurs.

Gordien, dans l'enfance eut toute la sagesse d'un vieillard instruit par une longue expérience. Pour avoir de bons conseils il chercha de bons Ministres. Il fit plus : il examina leur conduite, & chassa ceux qu'il connut abuser de sa confiance & de leur autorité. Il étoit brave, mais, craignant toûjours de fouler

FAITS MEMORABLES DU REGNE DE GORDIEN III.

son peuple, il ne prit les armes que pour chasser les ennemis de ses États. Il sut enfin se faire aimer de ses sujets, & se faire craindre des ennemis, qui apprirent sa mort avec joie.

NAISSANCE ET ORIGINE DE M. JULIUS PHILIPPUS dit PHILIPPE.

Il naquit l'an 204. dans la Trachonite en Arabie, Zonare le fait natif du territoire de Bostres ou Bosra en Arabie.

On ne sait rien de sa famille, sinon que son pere avoit été un célebre chef de voleurs.

FAITS MEMORABLES DU REGNE DE PHILIPPE.

De J. C. 244.   De Rome 997.

Les soldats proclament Philippe Empereur au mois de Mars le jour ou le lendemain du meurtre de Gordien. Le Senat lui donne le titre d'Auguste, croyant, ou feignant de croire, que Gordien étoit mort de maladie, comme Philippe le lui avoit mandé.

Philippe, pour avoir la paix, cede la Mesopotamie aux Perses, & revient en Syrie avec son armée. S. Babylas, Evêque d'Antioche, l'empêche d'entrer dans l'Eglise la nuit du 13 au 14 Avril, lorsque les Chrétiens y étoient assemblés pour se préparer à la Pâque qui se célebroit le lendemain, & le force, lui & l'Impératrice sa femme à se mettre au rang des pénitens.

Faits memorables du regne de Philippe.

Les Chretiens obtiennent la permission de faire en public tous les exercices de leur Religion & de bâtir des Eglises.

Philippe revient à Rome & tâche de s'attirer l'amitié du peuple par sa douceur & ses libéralités. Il fait faire un canal au-delà du Tibre pour fournir de l'eau à un quartier de la Ville qui en manquoit.

D J. C. 245.   De Rome 998.

Philippe marche contre les Carpes qui ravageoient le pays situé sur les bords du Danube, les défait, & les force à lui demander la paix.

De J. C. { 246. 247. 248.   De Rome { 999. 1000. 1001.

On célebre à Rome l'an mille de la fondation de la Ville accompli du 21. Avril 248. (selon le calcul de Varron). Pendant cette fête on vit des spectacles de toutes les especes. Philippe fit combattre toutes les bêtes étrangeres que Gordien avoit destinées pour son triomphe des Perses.

Ordonnance de Philippe par laquelle il défend tous les lieux publics de débauche. Tous ses prédécesseurs les avoient soufferts moyennant un tribut qu'ils en tiroient.

De J. C. 249.   De Rome 1002.

Les Payens persécutent les Chretiens à Alexandrie vers le mois de Janvier, puis se divisent entre eux & font une guerre civile.

MARCIA

FEMMES.	ENFANS.
MARCIA OTACILLA SEVERA. On ne sait rien de sa vie.	PHILIPPE SEVERE n'avoit que sept ans lorsque son pere parvint à l'Empire. On dit qu'il avoit l'esprit si sérieux qu'il ne rioit jamais; & que même ayant vû un jour son pere rire, il tourna la tête avec un air très mécontent. Lorsque les Prétoriens eûrent appris que son pere avoit été défait & tué par Dece, ils le tuerent aussi l'an 249.
MORT.	
Il fut tué vers le mois d'Octobre, proche Verone, par ses propres Soldats, après avoir été défait par Dece qui avoit pris le titre d'Empereur dans la Pannonie. Il étoit alors âgé de 45. ans & en avoit regné 5. & quelques mois.	
	PRINCES CONTEMPORAINS.
SÇAVANS ET ILLUSTRES.	Papes.
NICAGORE, fameux Sophiste d'Athenes. Il avoit composé la vie de plusieurs hommes illustres: mais cet ouvrage n'est pas venu jusqu'à nous.	S. FABIEN, 250.
	Des Perses.
	SAPOR I. 271.
QUADRATUS, étoit Italien d'origine, voilà tout ce qu'on sait de sa vie. Il avoit composé en Grec une histoire Romaine depuis la fondation de cette Ville jusqu'à l'an mil de cette même fondation; & une histoire des Parthes. Tous ses ouvrages étoient fort estimés: mais ils ont été tous perdus.	

Faits memorables du regne de Philippe.

Le peuple d'Orient, ne pouvant plus souffrir les vexations du Gouverneur Prisque, frere de Philippe, se révolte & proclame Jotapien Empereur.

P. Carilius Marin, Capitaine d'une valeur à l'épreuve, est proclamé Empereur dans la Mœsie : mais ces deux rebelles furent tués par leur propres soldats. Philippe envoye Dece pour punir les complices de la révolte de Mœsie : mais lorsqu'il y fut arrivé, il accepta lui-même l'Empire.

Philippe instruit que Dece avoit accepté l'Empire, marche contre lui. Les deux armées se joignirent proche Verone ; Philippe y fut défait & tué vers le mois d'Octobre.

Philippe ne fut digne de l'Empire ni par la naissance, ni par le mérite. La brigue & la faveur l'éleverent aux premieres dignités : le crime le porta sur le throne, & sa lâcheté ternit la gloire du nom Romain. Pour gagner le cœur de ses sujets il dégrada sa dignité, & se rendit méprisable. Si ce parricide a été Chrétien, comme plusieurs le prétendent, il n'a fait que deshonorer le Christianisme, qui tire plus d'éclat des mœurs & de la piété de ses Sectateurs, que de leurs titres & de leurs couronnes.

Naissance et origine de l'Empereur C. Messius Quintus Trajanus Decius dit Dece.

Il naquit dans la Pannonie inférieure. Quelques-uns prétendent, mais sans beaucoup de fondement, que sa famille étoit ancienne. On ne trouve point quels emplois il avoit occupés avant de parvenir à l'Empire.

FEMMES.

HERENNIA ETRUCILLA dont on ne connoît que le nom. On a cru pendant très longtems que la femme de Dece s'appelloit *Cnea Seia Herennia Sallustia*: mais on est revenu de cette erreur depuis qu'on a trouvé une Médaille de l'Empereur Dece, qui porte sur un côté son image & celle d'Herennia Etrucilla.

MORT.

Il périt dans un marais où il s'étoit lancé voyant que les Gots étoient sur le point de gagner la victoire. On ne put jamais retrouver son corps. Il avoit alors cinquante ans, & en avoit régné deux & six mois.

SAVANS ET ILLUSTRES.

S. CYPRIEN, Docteur de l'Eglise, Evêque de Carthage, étoit d'une illustre famille de Carthage, & possédoit de grands biens. Il passa sa jeunesse dans les plaisirs & la débauche : mais lorsqu'il eut embrassé la Religion Chrétienne, & qu'il eut reçu le Batême, il vendit ses biens, en donna l'argent aux pauvres, s'adonna tout entier à la lecture des saintes Ecritures, & fit une austere pénitence. Sa réputation fit tant de bruit que tout (a) le

(a) C'étoit alors le peuple qui choisissoit les Evêques.

ENFANS.

Q. ETRUSCUS DECIUS fut tué avec son pere l'an 251.

ETRUSCUS fut adopté par Gallus successeur de Dece : mais il mourut de la peste en 252. Quelques-uns ont cru que Gallus l'avoit fait empoisonner.

TRAJANUS fut tué avec son pere l'an 251.

HOSTILIANUS fut tué avec son pere l'an 251.

On n'a d'autre certitude que ces deux derniers sont fils de Dece que quelques Médailles. Les Auteurs n'en parlent point : ils disent seulement que Dece fut tué avec trois de ses enfans.

PRINCES CONTEMPORAINS.

Papes.

S. FABIEN, 250.
Le Saint Siege vaque environ seize mois.
S. CORNEILLE, natif de Rome. Ce fut sous son Pontificat que l'Eglise essuya tout le feu de la persécution de Dece. Ce saint Pontife eut la douleur de voir plusieurs Chrétiens, même des Evêques, renoncer au Christianisme par la crainte des tourmens. Par sa douceur il en ramena plusieurs à la foi, & leur fit embrasser la pénitence : mais si-tôt que le feu de la persécution fut appaisé, l'Eglise fut affligée par un Schisme que S. Corneille ne put éteindre. Il fut martyrisé

V ij

FAITS MEMORABLES DU REGNE DE DECE.

De J. C. 249.   De Rome 1002.

Le Senat confirme l'Election de Dece, & lui donne le titre d'Auguste.

De J. C. 250.   De Rome 1003.

Terrible persécution des Chrétiens. Elle est comptée pour la septieme. Ce fut la plus cruelle qu'ils eussent soufferte jusqu'alors. Ce barbare Empereur, que les Historiens payens ont osé mettre au nombre des bons Princes, par un faux zele de religion, fit périr la moitié de ses Sujets. Les roues, les dents des bêtes féroces, la cire & le plomb fondus, l'huile bouillante, les pieux, les tenailles, enfin tous les moyens les plus cruels que fournissoit l'imagination furent employés pour le supplice des plus fideles Sujets de l'Empire. Dece envoya ordre aux Gouverneurs des Provinces de forcer tous les Chrétiens à sacrifier aux Dieux, & de punir du dernier supplice tous ceux qui refuseroient de le faire : la vengeance & l'intérêt firent dénoncer de toutes parts des Chrétiens aux Gouverneurs des Provinces, & ceux qui refuserent de sacrifier furent traînés en prison, sans distinction d'âge ni de sexe ; le nombre des prisonniers devint si considérable, qu'on fut obligé de changer en prisons tous les édifices publics dans chaque ville. Beaucoup de Chrétiens résisterent aux tourmens qu'on leur fit souffrir, & moururent sans renoncer à la foi, d'autres se retirerent dans les déserts de la Thébaïde qui font partie de la haute Egypte, de ce nombre fut S. Paul Hermite. C'est la premiere époque des Saints Hermites.

Savans et Illustres.   Princes contemporains.

peuple de Carthage voulut l'avoir pour Evêque lorsque le Pontificat fut vacant. Il se crut indigne de cet honneur & se cacha : mais on le força à accepter. Il fut le modele de tous ses collegues ; il traitoit les Chrétiens avec douceur, reprenoit avec sévérité ceux qui s'abandonnoient aux crimes, & ranimoit ceux que la crainte des tourmens ébranloit. Son zele s'étendit par toute la terre, & il apprit à tous les Evêques de son tems à conduire leur troupeau. Il fuit la persécution : mais il n'abandonna pas son Clergé, & il le conduisoit du lieu de sa retraite. Il fut enfin martyrisé le 16 Septembre 258.

On peut juger de son esprit, de sa science & de son éloquence par les ouvrages qui nous sont restés de lui ; & il est difficile de décider en quoi il excelle le plus, ou dans la beauté de l'expression, ou dans la force du raisonnement.

ORIGENE ADAMANCE, étoit originaire d'Egypte, fils de Saint Leonice, Martyr, qui l'éleva avec soin dans la Religion Chrétienne, & lui apprit de très bonne heure l'Ecriture Sainte. Origene donna des preuves de la grandeur de son genie dès sa plus tendre jeunesse. Dès l'âge de dix-sept ans il écrivit à son pere qui étoit détenu dans les prisons pour la Foi, l'encouragea & l'exhorta à souffrir le martyre plûtôt que de renon-

sous Gallus le 14 Septembre 252.

Antipapes.

NOVATIEN, Prêtre de Rome, étoit très-savant & avoit beaucoup d'éloquence, ce qui lui donna de l'amour propre au point de croire que personne ne méritoit mieux que lui d'être élevé au Pontificat : mais lorsqu'il vit qu'on lui avoit preferé saint Corneille, il ne voulut pas reconnoître l'élection de ce saint Pape, fit Schisme, & attira à son parti plusieurs Prêtres, même des Evêques, par qui il se fit élire Pape. Il tomba dans des erreurs qui ont duré jusqu'au septieme siecle. On croit qu'il mourut sous Valerien.

Des Perses.

SAPOR I. 271.

FAITS MEMORABLES DU REGNE DE DECE.

Plusieurs Chrétiens effrayés par les tourmens qu'ils voyoient souffrir aux autres, renoncerent à la foi, des Evêques même furent de ce nombre. D'autres, pour se mettre à l'abri de la persécution, donnerent de l'argent aux Magistrats pour avoir un certificat par lequel il étoit porté qu'ils avoient sacrifié, quoiqu'ils n'en eussent rien fait. Ce fut ce qu'on appella les Libellatiques.

Le Saint Siége est vaquant près de seize mois après le martyre de S. Fabien Pape. Pendant ce tems le Clergé de Rome prend la conduite de l'Eglise.

Le Clergé de Rome, & S. Cyprien Evêque de Carthage, accordent la Communion aux Apostats repentans, vulgairement les Tombés, *lapsi*, qui se trouvoient en danger de mort : mais ils renvoyent à un Concile ceux qui n'étoient attaqués d'aucune maladie.

Dece fait rebâtir les murailles de Rome. Il va lui-même appaiser quelques troubles qui étoient dans les Gaules.

Cniva, Roi des Gots, passe le Danube & ravage la Mœsie : il est défait devant Nore par Gallus successeur de Dece, & par le fils de Dece, devant Nicople : mais il défait ce jeune Prince à Bercé, & prend Philippople, où il fait périr plus de cent mille hommes, & ravage la Thrace. L. Priscus, Gouverneur de Macédoine, qu'on croit être frere de Dece, se joint aux Gots, & se fait proclamer Empereur.

La grande peste, qui dura dix ans, commence cette année.

De J. C. 251.   De Rome 1004.

Dece fait ses deux fils aînés, Dece & Etruscus, Augustes. Felicissime, Laïque, fait schisme avec les Tombés contre S. Cyprien ; cinq Prêtres se joignent à lui,

SAVANS ET ILLUSTRES.

ter au Christianisme. Dans un âge très-peu avancé il se trouva chargé du soin d'instruire les fideles à Alexandrie. Son zele alla si loin qu'il se fit Eunuque, croyant y être autorisé par un passage de l'Ecriture. Demetre, alors Evêque d'Alexandrie, touché de ce zele, l'encouragea par des remontrances pleines de douceur & d'amitié: mais voyant qu'Origene s'étoit acquis une grande réputation par son mérite & par sa vertu, la jalousie l'engagea à l'accuser d'Hérésie; il l'attaqua sur l'imprudence qu'il avoit eue de se mutiler, le déposa du Sacerdoce, l'excommunia & engagea tous les Evêques à en faire autant. Il n'y eut que ceux de la Palestine, qui, connoissant sa vertu, prirent son parti contre les autres Evêques. En effet, il menoit une vie très-austere, ne mangeoit qu'autant qu'il falloit pour se soutenir la vie, couchoit sur la terre toute nue, refusoit tous les présens qu'on lui offroit, s'étant fait une loi de vivre dans la pauvreté évangelique. Il fut arrêté à Césarée pendant la persécution de Dece, & souffrit plusieurs tourmens sans vouloir renoncer à la foi. Il mourut à Tyr l'an 253 âgé de 69 ans. Il a détruit plusieurs hérésies, & a ramené à la foi beaucoup d'hérétiques, entr'autres Berylle, Evêque de Bostres en Arabie.

SAVANS ET ILLUSTRES.

Origene étoit un des plus savans hommes de son tems. Il n'y avoit point de sorte de science dans laquelle il ne fût versé. Rufin dit que l'éclat de sa science avoit engagé les Evêques à le persécuter. Il dit aussi qu'il avoit composé plus de Livres qu'un autre n'en pourroit lire: on croit que le nombre se montoit à six mille. Il nous est resté beaucoup de ses ouvrages, dont les principaux ont pour objet l'explication de l'Ecriture Sainte. Vincent de Lerins dit que son style est facile, doux & coulant, qu'il n'y avoit rien d'obscur qui ne parût clair lorsqu'Origene l'avoit expliqué. Il a eu des ennemis & des défenseurs après sa mort. Les uns en ont fait un hérétique, les autres l'ont comparé aux Apôtres.

S. PAUL, premier Hermite étoit sorti de parens très-riches. Il perdit son pere & sa mere dès l'âge de quinze ans, & se trouva maître d'un bien considérable qu'il employa à soulager les pauvres & à se faire instruire dans toutes sortes de sciences. Dans le tems de la persécution de Dece, il se retira à une maison de campagne: mais ayant appris que son beau-frere le vouloit dénoncer pour avoir son bien, il s'enfonça dans les deserts de la Thebaïde, & se retira dans une caverne qui avoit autrefois été habitée par des faux-monnoyeurs.

V iv

FAITS MEMORABLES DU REGNE DE DECE.

du nombre desquels est Novat qui se fait Diacre sans le consentement de S. Cyprien.

Concile de Carthage assemblé vers la fin d'Avril. Il y fut décidé que les Libellatiques qui avoient fait pénitence aussi-tôt après leur faute seroient admis à la Communion, mais que ceux qui avoient sacrifié aux Dieux, n'y seroient admis qu'après une longue & austere pénitence; qu'on examineroit les circonstances de leur chûte, pour régler la durée de leur pénitence, & que ceux qui admettroient à la Communion des personnes en qui on n'auroit pas remarqué un sincere repentir, & qui n'auroient pas fait une pénitence austere, seroient frappés d'anathème.

On établit des Prêtres dans chaque Eglise pour examiner les fautes des Chrétiens, & leur imposer une pénitence proportionnée à leur faute; c'est ce qu'on a depuis appellés Pénitenciers; d'où est venu insensiblement l'usage de la Confession.

Felicissime, & tous ses Sectateurs furent excommuniés par le même Concile.

Dece marche contre les Gots qui ravageoient la Mœsie. Julius Valens se fait proclamer Empereur à Rome : mais il est tué peu après.

Grands troubles dans l'Eglise de Rome causés par Novatien, qui, ne voulant pas reconnoître l'élection du Pape S. Corneille, fait schisme & tombe dans l'hérésie, prétendant que l'Eglise ne pouvoit pas absoudre ceux qui avoient renoncé à la foi. Il fut sollicité à faire ce schisme par ce même Novat, qui, par un esprit de révolte avoit engagé Felicissime, à Carthage, à recevoir tous les Tombés à la pénitence, & à Rome, engageoit Novatien à n'en recevoir aucun.

SAVANS ET ILLUSTRES. SAVANS ET ILLUSTRES.

Il y passa quatre-vingts-dix ans inconnu au reste des hommes, ne vivant que d'herbes & de racines. Dieu le découvrit à S. Antoine peu avant sa mort. Il mourut âgé à peu près de 112 ans, car il n'en avoit guere que 22 lorsqu'il se retira dans le désert.

FAITS MEMORABLES DU REGNE DE DECE.

Novatien se fait élire Pape: mais son élection est rejettée par toutes les Eglises, ce qui l'engage à y envoyer des Evêques schismatiques.

Le Senat nomme Valerien Censeur. Il paroît que cette place n'avoit été donnée à aucun particulier depuis l'Empereur Claude. Dece, connoissant de quelle utilité elle avoit été du tems de la République, voulut la retablir.

Dece périt au mois d'Octobre avec une partie de ses enfans, en poursuivant les Gots. Il les avoit battus au point qu'ils lui avoient proposé de lui rendre tout le butin qu'ils avoient fait, & tous les prisonniers qu'ils avoient pris, s'il vouloit leur accorder la paix: mais il la leur refusa, voulant détruire entierement cette nation. On assûre que Trebonianus Gallus, ayant conçû le desir de monter au throne, cherchoit tous les moyens de faire perir Dece. Pour y mieux réussir, il laissa passer les Goths par un endroit que Dece lui avoit donné à garder, & leur conseilla d'aller attaquer le camp de Dece à l'improviste. Ils suivirent l'avis que Gallus leur donna, & Dece, malgré sa surprise, combattit en heros: mais voyant que ses troupes plioient, il poussa son cheval dans un marais profond, où il s'enfonça, sans qu'on pût jamais retrouver son corps.

Dece avoit de grandes qualités & de grands défauts: il avoit du courage & ne connoissoit pas ses forces; il savoit discipliner une armée, & ne savoit pas vaincre; il aimoit la justice, & ne savoit pas la rendre. Il mit un désordre affreux dans l'Etat en voulant le régler, opprima l'innocence, excita l'avarice & arma la vengeance; il employa enfin, le fer & le feu contre ses Sujets les plus fideles, & rendit son nom odieux à la postérité.

Naissance et origine de C. Vibius Trebonianus Gallus.

Il naquit vers l'an 206. On ne sait ni d'où il étoit, ni quelle étoit sa famille. Tout ce qu'on sait de sa vie privée, c'est qu'il avoit été Consul, & qu'il étoit Officier Général de l'Armée de Dece, lorsqu'il parvint à l'Empire.

Faits memorables du regne de Gallus.

De J. C. 251.   De Rome 1004.

Gallus est proclamé Empereur par l'Armée qu'il commandoit sous Dece. Il fait une paix honteuse avec les Gots ; les laisse retourner dans leur pays avec tout leur butin, & leur promet un tribut annuel afin qu'ils ne reviennent plus piller les terres de l'Empire. Il adopte Hostilien fils de Dece, & le fait Auguste.

De J. C. 252.   De Rome 1005.

On vit cette année trois Evêques à Carthage. Saint Cyprien étoit celui des Orthodoxes, Maxime fut élû par les Novatiens, & Fortunat par ceux du parti de Felicissime.

Gallus associe son fils Volusien à l'Empire le 31. Juillet.

La peste, qui avoit commencé sous Dece, augmente ; Gallus ordonne des sacrifices dans tout l'Empire : mais les Chrétiens refusent d'en faire, ce qui fait renouveller la persécution.

Perpenna Licinianus se révolte, & est tué peu après.

Faits memorables du regne de Gallus.

De J. C. 253.   De Rome 1006.

Emilien, Gouverneur de Mœsie défait les Gots. Il se fait proclamer Auguste, & vient aussi-tôt en Italie. Gallus & Volusien levent une armée, vont au-devant de lui, le joignent vers la Mœsie. La bataille se donne. Gallus & Volusien son fils sont battus; ils prennent la fuite & sont tués à Terni par leurs propres soldats.

Gallus doit être mis au nombre de ces Princes indolens, qui sans avoir de vice ni de vertu, ont toute sorte de défauts. Il ne fit ni bien ni mal à ses sujets: mais il fut si lâche, que ses soldats le trouvant incapable de commander, le massacrerent.

FEMMES.	ENFANS.
Hostilia Severa, qu'on croit avoir été femme de Gallus: maison n'en a pas d'autres preuves que quelques Médailles, où elle est qualifiée Auguste, ce qui ne fait pas une grande autorité.	C. Vibius Volusianus ou Trebonianus, fut associé à l'Empire : mais il ne joüit pas longtems de cet honneur; car il fut tué avec son pere l'an 253.

MORT.

Il fut tué vers le mois de Mai 253. à Terni dans l'Ombrie par ses soldats, qui l'abandonnerent pour prendre le parti d'Emilien. Il étoit alors âgé de 47. ans & avoit régné 18. mois.

PRINCES CONTEMPORAINS.

Papes.

S. Corneille, 252.
S. Luce I. natif de Luques en Toscane. Il fut martyrisé le 3. Mars 254.

Des Perses.

Sapor I. 271.

Naissance et origine de C. Julius Emilianus *dit* Emilien.

Il naquit vers l'an 207. dans la Mauritanie. Tout ce que l'on fait de fa famille, c'est qu'elle n'avoit jamais tenu un rang diftingué. On trouve qu'il avoit été Conful avant de parvenir à l'Empire, & qu'il étoit Gouverneur de Mœfie lorfqu'il y parvint; on ne fait pas autre chofe de fa vie privée.

Faits memorables du regne d'Emilien.

De J. C. 253.   *De Rome* 1006.

Le Senat confirme le titre d'Augufte à Emilien.

Les Légions des Gaules, que Valerien amenoit au fecours de Gallus, ayant appris que cet Empereur avoit été tué, & qu'Emilien avoit été proclamé Augufte, refufent de fe foûmettre à lui, & proclament Valerien, qui paffe en Italie pour combattre Emilien : mais les foldats d'Emilien, le jugeant indigne de régner, le tuent près de Spolete vers le mois d'Août.

Emilien aimoit la guerre, & ne favoit pas conduire une armée. Il ne fut ni fe faire aimer, ni fe faire craindre de fes foldats. Son regne a été trop court pour qu'on en puiffe favoir davantage.

FEMMES.	PRINCES CONTEMPORAINS.
On croit qu'il n'a eu ni femme ni enfans. **MORT.** Il fut tué vers le mois d'Août 253. proche Spolette, par ses propres soldats qui l'abandonnerent pour Valerien qui avoit été proclamé Empereur dans la Rhetie.	*Papes.* S. LUCE, 254. *Des Perses.* SAPOR I. 271.

NAISSANCE ET ORIGINE DE P. LICINIUS VALERIANUS, dit VALERIEN.

Les Auteurs difent qu'il étoit d'une naiffance fort illuftre, fans s'expliquer davantage. Il avoit paffé par toutes les grandes dignités de l'Empire, & avoit eu l'honneur d'être Cenfeur fous Dece.

FAITS MEMORABLES DU REGNE DE VALERIEN.

De J. C. 253.   De Rome 1006.

Le Senat confirme l'élection de Valerien, qui affocie prefqu'en même tems fon fils Gallien à l'Empire.

Les barbares d'Afrique font des courfes dans la Numidie, & emmenent en captivité un grand nombre de Chrétiens tant hommes que femmes, même des Vierges. S. Cyprien Evêque de Carthage, inftruit de ce malheur, fait contribuer les Chrétiens de Carthage, pour racheter ces captifs.

De J. C. { 254. 255.   De Rome { 1007. 1008.

Les François font battus vers Mayence par Aurelien, qui fut depuis Empereur.

On croit que la fameufe difpute entre S. Cyprien & le Pape Etienne, au fujet du Batême des hérétiques, commença cette année.

Sabellius, dont on ne connoît que le nom & les erreurs, commence à publier fes héréfies. Il foûtenoit que les trois perfonnes de la Sainte Trinité n'exiftoient

Valerien

FEMMES.	ENFANS.
Valerien eut deux femmes: mais on ne trouve ni le nom, ni la famille de la premiere, qui fut mere de Gallien. MARINIENNE fut sa seconde: on ne sait de celle-ci ni les circonstances de sa vie, ni la date de sa mort. Quelques-uns croyent qu'elle fut emmenée en Perse avec son mari, & qu'elle y mourut.	GALLIEN successeur de Valerien. P. LICINIUS VALERIANUS, étoit d'une très-belle figure, & avoit beaucoup d'esprit. Sa douceur & sa politesse le firent aimer de tout le monde. Il fut tué avec Gallien l'an 268.

Faits mémorables du regne de Valerien.

pas toutes les trois, qu'il ne subsistoit qu'un seul sujet en Dieu, qui, selon les différentes rencontres, parloit tantôt comme Pere, tantôt comme Fils, tantôt comme Saint-Esprit; qu'il avoit donné la Loi comme Pere, qu'il s'étoit incarné comme Fils, & que comme Saint-Esprit il étoit descendu sur les Apôtres.

De J. C. 256.   De Rome 1009.

Gallien bat les Germains qui ravageoient l'Illyrie, & qui s'étoient répandus jusques dans l'Italie.

Sapor, Roi de Perse, chasse Tiridate Roi d'Armenie, & met Artabasde à sa place.

La persécution des Chrétiens, sous Valerien, commence vers la fin de cette année. Cet Empereur les avoit traités favorablement jusqu'alors : mais il fut excité à les persécuter par un certain Macrien, homme de basse naissance, en qui il avoit mis toute sa confiance.

Valerien & son fils Gallien envoyent ordre à tous les Gouverneurs des provinces de faire observer les cérémonies de la Religion Romaine à tout le monde, de ne point souffrir que les Chrétiens s'assemblent, de leur ôter la possession de leurs Cimetieres, où ils faisoient leurs cérémonies, & de les forcer à sacrifier aux Dieux. Cette persécution dura plus de trois ans, pendant lesquels il y eut beaucoup de Chrétiens qui souffrirent le martyre.

De J. C. 257.   De Rome 1010.

Aurelien, Lieutenant d'Ulpius Crinitus, parent de

de l'Histoire des Empereurs. 323

MORT.	PRINCES CONTEMPORAINS.

Il fut emmené prisonnier en Perse, où le Roi Sapor le traita avec indignité, jusqu'à le faire servir de marche-pié lorsqu'il montoit à cheval. Il mourut en captivité l'an 269. âgé de 71. ans, après en avoir régné sept. Sapor le fit écorcher après qu'il fut mort, & fit corroyer sa peau, la fit teindre en rouge, & la mit dans un temple pour être un monument éternel de la honte des Romains.

Papes.

S. LUCE, 254.

S. ETIENNE I. natif de Rome. Il s'opposa toûjours avec fermeté aux hérétiques, & traita les Chrétiens avec douceur. Il fut martyrisé vers le 2 Août 257.

S. SIXTE II. originaire de Grece, avoit été Coadjuteur de S. Etienne. Il fut martyrisé le 6. Août 259.

Le Saint Siége vaque un an.

S. DENYS, mourut le 29 Décembre 268.

Des Perses.

SAPOR I. 271.

X ij

Faits mémorables du règne de Valérien.

Trajan, chasse les Gots de la Thrace.

Les Perses pillent la Mesopotamie, prennent Nisibe & Carres: ils assiegent Edesse, sans la pouvoir prendre, delà sont conduits à Antioche par un certain Cyriade, d'une naissance distinguée chez les Romains: ce même Cyriade se fit proclamer Empereur peu de tems après: mais il fut tué presqu'aussitôt par ses soldats.

De J. C. 258.   De Rome 1011.

Valerien marche contre les Perses. Il passe par Antioche, & répare tout le tort qu'ils y avoient fait l'année précédente.

S. Cyprien est martyrisé à Carthage le 14 Septembre.

De J. C. 259.   De Rome 1012.

Les Scythes passent le Danube durant l'hyver, entrent en Asie, y pillent plusieurs Villes, brûlent Nicomedie & Nicée. Valerien vient jusqu'en Cappadoce pour les chasser: mais ayant appris qu'ils s'étoient retirés, il retourne à Antioche.

Grand nombre de Prêtres souffrent le martyre à Antioche.

De J. C. 260.   De Rome 1013.

Bataille donnée dans la Mesopotamie. Valerien, dont l'armée étoit affoiblie par la peste, est défait par Sapor, Roi de Perse. Il demande à traiter: mais Sapor s'étant apperçû, pendant leur conférence, qu'il n'étoit escorté que d'un très-petit nombre de troupes,

FAITS MEMORABLES DU REGNE DE VALERIEN.

le fait arrêter. Les Perses victorieux pillent la Mesopotamie & la Syrie, reprennent Antioche, se rendent maîtres de Tarse en Cilicie, & de Cesarée en Cappadoce, & passent au fil de l'épée tous les habitans dont le nombre se montoit à près de quatre cents mille.

Baliste, Prefet du Pretoire, rassemble les débris de l'armée de Valerien, passe dans la Lycaonie que les Perses ravageoient, les surprend, taille en pieces leur armée, leur enleve des sommes considérables, & prend les femmes de Sapor.

Odenat, Prince de Palmyre, Ville de Phenicie, écrit à Sapor, lui proteste dans sa lettre qu'il n'a jamais pris les armes contre lui, & lui envoye des présens: mais Sapor se trouvant indigné qu'un aussi petit Prince eût osé lui écrire, & ne fût pas venu lui-même lui rendre hommage, déchire sa lettre, fait jetter ses présens dans la riviere, & jure qu'il ruinera bientôt tout son pays, & le fera périr, lui & toute sa famille, s'il ne vient pas se jetter à ses piés les mains liées derriere le dos. Odenat, pour se vanger de cette insolence, se joint à Baliste, Général Romain. Ils battent les Perses en différentes rencontres, & les forcent à se retirer dans leur pays. Les Perses chargent Valerien de chaînes, l'emmenent dans leur pays, où Sapor lui fait toute sorte d'indignités.

Valerien fut estimé, & parut mériter les premiers honneurs de la République tant qu'il fut particulier: mais lorsque parvenu à la puissance suprême, il fut en spectacle à tout le monde; il parut avoir moins de vertus & plus de défauts. Il ne savoit pas juger du mérite, & eut toûjours de mauvais Ministres. Il abusoit

FAITS MEMORABLES DU REGNE DE VALERIEN.

souvent de fa puiſſance, commandoit ſans avoir reſléchi, & ſe faiſoit obéir impérieuſement. Ses lauriers furent flétris par pluſieurs traits de timidité. Son imprudence fut la ſource de ſon malheur, & fit une tache à la gloire des Romains qu'ils n'ont jamais pû effacer.

NAISSANCE ET ORIGINE DE P. LICINIUS GALLIENUS *dit* GALLIEN.

On ne ſait point le lieu de la naiſſance de Gallien. Son origine eſt expliquée au commencement de l'article de Valerien dont il étoit fils.

FAITS MEMORABLES DU REGNE DE GALLIEN.

De J. C. 260.   De Rome 1013.

Gallien revient des Gaules, où il étoit allé faire la guerre; il entre en Italie, & en chaſſe les Allemans qui y faiſoient de terribles ravages.

M. Caſſius Latienus Poſtumus, nommé Poſtume, qui avoit été Gouverneur de Gallien, tue Cornelius Valerianus, fils aîné de Gallien, & ſe fait proclamer Empereur dans les Gaules, d'où il chaſſe les Allemans & regne près de ſept ans.

Decimus Lælius Ingenuus, ſe revolte en même tems dans l'Illyrie; tous les peuples de ce pays le reconnoiſſent avec joie, eſpérant que par ſa valeur il chaſſera les Sarmates qui y faiſoient de grands ravages: mais Gallien marche contre lui, le défait près

FEMMES.	ENFANS.

CORNELIA SALONINA. Tout ce qu'on sait d'elle c'est que Gallien l'aimoit beaucoup, & qu'il lui accordoit tout ce qu'elle lui demandoit. Elle fut tuée avec lui l'an 268.

P. LICINIUS CORNELIUS SALONINUS VALERIANUS. Gallien lui avoit fait donner le titre de Cesar : mais Postume à qui il l'avoit confié lorsqu'il alla en Italie contre les Allemans, le fit tuer à Cologne en 260, & se fit proclamer Empereur des Gaules.

QUINTUS JULIUS SALONINUS GALLIENUS, fut fait Cesar peu après la mort de son frère : mais il fut tué au même tems que son pere l'an 268.

X iv

Faits mémorables du regne de Gallien.

de Murse, où Ingenuus se tue. Gallien punit avec la derniere cruauté ceux qui avoient pris son parti, mande à Varianus Celer, l'un de ses Officiers, de mettre tout à feu & à sang, de faire perir tous les coupables, sans distinction d'âge ni de sexe : » Epousez, lui écrivoit-il, ma colere, & vengez ma querelle comme si c'étoit la vôtre propre « : *Mente mea irascere*. Ce sont les termes de sa Lettre.

Aureole, Dace d'origine, d'au-delà du Danube, berger d'extraction, est proclamé Empereur dans la Rhetie, & y regne près de huit ans.

Gallien appaise la persécution contre les Chrétiens, & fait publier des Edits de pacification en leur faveur, leur accorde le libre exercice de leur religion, ordonne qu'on leur rende les cimetieres où ils s'assembloient, & qu'on restitue aux particuliers tous les biens qu'on leur avoit confisqués pour cause de religion.

La peste fait périr beaucoup de monde.

De J. C. 261.   De Rome 1014.

Le peuple & les soldats de la Mœsie, irrités des cruautés que Gallien y avoit exercées, pour punir la revolte d'Ingenuus, proclament Empereur Q. Nonius Regillianus, Dace d'origine, & allié du Roi Décabale vaincu par Trajan : mais ses soldats le tuerent peu après.

M. Fulvius Macrianus, qui avoit engagé Valerien à persécuter les Chrétiens, & qui étoit cause de la captivité de cet Empereur, l'ayant conduit, dans la guerre des Perses, dans un endroit, où il lui étoit impossible de combattre, se fait proclamer Empereur en Egypte, où il regne un peu plus d'un an.

MORT.	PRINCES CONTEMPORAINS.
Il fut tué le 20 Mars 268 devant Milan, où il assiegeoit Aureole qui s'étoit fait proclamer Empereur. Les Officiers de son armée, ne pouvant plus supporter ses débauches, formerent une conjuration contre lui & le tuerent. Il étoit alors âgé de 36. ans, & en avoit régné huit seul, & sept avec Valerien son pere.	*Papes.* S. DENYS, 268. *Des Perses.* SAPOR, I. 271.

Faits memorables du regne de Gallien.

Odenat reprend Carres & Nisibe, entre en Perse, oblige Sapor à prendre la fuite, ruine tous les pays par où il passe, massacre tous ceux qu'il rencontre, défait plusieurs Seigneurs de la Perse, réunis pour lui faire tête, & fait le siége de Ctesiphon.

Grands troubles à Alexandrie avant Pâque. On croit que ce fut une guerre civile. Elle fut si terrible que toute la Ville fut dépeuplée, les rues couvertes de cadavres, & la mer teinte de sang. La famine, causée par les inondations du Nil, & la peste succedent à cette guerre. Ces trois fleaux firent périr une si grande quantité de personnes, que la Ville fut entierement dépeuplée.

Macrien envoie Pison, sorti des anciens Pisons, pour tuer Valence, Proconsul d'Achaie en Grece : ils se font tous les deux proclamer Empereurs : mais Valens envoye des Soldats contre Pison qu'ils tuent par surprise, & Valens est tué par ses propres Soldats vers la fin de Mai.

Les voleurs ravagent la Sicile.

De J. C. 262.   De Rome 1015.

Grand tremblement de terre en Asie, en Afrique & en Europe, plusieurs Villes furent renversées.

Il y eut des ténebres cette année pendant trois jours; plusieurs Astronomes en ont cherché la cause sans la pouvoir trouver.

La peste fait périr beaucoup de monde à Rome & dans la Grece.

Les Gots ravagent la Macédoine, & assiégent Thessalonique, sans la pouvoir prendre. Ils entrent dans l'Asie & y sont défaits par Macrien.

de l'Histoire des Empereurs. 331

SAVANS ET ILLUSTRES.

Antipater (Gallus) avoit composé en Latin l'histoire des Trente Tyrans sous Gallien: mais cet ouvrage est perdu.

Aterien (Jule) avoit aussi composé l'histoire des Trente Tyrans. Pollion cite un endroit de la vie de Victorin, Tyran des Gaules, qui fait juger que cet ouvrage étoit fort bon: mais il n'est pas parvenu jusqu'à nous.

Celestin avoit composé en Latin la vie de Gallien: mais cet ouvrage est perdu. Il est cité par Pollion.

S. Denys d'Alexandrie, natif de Saba, étoit d'une naissance illustre, & possédoit de grands biens. Il fut d'abord élevé dans la Religion Payenne: mais ayant lû quelques Epîtres de S. Paul, il en fut touché, embrassa la Religion Chrétienne, se fit batiser, & se démit de toutes les charges qu'il avoit obtenues par son mérite. Il fut disciple d'Origene, qui étoit alors chargé d'instruire les fideles, & fit admirer la grandeur de son génie. Peu de tems après il fut ordonné Prêtre & succeda à S. Heracle dans la dignité d'Evêque d'Alexandrie. Pendant son Episcopat l'Eglise fut affligée de tous les côtés. La persécution fit renoncer plusieurs Chrétiens à la foi, les schismes & les hérésies causerent des troubles & des divisions terribles dans l'Eglise. Saint Denys ramena les

SAVANS ET ILLUSTRES.

uns à la foi, fit embrasser la Religion Chrétienne à d'autres, & rétablit la paix dans l'Eglise. Son merite lui suscita des ennemis, qui publierent contre lui des calomnies de toute espece: mais il prouva toûjours son innocence. Il mourut enfin dans un âge fort avancé le 31. Août 265. Ce grand Saint a composé plusieurs ouvrages dont il nous est resté une grande partie. Son style est élevé, même pompeux, ses descriptions sont belles, ses exhortations pressantes, & ses raisonnemens forts. On y remarque une grande connoissance de la discipline de l'Eglise.

Ephore, avoit composé en Grec la vie de Gallien. Son ouvrage étoit divisé en 27. Livres: mais il ne nous en est rien resté.

Odenat, Prince de Palmyre, fut le plus grand Capitaine de son tems. Par les fréquentes victoires qu'il remporta sur les Perses, & sur ceux qui entreprirent d'usurper la puissance suprême, il conserva l'Empire à Gallien, & se rendit recommandable à la posterité. Il avoit passé sa jeunesse à combattre les lions, les ours & les léopards, enfin dans les exercices les plus penibles de la chasse. Lorsque Sapor eut défait Valerien, Odenat fut un des premiers à l'en féliciter: mais Sapor, enflé de sa gloire, reçut mal les preuves d'amitié de ce Prince, ne voulut que des respects, & fit un crime irrémissible à

Faits memorables du regne de Gallien.

Les Scythes ravagent la Grece & l'Asie mineure, où ils pillent le fameux temple de Diane à Ephese, & s'en retournent porter leur butin chez eux.

Gallien écrit à Saint Denys d'Alexandrie & à plusieurs autres Evêques pour les assûrer qu'ils peuvent, sans risques exercer publiquement leur religion.

Macrien marche contre Gallien : mais il est défait & tué avec son frere aîné, par Aureole, sur les confins de la Thrace & de l'Illyrie. Odenat assiége dans Emese Quietus, second fils de Macrien, les habitans le tuent & se rendent à Odenat vers la fin de Juillet. Baliste se fait proclamer Empereur dans la Syrie, & y regne plus de deux ans.

Gallien triomphe des Perses vaincus par Odenat.

Tiberius Cestius Alexander Æmilius, dit Emilien, se fait proclamer Empereur en Egypte, d'où il chasse les barbares qui la pilloient.

Gallien fait la paix avec Aureole, tyran en Illyrie, & le mene avec lui dans les Gaules pour faire la guerre à Postume, qui est défait & obligé de prendre la fuite.

De J. C. 263.   De Rome 1016.

Gallien va à Byfance où il exerce toutes sortes de cruautés ; delà il retourne à Rome, où il célebre la dixieme année de son regne. Il y fait représenter un triomphe où il fait paroître des gens habillés en Gots, en Sarmates, en François & en Perses, comme si ç'avoit été des captifs de ces nations. Quelques-uns, par plaisanterie, furent demander à ces prétendus esclaves Perses, des nouvelles de Valerien. Gallien irrité de cette raillerie, fit brûler vifs ceux qui l'avoient faite.

ceux qui lui offroient de l'amitié. Odenat, indigné de cette fierté, se mit à la tête des troupes Romaines, défit les Perses, les força à fuir, & fit connoître à Sapor que qui sait vaincre ne sait pas ramper sous un autre. Gallien, pour reconnoître ses services, l'associa à l'Empire, & lui donna le département d'Orient qu'il sut défendre contre les attaques des ennemis. Il y regna 4. ans, au bout desquels il fut tué par ses plus proches, l'an 267.

PLOTIN, fameux Philosophe Platonicien, étoit de Lycopolis en Egypte. Après avoir écouté différens maîtres de Philosophie, il n'en trouva aucun qui le satisfît, ce qui lui causoit tant de chagrin, qu'il étoit toûjours triste. Il confia le sujet de sa peine à un de ses amis, qui le mena entendre le fameux Ammone Saccas: après l'avoir entendu, il dit à son ami: c'est celui là même que je cherchois. Depuis ce tems il prit ses leçons avec beaucoup d'exactitude durant près d'onze ans. Il se mit dans l'armée de Gordien pour passer avec lui en Perse, & delà dans les Indes pour entendre les Philosophes de ce Pays: mais la mort de Gordien l'ayant empêché d'exécuter son projet, il revint à Rome alors âgé de 40 ans; il y passa dix ans à enseigner la Philosophie. Il eut un grand nombre de Disciples, même jusqu'à des femmes qui vouloient entendre un homme d'une si grande réputation. Il obtint de Gallien la permission de faire rebâtir une ancienne Ville de la Campanie, & de la peupler de Philosophes qui y établiroient une Republique selon le système de Platon: mais Gallien fut détourné de ce projet. Plotin mourut l'an 250. âgé de 65. ans. On assure qu'on vit un Dragon sous son lit lorsqu'il mouroit. Il avoit composé en Grec une infinité de Traités de morale, que Porphyre son Disciple a rangés par ordre, & qu'il a divisés en six Livres sous le titre d'Enneades.

FAITS MEMORABLES DU REGNE DE GALLIEN.

P. Sempronius Saturninus, brave Officier, est proclamé Empereur par les soldats qu'il commandoit. On ne sait où se fit cette proclamation. Il fut tué vers la fin de l'an 266. parce qu'il traitoit ses soldats avec trop de sévérité.

Emilien qui s'étoit fait proclamer Empereur en Egypte, est battu & fait prisonnier par Theodore, qui l'envoye à Rome, où Gallien le fait étrangler.

Le Bruchium d'Alexandrie, où s'étoient retirés les restes du parti d'Emilien, est assiégé. C'étoit-là la forteresse de la ville, où étoit le Palais des Rois d'Egypte & le Musée, c'est-à-dire, le lieu destiné pour les sciences, où habitoient les Savans, & où ils s'assembloient. C'étoit-là où étoit cette fameuse Bibliotheque d'Alexandrie que les Rois d'Egypte avoient amassée. Elle étoit composée de sept cents mille volumes, dont quatre cents mille furent brûlés du tems que Jule-Cesar soutenoit les droits de Cléopatre contre son frere Ptolomée Denys. Ceux qui s'y étoient retirés pendant que Theodore l'assiégeoit résisterent avec tant de valeur, qu'on fut obligé de les affamer pour les prendre.

De J. C. 264.   De Rome 1017.

Gallien donne le titre d'Auguste à Odenat, & le fait Empereur d'Orient, où il regne près de quatre ans.

Baliste, qui avoit pris le titre d'Empereur en Syrie l'an 262. est tué dans sa tente par un simple soldat à qui Odenat avoit promis une grande récompense, s'il en venoit à bout.

Gallien fait encore la guerre à Postume qui avoit levé une nouvelle armée, & est blessé en faisant le siége d'une Ville dans les Gaules.

de l'Histoire des Empereurs. 335

FAITS MEMORABLES DU REGNE DE GALLIEN.

Postume s'associe M. Aurelius Victorinus, homme très-brave.

De J. C. 265.   De Rome 1018.

C. Annius Trebellianus, qui s'étoit fait proclamer Empereur dans l'Isaurie & la Cilicie, où il régnoit depuis quelque tems, est défait & tué par Causisolée, Général des troupes de Gallien.

Les Isaures se révoltent, & se retirent sur leurs montagnes. Depuis ce tems on ne put les faire rentrer sous l'obéissance.

Titus Cornelius Celsus, simple Tribun, qui, depuis quelque tems, s'étoit retiré du service, se fait proclamer Empereur à Carthage : mais il fut tué peu après, & son corps mangé des chiens.

Les Gots s'emparent de la province de Dace, que Trajan avoit autrefois conquise au-delà du Danube.

Les François passent en Espagne, où il restent près de douze ans.

De J. C. 266.   De Rome 1019.

Odenat rentre en Perse, & pousse ses conquêtes jusqu'à Ctesiphon, qu'il prend.

Les Gots pillent l'Asie, la Galatie & la Cappadoce, emmenent plusieurs Chrétiens qui les convertissent, & font bâtir des Eglises chez eux.

De J. C. 267.   De Rome 1020.

Odenat est assassiné avec son fils aîné Herode. Ze-

FAITS MEMORABLES DU REGNE DE GALLIEN.

nobie sa femme lui succede, prend le titre de Reine de l'Orient, & fait proclamer Empereurs ses trois fils Herennien, Timolaüs & Vabalat.

Gallien sort de son assoupissement. Il se souvient que son pere est en captivité, & envoie Heraclien à la tête d'une armée attaquer les Perses : mais Zenobie ne vouloit point voir d'autres troupes que les siennes en Orient : elle attaque Heraclien & taille son armée en pieces.

Elien se fait proclamer Empereur à Mayence : mais il est défait peu après, à Mayence même, par Postume, qui est tué lui même par ses propres soldats, parce qu'il ne veut pas leur accorder le pillage de cette Ville.

Spurius Servilius Lollianus, homme d'une naissance fort basse, mais d'une valeur à l'épreuve, se fait proclamer Empereur dans les Gaules, d'où il chasse les François qui y étoient venus faire des courses depuis la mort de Postume : mais ses soldats ne pouvant supporter sa sévérité, le tuent. Victorin lui succede & est tué peu après. Un Greffier, dont il avoit voulu violer la femme, forma une conjuration contre lui, & le fit tuer à Cologne sur la fin de cette année avec son fils qu'il avoit fait Auguste. On leur dressa un mausolée sur lequel on mit une épitaphe dont voici le sens : *Ici sont les deux Victorins tyrans.*

M. Aurelius Marius, Armurier d'extraction, se fit proclamer Empereur dans les Gaules après la mort de Victorin : mais un simple soldat qui avoit été son apprenti lorsqu'il exerçoit le métier d'Armurier, mécontent des mauvais traitemens qu'il en recevoit, le tua d'un coup d'épée le troisieme jour de son élévation,

&

Faits memorables du regne de Gallien.

& lui dit, en la lui plongeant dans le cœur : *Elle est de ta façon.*

Tetricus se fait proclamer Empereur à Bordeaux. Victorine ou Victoire, mere du tyran Victorin, avoit donné une grande somme d'argent aux soldats pour le proclamer.

Les Herules pillent l'Asie & la Grece d'où ils sont chassés par l'Historien Dexipe, qui s'étoit mis à la tête d'une troupe d'Atheniens.

Gallien va en Italie contre Aureole, qu'il défait, & l'assiége dans Milan.

De J. C. 268. De Rome 1021.

Gallien est tué, par ses Officiers, devant Milan, où il assiégeoit Aureole.

Gallien fut haï de ses Sujets & méprisé des ennemis. Il fut esclave de ses passions, dont la principale étoit la cruauté. Lorsqu'il étoit irrité, il marchoit à la tête de son armée, & bravoit les dangers : mais si-tôt que le feu de sa colere étoit passé, il retomboit dans son premier état d'indolence, & oublioit toute insulte. Incapable de former des desseins, il donna le tems à tous les séditieux d'en former ; l'on vit paroître des usurpateurs de toutes parts, & l'Empire se désunit par la foiblesse du chef. Incapable de sentir une insulte, plus incapable de la venger, il laissa son pere en captivité chez les barbares, sans se soucier de réparer l'honneur du nom Romain, flétri par cette honteuse détention.

Gallien avoit cependant une sorte d'esprit, & s'exprimoit avec délicatesse dans les choses de galanterie.

Faits memorables du regne de Gallien.

On en trouve une preuve dans un fragment qui lui est généralement attribué. C'est un Épithalame au sujet du mariage de ses deux fils, qui commence par ces mots : *Ite, agite ô Juvenes.*

Naissance et origine de M. Aurelius Flavius Claudius *dit* Claude II.

Il naquit le 10. Mai 214. ou 215. dans l'Illyrie. On ne trouve pas quelle étoit sa famille. Il y a lieu de croire qu'elle n'étoit pas illustre. Son premier emploi fut celui de Tribun militaire sous Dece ; Valerien lui donna le commandement de la cinquieme légion, & peu après le Gouvernement de l'Illyrie. Gallien, qui avoit toûjours eu beaucoup d'estime pour lui, l'envoya à Pavie pour y contenir les habitans dans le devoir pendant qu'il faisoit le siége de Milan.

Faits memorables du regne de Claude II.

De J. C. 268.   De Rome 1021.

Le 20. Mars les soldats murmurerent contre les Officiers qui avoient tué Gallien : on les appaisa à force d'argent.

Claude II. est proclamé Empereur & reconnu de toute l'armée. Le Senat reçoit la nouvelle de son élévation le 24. Mars & la confirme avec joie.

Il commença son regne par se faire aimer du public en abolissant les impôts trop onéreux établis par Gallien. Il répara encore les fautes de son injuste prédéces-

FEMMES.	PRINCES CONTEMPORAINS.
On croit que Claude II. n'a eu ni femme, ni enfans. MORT. Il mourut de la peste à Sirmich vers le mois d'Avril 270. âgé de 55 ou 56 ans, après en avoir régné deux & un mois.	*Papes.* S. FELIX I. natif de Rome, combattit avec fermeté les hérétiques qui parurent pendant son Pontificat. Il fut martyrisé le premier Janvier 274. *Des Perses.* SAPOR I. 271.

Faits memorables du regne de Claue II.

seur, en rendant aux particuliers le bien qu'il leur avoit enlevé. Une femme instruite de l'équité de Claude, vint le trouver; & lui dit : » Prince, un Officier nom-
» mé Claude, a reçû ma terre de Gallien, c'étoit
» mon unique bien; faites-la moi rendre «. Claude reconnut que c'étoit de lui-même dont elle parloit. Il
» lui dit avec douceur : » Il faut que Claude Empe-
» reur restitue ce qu'il a pris étant particulier ».

Bataille donnée entre Milan & Bergame. Aureole y fut défait & tué par Claude II.

Les Allemands sont défaits près du lac de Grade.

De J. C. 269.   De Rome 1022.

Les Gots, au nombre de trois cents vingt mille, vont piller la Thrace, l'Asie & la Grece; Claude II. marche contre eux, leur donne bataille près de Naisse. La victoire fut long-tems incertaine, les Romains plierent d'abord : mais s'étant ralliés, ils donnerent sur leurs ennemis avec une telle impétuosité qu'ils les enfoncerent & les forcerent à prendre la fuite, après leur avoir tué près de cinquante mille hommes.

Zenobie, veuve d'Odenat, envoye Zabbas avec une armée de soixante-dix mille hommes pour soûmettre l'Egypte : Probe leve une armée d'Egyptiens, & l'en chasse : mais il est défait peu après par Timagene Lieutenant de Zabbas, & l'Egypte est soûmise à Zenobie.

La ville d'Autun se révolte contre Tetricus qui s'étoit fait proclamer Empereur vers l'an 267. Elle fut prise au bout de 7. mois : Claude ne put la secourir parce qu'il étoit occupé contre les Gots.

Faits memorables du regne de Claude II.

Appius Claudius Censorinus, est forcé à prendre le titre d'Empereur à Boulogne en Italie : mais il est tué au bout de sept jours.

De J. C. 270.   De Rome 1023.

Claude poursuit les Gots jusqu'au mont Hæmus où il leur donne bataille. L'Infanterie Romaine, après un combat fort opiniâtre, tourna le dos : mais ayant été secondée par la Cavalerie, elle revint avec tant de courage que les Gots furent obligés à demander quartier. On fit un nombre infini de prisonniers, parmi lesquels il y eut des Princes & des Dames de la premiere qualité chez les Gots.

La peste qui étoit dans l'armée des Gots, & qui avoit contribué à leur défaite, prend dans l'armée Romaine & fait périr une grande quantité de Soldats & d'Officiers. Claude en est attaqué & meurt au mois d'Avril.

Le Senat proclame Empereur Quintile, frere de Claude II. mais ayant appris que l'armée qui étoit à Sirmich, avoit proclamé Aurelien, il se fait ouvrir les veines, & meurt après un regne de 17. ou 20. jours. C'étoit un Prince doux & moderé : mais on croit qu'il n'avoit ni la fermeté ni la hardiesse nécessaires à un Empereur.

Claude fut un grand Capitaine, un Juge équitable ; enfin un Empereur accompli. Par sa valeur, il se fit craindre des ennemis, arracha des mains des barbares le butin qu'ils avoient fait sur les Romains, & les força à se retirer sur leurs terres. Il répara, par son équité, tous les maux que l'infame Gallien avoit faits aux particuliers, & se fit aimer de tous ses Sujets par sa

Faits memorables du regne de Claude II.

douceur & sa prudence. Lorsqu'il mourut il alloit chasser entierement les barbares, soûmettre les ennemis, dompter les rébelles, rétablir la paix dans l'Empire, & rendre aux Romains leur ancien éclat.

Naissance et origine de L. Domitius Aurelianus dit Aurelien.

Il naquit en un village de Pannonie dont on ignore le nom. Tout ce qu'on sait de sa famille, c'est qu'elle n'avoit rien de remarquable ; le nom de son pere n'est pas même connu. Il passa par tous les degrés de la Milice ; étant Tribun il défit les François à Mayence : c'étoit la premiere fois qu'on parloit d'eux. Valerien lui donna le soin de visiter tous les quartiers des troupes pour y établir la discipline. Il fut Consul en 258. & Valerien se chargea des frais de son Consulat, parce qu'il n'étoit pas assez riche pour les faire. Ulpius Crinitus dont il avoit été Lieutenant dans la Thrace, l'adopta. Claude II. qui l'aimoit à cause de sa valeur, le fit Général de l'Illyrie & de la Thrace. Dans toutes ces dignités il s'étoit acquis une grande réputation par sa sagesse & sa valeur.

FEMMES. ENFANS.

ULPIA SEVERINA, fille d'Ulpius Crinitus, descendu de la famille de Trajan. On ne trouve rien de la vie d'Ulpia, sinon qu'Aurelien ne voulut jamais lui permettre de porter des habits de soie, & qu'il veilla toûjours avec soin sur sa conduite.

Aurelien eut une fille qu'il maria, & qui eut des enfans. On n'en sait pas davantage.

FAITS MEMORABLES DU REGNE D'AURELIEN.

De J. C. 270.   De Rome 1023.

Aurelien vient à Rome, où il reçoit le serment de fidélité de tous les ordres de la République : il prend le diadème, ce qu'aucun Empereur Romain n'avoit fait avant lui. Il retourne en Pannonie contre les Scythes, leur donne bataille, & les force à demander la paix.

Les Allemans entrent dans la Vindelicie. Aurelien en est averti : il fond sur eux, & taille leur armée en pieces. Ils lui demandent la paix : mais sur son refus, ils entrent en Italie, font de grands ravages dans le Milanois, surprennent Aurelien à Plaisance sur le Pô, & lui font périr beaucoup de monde.

L'Hérésiarque Manès va se présenter à Sapor I. Roi de Perse, & lui promet de guérir, par ses prieres, son fils, alors malade : mais il lui applique secretement des remedes, & le fait mourir. Sapor irrité contre cet imposteur le fait charger de chaînes, & le condamne à périr en prison.

De J. C. 271.   De Rome 1024.

Aurelien surprend les Allemands dispersés, & les défait à Fano, à Plaisance & à Pavie. Les Vandales qui avoient passé le Danube, sont défaits dans la Pannonie par Aurelien qui leur accorde la paix, & les force à lui laisser en ôtages les personnes les plus distinguées de son armée.

Aurelien revient à Rome; il y exerce de grandes cruautés pour se venger des propos qu'on y avoit tenus à son sujet, lorsqu'il fut défait par les Gots. Cette cruelle vengeance le fit haïr de ses Sujets. Il fait rebâ-

MORT.	PRINCES CONTEMPORAINS.

Il fut tué par les Officiers de son armée, dans la Thrace entre Byfance & Heraclée, vers la fin de Février 275. âgé de 63. ans après en avoir régné 4. & 9. mois. Il fut enterré au même lieu où il fut tué, & on lui dreffa un tombeau.

L'auteur de ce parricide fut un nommé Mnefthée Sécretaire de l'Empereur, qui ayant été inftruit qu'Aurélien avoit deffein de le punir de quelque faute, contrefit fon écriture, & compofa une lifte des principaux Officiers de l'armée, la leur montra, les affûrant que tous ceux qui y étoient feroient mis à mort. Pour fauver leur vie, ils formerent une conjuration, & tuerent Aurelien un jour qu'il devançoit fon armée pour vifiter les lieux par où il la feroit paffer. Le crime de Mnefthée fut bientôt connu, & il fut expofé aux bêtes.

Papes.

S. FELIX, 274.
S. EUTYCHIEN natif de la Tofcane. Il refifta toujours avec fermeté à toutes les erreurs qui s'éleverent pendant fon Pontificat. Il fut martyrifé le 8. Décembre 283.

Des Perfes.

SAPOR I. 271.
HORMISDAS I. fils de Sapor I. Son regne n'a rien de mémorable, il mourut l'an 272.
VARARANE I. fils de Hormifdas I. envoya du fecours à Zenobie contre les Romains : mais la valeur d'Aurelien l'ayant épouvanté, il lui envoya des Ambaffadeurs avec des préfens magnifiques pour en obtenir la paix. Il mourut l'an 276.

Faits memorables du regne d'Aurelien.

tir les murailles de Rome, & les augmente de beaucoup. Il leur donna près de vingt lieues d'étendue.

Sapor I. Roi de Perse meurt.

De J. C. 272.   De Rome 1025.

Aurelien marche contre Zenobie veuve d'Odenat. Il passe par la Thrace, où il est attaqué par les barbares: mais il les taille en pieces, les poursuit jusqu'au de-là du Danube, où il les défait une seconde fois, & tue leur Roi nommé Connabaud. De-là il passe en Asie, prend Tyane en Cappadoce. Il jura pendant le siége de cette Ville, qu'il ne laisseroit pas un chien en vie: mais lorsqu'elle fut prise, il dit aux soldats, qui lui demandoient le pillage, qu'il leur permettoit de tuer tous les chiens qu'ils y trouveroient.

Bataille d'Immes. Zenobie, à la tête d'une nombreuse armée, y fut défaite par Aurelien, qui, voyant les ennemis pesamment armés, ordonna à ses soldats de reculer jusqu'à ce que les ennemis fussent hors d'haleine; ils exécuterent ses ordres, & remporterent la victoire avec plus de facilité. Antioche ouvre ses portes à Aurelien, qui défait une seconde fois Zenobie à Emese, la poursuit à Palmyre, où il l'assiege.

Probe soûmet l'Egypte.

Hormisdas I. troisieme Roi de Perse, meurt.

Paul de Samosates, Evêque d'Antioche, & Hérésiarque, est chassé de la Maison Episcopale par l'autorité d'Aurelien, qui décida qu'il falloit que Paul se démît de l'Episcopat, puisqu'il ne suivoit pas les sentimens de ceux de sa Religion.

Savans et Illustres.

Amelius Gentilianus, célebre Philosophe Platonicien, étoit originaire de Syrie. Il étudia pendant 24. ans la philosophie sous Plotin, & fit un extrait de toutes ses conférences. Amelius & Plotin étoient les seuls Philosophes dont Longin faisoit cas; il leur reprochoit seulement d'avoir composé des ouvrages trop étendus. Les ouvrages d'Amelius ne sont pas parvenus jusqu'à nous.

Dexippe (Erennius) fameux Orateur d'Athenes. Lorsque les Gots vinrent pour piller le territoire d'Athenes en 762. il se mit à la tête d'un très-petit nombre d'habitans, les défit & les força à prendre la fuite. Il avoit composé plusieurs ouvrages, mais qui ne sont pas venus jusqu'à nous. On le croit auteur du livre que nous avons sur les Catégories d'Aristote.

Longin, Cassius Longinus, célebre Philosophe Platonicien, natif d'Athenes. Dans sa jeunesse il fit beaucoup de voyages avec son pere & sa mere, & conversoit avec tous les Philosophes qu'il rencontroit dans les pays où il passoit. Porphyre rapporte un entretien que Longin eut avec tous les savans de son tems à Athenes où il les traitoit le jour de la naissance de Platon qui étoit le chef de leur secte. Ce fut lui qui apprit le Grec à Zénobie femme d'Odenat; on croit qu'il lui avoit conseillé de résister autant qu'elle pourroit aux Romains, & que ce fut la raison pour laquelle Aurelien le fit mourir l'an 273. après la prise de Palmyre. On rapporte qu'il souffrit la mort avec constance, & qu'il consola même ceux qui étoient affligés de son malheur.

Longin avoit un goût admirable, une érudition profonde: on disoit de lui qu'il étoit une bibliotheque vivante. Il avoit composé en Grec une critique de tous les anciens Auteurs: mais cet ouvrage qui faisoit l'admiration de son tems, n'est pas venu jusqu'à nous. Il avoit composé en la même langue une infinité d'autres ouvrages de philosophie & de littérature, dont il ne nous est resté que son magnifique Traité du Sublime. Dans cet ouvrage il fait voir ce que c'est que le sublime, & donne des regles pour y parvenir. On voit avec admiration qu'en enseignant le sublime, il en a lui-même fourni de beaux modeles.

Manès hérésiarque étoit esclave, Persan d'origine. Une veuve très-riche l'acheta lorsqu'il n'avoit encore que sept ans, l'affranchit, l'adopta & le fit instruire dans toute sorte de sciences. Au bout de sept ans

Faits memorables du regne d'Aurelien.

De J. C. 273.   De Rome 1026.

Aurelien preſſoit le ſiege de Palmyre avec toute l'habileté d'un grand Capitaine, & Zenobie ſe défendoit avec une valeur héroïque. Aurelien, impatient d'entrer dans la Ville, écrivit à la Reine, & lui fit des offres très-avantageuſes, ſi elle vouloit lui ouvrir ſes portes : mais elle lui répondit avec fierté, que c'étoit par la valeur, & non par des promeſſes, qu'on engageoit un ennemi à ſe rendre, & que ſi elle ſe voyoit prête d'y être forcée, elle imiteroit Cleopatre, qui n'avoit pas voulu ſurvivre à ſa défaite. Aurelien, piqué de cette réponſe, joignit le reſſentiment à ſa valeur naturelle, & fit des efforts pour prendre la place. Il alla au devant des Perſes qui venoient la défendre, les joignit, & les battit ; il en fit autant aux Sarraſins, & par là conſterna les Arméniens, qui lui firent offre de leurs armes & de leurs bras.

Zenobie, ſe voyant par ces malheurs dans l'impoſſibilité de tenir plus longtems, ſe dérobe de Palmyre pour ſe réfugier en Perſe : mais Aurelien envoye après elle des Cavaliers qui l'arrêtent, & l'amenent chargée de chaînes. Palmyre ſe rend peu après : Aurelien y fait périr pluſieurs partiſans de Zenobie, entr'autres le fameux Philoſophe Longin. Tous les Rois de l'Orient & du Midi envoyent des Ambaſſadeurs à Aurelien pour le féliciter de ſa victoire, Hormiſdas entr'autres lui envoye un chariot rempli d'or, d'argent & de perles, avec un petit manteau de laine, dont la pourpre étoit ſi éclatante, que la robe de l'Empereur paroiſſoit pâle auprès. On croit qu'il étoit d'une teinture des Indes.

de l'Histoire des Empereurs.   349

SAVANS ET ILLUSTRES.

SAVANS ET ILLUSTRES.

elle mourut, & lui laissa tous ses biens & les livres de Terbinthe qui étoit mort chez elle peu de tems avant qu'elle adoptât Manès. Les grands biens dont il se trouva possesseur, joints aux sciences dont il étoit instruit, lui donnerent une telle ambition, qu'il quitta son premier nom, qui étoit Cubrique, & prit celui de Manès, pour faire entierement oublier son premier état de servitude. Il commença alors à faire le prophete, à enseigner ce qu'il avoit lû dans les livres de Terbinthe, y ajoûtant, ou diminuant selon son caprice. Quelque tems après, ayant lû l'Ecriture Sainte, il publia qu'il étoit le Paraclet & le S. Esprit que Jesus-Christ avoit promis à ses Disciples. Il fut se proposer à Sapor I. pour guérir son fils qui étoit malade : mais l'ayant fait mourir, il fut pris & condamné à périr en prison, d'où ayant trouvé le moyen de sortir, il se sauva en Mesopotamie, où il eut plusieurs conférences avec des Chrétiens qui lui prouverent la fausseté de ses dogmes, sans qu'il pût leur répondre. Il fut enfin attrapé par ceux que le Roi de Perse avoit envoyés pour le chercher. Ils l'emmenerent en Perse où il fut écorché vif l'an 277.

L'héresie des Manichéens est la plus célebre de toutes celles qui ont paru dans les trois premiers siecles. Elle ne fit pas beaucoup de bruit dans les commencemens : mais elle se répandit ensuite dans toutes les parties du monde. On ne sait pas précisément quelles étoient leurs erreurs. Plusieurs Auteurs disent que c'étoit un composé de toutes les religions.

PAUL DE SAMOSATES Evêque d'Antioche & Hérésiarque, étoit natif de la ville de Samosates sur l'Euphrate. Il étoit né de parens pauvres, & mena toujours une vie très-reguliere jusqu'à ce qu'il fût élevé à l'Episcopat : alors il leva le masque, & donna dans toutes sortes de déreglemens. Pour s'enrichir il retenoit les aumônes qu'on lui donnoit pour les pauvres, & forçoit les fideles à lui donner de l'argent. Il avoit toûjours des femmes chez lui, il ne reprenoit jamais les Ecclésiastiques de leurs désordres, poussoit le faste à l'excès, ne sortoit jamais sans avoir un nombreux cortége, & faisoit toûjours marcher quelqu'un devant lui pour écarter le peuple : c'est le premier Evêque qui se soit fait élever un throne dans l'Eglise. Il n'eut pas honte de se charger de l'office de Ducenier pour lever les impôts publics. Il donna à la fin dans l'erreur, & enseigna qu'il n'y avoit qu'une seule & même

Faits memorables du regne d'Aurelien.

Aurelien revient en Thrace, où il défait les Carpes qui pilloient ce pays, retourne en Orient, fait passer au fil de l'épée tous les habitans de Palmyre qui s'étoient révoltés, & rase la Ville. On prétend que Salomon en avoit été le Fondateur, & qu'elle subsistoit depuis ce tems.

M. Firmius se fait proclamer Empereur en Egypte, pour venger Zenobie, dont il étoit ami : Aurelien marche contre lui, le bat, le fait prisonnier, & après lui avoir fait souffrir toutes sortes de tourmens le fait mettre à mort ; de-là il marche contre Tetricus, qui régnoit dans les Gaules depuis la fin de 267, le joint proche Châlons sur Marne : mais Tetricus vient se rendre pendant le combat, ce qui mit fin à une guerre que tout le monde croyoit devoir être terrible, parce que les deux chefs de parti étoient tous deux prudens & braves. Par-là les Gaules furent réunies à l'Empire Romain dont elles avoient été démembrées pendant près de 13. ans.

Aurelien retourne à Rome où il fit une entrée triomphante pour les grandes victoires qu'il venoit de remporter. On y vit des captifs de toutes sortes de Nations, & les Romains, dans ce jour de réjouissance, virent la différence des figures & des habits de chaque Nation. On y vit des Gots, des Alains, des Roxelans, des Sarmates, des François, des Sueves, des Vandales, des Allemans, des Ethiopiens, des Arabes, des Indiens, des Bactriens, des Georgiens, des Sarrasins & des Perses. La Reine Zenobie marchoit derriere le char de triomphe. Sa beauté attira les regards de tous les Romains. On trouva à redire qu'Aurelien menât en triomphe Tetricus Senateur Romain. Aurelien, après son triomphe, donna

personne en Dieu, comme Sabellius l'avoit déja enseigné. Il soûtenoit encore que J. C. n'avoit rien au-dessus des autres hommes que les graces que Dieu lui avoit accordées. Il se tint un Concile à Antioche où il fut déposé : mais il se maintint toûjours dans le gouvernement d'Antioche, jusqu'à ce qu'Aurelien, après avoir vaincu Zenobie, lui envoya ordre de se retirer sur la fin de l'an 272.

Il forma une secte d'hérétiques appellée les Paulianistes qui subsistoient encore dans le cinquieme siecle. On ne sait quand Paul de Samosates est mort : les auteurs ne disent plus rien de lui après qu'il eut quitté son Episcopat.

ZENOBIE, *Septimia Zenobia*, veuve d'Odenat, tiroit son origine des Ptolomées Rois d'Egypte. Elle avoit la beauté, l'esprit, la science & l'ambition de Cleopatre : mais elle n'en avoit pas les vices. Elle aimoit la justice, elle savoit dicter des loix, & les faire exécuter : enfin elle savoit régner. Comme Cleopatre elle forma le dessein d'être la maîtresse du monde : mais elle se servit de moyens bien différens. Cleopatre sacrifia son honneur à son ambition, & s'abandonna à tous ceux qui pouvoient lui servir dans son entreprise. Zenobie, toûjours chaste, desira l'Empire & la gloire de l'avoir conquis ; elle se mit à la tête de ses troupes, renversa tous les ennemis qui étoient autour d'elle, résista avec un courage héroique à une force invincible, & mérita l'admiration & l'estime de son vainqueur même, qui la mena en triomphe à Rome, après quoi il la traita en Reine, lui donna des biens pour soûtenir son rang, & établir ses enfans, qui y eurent une longue postérité.

Faits mémorables du regne d'Aurelien.

des terres à Zenobie dans le territoire de Tivoli, & maria ses filles à des personnes de la premiere distinction de Rome. Il prit Tetricus en affection, lui donna le gouvernement d'une partie de l'Italie. Il lui dit, en riant, qu'il y avoit plus d'honneur à gouverner une partie de l'Italie qu'il n'y en avoit à régner au-delà des Alpes.

De J. C. 274.   De Rome 1027.

Aurelien fit faire aux pauvres des distributions de pain & de viande ; & l'usage de cette largesse se conserva longtems après Aurelien. Il fait faire des quais le long du Tybre dont il ordonne de creuser le canal. Il fait publier une amnistie de tous les crimes d'Etat, & une remise générale de tout ce qui pouvoit être dû à son Epargne, pour arrêter les vexations que toutes ces dettes occasionnoient. Par une Loi il fixe le nombre des Eunuques pour chaque particulier, & défend à toutes personnes d'avoir de concubine, si ce n'est une esclave.

Les monnoyeurs fabriquent de fausses pieces ; la crainte d'être punis les engage à se révolter ; ils tuent sept milles soldats : mais Aurelien les défait, & ordonne de mettre à mort tous ceux qui sont réchappés du combat.

Aurelien abandonne la Dace que Trajan avoit conquise au-delà du Danube, fait revenir les troupes qui y étoient en quartier, & transporte les habitans dans une partie de la Mœsie dont il fait une nouvelle Dace.

Faits memorables du regne d'Aurelien.

De J. C. 275.   De Rome 1028.

Il marche contre les Perses avec une puissante armée. On ne sait point le sujet de cette guerre. Il est tué en Thrace par les Officiers de son armée.

Aurelien fut un grand Capitaine: élevé dès son enfance parmi les armes, il s'étoit accoutumé à faire la guerre; il avoit appris à discipliner les troupes, à les conduire, à les commander & à les faire vaincre. Il parcourut cette vaste étendue de l'Empire Romain, y remporta autant de victoires qu'il y trouva d'armées à combattre, humilia les Perses encore fiers de la captivité de Valerien. Il ne laissa pas d'ennemis aux Romains, & ceux qui les avoient méprisés sous Gallien, furent forcés à les craindre & à les respecter sous Aurelien. Ce grand homme qui se faisoit admirer de toutes les Nations étrangeres, se faisoit haïr de ses Sujets. Il traitoit le citoyen & le soldat avec la même séverité, & punissoit les plus légeres fautes comme les plus grands crimes. Sa conduite étoit réglée: mais il poussoit le faste à l'excès. C'est le premier des Empereurs Romains qui ait osé prendre le diadème.

Naissance et origine de M. Claudius Tacitus dit Tacite.

Les Auteurs ne font point d'accord fur le tems de la naiffance de cet Empereur. Quelques-uns ont prétendu qu'il avoit 78. ans lorfqu'il fut élevé à l'Empire: mais on ne peut adopter ce fentiment, parce qu'il n'eft pas probable qu'on ait confié le gouvernement de la République, & le commandement des Armées à un homme fi âgé. Il eft cependant certain qu'il avoit paffé la fleur de fon âge, puifqu'il ne vouloit pas accepter l'Empire, & qu'il difoit, pour prétexte, qu'il étoit dans un âge trop avancé, pour pouvoir fe charger du foin de la République. On n'a pas plus de connoiffance de fa famille, ni de ce qu'il a fait avant d'être Empereur. On trouve feulement qu'il étoit Sénateur, & qu'il avoit droit d'opiner le premier. Son patrimoine étoit fi confidérable, que fon revenu annuel fe montoit à huit millions. Il fe difoit defcendu de Corneille Tacite célebre Hiftorien: mais on croit qu'ils n'avoient de commun que le nom.

Faits mémorables du regne de Tacite.

De J. C. 275.   De Rome 1028.

La terre eft encore étonnée des exploits d'Aurelien, & fa mémoire tient l'Univers dans le refpect & la confternation. Elle arrête l'ambition des Romains. On ne voit plus de tyrans. Tout le monde avoit admiré Aurelien vivant : tout le monde le refpecte après fa mort. Tous les Officiers de l'armée refufent l'Empire, ce qui engage les Soldats à envoyer des Députés au

FEMMES.	ENFANS.
L'Histoire ne fait mention de la femme de Tacite que pour dire qu'il l'empêcha de donner dans le luxe, & qu'il ne voulut jamais lui permettre de porter des perles. On ne trouve son nom nulle part.	On n'est pas plus instruit sur ce qui regarde ses enfans que sur ce qui regarde ses femmes. Tout ce qu'on en trouve, c'est que lorsqu'il fut proclamé Empereur, un Consulaire nommé Metius Flaconius, le pria en plein Senat, de ne pas faire ses enfans ses successeurs, parce qu'ils étoient trop jeunes; mais de choisir quelqu'un qui en fût digne, & de préferer les intérêts du public à ceux de sa famille; ce qui donne lieu de croire qu'il avoit des enfans mâles, mais qui étoient alors fort jeunes.

Faits memorables du regne de Tacite.

Senat pour le prier d'élire un Empereur : mais toute les personnes de mérite ayant refusé, le Senat renvoye l'élection aux soldats, qui la renvoyent au Senat ; ces complimens causent un interregne de huit mois.

Le Senat, instruit que les François, les Bourguignons & les Vandales ravageoient les Gaules, & que les Perses se préparoient à faire la guerre, proclame Tacite Empereur.

Tacite, par une ordonnance datée du premier jour de son regne, défend de recevoir aucun esclave à porter témoignage contre son maître, même pour ce qui regarde les crimes de leze-Majesté. Par une autre du même jour, il défend, sur peine de mort, de mêler l'or, l'argent, & les autres métaux ensemble. Il va joindre l'armée qui étoit restée en Thrace depuis la mort d'Aurelien, & fait punir tous les complices du meurtre de ce Prince.

De J. C. 276.   De Rome 1029.

Les Scythes, venus des Palus Meotides, par la Colchide, se répandent dans le Pont, la Cappadoce, la Galatie, & viennent jusqu'en Cilicie, où Tacite & Florien son frere les défont & les forcent à se retirer.

Tacite meurt le 25 Mars.

L'Empereur Tacite régna dans un tems qui lui étoit propre. Son prédécesseur avoit dompté les rébelles, chassé les barbares, intimidé les ennemis, & rétabli la paix dans l'Empire, & ne laissa à Tacite que le soin d'y mettre le bon ordre ; ce qu'il fit par de sages

MORT.	PRINCES CONTEMPORAINS.
Il mourut le 25. Mars 276. à Tyane en Cappadoce, lorsqu'il retournoit à Rome après la défaite des Scythes Quelques-uns prétendent qu'il mourut de maladie, d'autres disent qu'il fut tué par les soldats. Son regne ne fut que de 7. mois. On ne sait point quel âge il avoit. *Voyez le commencement de son article.*	*Papes.* S. EUTYCHIEN, 283. *Des Perses.* VARARANE I. 276.

Faits mémorables du regne de Tacite.

lois. Sa douceur le fit aimer, & son amour pour les sciences le fit estimer. Il avoit ordonné de faire tous les ans, aux dépens du public, une copie des ouvrages de Corneille-Tacite dont il se disoit parent.

Faits mémorables du regne de Claudius Annius Florianus dit Florien.

De J. C. 276.   De Rome 1029.

Florien, frere uterin de Tacite, se fait proclamer Empereur par l'armée qu'il commandoit en Cilicie : mais celle qui étoit en Orient force Probe à accepter l'Empire. Florien fait assembler ses troupes à Tarse pour marcher contre lui : mais il est tué vers la fin de Juillet par ses soldats qui se tournent du côté de Probe.

Florien avoit de l'ambition, & n'avoit point de valeur. Son regne a été trop court pour qu'en en puisse savoir davantage.

Naissance et origine de M. Aurelius Probus dit Probe.

Il naquit à Sirmich dans l'Illyrie, le 19. Août 232. Il étoit d'une naissance très-basse. Son pere, appellé Maxime, avoit été Jardinier : mais s'étant mis dans la Milice, il parvint à être Tribun militaire. Probe fit paroître tant de mérite dans sa jeunesse que Valerien lui donna une place de Tribun dès l'âge de 22. ans : plus il avançoit en âge, plus son mérite augmentoit ; tous les Empereurs eurent pour lui beaucoup d'estime, & l'éleverent aux premieres dignités.

Faits memorables du regne de Probe.

De J. C. 276.   De Rome 1029.

Probe écrit au Senat, & lui propose de se démettre de l'Empire, s'il le jugeoit à propos : mais le Senat & toutes les Provinces de l'Empire le reconnoissent avec joie.

Vararane I. quatrieme Roi de Perse, meurt au mois d'Avril.

De J. C. 277.   De Rome 1030.

Vararane II. fait écorcher vif l'Heresiarque Manès au mois de Mars.

Probe va dans les Gaules où les François, les Lyges, les Bourguignons & les Vandales faisoient un terrible ravage. Il les défait dans plusieurs batailles, leur tue plus de quatre cents mille hommes, leur reprend tout le butin & les prisonniers qu'ils avoient

FAITS MEMORABLES DU REGNE DE PROBE.

faits. Il fit un grand nombre de prisonniers sur eux qu'il envoya peupler la Grande - Bretagne. On croit que la plus grande partie de cette colonie étoit des Vandales, & que c'est de-là que vient le nom de Vandelsbourg près de Cambrige.

Neuf Rois de divers peuples de la Germanie viennent lui demander la paix, qu'il leur accorde à condition qu'ils payeront tous les ans un tribut aux Romains.

$$De\ J.\ C. \begin{cases} 278. \\ 279. \end{cases} \qquad De\ Rome \begin{cases} 1031. \\ 1032. \end{cases}$$

Probe parcourt tous les défilés des montagnes de l'Isaurie, & en chasse les brigands : mais ils y reviennent bientôt après, & recommencent leurs brigandages.

Il va en Asie, où il défait les Blemmyes voisins de l'Egypte. L'air féroce de ces peuples épouvantoit leurs voisins au point qu'ils n'osoient s'opposer à leurs courses. La victoire que Probe remporta sur eux épouvanta tellement Vararane II. Roi de Perse, qu'il lui envoya des Ambassadeurs avec des présens, pour demander la paix. Ces Ambassadeurs le rencontrerent sur de hautes montagnes proche la Perse, assis au milieu de ses soldats, mangeant des pois cuits depuis longtems, & du porc salé : lorsqu'il les vit, il leur dit, que si le Roi leur maître ne faisoit pas une entiere satisfaction aux Romains, il rendroit les campagnes de la Perse aussi rares d'arbres & de blé que sa tête l'étoit de cheveux, & leur ôta son bonnet pour leur montrer sa tête sur laquelle il n'y avoit pas un seul poil ; il leur dit ensuite de manger avec lui,

FEMMES. MORT.

On trouve sur une Médaille la tête de Probe avec celle d'une femme, ce qui fait croire qu'il en a eu une : mais on n'en sait pas le nom. Vopisque dit que la postérité de Probe se retira après sa mort vers Veronne, où elle s'établit. Voilà tout ce qu'on peut dire de sa femme & de ses enfans.

Il fut massacré par les soldats à Sirmich, sa patrie, vers le commencement du mois d'Août 282 âgé de 50 ans, après en avoir regné six & quatre mois. On lui dressa un tombeau à Sirmich sur lequel on mit une inscription qui le qualifioit du titre de vainqueur de toutes les nations barbares.

Faits memorables du regne de Probe.

s'ils avoient faim, sinon de se retirer.

Vararane II. fut si épouvanté, au récit que ses Ambassadeurs lui firent, de ce qu'ils avoient vû, qu'il vint lui-même trouver Probe, & lui accorda tout ce qu'il voulut.

Probe de retour à Rome y triomphe des barbares, & fait de grandes libéralités au peuple.

De J. C. 280. De Rome 1033.

Sextus Julius Saturninus, Gaulois d'origine, homme fort versé dans la Littérature, & très-expérimenté dans la guerre, est proclamé Empereur à Alexandrie. On assûre qu'il s'y opposa, & même qu'il dit, qu'on prononçoit l'arrêt de sa mort en le déclarant Empereur. Probe qui l'aimoit beaucoup, ne put croire sa révolte, il fit même punir comme un calomniateur celui qui lui en apporta le premier la nouvelle; il en fut enfin convaincu, & envoya contre lui des troupes qui l'assiégerent & le tuerent dans le Château d'Apamée. Probe fut affligé à la nouvelle de sa mort.

T. Ælius Proculus, François d'origine, se fait proclamer Empereur à Cologne : mais il est bien-tôt défait par Probe, qui le fait pendre à Cologne même. On assûre que Probe dit, en voyant son cadavre : *Ce n'est pas un homme qui est pendu, mais une bouteille.* Cette raillerie faisoit allusion à la passion que Proculus avoit toûjours eue pour le vin.

Bonose, François d'origine, se fait proclamer Empereur dans les Gaules. Probe, après plusieurs batailles, défit entierement son parti, le prit & le fit pendre. Il fit grace à ses deux fils, & donna une forte

Princes contemporains.

Papes.

S. Eutychien, 283.

S. Caïus, natif d'Esclavonie, étoit parent de l'Empereur Dioclétien. Il fut martyrisé le 27. Avril 295.

Des Perses.

Vararane II. fils de Vararane I. fit de grands armemens contre les Romains : mais la valeur de Probe l'épouvanta au point qu'il fut lui-même lui demander la paix. Il eut plusieurs démêlés avec ses voisins, qu'il soûmit : mais les guerres civiles qui s'allumerent dans son royaume diminuerent ses forces, & il fut défait plusieurs fois par Carus successeur de Probe. Il fit la paix avec Diocletien, & mourut l'an 293.

FAITS MEMORABLES DU REGNE DE PROBE.

pension à sa veuve, qui étoit fille d'un Roi des Gots.
Quatre-vingts Gladiateurs se révoltent à Rome, tuent leurs gardes, se répandent dans la Ville, & pillent plusieurs quartiers : quantité d'autres suivent leur exemple & se joignent à eux : mais Probe envoye contre eux des troupes reglées qui les dissipent.

De J. C. 281. De Rome 1034.

Paix générale dans tout l'Empire Romain. Ce fut pendant cette paix que Probe dit qu'il espéroit que dans peu on n'auroit plus besoin de troupes dans tout l'Empire, & qu'il auroit la satisfaction de pouvoir abolir tous les impôts. Il occupe ses soldats à divers travaux, & donne une permission générale de planter des vignes dans les Gaules & dans l'Illyrie, ce qui n'avoit point été depuis que Domitien avoit marqué les endroits où il permettoit d'en planter.

De J. C. 282. De Rome 1035.

Probe fait des préparatifs de guerre pour aller contre les Perses de qui il avoit reçû quelque sujet de mécontentement. Il est tué par ses soldats vers le mois d'Août à Sirmich.

Probe fut toûjours grand & toûjours admiré. Ce fut un Sujet fidele, un brave Officier, & un vaillant Capitaine. Ses vertus le porterent de dignité en dignité, & le placerent sur le throne. Il s'y fit aimer de ses sujets, & craindre de ses ennemis. Il mena ses troupes d'expédition en expédition, & les ramena toûjours victorieuses. Jamais Prince ne fut plus prompt à venger

FAITS MEMORABLES DU REGNE DE PROBE.

une insulte, ni plus enclin à la pardonner. Content d'avoir rétabli la gloire des Romains, il ne pensa plus qu'à leur bonheur, chercha à rétablir une paix durable, pour congédier ses troupes, abolir les impôts, établir le commerce, & faire fleurir les sciences. Enfin ces paroles d'un Auteur contemporain *, suffisent pour faire connoître combien il étoit aimé : » Grands » Dieux ! que vous a fait la Republique Romaine, » pour lui avoir enlevé un aussi bon Prince ?

NAISSANCE ET ORIGINE DE M. AURELIUS CARUS.

Tout ce qu'on sait de la naissance & de la famille de Carus, c'est qu'il étoit de Narbone. Il s'éleva par son mérite, aux premieres dignités ; & Probe qui l'estimoit beaucoup, lui donna la place de Prefet du Prétoire, qu'il occupoit lorsqu'il fut élevé à l'Empire.

FAITS MEMORABLES DU REGNE DE CARUS.

De J. C. 282.   De Rome 1035.

L'armée qui étoit à Sirmich, proclame Carus Empereur peu après la mort de Probe. Le Senat lui confirme le titre d'Auguste.

De J. C. 283.   De Rome 1036.

Carus défait les Sarmates, qui, à la nouvelle de la mort de Probe, s'étoient répandus dans l'Illyrie,

* Vopisque.

Faits memorables du regne de Carus.

la Thrace & l'Italie. Il marche contre les Perses avec Numerien son second fils, & laisse le gouvernement de la Republique à Carin son fils aîné, qui se plonge dans la débauche, donne les emplois à des gens d'une conduite déréglée, & chasse tous les bons Ministres que son pere lui avoit laissés. Carus à cette nouvelle fut pénétré de douleur, & forma le dessein de lui ôter le gouvernement de l'Empire. On assûre même que dans sa colere, il le nia pour son fils.

Carus entre dans la Perse, prend Ctesiphon & Seleucie; il n'y trouva pas beaucoup de résistance, parce que les Perses étoient occupés à des guerres civiles. Il est tué du tonnerre sur les bords du Tygre.

Ce triste évenement confirma les Romains dans l'idée qu'ils avoient, qu'il ne leur étoit pas permis de porter leurs armes au-delà de Ctesiphon.

Les grandes qualités que Carus fit paroître lorsqu'il étoit particulier, & les belles actions qu'il fit étant Empereur, donnent lieu de croire qu'il étoit digne de l'Empire. Sa valeur & ses vertus morales lui firent donner la préférence sur tous les autres Officiers de l'armée. Le chagrin qu'il ressentit en apprenant la mauvaise conduite de son fils Carin prouve qu'il aimoit la vertu & qu'il haïssoit le vice.

FEMMES.	ENFANS.
On ignore le nombre & le nom des femmes de Carus.	CARIN } qui lui succederent. NUMERIEN
MORT.	PRINCES CONTEMPORAINS.
Il fut tué du tonnerre sur le bord du Tibre près Ctesiphon, où il étoit campé, l'an 283 après avoir régné environ 16 mois.	*Papes.*
	S. CAÏUS, 295.
	Des Perses.
	VARARANE II. 295.

Naissance et origine de M. Aurelius Carinus *dit* Carin, & de M. Aurelius Numerianus, *dit* Numerien.

Les anciens Historiens n'ont pas parlé du tems de la naissance de ces deux Empereurs, ils n'ont pas même dit quelle étoit leur mere.

Faits mémorables du regne de Carin et de Numerien.

De J. C. 283. De Rome 1036.

Carin & Numerien sont reconnus Empereurs après la mort de Carus leur pere.

De J. C. 284. De Rome 1087.

La famine fit périr cette année une grande quantité de monde.

Carin fait représenter les Jeux Romains le 12 Septembre.

Numerien n'est occupé que de la douleur que lui causoit la mort de son pere. Il ne pense plus à faire la guerre, & se met en marche pour retourner à Rome. Les pleurs qu'il versoit sans cesse lui causerent une fluxion si violente, qu'il fut obligé de rester toûjours dans sa litiere. Arrius Aper son beau-pere le fit assassiner ; après quoi il fit refermer la litiere, & l'accompagnoit toûjours comme si le Prince eût été vivant, espérant trouver une occasion favorable pour se faire proclamer Empereur : mais la puanteur du cadavre le trahit, & fit découvrir son crime.

Diocletien

Femmes de Carin.

Vopisque dit qu'il en épousa jusqu'à neuf, qu'il répudia toutes, quelques-unes même quoiqu'enceintes : mais il n'en nomme aucune.

Femme de Numerien.

Il avoit épousé la fille de cet Arrius Aper qui fut son meurtrier. Voilà tout ce qu'on en sait. Il paroît qu'ils n'eurent d'enfans ni l'un ni l'autre.

Mort de Carin.

Il fut tué en 285. par un Tribun dont il avoit deshonoré la femme.

Mort de Numerien.

Il fut tué vers le mois de Septembre 284. par son beau-pere Arrius Aper qui aspiroit à l'Empire.

Faits memorables du regne de Carin et de Valerien.

Diocletien est élû Empereur à Chalcedoine le 17 Septembre, par l'armée qui revenoit de Perse : il tue de sa propre main Aper, meurtrier de Numerien.

Les Perses se rendent maîtres de la Mesopotamie.

De J. C. 285.   De Rome 1038.

Carin marche contre Julius Sabinus, qui s'étoit fait proclamer Empereur dans la Venetie, & le défait proche Verone. Sabinus périt dans cette bataille. De-là Carin passe en Orient, défait Diocletien près de Murge sur le Danube dans la haute Mœsie : mais il est tué après la bataille par un Tribun dont il avoit deshonoré la femme.

Ces deux Princes ne se ressembloient en rien. Carin avoit un esprit foible, & un cœur rempli de vices. Il s'abandonna à toutes ses passions, commit des crimes de toute espece, & se rendit odieux à tous ses Sujets. Numerien au contraire, possédoit toutes les qualités du cœur & de l'esprit. Les affaires de l'Etat étoient son unique occupation, & les sciences son seul amusement. Il se faisoit aimer de ses sujets, & admirer des Savans, qui l'ont fait passer pour le plus habile Poëte de son tems.

Savans et Illustres.	Princes contemporains.
Calpurnius Titus) Poëte Latin, avoit composé plusieurs ouvrages : mais il ne nous en est resté que sept Eglogues, dont la premiere parle des déclamations que l'Empereur Numerien avoit faites dans sa jeunesse. Nemesien, *M. Aurelius Olympius Nemesianus*, Poëte Latin, natif de Carthage, avoit composé plusieurs ouvrages. Il nous est resté de lui quelques fragmens d'un Poëme sur la chasse, & quelques Eglogues.	*Papes.* S. Caïus, 295. *Des Perses.* Vararane II. 293.

Naissance et origine de C. Valerius Diocletianus dit Diocletien.

Il naquit à Dioclée, ville de la Dalmatie. Sa famille étoit très-basse. Les uns le disoient esclave d'un Senateur nommé Anubin qui l'avoit affranchi, les autres le disoient fils d'un Greffier. Il commença par être soldat, & parvint par degrés à la place de Lieutenant Général. Il eut le commandement des troupes de la Mœsie, accompagna Carus dans la guerre des Perses, où par plusieurs belles actions, il s'acquit beaucoup de réputation. Il avoit la conduite des Officiers du Palais lorsqu'il fut élevé à l'Empire. Sa mere s'appelloit Dioclée, du nom de son pays, il le prit aussi : mais le changea, lorsqu'il fut Empereur, en celui de Diocletien.

On dit qu'il tua de sa propre main Aper, meurtrier de Numerien, pour accomplir la prédiction qu'une Druide lui avoit faite, qu'il seroit Empereur si-tôt qu'il auroit tué de sa propre main Aper ; comme ce mot signifie en latin Sanglier, il tuoit tous les Sangliers qu'il trouvoit : mais lorsqu'il eut tué Aper, il dit à Maximien Hercule, à qui il avoit confié cette prédiction : » Voilà la prédiction de la Druide accomplie ».

Faits memorables du regne de Diocletien.

De J. C. 285.   De Rome 1038.

Diocletien vient à Rome, s'y fait reconnoître Empereur, & donne à S. Sebastien la place de Capitaine de

FEMMES.	ENFANS.
PRISCA. On ne trouve point de quelle famille elle étoit. Tous les Auteurs louent sa chasteté & l'amitié qu'elle conserva toûjours pour Diocletien. Lorsque son mari eut abdiqué l'Empire, elle fut exposée à toutes sortes de malheurs. Maximin II. qui régnoit en Orient, l'exila, sans avoir reçû d'elle aucun sujet de mécontentement, & ne voulut jamais la rappeller, quélque priere que Diocletien lui en fît. Licinius, successeur de Maximin II. lui fit trancher la tête vers l'an 315.	GALERIA VALERIA, est célebre par ses malheurs. Elle épousa Maximien Galere dont elle n'eut aucun enfant, parce qu'elle étoit stérile. Après la mort de Galere Maximin II. la demanda en mariage: mais elle le refusa, ce qui l'irrita contre elle & sa mere au point qu'il leur fit toutes sortes d'outrages, & les exila. Licinius, après la mort de Maximin II. les persecuta si cruellement, même dans leur exil, qu'elles furent obligées de se cacher à Thessalonique, où, ayant été découvertes, on leur trancha la tête, & on jetta leurs corps dans la mer l'an 315. Diocletien en conçut tant de chagrin qu'il en mourut.

Faits mémorables du règne de Dioclétien.

la premiere Compagnie des Pretoriens qui étoit destinée à rester à Rome.

Une troupe de paysans des Gaules ruinés par les vexations des Intendans, prennent les armes sous la conduite de deux particuliers nommés Elien & Amand. On leur a donné le nom de Bagaudes.

De J. C. 286.   De Rome 1039.

Le premier Avril Dioclétien à Nicomedie associe à l'Empire Maximien Hercule, alors âgé de 36 ans. Il étoit né dans un village de la Pannonie. Ses parens étoient très-pauvres. Dioclétien & lui avoient été simples soldats dans la même compagnie, & avoient toûjours été fort unis : ils le furent encore aussi étroitement pendant le tems qu'ils régnerent, ce qui faisoit qu'on les appelloit freres quoiqu'ils ne fussent pas parens.

Maximien Hercule défait les Bagaudes : il les assiége dans un Château situé dans la presqu'île que forme la Marne à une lieue de Paris, prend cette place après un siége très-pénible, & fait raser le Château. Les Fossés de ce Château ont subsisté longtems après, & ont fait donner à ce lieu le nom de Fossés ; c'est ce qu'on appelle aujourd'hui les Fossés Saint-Maur. On n'entendit plus parler des Bagaudes après cette défaite.

Le 22. Septembre S. Maurice, premier Capitaine de la légion Thébéene, refuse de sacrifier aux faux Dieux : Maximien Hercule le fait massacrer avec toute la légion en un lieu nommé Acaune, aujourd'hui Saint Maurice, situé à vingt-quatre lieues de Geneve.

MORT.

Il abdiqua l'Empire le premier Mai 305. & se retira à Spalatro, où il mourut vers le mois de Mai 313. âgé de 69. ans dont il en avoit régné 20. On lui érigea un tombeau à Spalatro, où on mit ses cendres.

PRINCES CONTEMPORAINS.

Papes.

S. CAÏUS, 295.

S. MARCELLIN, natif de Rome, fils d'un nommé Projecte. Bien des Auteurs prétendent qu'il eut le malheur de sacrifier aux Dieux pendant la persécution de Dioclétien, & qu'ayant reconnu sa faute, il se présenta au Concile de Sinuesse, s'accusa & pria les Evêques qui y étoient assemblés de le juger : mais ils lui répondirent tous que ce n'é toit pas à eux à le juger, parce qu'il étoit le premier de tous, & qu'il n'avoit qu'à se juger lui-même, que d'ailleurs J. C. avoit pardonné à S. Pierre qui avoit péché. Depuis ce tems S. Marcellin fit une austere penitence & fut martyrisé l'an 304.

Quelques Auteurs ne conviennent pas de la chûte de S. Marcellin.

Le Saint Siége vaque jusqu'à l'an 308.

Des Perses.

VARARANE II. 293.

VARARANE III. fils de Vararane II. ne régna que quatre mois. Il mourut l'an 294.

NARSE's petit-fils de Sapor I. ne savoit pas faire la guerre. Il défit Galere dans la Mesopotamie, ne profita point de la victoire, donna le tems à son ennemi de lever de nouvelles troupes, se laissa surprendre, & se

FAITS MEMORABLES DU REGNE DE DIOCLETIEN.

Diocletien marche contre les Perses : Vararane II. à cette nouvelle est épouvanté, &, pour obtenir la paix, cede aux Romains la Mesopotamie, dont il s'étoit emparé après la mort de Carus.

De J. C. 287.   De Rome 1040.

Les Allemans & les Bourguignons pillent les Gaules ; ils sont attaqués de la peste, & demandent la paix à Maximien Hercule qui les poursuivoit vivement.

Maximien Hercule donne ordre à Carause de faire construire une flote à Boulogne, & d'aller contre les François & les Saxons, qui pilloient la mer : mais Carause retient pour son profit tout le butin qu'il fait sur eux, & la crainte d'être puni l'engage à passer dans la Bretagne, aujourd'hui l'Angleterre, où il se fait proclamer Empereur, y regne sept ans, & apprend aux barbares à combattre sur mer.

De J. C. 288.   De Rome 1041.

Maximien Hercule défait, le premier Janvier, proche Treves, une armée de barbares qui pilloient les Gaules. Atec & Genobaud, Rois des François, viennent le prier de ne pas leur ôter leur Royaume.

Diocletien entre en Allemagne, & pousse ses conquêtes jusqu'aux sources du Danube.

De J. C. 289.   De Rome 1042.

Mamertin prononce le panégyrique de Maximien

Savans et Illustres.	Princes Contemporains.

CAPITOLIN (JULE) Historien Latin, avoit composé la vie de tous les Empereurs Romains depuis Jule Cesar jusqu'à Dioclétien : mais il ne nous est resté de lui que la vie de Tite Antonin, de Marc-Aurele, de L. Verus, de Pertinax, d'Albin, de Macrin, des trois Gordiens, de Maxime & Balbin ; tout le reste est perdu. Ce que nous avons de son ouvrage fait partie de l'Histoire Auguste.

On ne trouve dans cet Auteur ni style, ni choix, ni ordre, ni méthode, c'est enfin un très-mauvais Ecrivain, fort utile pourtant, parce que l'histoire du tems dont il parle nous seroit presque entierement inconnue sans lui.

LAMPRIDE, *Ælius Lampridius*, Historien Latin, avoit composé la vie de plusieurs Empereurs : mais il ne nous en est resté que celle de Commode, de Diadumene, fils de Macrin, d'Heliogabale, & d'Alexandre Severe. On ne fait pas plus de cas de cet Auteur que de Capitolin : mais il est aussi precieux. On croit, cependant que celui qui a fait le Recueil de l'Histoire Auguste a pris d'un Auteur pour mettre dans l'autre, & que le peu de goût de ce Compilateur est cause de la confusion qu'on trouve dans ces Auteurs.

S. METHODE, Evêque de Tyr, Docteur de l'Eglise & Martyr. Quelques-uns prétendent qu'il

Des Perses.

vit réduit à demander la paix, & à laisser son ennemi maître des conditions. Il mourut l'an 302.

HORMISDAS II. fils de Narsés, eut un regne assez paisible. Il mourut l'an 309.

FAITS MEMORABLES DU REGNE DE DIOCLETIEN.

Hercule le 21 Avril à Treves en préfence même de ce Prince.

Maximien Hercule fait conftruire une flote pour aller dans la Bretagne attaquer Caraufe : mais il est repouffé avec beaucoup de perte, & fait un Traité de paix avec lui, par lequel il lui cede la Bretagne pour la défendre contre les barbares.

De J. C. 290.   De Rome 1043.

Diocletien défait les Sarrafins en Syrie.

Les Hieracites commencent à publier leurs erreurs. Ils condamnoient le mariage au point qu'ils foûtenoient que les perfonnes mariées ne pouvoient être fauvées. Ils foûtenoient aufli, que les enfans morts avant l'ufage de la raifon ne pouvoient pas non plus être fauvés, parce qu'ils n'avoient jamais combattu. Ils prétendoient outre cela, que Melchifedec étoit le Saint-Efprit.

De J. C. 291.   De Rome 1044.

Eclipfe de Soleil le Mardi 15. Mai.

Mamertin prononce un fecond Panegyrique de Maximien Hercule le 21 Juillet, jour de la naiffance de ce Prince.

Les Gots, les Alains, les Taïfales, & plufieurs autres barbares, fe font la guerre les uns aux autres, ce qui les empêche de faire des courfes fur les terres de l'Empire.

Maximien Hercule tranfporte des Letes & des François dans les pays de Cambrai & de Treves.

Achilée fe fait proclamer Empereur à Alexandrie, & regne cinq ans en Egypte.

avoit été, en premier lieu, Evêque d'Olympe. On fait très-peu de chose de la vie de ce Saint. Il fut martyrisé vers la fin de la persécution de Dioclétien.

Il avoit composé plusieurs ouvrages dont les plus célebres étoient celui qu'il fit contre le Philosophe Porphyre dont on n'a que des fragmens, & celui qui est intitulé le Bouquet des Vierges. C'est un Dialogue où dix Vierges s'entretiennent sur la chasteté. Cet ouvrage nous est resté tout entier. On y trouve quelques endroits qui sont favorables à l'Arianisme: mais on croit qu'il les a mis sans dessein, & que cela vient de ce que les expressions n'étoient pas si exactes avant les erreurs qu'elles l'ont été depuis que l'Eglise s'est expliquée clairement. Il nous reste plusieurs fragmens des autres ouvrages que ce saint avoit composés.

On remarque beaucoup d'érudition & de piété dans tous ses ouvrages: mais son style est trop diffus & trop rempli de figures.

POLLIO (TREBELLIUS) Historien Latin, avoit composé la vie des Empereurs & des Tyrans, c'est-à-dire des usurpateurs qu'on appelle les Trente Tyrans, depuis Philippe inclusivement, jusqu'à Quintile frere & successeur de Claude II. mais le commencement est perdu; & il ne nous en est resté qu'un fragment qui commence à la fin du regne de Valerien.

On accuse cet Auteur d'avoir rapporté avec trop de détail des faits peu intéressans, & d'avoir été trop bref sur d'autres beaucoup plus importans. Outre ce défaut, on lui reproche, comme aux autres Auteurs de l'Histoire Auguste, d'avoir un style très-plat.

PORPHYRE, célebre Philosophe Platonicien, étoit de Bathanée dans le territoire de Tyr. Sa famille étoit fort illustre. Son pere portoit le nom de Malc, qui en Syriaque signifie Roi: ce fut pourquoi Longin conseilla au fils de porter le nom de Porphyre, qui a aussi quelque rapport à la Royauté. Porphyre étudia d'abord la Philosophie à Athenes sous Longin, de-là il fut à Rome étudier sous Plotin. Il y devint si mélancolique qu'il forma le dessein de se tuer : Plotin s'en apperçut, & pour le dissiper, l'engagea à voyager, ce qu'il fit pendant trois ans, après quoi il revint à Rome où il s'appliqua à l'éloquence. On dit qu'il épousa la veuve d'un de ses amis, pour être plus à portée de faire du bien à la femme & aux enfans de son ami.

Porphyre étoit un homme profond dans toute sorte de science. Il avoit composé une infinité d'ouvrages de toute espece: il est cité par un grand nombre

Faits memorables du regne de Diocletien.

M. Aurelius Julianus se fait proclamer Empereur en Italie, & passe en Afrique, où il souleve le peuple.

De J. C. 292.   De Rome 1045.

Les Perses font des courses sur les provinces de l'Empire. Tous ces troubles épouvantent Diocletien, & l'engagent à donner le titre de Cesar à * Constance Chlore, & à Maximien Galere, fils d'un simple paysan de la Dace.

Maximien Hercule adopte Constance Chlore, lui fait répudier Sainte Helene, dont il avoit eu Constantin, & lui fait épouser Theodora fille de sa femme.

Diocletien adopte Maximien Galere, & lui fait aussi répudier sa femme, pour lui faire épouser sa fille Valerie. Ils regnent tous les quatre ensemble dans une grande union.

Diocletien partage l'Empire. Il reserve pour lui tout ce qui est au-delà de la mer Egée, donne à Maximien Galere la Thrace & l'Illyrie, à Maximien Hercule l'Italie, l'Afrique & toutes les îles qui sont entre deux, à Constance Chlore les Gaules Trans-Alpines, l'Espagne, la Bretagne, dite à présent l'Angleterre, & la Mauritanie Tingitane. Malgré tous ces partages chaque Empereur commandoit & étoit obéi dans toutes les parties de l'Empire Romain, & les Loix qu'il établissoit avoient force partout.

Cette multiplication d'Empereurs ruina l'Empire, parce que chaque Empereur, voulant avoir autant

---

* Voyez son origine au commencement de son article qui est à la suite de celui de Diocletien.

d'Auteurs. De tous ses ouvrages, le plus célèbre est celui qu'il composa contre les Chrétiens; presque tous les Saints Peres ont travaillé à le réfuter, ce qui prouve combien cet ouvrage étoit dangereux. On ne peut pas d'ailleurs douter qu'un homme aussi savant & aussi ingénieux que Porphyre n'eût fait des raisonnemens bien séduisans & bien difficiles à réfuter. Constantin condamna cet ouvrage au feu, ce qui est cause que nous n'en avons que quelques fragmens qu'on a trouvés dans les Saints Péres, qui les ont rapportés pour les réfuter. Holstentius a fait un Recueil de tous les fragmens des ouvrages de Porphyre qu'il a trouvés dispersés dans différens Auteurs. Il nous en reste plusieurs qui sont entiers; les plus connus sont son Antre des Nymphes, sa Vie de Plotin, quatre Livres sur l'Abstinence de la chair des Animaux, des Commentaires sur Homere, & un Ouvrage sur les Categories d'Aristote. On en a perdu beaucoup d'autres.

SPARTIEN, *Ælius Spartianus*, Historien Latin, avoit composé la vie de tous les Empereurs Romains, depuis Jule-Cesar jusqu'à l'Empereur Diocletien exclusivement : mais il ne nous en est resté que la vie d'Adrien, d'Ælius Verus Cesar, fils adoptif d'Adrien, de Didius Julien, de Septime Severe, de Caracalla, & de Gete son frere; le reste a été perdu. C'est un des plus mauvais Auteurs de l'Histoire Auguste.

VOPISQUE, *Flavius Vopiscus*, Historien Latin, a composé l'Histoire d'Aurelien, de Tacite, de Florien, de Probe, de Firme tyran, de Carus, de Carin & de Numerien. Quoique ce ne soit pas un bon Auteur, il est cependant moins mauvais que tous les autres dont on a fait une compilation pour composer l'histoire Auguste.

VULCACE, *Vulcatius Gallicanus*, Sénateur Romain, avoit composé en Latin la vie de tous ceux qui avoient porté le titre d'Auguste, soit qu'ils l'eussent usurpé ou autrement, depuis Auguste jusqu'à Diocletien : mais il ne nous est resté que la vie d'Avidius Cassius, qui se révolta sous Marc-Aurele. Son ouvrage est aussi mauvais que le reste de l'Histoire Auguste.

* A a

Faits memorables du regne de Dioclétien.

d'Officiers & de Soldats que ses Collegues, on fut obligé d'augmenter considérablement les impôts.

Galere défriche un pays dans l'Illyrie, fait abattre plusieurs forêts, y fait bâtir des Villes, & en fait une nouvelle province, qu'il appelle la province Valerie du nom de sa femme. On croit que c'est ce lieu qu'on a depuis appellé la seconde Pannonie.

Maximien Hercule défait & tue M. Aurelius Julianus, qui, après avoir pris le titre d'Empereur en Italie s'étoit retiré en Afrique.

Constance surprend dans Boulogne quelques troupes de Carause qui régnoit dans la Bretagne depuis l'an 287. & les oblige de se rendre.

De J. C. 293.   De Rome 1046.

Carause est tué par Allecte, son Lieutenant, qui regne dans la Bretagne.

Constance Chlore chasse les François de la Hollande & de la Flandre, dont ils s'étoient emparés dès l'an 287. & les envoye avec leurs femmes & leurs enfans peupler les pays qu'on appelle aujourd'hui la Picardie & la Champagne, qui sont deux provinces de France.

De J. C. 294.   De Rome 1047.

Constance Chlore travaille à rétablir la ville d'Autun, que Claude II. avoit ruinée lorsqu'il défit Aureole.

De J. C. 295.   De Rome 1048.

Les Carpes qui depuis long-tems faisoient la guerre

FAITS MEMORABLES DU REGNE DE DIOCLETIEN.

aux Romains se soûmettent à Diocletien qui leur donne des terres dans la Pannonie.

De J. C. 296. De Rome 1049.

Constance Chlore va dans la Bretagne attaquer Allecte; en y arrivant il fait brûler sa flote pour ôter à ses soldats tout espoir de retraite, & donne le commandement d'une partie de son armée à Asclepiodote, Prefet du Prétoire: ils marchent chacun de leur côté pour joindre Allecte qui évite Constance & attaque Asclepiodote : mais il est défait & tué. Par cette victoire la Bretagne fut réunie à l'Empire dont elle avoit été séparée pendant près de dix ans.

Diocletien défait Achilée qui régnoit en Egypte depuis l'an 292. le poursuit dans Alexandrie, qu'il prend après un siége de huit mois. Achilée fut condamné à être dévoré par les lions, & tous les complices de sa révolte furent punis avec la derniere cruauté. Diocletien fit brûler tous les Livres de Chymie, & abandonna aux Nubiens tous les pays qui s'étendoient sur le bord du Nil jusqu'à la Ville Elephantine, afin qu'ils empêchassent les Blemmyes & les autres barbares de piller l'Egypte.

De J. C. 297. De Rome 1050.

Maximien Hercule défait les Maures, les poursuit dans leurs montagnes, les force à se rendre & les transplante dans d'autres pays.

Maximien Galere marche contre Narsés, qui s'étoit emparé l'année précédente de la Mesopotamie :

FAITS MÉMORABLES DU REGNE DE DIOCLETIEN.

il est défait entre Callinique & Carrès, il va trouver Diocletien qui étoit en Mésopotamie, & lui demande du secours : mais Diocletien le reçoit avec mépris, jusqu'à le laisser marcher à pié, près de son char, l'espace d'un mille. A la fin il lui permet de faire de nouvelles levées dans l'Illyrie. Galere retourne contre les Perses avec une nouvelle armée, défait entierement Narsés, qui, après avoir été blessé, prend la fuite & abandonne son camp, où les Romains trouvent des richesses immenses, & prennent ses femmes & ses enfans prisonniers. Maximien Galere eut soin que les Princesses de Perse fussent traitées avec toute la politesse dûe à des personnes de leur rang.

Narsés envoye demander ses femmes à Maximien Galere, & lui propose la paix aux conditions qu'il voudra lui imposer : Galere, avant de lui faire réponse, va consulter Diocletien qui le reçoit avec toutes sortes de marques d'estime & d'amitié. Ils conclurrent de rendre les femmes & les enfans du Roi de Perse : mais ils exigent qu'il leur céde les cinq Provinces qui sont en-deçà du Tygre. Cette victoire donna tant de fierté à Galere qu'il vouloit se faire passer pour le fils de Mars : Diocletien même commença à le craindre.

De J. C. 298. De Rome 1051.

Constance engage l'Orateur Eumene à se charger du soin d'instruire la jeunesse d'Autun, d'où cet Orateur étoit natif.

Diocletien donne ordre de faire fortifier toutes les frontieres de l'Empire, & de rétablir un grand nombre de Villes ruinées depuis long-tems.

De

FAITS MEMORABLES DU REGNE DE DIOCLETIEN.

De J. C. { 299. 300. 301. }   De Rome { 1052. 1053. 1054. }

Constance Chlore est surpris, avec peu de monde, proche Langres, par une nombreuse armée d'Allemans; il se retire dans la Ville: mais ayant apperçû du haut des murailles son armée qui venoit à son secours, il sort secretement de la Ville, va la joindre, fond sur les ennemis, & leur en tue soixante mille. Il fut blessé dans le combat.

De J. C. 302.   De Rome 1055.

Grande famine en Orient & presque par tout l'Empire. Diocletien établit une distribution de blé pour les pauvres d'Alexandrie.

De J. C. 303.   De Rome 1056.

Terrible persécution des Chrétiens causée par Maximien Galere. Ce Prince avoit toûjours été élevé dans une grande aversion contre les Chrétiens. Sa mere, nommée Romule, étoit une paysane fort riche qui avoit coûtume d'inviter tous ceux de son village à assister à des sacrifices qu'elle offroit presque tous les jours aux Dieux: les Chrétiens ne vouloient jamais y assister, ce qui donna à cette femme une si grande haine contre eux, que, lorsque son fils fut associé à l'Empire, elle le pressa de les persécuter. Il s'adressa à Diocletien avec qui il étoit à Nicomédie: mais Diocletien sachant

FAITS MEMORABLES DU REGNE DE DIOCLETIEN.

que le nombre des Chrétiens étoit confidérable, frémit du carnage que cette perfécution cauferoit dans l'Empire, & refufa de s'y prêter. Il fe laiffa enfin aller aux inftances de Galere, & porta un Edit qui fut publié le 23 Février, par lequel il étoit ordonné aux Juges d'accorder tout ce qu'on demanderoit contre les Chrétiens, & de refufer aux Chrétiens ce qu'ils demanderoient contre les autres; enfin, il défendoit de leur rendre juftice en quoi que ce pût être. Par le même Edit il fut ordonné de démolir toutes les Eglifes, & de brûler les Livres facrés. Galere, trouvant cet Edit trop doux, parce qu'il n'ordonnoit point de faire mourir les Chrétiens, fit mettre, par fes gens, le feu au Palais, & en accufa les Chrétiens. Diocletien, dont l'efprit étoit déja troublé, le crut fur cette fimple accufation, & fit donner la queftion à tous les Officiers de fon Palais. Quinze jours après Galere fit encore mettre le feu au Palais, & fortit de Nicomedie, difant qu'il craignoit d'être brûlé par les Chrétiens. Diocletien alors perdit toute prudence, il entra en fureur contre les Chrétiens, manda à fes Collegues de condamner aux fupplices, chacun dans leur Département, tous ceux qui profeffoient la Religion Chrétienne & de faire démolir les Eglifes.

Eugene, qui commandoit cinq cents foldats qu'on avoit envoyés nettoyer le port de Seleucie en Syrie, eft proclamé Empereur par les foldats qu'il commande; il va à Antioche où il eft tué par les habitans.

Le 17 Novembre Diocletien triomphe à Rome avec Maximilien Hercule, pour toutes les victoires qu'ils ont remportées fur les ennemis : ils firent mettre

Faits memorables du regne de Diocletien.

au-devant de leur char les images des femmes & des enfans de Narsés Roi de Perse. Diocletien y célébra en même tems la vingtieme année de son regne : mais dans les réjouïssances il épargna la dépense autant qu'il lui fut possible.

Grand tremblement de terre en Phenicie ; une grande quantité de maisons furent renversées, & écraserent sous leurs ruines une infinité de personnes.

Une nation barbare, chassée de son pays par les Gots, se soûmet aux Romains. Quantité de Chrétiens souffrirent le martyre cette année.

De J. C. 304.   De Rome 1057.

On publie, vers le commencement de cette année, un quatrieme Edit contre les tous Chrétiens en général, ce qui cause un carnage épouvantable dans tout l'Empire. C'est cet Edit que Constantin dit avoir été écrit avec une plume trempée dans le sang.

Le 13 Decembre, Diocletien, qui, depuis un an avoit une maladie lente, tombe dans une si grande foiblesse qu'on le crut mort ; il revient : mais son esprit est totalement affoibli, & il ne lui reste que des intervalles de raison.

De J. C. 305.   De Rome 1058.

Maximien Galere va trouver, au mois de Mars Maximien Hercule à Rome, & lui fait des menaces terribles, pour l'engager à abdiquer l'Empire ; delà il va à Nicomedie, représente à Diocletien que son âge,

Faits memorables du regne de Diocletien.

sa foiblesse & ses égaremens d'esprit, le rendent incapable de régner : mais voyant que Diocletien ne se rend point à ces raisons, il change de ton & lui dit, qu'il saura bien le faire abdiquer de force s'il ne veut pas le faire de bon gré. Diocletien & Hercule, après s'être consultés par lettres, abdiquent le premier Mai. Diocletien abdique à Nicomedie, où il donne le titre d'Auguste à Maximien Galere, & celui de Cesar à Daza, fils de la sœur de Maximien Galere ; il a été connu depuis sous le nom de Maximin II. Hercule abdique à Milan, donne le titre d'Auguste à Constance Chlore, & celui de Cesar à Severe. Hercule se retire dans la Lucanie, & Diocletien à Salone en Dalmatie, où il se fit faire un Palais magnifique.

Diocletien, de l'état le plus vil & le plus bas, s'étoit élevé, par son mérite, au plus haut degré de grandeur & de puissance. C'étoit un vil affranchi, ce fut un soldat courageux, un brave Officier ; enfin, un grand Capitaine. Les troupes, qu'il avoit si bien commandées, le jugerent seul digne de régner, & le proclamerent Empereur. Il se trouva alors déplacé, sentit que l'Empire étoit pour lui un fardeau insupportable. De quelque côté qu'il tournât les yeux, il ne voyoit que dangers, les périls sembloient naître sous ses pas : les Perses à combattre, les Bretons à soûmettre, les François, les Allemans & les Daces à dompter, ses propres soldats à contenter, un vaste Empire à gouverner, & un peuple inombrable à conduire. Seul il régloit tout, & faisoit tout mouvoir ; il étoit maître de tout, & avoit seul tout à craindre : il regretta la vie privée, & chercha le repos qu'il ne trouva

de l'Histoire des Empereurs. 389

Faits memorables du regne de Diocletien.

plus. Ses inquiétudes augmentant tous les jours, arriverent au comble; pour les partager il partagea sa puissance, prit des Collegues, qui, par leurs victoires, ont rendu son regne illustre, par leur cruauté l'ont rendu odieux, & par un excès d'ingratitude le forcerent à abdiquer l'Empire.

Naissance et origine de Flavius Valerius Constantius Chlorus, dit Constance Chlore.

Il naquit le 31 Mars, on ne fait pas en quelle année. Son pere, nommé Eutrope, tenoit un rang diftingué dans la Dardanie, qui eft un canton de la haute Mœfie. Sa mere Clodia étoit fille de Crifpe, frere de Claude II. Conftance Chlore avoit pris le parti des armes dès fa plus tendre jeuneffe. Il fe mit dans les Prétoriens, & parvint à la dignité de Tribun. Carus lui confia le Gouvernement de Dalmatie. C'étoit un brave guerrier qui avoit appris l'art de la guerre fous deux grands Capitaines, Aurelien & Probe. Dioclétien, & Maximien Hercule ayant eu plufieurs fois des preuves de fa valeur, l'éleverent à la dignité de Cefar. Il fut furnommé Chlore à caufe de fa pâleur.

Faits memorables du regne de Constance Chlore.

De J. C. 305. De Rome 1058.

Conftance Chlore & Maximien Galere partagent l'Empire entre eux & les deux Cefars. Conftance prend les Gaules, l'Efpagne & la Bretagne, dite à préfent l'Angleterre ; Galere prend l'Illyrie, la Thrace & l'Afie ; ils donnent l'Italie & l'Afrique à Severe, la Syrie & l'Egypte à Maximin II.

Galere, redoutant le mérite de Conftantin, fils de Conftance Chlore, l'expofe à toutes fortes de périls pour le faire périr.

Conftance, connoiffant que le Chriftianifme n'a

FEMMES.

S. Helene, *Flavia Julia Helena*, native du Bourg de Drepane en Bithynie, n'avoit rien d'illustre dans sa naissance. Sa premiere condition fut d'être Hôtelliere. Constance Chlore l'épousa : mais il la répudia lorsque Diocletien l'éleva à la dignité de Cesar. L'histoire ne nous apprend pas ce qu'elle devint depuis ce tems, jusqu'à ce que Constantin son fils, étant devenu Empereur, la rappella à la Cour, lui donna le titre d'Auguste, & lui fit rendre tous les honneurs dûs à la mere d'un Empereur. Cette Princesse, par sa douceur, son esprit & sa sagesse, mérita l'amour de Constance Chlore, qui ne céda qu'avec douleur à la nécessité de se séparer d'elle. Par sa tendresse, par toutes ses vertus morales, elle mérita l'affection & les respects de Constantin ; elle l'imita dans sa conversion, elle égala les plus grands saints en pieté, & n'eut plus d'autre soin que celui d'éteindre le Paganisme dans les cœurs, & d'y allumer la foi Chrétienne. L'amour qu'elle avoit pour Constantin ne l'empêcha pas de lui reprocher ses crimes : elle ne cessa jamais de blâmer sa cruauté à l'égard de son fils & de sa femme. Animée par un zele de pieté, elle voulut voir les lieux où s'étoit accompli le mystere de la Rédemption, & quoiqu'elle fut âgée de près de quatre-vingts ans, elle s'exposa aux

ENFANS.

Constantin le Grand, qu'il eut de Sainte Helene sa premiere femme.

Dalmace. Constance Chlore l'eut, lui & les cinq suivans, de Theodora sa seconde femme. On trouve que Dalmace fut Censeur. Il mourut avant Constantin.

Jule Constance, pere de Julien l'Apostat. Il fut tué l'an 337. par les soldats revoltés, peu après la mort de Constantin

Constantin Annibalien fut aussi massacré par les soldats l'an 337.

Constancie, *Flavia Valeria Constantia*, étoit la femme la plus aimable de son tems. Elle étoit extrèmement belle, elle avoit toutes les qualités du cœur & de l'esprit ; & n'avoit aucune des foiblesses de son sexe, enfin elle possédoit toutes les vertus des plus grands hommes. Elle imita la pieté de son frere Constantin, qui l'aimoit autant qu'il en étoit aimé, embrassa avec lui la Religion Chrétienne, épousa Licinius qui regnoit en Orient, & fut le nœud qui unit les deux Empereurs. Plusieurs fois elle empêcha Licinius de persécuter les Chrétiens, arrêta les divisions prêtes à éclater entre Constantin & lui, & souvent leur fit mettre les armes bas : mais elle cessa d'aimer son mari lorsqu'elle connut que c'étoit un traître, le sacrifia à Constantin, apprit sa défaite

Bb iv

Faits memorables du regne de Constance Chlore.

rien de contraire aux intérêts de l'Etat, fait cesser la persécution dans son Département.

De J. C. 306.   De Rome 1059.

Maximin II. & Maximien Galere renouvellent la persécution dans leurs Départemens. Constantin s'échappe de la Cour de Valere & se retire vers son pere qu'il joint à Boulogne lorsqu'il étoit prêt à s'embarquer pour passer dans la Bretagne pour faire la guerre aux Caledoniens & aux Pictes, peuples de l'Ecosse. Les Pictes sont défaits & se soûmettent.

Constance Chlore meurt à Yorck le 25 Juillet. Le même jour l'armée proclame Constantin Empereur.

Constance Chlore, sans avoir les vices de ses Collegues, en avoit toutes les vertus : comme eux il savoit vaincre, mieux qu'eux il savoit régner. Ils se faisoient hair par leur cruauté, leur avarice & leur fierté ; Constance Chlore se faisoit aimer par sa douceur, sa bonté, son affabilité & sa modestie. Ses peuples étoient riches, parce qu'il étoit pauvre ; ils lui obéissoient par goût, parce qu'il étoit juste & humain. Peu d'Empereurs ont été aussi sincerement regrettés.

FEMMES.

fatigues d'un pénible voyage, oublia sa foiblesse, & ne fut occupée que de sa piété. Elle arriva à Jerusalem, renversa les idoles, & trouva la Croix à laquelle Jesus-Christ avoit été attaché. Alors ses desirs furent satisfaits, sa joie fut complette; elle partagea le Bois sacré de la Croix, en envoya dans toutes les parties du monde, pour que tous les peuples pussent lui rendre leurs hommages. Pour célébrer son bonheur, elle ouvrit les trésors dont Constantin l'avoit rendue dépositaire, & enrichit les pauvres. Peu après cette heureuse découverte, elle mourut. Quelques-uns croyent que ce fut le 15. Avril 328.

Le pouvoir de Sainte Helene fut sans bornes, ses vertus furent infinies, sa piété fut extrême, & son bonheur sera éternel.

THEODORA (*Flavia Maximiana*) tout ce qu'on sait d'elle c'est qu'elle étoit fille de la femme de Maximien Hercule, qui la donna en mariage à Constance Chlore lorsqu'il l'éleva à la dignité de Cesar.

MORT.

Il mourut à York le 25 Juillet 306. quinze ans après qu'il eut été fait Cesar. Constantin lui fit ériger un tombeau à York, où l'on mit ses cendres.

ENFANS.

avec joie, & sa mort sans regret. Constantin resté seul maître de l'Empire, mit toute sa confiance en sa sœur, & lui donna un crédit sans bornes qui fut funeste à l'Eglise par la protection qu'elle accorda aux Arriens dont la feinte piété l'avoit séduite. Elle mourut l'an 329.

ANASTASIE, qui épousa Bassien, que Constantin fit Cesar, & qui, malgré les bienfaits qu'il en recevoit, le trahit à la persuasion de Licinius l'an 314.

EUTROPIE, mariée à un Senateur dont elle eut un fils nommé Nepotien, qui prit la pourpre en 350.

PRINCES CONTEMPORAINS.

Papes.

Le Saint Siége vaque jusqu'à l'an 308.

Des Perses.

HORMISDAS II. 309.

Naissance et origine de C. Flavius Valerius Aurelius Claudius Constantinus, *dit* le Grand Constantin.

Il naquit à Naïfe, ville de la Dardanie, le 27. Février 274. Voyez fa famille au commencement de l'article de Constance Chlore fon pere. Sainte Helene, mere de Constantin étoit d'une famille fort obscure.

Lorsque Diocletien affocia Constance Chlore à l'Empire, il garda Constantin auprès de lui, eut soin de le faire élever comme son propre fils. Il l'aimoit à cause de sa beauté, de sa valeur, & de la douceur de son caractere. Lorsque Diocletien & Maximien Hercule eurent abdiqué l'Empire, Galere retint Constantin auprès de lui, & l'exposa à toutes sortes de dangers, pour le faire périr, parce que les grandes qualités de ce jeune homme le lui rendoient suspect. Constantin s'apperçut de son dessein, lui échappa, & alla trouver son pere, qui mourut peu après son arrivée.

Faits memorables du regne de Constantin.

De J. C. 306. De Rome 1059.

Galere refuse de confirmer le titre d'Auguste à Constantin, qui se contente de celui de Cesar. Severe, qui étoit entierement soûmis aux volontés de Galere, est fait Auguste.

Constantin permet aux Chrétiens de son Département l'exercice libre de leur Religion.

Il défait les François qui pilloient les Gaules depuis que Constance Chlore étoit passé dans la Bretagne.

FEMMES.	ENFANS.

MINERVINE, dont on ne connoît ni l'origine, ni la vie. Tout ce qu'on sait d'elle c'est que Constantin l'avoit épousée lorsqu'il étoit encore jeune, & qu'il en eut un fils nommé Crispe.

FAUSTE, *Flavia Maximiana Fausta*, fille de Maximien Hercule. Dans le commencement de son mariage elle fut un modèle de vertu. L'honneur d'être la femme d'un Prince tel que Constantin, ne lui ôta rien de sa modestie : elle aimoit les peuples, & exhortoit sans cesse Constantin à les rendre heureux. Elle le voyoit avec plaisir répandre ses libéralités sur les pauvres & sur les misérables. Le bonheur & le courage de Constantin le faisoient admirer des peuples & craindre des Princes étrangers, ses vertus le faisoient aimer de sa femme ; pour conserver ses jours elle auroit sacrifié les siens ; pour lui sauver la vie elle donna la mort à son pere propre en avertissant Constantin de l'horrible dessein qu'il avoit de le massacrer. L'éducation de ses enfans fut son unique occupation, & le plus intéressant de ses soins fut de les accoûtumer à la vertu. La passion s'alluma en son cœur, & vint troubler une si noble occupation. Le grand Constantin n'eut plus à ses yeux que les défauts que les femmes galantes trouvent ordinairement à leurs maris. Elle s'abandonna aux per-

CRISPE, *Flavius Valerius Crispus*, que Constantin eut de Minervine, sa premiere femme. Ce Prince dès l'âge le plus tendre, donnoit des preuves de valeur, & par sa vertu se faisoit aimer de tout le monde. Constantin avoit pour lui beaucoup d'amitié, & lui donnoit sans cesse des marques de sa tendresse. Fauste sa belle-mere lui fit des propositions qui font horreur. Il en frémit & ne lui répondit que pour lui faire connoître la grandeur de son crime : mais la douleur que Fauste ressentit de lui avoir fait connoître sa foiblesse, & de se voir méprisée, changea son amour en haine & en fureur. Elle résolut de le perdre, & l'accusa d'avoir voulu la violer. Constantin entra dans une colere qui ne lui permit pas d'examiner la vérité de l'accusation, & fit trancher la tête à son fils dans la Ville de Pole en Istrie l'an 326. Ce Prince n'avoit alors que 26. ans.

CONSTANTIN, qu'il eut de Fauste, sa seconde femme, fut élevé, par son pere, à la dignité de Cesar, ensuite à celle d'Auguste ; après la mort de Constantin, il partagea l'Empire avec ses deux autres freres : mais ayant voulu envahir les Etats de Constant son second frere, il fut défait & tué dans une bataille donnée près d'Aquilée l'an 340.

CONSTANCE, successeur de Constantin le Grand.

Faits memorables du regne de Constantin.

prend deux de leurs Rois prifonniers, l'un nommé Afcarie, l'autre Regaife, & les expofe aux bêtes dans un fpectacle qu'il donne au public. Il paffe le Rhin, furprend les François dont il fait un horrible carnage, & entreprend de faire un pont à Cologne fur le Rhin. Quelques uns prétendent que ce pont fut achevé, & qu'il fubfiftoit encore l'an 955.

Maxence, fils de Maximien Hercule, fe fait proclamer Empereur à Rome.

Galere accable d'impôts les peuples de fon Département : il force chaque particulier à donner une déclaration exacte de fon bien, fait crucifier, ou brûler à petit feu ceux qu'il foupçonne n'avoir pas donné une déclaration exacte, & fait jetter à la mer un grand nombre de pauvres, croyant qu'ils feignoient d'être pauvres, pour s'exempter de payer les impôts. Le peuple de Rome, craignant d'être expofé aux mêmes cruautés, proclame Empereur Maxence, fils de Maximien Hercule, le 28. Octobre. Maxence engage Maximien Hercule, fon pere, à reprendre l'Empire.

Donat, Evêque des Cafes-Noires, en Numidie, accufe Menfurius, Evêque de Carthage, d'avoir livré pendant la perfécution, les Saintes Ecritures aux Payens, & fait Schifme avec lui. C'eft la premiere époque du Schifme des Donatiftes.

De J. C. 307.   De Rome 1060.

Severe vient au mois de Fevrier, avec une puiffante armée attaquer Maxence dans Rome : mais fe voyant abandonné de fes foldats, il fe fauve à Ravenne où

FEMMES.	ENFANS.

sonnes les plus viles, jetta même des regards incestueux sur son beau-fils Crispe, lui déclara sa passion, fut irritée de ses remontrances, joignit la calomnie à l'inceste, l'accusa d'avoir voulu la violer, & vit avec joie massacrer celui à qui elle ne pouvoit pardonner d'avoir résisté à ses charmes. Constantin instruit de ses débauches, vengea la mort de son fils, & son propre honneur si cruellement outragé. Il la fit périr dans les supplices l'an 326.

CONSTANT régna 13. ans dans l'Occident; il fut tué à Elne dans les Pyrenées, lorsqu'il se sauvoit en Espagne, ayant appris la nouvelle de la révolte de Magnence l'an 350.

CONSTANTINE, *Flavia Julia Constantina*, épousa Annibalien que Constantin fit Roi du Pont & de l'Armenie. Après la mort d'Annibalien, il la maria à Gallus frere de Julien l'Apostat. Elle étoit d'un caractere cruel. Elle mourut l'an 354.

HELENE femme de Julien l'Apostat.

Faits memorables du regne de Constantin.

Maximien Hercule va l'affiéger, & l'ayant engagé par promesses à se rendre, l'emmene prisonnier à Rome, & le fait tuer peu de tems après. Pour mettre Constantin dans son parti contre Galere, il va le trouver dans les Gaules, lui donne sa fille Fauste, & le fait Auguste.

Galere vient pour assiéger Rome; il est étonné de voir une si grande Ville. Voyant que ses soldats l'abandonnoient pour prendre le parti de Maxence, il s'en retourne, & pille en passant l'Italie.

La persécution continue en Orient.

Hercule, jaloux que son fils Maxence eût plus d'autorité que lui, veut lui arracher la Robe Impériale en présence du peuple & des soldats qui se soûlevent contre lui. Il va trouver Constantin dans les Gaules pour l'engager à marcher contre Maxence; voyant que Constantin ne l'écoutoit pas, il va trouver Diocletien, veut lui persuader de reprendre l'Empire : mais Diocletien lui répond, qu'il trouvoit trop de douceur dans la solitude pour la quitter. Galere fait Licinius Auguste, à Carnunte, ville de la Pannonie sur le Danube, en présence d'Hercule & de Diocletien.

Licinius étoit originaire de la Dace. Il étoit fils d'un paysan, & avoit toûjours été ami de Maximien Galere. Ils avoient été simples soldats dans la même Compagnie, & Galere avoit toûjours cherché à l'élever depuis la guerre des Perses où Licinius s'étoit signalé par plusieurs belles actions. Il eut pour Département la Pannonie & la Rhetie.

de l'Histoire des Empereurs. 399

| MORT. | PRINCES CONTEMPORAINS. |

Il mourut au Château d'A-guyron, près de Nycomédie, le 22. Mai, jour de la Pentecôte, sur le midi, l'an de J. C. 337. âgé de 63. ans 2. mois 25. jours, après avoir regné 31. ans 9. mois & 27. jours. On mit son corps dans un cercueil d'or sur lequel on posa le diadème & la robe Impériale, & on le porta à Constantinople où il fut exposé dans la principale salle du palais sur une estrade environnée de flambeaux dans des chandeliers d'or. Il resta exposé jusqu'à l'arrivée de Constance son second fils qui le fit porter dans l'Eglise des Apôtres, où il lui fit faire un magnifique mausolée.

Le Senat de Rome mit Constantin au rang des Dieux.

Papes.

Le Saint Siége vaque jusqu'à l'an 308.

S. MARCEL. Tout ce qu'on sait de lui, c'est qu'il maintenoit avec fermeté la discipline de l'Eglise, qu'il obligeoit les Tombés à faire une austere pénitence, avant de les admettre à la Communion. Maxence le bannit: mais on ne sait où. Quelques-uns prétendent qu'il fut martyrisé, d'autres soûtiennent le contraire. Il mourut le 16. Janvier 310.

S. EUSEBE, natif de Grece, étoit fils d'un Medecin. Il exerça à l'égard des Tombés la même sévérité que son prédécesseur. Maxence l'exila en Sicile, où il mourut le 26. Septembre 310.

Le S. Siége vaque neuf mois.

S. MELCHIADE, originaire d'Afrique, eut le bonheur de voir, durant son Pontificat, la Religion Chrétienne s'étendre par toute la terre, & adoptée par Constantin qui s'en rendit protecteur: mais cette joie fut troublée par le Schisme des Donatistes dont il fut témoin. Il fit tous ses efforts pour les engager à se soûmettre à la pénitence: mais il n'y réussit pas. Il mourut le 15 Janvier de l'an 314.

S. SILVESTRE, natif de Rome. Sous son Pontificat l'Eglise fut affligée par le Schisme des Donatistes & l'erreur des Arriens. Les plus saints Evêques essuyerent

Faits memorables du regne de Constantin.

De J. C. 308.   De Rome 1061.

Maximin II. jaloux qu'on eût donné le titre d'Auguste à Licinius préférablement à lui, se le fait donner par son armée : Galere le lui confirme malgré lui, & le donne enfin à Constantin.

Alexandre, fils d'un simple paysan de la Pannonie, se fait proclamer Empereur à Carthage, & y regne plus de trois ans.

Maximien Hercule se brouille avec Galere qui le chasse de l'Illyrie ; il revient dans les Gaules trouver Constantin, quitte la pourpre, la reprend à Arles, & veut soûlever les soldats que Constantin avoit laissés en garnison lorsqu'il marchoit contre les François : mais à la nouvelle de cette révolte Constantin revient à Arles, poursuit Hercule jusqu'à Marseille, où il le prend, & lui fait quitter la pourpre.

Le S. Siege, après avoir vaqué trois ans, six mois vingt-cinq jours, est rempli par S. Marcel.

La persécution continue en Orient : beaucoup de Chrétiens sont martyrisés en Egypte.

De J. C. 309.   De Rome 1062.

Maxence se fait détester à Rome par ses crimes. Il fait enlever les femmes de la premiere distinction, les viole, & les renvoye à leurs maris. Plusieurs Dames se tuent de désespoir. Il engage de faux témoins à déposer contre les plus riches Senateurs, qu'il condamne pour s'emparer de leur bien, il force enfin tous les particuliers, riches & pauvres, à lui faire des dons gratuits.

des

SAVANS ET ILLUSTRES.

S. ANTOINE, premier pere des Solitaires d'Egypte, étoit natif d'un village situé dans le territoire d'Heraclée, ville de la Province d'Heptapolis, appellée depuis Arcadie en Egypte. Ses parens, sans être illustres, tenoient un rang distingué dans leur pays. Il fut élevé jusqu'à l'âge de 18. ans chez son pere qui étoit Chrétien, & ne voulut pas apprendre les Belles-Lettres, crainte d'avoir commerce avec les autres jeunes gens. Il perdit son pere & sa mere à l'âge de 18. ou 20. ans, céda ses biens, qui étoient considérables, à ceux de son village, pour payer les impôts publics, n'en conservant qu'une petite partie pour la subsistance d'une sœur qu'il avoit, laquelle étoit en bas âge. Peu après il vendit ce qu'il avoit réservé de son bien, en donna l'argent aux pauvres, & mit sa sœur dans un Monastere de Vierges, où elle vieillit dans la virginité. Après s'être ainsi dépouillé de tous ses biens, il se retira dans la solitude, alla se cacher dans des sépulchres fort éloignés de son village. Là le Démon vint le tenter, & se servit de toutes sortes de moyens pour le séduire : mais Saint Antoine redoublant ses austérités, rendit les efforts du Démon inutiles. Pour s'enfoncer davantage dans la solitude, il passa le Nil, se retira sur des montagnes, où

PRINCES CONTEMPORAINS.

Papes.

des calomnies de toutes especes, S. Silvestre même n'en fut pas exempt, & fut obligé de se justifier devant Constantin. Il mourut le 31. Décembre 335.

S. MARC, natif de Rome, gouverna l'Eglise si peu de tems qu'il ne se passa rien de remarquable sous son Pontificat. Il mourut le 5. Octobre 336.

Le S. Siége vaque jusqu'au 6. Février 337.

Des Perses.

HORMISDAS II. 309.
SAPOR II. fils d'Hormisdas fut proclamé Roi dès avant de naître, comme il est dit dans les faits mémorables de l'an 310. Ce fut un Prince courageux. Il vécut & régna 70 ans, soutint la guerre 70. ans contre les Romains, & les força à lui céder les cinq Provinces qu'ils avoient conquises sur ses prédécesseurs. Il mourut l'an 380.

FAITS MEMORABLES DU REGNE DE CONSTANTIN.

Eumene prononce à Treves le panégyrique de Constantin en sa présence.

De J. C. 310.   De Rome 1063.

Révolution en Perse après la mort de Hormisdas II. Son fils, nommé aussi Hormisdas est mis en prison, parce que les Grands du Royaume se souviennent qu'il les avoit menacés de les punir sévérement, lorsqu'il seroit sur le throne, pour lui avoir manqué de respect dans une fête solemnelle donnée en Perse. On mit le diadème sur le ventre de la veuve d'Hormisdas II. qui étoit alors enceinte, & l'on proclama Roi l'enfant qu'elle portoit, parce que les Mages assurerent que c'étoit un enfant mâle. Cet enfant fut appellé Sapor II. & régna 70 ans.

Maximien Hercule forme le dessein de tuer Constantin. Il tâche, par ses prieres & ses promesses, d'engager sa fille Faustine à trahir Constantin son mari, & à faire ensorte que la chambre où il couchoit demeurât ouverte toute la nuit, & qu'elle fût mal gardée : elle lui promet tout, mais avertit Constantin, qui dispose les choses comme Hercule les avoit demandées à Fauste, & fait coucher un Eunuque à sa place. Hercule vient au milieu de la nuit, tue l'Eunuque, & crie, en sortant de la chambre que Constantin est mort : mais Constantin paroit avec ses gardes, & pour convaincre Hercule de trahison, il lui montre le cadavre de l'Eunuque ; il le condamne à mort, lui accordant pour toute grace la liberté de choisir son genre de mort : Hercule s'étrangle. Il avoit alors 60

SAVANS ET ILLUSTRES.   SAVANS ET ILLUSTRES.

ayant trouvé un vieux Château, il s'y arrêta & y passa vingt ans, n'ayant, pendant l'espace de ce tems, pour toute nourriture que du pain qu'on lui apportoit de six mois en six mois. Sa réputation se répandit au loin, il vit venir de toutes parts des Chrétiens le consulter, plusieurs l'imiterent, abandonnerent leurs biens, allerent bâtir des cabanes sur les montagnes où il étoit, & y passerent leur vie. Ainsi le désert qu'habitoit Saint Antoine fut peuplé par des Saints. Il alla à Alexandrie en 311. durant la persécution de Maximin II. espérant finir sa vie par le martyre: mais Dieu qui avoit encore besoin de lui, le conserva. Après que la persécution fut cessée, il retourna dans sa solitude, où se trouvant importuné par les fréquentes visites de ceux que le bruit de sa sainteté attiroit auprès de lui, il s'enfonça dans le désert, & se retira dans des cavernes dont ces lieux étoient remplis, parce que c'étoit de là qu'on avoit tiré les pierres pour bâtir les pyramides d'Egypte, selon l'opinion de quelques Savans. L'austérité de Saint Antoine augmentoit tous les jours avec sa piété, & tous les jours Dieu lui accordoit de nouvelles faveurs. Ce Saint du fond de sa solitude, prévit les maux dont l'Eglise étoit menacée par les Ariens. Sur la fin de l'an 340. Dieu

lui fit connoître le lieu de la retraite de S. Paul, qui vivoit inconnu au reste des hommes depuis 90. ans. S. Antoine mourut le 17. Janvier 356. âgé de 105. ans.

On trouve dans le troisieme tome de la Bibliotheque des Peres une traduction Latine de sept Epîtres qu'on croit que S. Antoine avoit écrites a différens Monasteres, l'original étoit en Egyptien. La traduction que nous en avons est pitoyable: mais le fond de ces Epîtres est rempli de piété.

ARRIUS, Hérésiarque, étoit natif de la Libye Cyrenaïque. Sa science lui acquit de la réputation, son extérieur doux & austere lui donna du crédit, & l'envie qu'il eut de s'élever aux premieres dignités, le rendit odieux à tout le monde. Aussitôt qu'il entra dans l'Eglise il y porta le trouble, & suivit le schisme de Melece: mais ayant reconnu sa faute, ou feint de la reconnoître, il en obtint le pardon, & fut élevé à la dignité de Prêtre. Il crut alors mériter les premieres dignités de l'Eglise, vit avec envie S. Alexandre succéder à S. Achillas dans l'Episcopat d'Alexandrie; & ne pouvant lui pardonner d'occuper une place qu'il croyoit mériter, il eut toujours les yeux fixés sur lui, & chercha tous les moyens de le perdre. La conduite de ce saint

Cc ij

Faits memorables du regne de Constantin.

ans. C'étoit un grand Capitaine : mais il avoit le cœur dur, il étoit féroce, cruel & avare, & avoit toujours conservé la rusticité de sa naissance. Ses vices étoient marqués sur sa figure.

Constantin défait les Allemands & plusieurs peuples François ligués ensemble pour piller les Gaules.

La persécution continue en Orient.

De J. C. 311. | *De Rome 1064.*

Galere, voyant que personne ne pouvoit guérir une terrible maladie qu'il avoit, & qu'il imploroit en vain le secours des Dieux, s'adresse au Dieu des Chrétiens, fait à Sardique un Edit solemnel pour appaiser la persécution, & le fait afficher à Nicomedie le 30 Avril. Quoique cet Edit fût publié au nom de tous les Empereurs, Maximin II. voulut s'y opposer : mais ayant honte de ne pas suivre l'exemple de ses Collegues, il fit cesser la persécution dans son département.

Galere meurt au mois de Mai, après avoir souffert pendant un an des douleurs excessives aux parties les plus secrettes de son corps. Cet Empereur conserva toûjours la dureté qu'il avoit puisée dans sa naissance rustique. A son défaut d'éducation, il joignoit un caractere féroce & cruel. Un Auteur dit que son aspect, sa voix, & ses gestes faisoient peur. Il étoit ignorant, & haïssoit les Gens de Lettres.

Cette mort pensa causer une guerre civile entre Maximin II. & Licinius, qui cherchoient à s'emparer des Provinces où Galere avoit régné : mais ils firent un Traité par lequel Maximin II. eut ce que Galere

Savans et Illustres.

Prélat lui en ôtant l'espérance, il eut recours au crime, l'attaqua sur la foi, & soûtint qu'il trompoit les Chrétiens, en leur disant que le Fils de Dieu étoit égal à son Pere, puisqu'il étoit semblable à nous. Il soûtint cette erreur avec effronterie, résista à tous les Evêques qui voulurent combattre son sentiment, essuya l'affront d'être chassé de l'Eglise, plûtôt que de s'humilier, & de demander pardon. Constantin fut instruit de son erreur, il en frémit, & l'exila : mais cet Hérésiarque lui envoya une profession de foi conçûe en termes équivoques dont il fut content, parce qu'il n'en approfondit pas le sens; il le rappella d'exil, demanda même qu'on le reçût à la communion. Alors Dieu après avoir longtems attendu cet imposteur à résipiscence, le frappa tout d'un coup, & lui envoya une maladie terrible dont il mourut en un instant l'an 336.

DONAT de Carthage, étoit le plus zelé partisan des Donatistes. Quelques-uns prétendent même que cette Secte de Schismatiques tiroit son nom de lui, quoique Donat des Cases-Noires en eût été premier Auteur. Donat de Carthage étoit un des plus savans de son tems. Il étoit fort habile dans les Lettres Humaines, & savoit l'Ecriture Sainte à fond. Sa science le faisoit admirer, l'austérité de ses mœurs,

Savans et Illustres.

& son éloquence, le faisoient respecter & lui attiroient les hommages de tous les peuples. Il fut un des premiers à entrer dans le schisme. Il devint alors le plus terrible persécuteur de l'Eglise dont auparavant il avoit été un des plus beaux ornemens. Tyran de ceux qu'il avoit soûlevés contre l'Eglise, il les força à le craindre, même à l'adorer, les amena au point de jurer la vérité par son nom, & leur fit quitter le titre de Chrétiens pour prendre celui de Donatistes. Ce profane, enfin, après avoir rempli la terre d'horreurs, & avoir fait autant & plus de maux à ses partisans, qu'à ses ennemis, eut la punition justement dûe à ses crimes ; il périt vers l'an 348. L'histoire ne nous dit rien d'assûré sur son genre de mort. Quelques-uns ont cru qu'il s'étoit précipité dans un puit.

EUSEBE, Evêque de Cesarée dans la Palestine. On ne sait rien de sa famille, on ignore même le lieu de sa naissance. Il fit ses études à Antioche, & fut élevé à la Prêtrise par Agape, Evêque de Césarée. Il s'unit d'amitié avec S. Pamphile, Prêtre de Césarée, & étudia avec lui les Lettres sacrées ; par son travail, il acquit tant de science, qu'on disoit de lui qu'il savoit tout ce qui avoit été écrit avant lui. Il fut fait Evêque de Cesarée vers l'an 320. tomba dans l'erreur des Arriens

FAITS MEMORABLES DU REGNE DE CONSTANTIN.

avoit possédé en Asie, & Licinius ce qu'il avoit possédé en Europe.

Maximin II. permet aux Magistrats de chasser les Chrétiens des Villes.

Maxence envoye des troupes en Afrique ; Alexandre y est défait & étranglé peu après. Il ruine Carthage & toute l'Afrique, & triomphe à Rome pour la défaite d'Alexandre. Il déclare la guerre à Constantin, sous prétexte de venger la mort de son père Maximien Hercule, & fait abattre les statues de Constantin qui étoient à Rome. Licinius prend le parti de Constantin, Maximin II. prend celui de Maxence.

Constantin va à Autun vers le mois d'Août ; il est touché de la misere de cette Ville, & leur fait une grande remise. Eumene va le trouver à Treves où il le remercie au nom de ceux de la Ville d'Autun.

Apparition de la Croix. Constantin marchoit à la tête de son armée, pour aller en Italie attaquer Maxence. Il étoit encore dans les Gaules lorsqu'il vit en l'air, un peu après midi, une croix lumineuse sur laquelle étoient écrits ces mots : *In hoc signo vinces*. Ce miracle le frappa d'étonnement, lui & toute son armée. La nuit suivante il vit en songe Jesus-Christ portant la même Croix, & crut l'entendre qui lui disoit de s'en servir pour étendart, & qu'il vaincroit ses ennemis. Il exécute l'ordre de Dieu, & fait mettre la Croix sur les armes de ses soldats.

L'Univers va changer de face ; le Paganisme va être détruit, les Idoles vont être renversées. Constantin adore Jesus-Christ.

Mort de Mensurius : Cecilien est élu à sa place : mais soixante-dix Evêques de Numidie, gagnés

SAVANS ET ILLUSTRES. SAVANS ET ILLUSTRES.

dont il fut un très-puissant appui. Ces hérétiques, flattés d'avoir dans leur parti un homme d'un mérite si distingué jugerent qu'il étoit de leur intérêt de travailler à son élévation, qui rejaillissoit indirectement sur leur Secte, & le firent nommer à l'Evêché d'Antioche, après avoir fait déposer S. Eustache : mais Eusebe, pour éblouir les Chrétiens & augmenter son crédit, feignit de la soumission aux ordres de l'Eglise qui défendoit ces changemens d'Evêchés, & resta à Césarée. Cette modestie eut le succès qu'il avoit espéré, Constantin lui en sçut bon gré, & depuis ce tems eut beaucoup d'estime pour lui : mais il ne se servit de la protection de cet Empereur que pour persécuter l'Eglise ; fit des innocens faire des coupables, & des coupables faire des innocens, obtint le rappel de l'Hérésiarque Arrius, & l'exil du grand S. Anastase, & attira dans l'erreur un si grand nombre de Chrétiens que la terre en est encore étonnée. Il connut le foible de Constantin, sut le prendre, & en obtenir tout ce qu'il lui demanda. On croit qu'il mourut vers l'an 338.

Eusebe a composé en grec beaucoup d'ouvrages qui lui ont acquis une grande réputation parmi les Savans. Ses principaux ouvrages sont, une Chronique, la préparation à l'Evangile, &

une Histoire Ecclésiastique. Sa Chronique comprenoit ce qui s'est passé depuis le commencement du monde jusqu'à la vingtième année du regne de Constantin. C'étoit un ouvrage admirable, où il avoit remarqué les principales actions des grands hommes, & ceux par qui les arts avoient été inventés. On croit qu'il avoit tiré presque tout son ouvrage de Jule Africain, qui avoit fait une Chronologie environ cent ans avant lui. S. Jérôme a traduit en Latin la Chronique d'Eusebe, y a ajouté plusieurs choses tirées des anciens Auteurs, & en a fait la continuation depuis l'an 325. de J. C. jusqu'à l'an 378. Cet ouvrage est cause que celui d'Eusebe est perdu. On prétend que le Syncelle a inséré dans sa Chronique toute celle d'Eusebe : mais il ne nous est resté que des fragmens de celle du Syncelle. Scaliger a prétendu nous donner toute la Chronique d'Eusebe, qu'il avoit ramassée dans différens Auteurs ; on trouve en effet qu'elle est presque conforme à la traduction de S. Jerôme. On fait un cas infini de cet ouvrage d'Eusebe : mais les Savans prétendent y trouver des fautes contre la vérité. Sa préparation à l'Evangile est un ouvrage divin, selon les termes de Scaliger, il y prouve démonstrativement la fausseté du Paganisme, & la

Cc iv

FAITS MEMORABLES DU REGNE DE CONSTANTIN.

à force d'argent, vont tenir un Concile à Carthage, déposent Cecilien, & élisent Majorin: ce qui forme le Schisme des Donatistes.

De J. C. 312.   De Rome 1065.

Grande secheresse pendant l'hyver, elle causa la famine & la peste.

Maximin II. fait la guerre aux peuples de la grande Arménie pour les obliger à sacrifier aux Dieux, & à renoncer à la Religion Chrétienne: il n'a pas grand succès dans cette guerre, & ses sujets sont affligés par la peste & la famine.

Constantin, ayant passé les Alpes, prend la ville de Suze.

Bataille de Turin: Constantin y défait une nombreuse armée que Maxence avoit envoyée contre lui. Turin, & les autres Villes situées entre les Alpes & le Pô, ouvrent leurs portes à Constantin.

Bataille de Verone: Ruricius Pompeianus, qui commandoit une armée pour Maxence, y fut défait & tué par Constantin. Toute l'Italie se soûmet à Constantin, qui va droit à Rome attaquer Maxence, & le défait sous les murs de la Ville. Maxence, voyant son armée plier, prend la fuite: mais il se noye dans le Tybre. Il avoit fait faire sur ce fleuve un pont qui rompit lorsqu'il le passoit.

Constantin fait son entrée dans Rome le 29. Octobre, lendemain de la défaite de Maxence. Il fait sortir de prison tous ceux qui y étoient détenus par l'injustice de Maxence, & fait grace à tous ceux qui avoient pris parti contre lui. Il abolit la Milice Prétorienne,

vérité de la Religion Chrétienne. Son Histoire Ecclésiastique qui comprend depuis la naissance de Jesus-Christ jusqu'à l'an 325 est un ouvrage inestimable par son utilité, puisque sans ce secours nous n'aurions aucune connoissance de ce qui s'est passé dans l'Eglise pendant les trois premiers siecles. Il ne s'est servi, pour composer cet ouvrage, que des Auteurs les plus authentiques; c'est ce qui fait dire que nous n'avons pas d'histoire plus certaine que celle d'Eusebe.

HELLADE, *Helladius*, natif de la ville d'Antinoüs en Egypte, avoit composé un Lexicon fort ample: mais il n'est pas parvenu jusqu'à nous, non plus que quelques histoires qui regardoient les Athéniens. Il avoit composé un autre ouvrage, en vers Iambes, divisé en quatre Livres, intitulé la Chrestomathie, ou Science utile. Photius nous en a conservé des Fragmens; où il fait mention de cet Oannes, dont parle Berose dans son premier livre cité par le Syncelle. Il dit qu'Oannes avoit le corps d'un poisson, la tête les piés & les mains d'un homme, & qu'il sortit de la mer pour apprendre aux hommes l'Astronomie & les Lettres. Hellade dit qu'Oën, c'est ainsi qu'il le nomme, étoit entierement homme: mais qu'il paroissoit poisson, parce qu'il étoit couvert d'une peau de poisson. *V. Photius Bib.* Cod. 279. p. 1594. *édition de Rouen* 1653.

JUVENCUS, Poëte Chrétien, natif d'Espagne, étoit d'une famille illustre. Il étoit Prêtre. Nous avons de lui tout l'Evangile en vers hexametres. Cet ouvrage est assez estimé pour la pieté qu'on y trouve: mais il n'y faut chercher ni feu, ni élégance, ni stylè. On croit qu'il avoit composé plusieurs autres ouvrages, comme des hymnes, &c. mais ils ne sont pas parvenus jusqu'à nous.

LACTANCE, *Lucius Cœlius Lactantius*, Orateur & défenseur de l'Eglise. On ne connoît ni son pays, ni sa famille. Son éloquence lui acquit une si grande réputation que Dioclétien le fit venir à Nicomedie, où il faisoit son siége, & l'engagea à y enseigner la Rethorique Latine: mais il y eut peu de Disciples, parce qu'on y parloit plus Grec que Latin. Là il vit commencer cette terrible persécution contre les Chrétiens, & s'il n'étoit pas Chrétien alors, ce qu'on ne peut décider, parce qu'on n'a rien de certain sur sa conversion, son humanité du moins le rendit sensible aux maux qu'il voyoit souffrir aux Chrétiens. Sa vertu & son mérite le rendirent si célebre que Constantin lui confia le soin de l'éducation de son fils Crispe. Ce grand homme, connoissant que la prospérité est souvent l'écueil de la vertu, pour

Faits mémorables du regne de Constantin.

& ruine leur camp, parce qu'ils étoient cause de toutes les séditions qui arrivoient à Rome.

Le Sénat déclare Constantin premier Auguste. Il reçoit le titre de Grand-Prêtre de Jupiter, quoiqu'il fût alors Chrétien. Tous ses successeurs en ont fait autant jusqu'à Gratien, exclusivement.

Licinius & Constantin font publier un Edit, par lequel ils permettent aux Chrétiens de faire publiquement les exercices de leur Religion, & de bâtir des Eglises : ils engagent Maximin à faire la même chose, & la persécution finit.

On commence les Indictions le 24. Septembre. C'étoit une espace de tems de quinze ans. On s'est long-tems servi de cette façon de compter le tems en France, en Allemagne & chez plusieurs autres Nations.

De J. C. 323.   De Rome 1066.

Constantin ordonne, par une loi du 18. Janvier, de diminuer les impôts des pauvres : par une autre loi du même jour, il ordonne de punir tous les Délateurs. Il donne sa sœur Constancie en mariage à Licinius.

Il envoye un rescrit à Anulin, Proconsul d'Afrique, par lequel il lui ordonne de rendre aux Chrétiens tout ce qu'on leur a ôté pendant la persécution. Par un autre, il décharge tous les Ecclésiastiques des fonctions civiles, & les biens de l'Eglise de tout impôt. Il envoye une somme considérable d'argent à Cecilien, Evêque de Carthage, pour distribuer aux pauvres.

de l'Histoire des Empereurs. 411

SAVANS ET ILLUSTRES.   SAVANS ET ILLUSTRES.

ne pas succomber, redoubla ses austérités, augmenta ses travaux, n'employa son crédit auprès de l'Empereur que pour le bien de l'Eglise, ne reçut d'une main des présens de Constantin, que pour les distribuer de l'autre aux pauvres. Il se dépouilla de tout le superflu, ne garda pas même le nécessaire, & par-là trouva le moyen de vivre dans la pauvreté au milieu même de l'abondance. Il mourut vers l'an 325.

Entre tous les ouvrages que Lactance a composés, les plus célèbres sont les Institutions divines. Cet ouvrage est divisé en sept Livres. Il l'avoit composé pour réfuter tout ce qu'on avoit écrit contre la Religion Chrétienne, & pour prouver les illusions du Paganisme. Il est parvenu tout entier jusqu'à nous, & les plus habiles trouvent que personne n'a employé un plus beau style, ni tant d'éloquence à défendre la Religion Chrétienne. Celui qui est intitulé, De la mort des persécuteurs, est fort célèbre. C'est à M. Baluse que nous en sommes redevables. Il nous l'a donné en 1679. sur un vieux manuscrit d'environ 800. Le dessein de Lactance, dans cet ouvrage, a été de faire connoître à la postérité la punition de ceux qui avoient été auteurs de la persécution sous Diocletien.

Les ouvrages de Lactance en général sont fort éloquens, ce qui lui a fait donner le titre de Ciceron Chrétien : mais les erreurs qu'on y rencontre les ont fait mettre par l'Eglise au rang des apocryphes.

OPTATIEN Poëte. Cet Auteur avoit été exilé par Constantin, pour quelque sujet qu'on ne sait pas : mais il lui envoya un panégyrique que cet Empereur trouva si beau qu'il lui accorda la liberté. Cet ouvrage est parvenu jusqu'à nous : mais on n'y trouve aucune pensée, le style en est plat ; on remarque cependant qu'il est travaillé. Il est étonnant que Constantin en ait fait tant de cas.

FAITS MEMORABLES DU REGNE DE CONSTANTIN.

Les Donatiftes accufent Cecilien de plufieurs crimes, devant Conftantin, qui leur donne pour Juges S. Materne Evêque de Cologne, S. Marin d'Arles, & S. Retice d'Autun, auxquels il joint le Pape S. Melchiade, & S. Mirocle, Evêque de Milan.

Conftantin fait affembler un Concile à Rome le 2. Octobre, pour juger l'affaire de Cecilien & des Donatiftes. Donat eft condamné, & Cecilien abfous.

Maximin II. fe brouille avec Licinius, marche contre lui avec une puiffante armée; Licinius le défait le 30. Avril entre Heraclée & Andrinople, & le pourfuit jufqu'au mont Taurus. Maximin II. fait maffacrer un grand nombre de Prêtres & de Prophetes Payens qui lui avoient confeillé de faire la guerre à Licinius, lui promettant la victoire. Il publie un Edit en faveur des Chrétiens. Il cherchoit, mais en vain, à réparer fes fautes : le mal étoit fans remede. Son armée l'avoit abandonné, & Licinius ne ceffoit de le pourfuivre. Il s'étoit retiré à Tarfe, croyant y avoir le tems de fonger à quelque moyen de fe débarraffer : mais fon infortune le fuivant par tout, lui découvroit de plus en plus fes malheurs. Il vit la Ville environnée d'ennemis, & la certitude d'être pris le mit au défefpoir. La mort lui parut le feul remede à fes maux, il prit du poifon, & mourut vers le mois d'Août, après avoir fouffert des maux terribles. C'étoit le fils d'un berger ; il l'avoit été lui-même, & n'avoit jamais eu aucune éducation : c'eft pourquoi lorfque Galere, fon oncle maternel, l'éleva à l'Empire, il ne s'occupa qu'à boire & à manger. Le vin lui fit fouvent ordonner des chofes extravagantes, dont il étoit lui-même étonné,

Faits memorables du regne de Contantin.

lorsque son ivresse étoit passée, ce qui l'obligea d'ordonner qu'on n'exécutât que le lendemain les ordres qu'il donneroit après le repas. Tous ses Ministres furent suppliciés, & sa femme fut jettée dans l'Oronte.

Constantin néglige de célébrer à Rome les Jeux Séculaires.

De J. C. 314.   De Rome 1067.

Loi du 24. Avril, par laquelle Constantin ordonne de mettre en liberté tous les esclaves qui avoient été obligés, par la misere, ou par quelqu'injustice de Maxence, de se vendre, eux & leurs enfans.

Constantin fait assembler à Arles, le premier Août, un Concile général de tout l'Occident, pour l'affaire des Donatistes qui y sont condamnés, & Cecilien y est déclaré innocent. Ce Concile défendit de rebatiser ceux qui avoient été batisés, même par des hérétiques, pouvû qu'ils l'eussent fait au nom du Pere, du Fils & du Saint Esprit, cela pour abolir la coûtume que les Afriquains avoient de rebatiser tous ceux qui avoient été batisés par des hérétiques.

Les Donatistes appellent du Concile à l'Empereur, qui en a horreur, & prie les Evêques du Concile de les engager, par la douceur, à rentrer dans l'Eglise.

Licinius, jaloux de la gloire de Constantin, conçoit une haine implacable contre lui, & pour lui déplaire il persécute les Chrétiens. Il n'en fallut pas davantage pour armer Constantin contre lui. Les deux Empereurs marchent l'un contre l'autre à la tête de leurs armées; ils se rencontrent auprès de Cibales en Pannonie; ils combattent tous deux avec valeur : mais Licinius ne

Faits memorables du regne de Constanstin.

put résister au bras qui le frappoit. Il fut vaincu le 8. Octobre, & contraint de fuir.

Bataille de Mardie en Thrace où Constantin avoit poursuivi Licinius. Cette bataille ne donna aucun avantage ni à l'un, ni à l'autre parti.

Licinius envoye demander la paix à Constantin, qui la lui accorde à condition qu'il lui cédera l'Illyrie & la Grece, & que Valens sera déposé de la dignité de Cesar que Licinius lui a donnée.

De J. C. 315. De Rome 1068.

Constantin, importuné par les sollicitations des Donatistes, consent de connoître de leur affaire, & mande Cecilien.

Il abolit le supplice de la Croix, auquel on avoit coûtume de condamner les esclaves lorsqu'ils étoient convaincus de quelque crime.

De J. C. 316. De Rome 1069.

Constantin à Naïse, ordonne par une Loi du 13. Mai que tous les enfans des pauvres seront nourris aux dépens de l'Empereur. Par une autre du 8. Juin, il permet d'affranchir les esclaves dans les Eglises, en présence des Evêques & des Curés, ce qui ne se faisoit autrefois qu'en présence des Préteurs.

Il Juge à Milan, vers la fin d'Octobre, l'affaire des Donatistes, qu'il condamne.

Faits mémorables du règne de Constantin.

De J. C. 317.   De Rome 1070.

Crispe, fils de Constantin, & Licinius, fils de l'Empereur Licinius, sont faits Cesars le premier Mars.

De J. C. { 318. / 319. }   De Rome { 1071. / 1072. }

Arrius commence à publier son Hérésie. Il soûtenoit que Jesus-Christ étoit homme comme nous, que par son libre arbitre, il étoit capable du vice & de la vertu, & qu'il n'étoit point Dieu.

S. Alexandre, Evêque d'Alexandrie, tâche de le ramener par la douceur : mais voyant qu'il n'en peut venir à bout, il assemble un Concile général de l'Egypte à Alexandrie, où cét Hérésiarque est condamné.

Arrius se retire chez Eusebe de Nicomedie, & change le GLORIA PATRI. Il engage ceux de sa Secte à chanter, *Gloire au Pere par le Fils dans le Saint Esprit*.

De J. C. 320.   De Rome 1073.

Loi du 31 Janvier par laquelle Constantin défend aux Créanciers de s'emparer des biens de leurs Débiteurs. Par une autre du même jour, il abolit les peines qu'Auguste avoit imposées à ceux qui demeuroient dans le célibat, & à ceux qui, quoique mariés, n'avoient point d'enfans. Il ordonne des peines très-rigoureuses contre ceux qui seroient convaincus de rapt. Loi du 14 Juin par laquelle il défend les concubines aux personnes mariées.

FAITS MEMORABLES DU REGNE DE CONSTANTIN.

De J. C. 321.   *De Rome* 2074.

Loi du 7. Mars, par laquelle Constantin ordonne de cesser toute sorte de travail le Dimanche, à l'exception de l'agriculture.

Constantin accorde le 15. Mai liberté de conscience aux Donatistes, & rappelle ceux qu'il avoit bannis, les laissant au jugement de Dieu.

De J. C. 322.   *De Rome* 2075.

Il commence un Port à Thessalonique.

De J. C. 323.   *De Rome* 2076.

Licinius exerce toutes sortes de cruautés contre ses sujets, les accable d'impôts, viole les femmes de la premiere distinction, & se fait détester. Il persécute les Chrétiens, s'étant persuadé qu'ils desiroient avoir Constantin pour Empereur.

Les Gots pillent la Thrace & la Mœsie : Constantin marche en diligence contre eux, les défait, & reprend tous les prisonniers qu'ils avoient faits.

Licinius, irrité que Constantin eût passé sur ses terres en allant chez les Gots, viole le traité de paix qu'il avoit fait avec Constantin, qui marche contre lui.

Bataille d'Andrinople donnée le 3. Juillet. L'armée de Licinius y fut taillée en pieces ; il prit la fuite, & ceux qui réchapperent de son armée vinrent se donner à Constantin, qui les reçut. Constantin fut blessé à la cuisse.

Combat

FAITS MEMORABLES DU REGNE DE CONSTANTIN.

Combat naval donné au détroit de Gallipoli. Crispe, fils ainé de Constantin, y défit la flotte de Licinius, commandée par un nommé Amand, qui y perdit cinq mille soldats, & cent trente vaisseaux.

Constantin poursuit à Chalcedoine Licinius, qui craignant d'être obligé de donner bataille avant que les secours qu'il avoit envoyé chercher fussent arrivés, demande la paix à Constantin qui la lui accorde : mais ces secours étant arrivés, Licinius rompt le traité de paix. Il est défait par Constantin le 18. Septembre près de Chalcédoine, & se sauve à Nicomedie, où Constantin le poursuit. Constancie, sa femme, vient demander grace pour lui à Constantin : Licinius y vient lui-même, & se dépouille de la robe de pourpre. Constantin l'envoye à Thessalonique où il le fait étrangler peu après : par cette mort Constantin devint maître de l'Orient & de l'Occident. Licinius étoit brave : mais cette vertu étoit contre-balancée par beaucoup de vices. Il étoit avare, dur, cruel & impudique. Il haïssoit les savans comme des témoins importuns de son ignorance, & de sa mauvaise éducation.

Hormisdas, fils aînée d'Hormisdas II. & frere aîné de Sapor II. Roi de Perse, s'échappe de la prison où il étoit détenu depuis treize ans. Il vient trouver Constantin, qui le reçoit fort bien, & lui rend tous les honneurs dûs à son rang. Tous les successeurs de Constantin eurent beaucoup d'égards pour lui. On croit qu'il embrassa la Religion Chrétienne.

Constantin permet aux Chrétiens de bâtir des Eglises, & d'en prendre la dépense sur ses Domaines. Il détruit entierement les lieux de débauche, ce que

Dd

FAITS MEMORABLES DU REGNE DE CONSTANTIN.

l'Empereur Philippe avoit tenté inutilement.

De J. C. 324.   De Rome 1077.

Les Arriens, voyant que Constantin se déclaroit contr'eux jettent des pierres à ses statues : ceux de sa Cour l'exhortent à s'en venger, lui disant qu'il a le visage tout meurtri : mais il passe sa main sur son visage, & dit en riant qu'il n'y sent aucun mal.

De J. C. 325.   De Rome 1078.

Loi du 17. Avril par laquelle Constantin fixe l'intérêt des créanciers au centième denier par mois.

Constantin convoque le Concile Œcuménique de Nicée, ville de la Bythinie, pour décider de l'affaire des Arriens. Nicée devint le rendez-vous de tous les Evêques de la terre ; Constantin leur avoit à tous écrit, pour les prier de s'y trouver à un jour marqué. Le nombre des Evêques qui s'y trouverent se montoit à trois cents-dix-huit : mais le nombre des Prêtres, des Diacres, & des autres personnes, qui les y accompagnerent, étoit infini. Les Savans modernes ont bien fait des recherches inutiles pour savoir quel fut l'Evêque qui y présida. On ne doute pas que le Pape S. Sylvestre n'y eût présidé s'il s'y fût trouvé : mais son grand âge l'empêcha d'y aller.

Le Concile commence le 19. Juin. Arrius y explique ses sentimens, qui sont examinés & débattus par tous les Evêques. Constantin voulant se trouver à la décision du Concile, arrive à Nicée peu à près le 3. de

Faits mémorables du regne de Constantin.

Juillet, entre dans l'assemblée, revêtu de la pourpre, & tout couvert d'or & de diamans. Il demeure debout jusqu'à ce que les Evêques l'ayent prié de s'asseoir. Enfin le Concile décide que le Fils est *consubstantiel* au Pere, c'est-à-dire, qu'il a la même substance; & prononce l'anathème contre Arrius & tous ses Sectateurs. Il dresse cette fameuse profession de foi qu'on appelle le *Symbole de Nicée*, & regle la discipline Ecclésiastique par vingt Canons qui sont parvenus jusqu'à nous.

Constantin exila Arrius & tous ses Sectateurs dans l'Illyrie d'où il ne fut rappellé que l'an 330.

Le Concile finit le 25. Août.

Constantin, par un Edit du 17 Septembre, permet à toutes sortes de personnes de se plaindre de ses Officiers, promettant d'entendre lui-même les dépositions, de faire justice, & de récompenser les accusateurs, lorsque leurs plaintes seront justes.

Par une Loi du dernier Octobre, il défend les combats des Gladiateurs.

De J. C. 326.   De Rome 1079.

Fauste accuse Crispe, son beau-fils, d'avoir voulu la violer. Constantin, sans examiner la vérité de cette accusation, fait trancher la tête à Crispe vers le mois de Juillet.

Sainte Helene, mere de Constantin est pénétrée de douleur à la nouvelle de la mort de Crispe.

La calomnie de Fauste est découverte. On examine scrupuleusement sa conduite: elle est convaincue d'adultere, & condamnée à mort.

Faits memorables du regne de Constantin.

Le jeune Licinius, fils de Constancie & de Licinius, qui avoit été défait par Constantin en 323. devient suspect : Constantin le fait mourir.

De J. C. 327.   De Rome 1080.

Sainte Helene, qui étoit allée l'année précédente en Palestine, pour visiter les saints lieux où s'étoit accompli le mystere de la Rédemption, conçoit le desir de trouver la Croix de Jesus-Christ, fait venir à Jerusalem les plus habiles Juifs, qui lui indiquent, à peu près, les lieux où pouvoit avoir souffert Jesus-Christ. Il étoit difficile d'y rien connoître, car les Payens, pour en dérober la connoissance aux Chrétiens, qui avoient toûjours marqué beaucoup de respect pour ces saints lieux, les avoient déguisés autant qu'ils avoient pû, & avoient bâti un temple de Venus sur le saint Sépulcre, qu'ils avoient comblé de terre.

Enfin sainte Helene, après avoir fait abattre tous les bâtimens qu'elle trouva dans ces lieux, en fit transporter au loin tous les matériaux, fit creuser bien avant en la terre, & découvrit le saint Sépulchre auprès duquel on trouva trois Croix. On ne put discerner qu'elle étoit celle à laquelle Jesus-Christ avoit été attaché : mais S. Macaire, Evêque de Jerusalem, les fit porter chez une Dame de la Ville extrèmement malade, lui fit toucher les deux premieres croix sans qu'elle en ressentit aucun effet : lorsqu'elle eut touché la troisieme, elle se leva aussi-tôt entierement guérie. On fit la même chose à un corps mort qui ressuscita à l'heure même. Après ces miracles, sainte Helene ne

Faits mémorables du regne de Constantin.

douta plus qu'elle ne possedât le trésor qu'elle avoit si ardemment desiré : elle en instruisit Constantin qui mêla sa joie à la sienne, & pour rendre hommage à ce précieux monument, fit bâtir à Jerusalem une Eglise sous le titre d'*Eglise de la Croix & de la Résurrection*.

De J. C. 328.   De Rome 1081.

Eusebe de Nicomedie, zélé défenseur de l'Arrianisme est rappellé d'exil, & regagne la faveur de Constantin. Les Auteurs ne s'expliquent pas davantage sur ce sujet.

De J. C. 329.   De Rome 1082.

Constantin forme le projet de fonder une nouvelle Ville, pour y établir le siége de l'Empire.

On ignore quelle fut la véritable raison qui l'engagea à quitter Rome. Les Auteurs modernes débitent bien des fables à ce sujet : mais elles sont sans autorité.

De plusieurs endroits qu'il avoit examinés, pour fonder cette nouvelle Ville, il ne trouva que la situation de Bysance propre à exécuter son dessein. Il en étendit extrêmement l'enceinte, y fit faire quantité de bâtimens, de places publiques, de fontaines, un cirque, un palais ; enfin, il fit tout ce qu'il put pour la rendre semblable à Rome. Les fondemens furent jettés le Mercredi 26. Novembre. On donna à cette ville le nom de Constantinople, qu'elle conserve encore aujourd'hui. Constantin accorda des priviléges à cette Ville, pour engager les peuples à y venir habiter. Il l'orna des dépouilles de différentes Villes, & fit mettre

Faits mémorables du regne de Constantin.

dans les places publiques les statues des Dieux qu'il avoit enlevées de différens temples. Il fit faire une grande place au milieu de laquelle il mit une croix avec sa statue, & celle de sainte Helene sa mere. Il n'oublia pas à y faire bâtir des Eglises.

Mort de Constancie veuve de Licinius, sœur de Constantin. Cette Princesse, dans les derniers momens de sa vie, assûrée de la force qu'ont les prieres d'un mourant, qu'on se fait un point de conscience de regarder comme des loix sacrées, fit venir son frere; & après lui avoir attendri le cœur par un adieu touchant & pathétique, elle lui demanda, pour derniere grace, d'accorder sa confiance à un Prêtre qu'elle lui présenta en même tems. Constantin aimoit sa sœur, l'état touchant où elle étoit l'engagea à tout lui promettre; il ne lui tint que trop parole. Ce Prêtre étoit le plus zelé partisan de l'Arrianisme, c'étoit le plus dangereux ennemi que l'Eglise eût eu jusqu'alors, un hypocrite qui, sous le voile de la piété, cachoit les plus pernicieux desseins. Son premier soin fut de faire rappeller d'exil l'Hérésiarque Arrius : pour y réussir, il dit à Constantin qu'Arrius n'avoit point d'autre foi que celle du Concile de Nicée, & qu'il le lui prouveroit lui-même, s'il vouloit lui permettre de venir à la Cour : Constantin lui accorda tout ce qu'il voulut.

De J. C. 330.   De Rome 1083.

Dédicace de la Ville de Constantinople le 11. Mai. Cette solemnité dura 40. jours, pendant lesquels on célébra les jeux du cirque. Ce fut pendant cette dédi-

Faits mémorables du règne de Constantin.

cace que Constantin donna à cette Ville le nom de Constantinople, & de seconde Rome. Il l'établit capitale de tout l'Empire d'Orient, y érigea un Senat, mais qui ne fut jamais d'une grande considération, quelque soin que Constantin prît pour lui en donner. Les Savans croient que Constantinople a toûjours eu pour armes un croissant, & que Bysance l'avoit eu aussi.

Constantin écrit lui-même à Arrius le 27 Novembre, & lui mande de venir à la Cour : Arrius obéit, & présente à Constantin une profession de foi conçûe en termes équivoques, en sorte qu'elle pouvoit exprimer la foi & l'hérésie, selon le sens qu'on lui donnoit : elle finissoit par la priere que les hérétiques faisoient à Constantin de les faire réunir à l'Eglise. Constantin renvoye Arrius à Alexandrie pour y être admis à la Communion : mais S. Athanase, qui y étoit Evêque depuis l'an 326, s'étant apperçu du sens équivoque que contenoit sa profession de foi, refuse de le recevoir.

De J. C. 332.   De Rome 1084.

Constantin fait bâtir des Eglises dans les principales villes de l'Orient.

Eusebe dit qu'il en fit bâtir une dans la Palestine à trois quarts de lieue d'Hebron, en un lieu appellé le Terebinthe, à cause d'un arbre de ce nom qui y étoit planté, & que les habitans du pays disoient être aussi ancien que le monde. On y voyoit un chêne, appellé le chêne Mambré, célebre dans l'Ecriture par la demeure d'Abraham & de Sara, & par l'apparition des

Faits mémorables du regne de Constantin.

Anges qui leur annoncerent la naissance d'Isaac. Ce chêne subsistoit encore, & on y voyoit trois personnes représentées en peinture. On croyoit que c'étoit les trois Anges. La tradition de ceux du pays avoit beaucoup défiguré la vérité du fait, & n'avoit laissé dans leur esprit que du merveilleux pour ce lieu, en sorte que le chêne & le térébinthe étoient en grande vénération : on avoit dressé au pié de ces arbres des autels, sur lesquels on avoit placé des idoles. Constantin, instruit de cette profanation, fit abattre les autels, renverser les idoles, & y fit bâtir des Eglises.

Eusebe de Nicomedie, & celui de Cesarée, tiennent un Concile à Antioche, & sur un faux crime dont ils font accuser S. Eustache, Evêque de cette ville, ils le déposent & obtiennent de Constantin qu'il soit relégué à Philippes en Macedoine avec un grand nombre de Prêtres tous ennemis de l'Arrianisme, & font mettre à sa place Paulin, Evêque de Tyr, fameux partisan de leur Secte.

De J. C. 332.   De Rome 1085.

Constantin le jeune défait les Gots le 20. Avril. Il en fait périr près de cent mille, & force Ariaric leur Roi à donner son fils en ôtage, & abolit le tribut que les Romains payoient aux Gots. Les Sarmates, que Constantin avoit secourus contre les Gots, prennent les armes contre lui : mais il les défait, & les force à se soûmettre.

Faits memorables du regne de Constantin.

De J. C. 333.   *De Rome 1086.*

Le Christianisme fait de grands progrès dans l'Orient, par le soin que Constantin prend d'y faire bâtir des Eglises.

Grande famine en Orient. Constantin envoye du blé aux Evêques, pour le distribuer aux pauvres.

La ville de Salamine, en Cypre, est renversée par un tremblement de terre.

Les Indiens, les Ethiopiens, les Blemmyes, & beaucoup d'autres peuples étrangers, envoyent des Députés à Constantin pour lui demander son alliance. Sapor II. Roi de Perse lui envoye des Ambassadeurs avec des présens magnifiques, pour le prier de renouveller les anciens Traités faits entre les Romains & les Perses. Constantin lui écrit en faveur des Chrétiens, dont le nombre étoit considérable en Perse. Les Mages, ministres de la Religion des Perses formoient sans cesse des accusations contre les Chrétiens. Les Juifs, ennemis irréconciliables des Chrétiens se joignirent aux Mages & exciterent cette terrible persécution qui éclata en 344.

Les Arriens font cacher Arsene, Evêque d'Hypsele, dans la premiere Thebaide, & accusent S. Athanase de l'avoir tué. Constantin mande à son frere Dalmace d'examiner ce fait, & de punir les coupables. Dalmace écrit à S. Athanase, & l'avertit de préparer sa justification. La fourberie de ses accusateurs est découverte, & Constantin en est indigné : il assûre qu'il fera punir séverement, les auteurs d'une pareille calomnie.

Faits Memorables du Regne de Constantin.

De J. C. 334.   De Rome 2087.

Les Eusebes obtiennent de Constantin la permission de faire assembler un Concile à Cesarée pour examiner les crimes dont S. Athanase étoit accusé. S. Athanase refuse de se trouver à ce Concile, ne voulant pas se soûmettre au jugement des Eusebes.

Les Sarmates, chassés de leur pays par leurs propres esclaves qu'ils avoient armés pour repousser les Gots, viennent trouver Constantin, qui en enrôle une partie dans ses troupes, & envoye l'autre cultiver des terres dans différentes Provinces de l'Empire.

De J. C. 335.   De Rome 2088.

Le grand S. Athanase est déposé vers le mois d'Août au Concile de Tyr. Tous les Evêques de ce Concile partent en diligence pour aller à Jerusalem dédier l'Eglise de la Résurrection que Constantin avoit fait bâtir sur le Calvaire. Ils tiennent un Concile à Jerusalem, où ils reçoivent Arrius à la Communion de l'Eglise.

S. Athanase va trouver Constantin, & se plaint de l'injustice qu'on lui avoit faite au Concile de Tyr. Constantin mande aux Evêques de venir à Constantinople se justifier de leur conduite à l'égard de S. Athanase: mais les deux Eusebes forment de nouvelles calomnies contre lui, & l'accusent d'avoir voulu empêcher qu'on apportât du blé d'Egypte à Constantinople. Sur cette simple accusation, Constantin relegue S. Athanase à Treves.

Constantin partage l'Empire entre ses trois fils &

Faits memorables du regne de Constantin.

ses deux neveux, fils de son frere Dalmace, Censeur. Il donne à Constantin, son fils aîné, les Gaules, l'Espagne & la Bretagne, dite à présent l'Angleterre ; à Constance, son second fils, l'Asie, la Syrie & l'Egypte ; à Constant, le dernier de ses fils, l'Illyrie, l'Italie & l'Afrique ; à Dalmace, l'un de ses neveux, la Thrace, la Macedoine & l'Achaie ; à Annibalien, l'Armenie mineure, le Pont, & la Cappadoce, avec le titre de Roi du Pont, & établit la ville de Cesarée capitale de son Royaume.

Constantin ordonne par une loi du 22. Novembre, de mettre en liberté tous les esclaves que les Juifs feroient circoncire.

De J. C. 336.   De Rome 1089.

Les Eusebes proposent à Constantin d'établir un Evêque à Alexandrie, à la place de S. Athanase : mais il ne veut pas y consentir.

Constantin fait venir Arrius à Constantinople pour faire encore une fois sa profession de foi ; n'y ayant rien trouvé qui ne fût orthodoxe, parce que ce fourbe déguisoit ses sentimens ; il ordonne à S. Alexandre, Evêque de Constantinople de le recevoir à la communion. Ce saint, connoissant les sentimens d'Arrius, se met en priere, & demande à Dieu de l'ôter du monde, ou d'en ôter Arrius. Dès le soir de ce jour même, qui étoit un Samedi, Arrius mourut.

De J. C. 337.   De Rome 1090.

Sapor II. Roi des Perses, âgé d'environ 27. ans,

Faits memorables du regne de Constantin.

envoye demander à Constantin de lui céder les cinq Provinces que Narsès avoit cédées aux Romains en 297. lorsqu'il fut défait par Maximien Galere. Constantin dit à ceux que Sapor II. lui avoit envoyés, qu'il iroit lui-même porter sa réponse à Sapor. Il fait de grands préparatifs de guerre.

Constantin tombe malade, & se fait batiser dans le château Imperial d'Aquyron, situé proche Nicomedie. Il fait son testament, par lequel il confirme le partage qu'il a fait entre ses fils & ses neveux, & le confie à ce Prêtre Arrien, que sa sœur lui avoit recommandé en mourant, lui ordonnant de le remettre en main propre à Constance, son second fils.

Constantin, avant de mourir, ordonne le rappel de S. Athanase, & de tous les autres Evêques qu'il a exilés.

Constantin meurt le 22. Mai, jour de la Pentecôte.

Tous les peuples furent affligés à la mort de Constantin. On assure que l'Eglise l'a honoré très-longtems comme un Saint. Quelques Martyrologes marquent sa fête le 22. Mai, & les Grecs la célebrent encore aujourd'hui le 21. du même mois.

La reconnoissance que les Chrétiens doivent à Constantin, qui a été leur libérateur en faisant cesser la persécution qu'ils souffroient depuis près de trois siécles, les a, pour ainsi dire, forcés à lui donner des loüanges excessives, à le mettre au-dessus de tous ses prédécesseurs, & à le faire paroître quelque chose plus qu'un homme. Les Payens, qui n'avoient pas les mêmes intérêts, lui ont donné de grandes qualités : mais ils ont toûjours laissé voir l'homme.

de l'Histoire des Empereurs. 429

FAITS MEMORABLES DU REGNE DE CONSTANTIN.

La nature avoit donné à Constantin un extérieur très-avantageux. Sa taille majestueuse, son air noble & doux, étonnoient ses sujets, & prevenoient leur respect. Son esprit vif & pénétrant, sa douceur & sa libéralité, lui attiroient l'estime & l'amitié de tout le monde. La grandeur de son génie lui faisoit former les plus grands projets, son ardeur les lui faisoit entreprendre, & sa prudence les lui faisoit exécuter. Son bonheur & son courage lui firent abattre tous ses ennemis, & le rendirent redoutable aux Nations les plus éloignées. Son amour pour la justice étoit si grand qu'il vouloit tout connoître par lui-même, & corrigeoit par des loix sages les abus que l'usage avoit établis parmi les peuples. Il aimoit les Lettres, & protegeoit les Savans. On trouve dans Eusebe plusieurs preuves de sa science.

Les vertus de ce Prince préviennent en sa faveur, & on est fâché de trouver en lui quelque chose de blâmable : mais il faut céder à la vérité. Fauste, sa seconde femme, accusa Crispe, qu'il avoit eu de son premier mariage, d'avoir voulu la séduire : Constantin, sans examiner la fausseté ou la vérité de l'accusation, fit mourir son fils, & lorsqu'il eut reconnu son innocence, & la calomnie de sa femme, il la fit périr dans les tourmens. L'injuste punition du fils & le supplice trop cruel de la femme révoltent la nature, & font une tache à la mémoire de Constantin. On l'accuse d'une ambition si grande qu'il ne put souffrir de rival. Sa libéralité & sa magnificence étoient outrées. Il dépensoit l'argent du public en bâtimens inutiles, & à enrichir des gens qui souvent ne méritoient pas le

Faits memorables du regne de Constantin.

moindre bienfait. Il accordoit trop facilement sa confiance : une vertu dans un homme l'éblouïssoit & lui cachoit tous les vices qu'il pouvoir avoir.

Naissance et origine de Constantius, dit Constance.

Il naquit à Sirmich, capitale de la Pannonie, le 7. ou le 13. Août de l'an 317. C'étoit le second fils de Constantin le Grand & de Fauste sa seconde femme.

Faits memorables du regne de Constance.

De J. C. 337.   De Rome 1090.

Le 9. Septembre les trois fils de Constantin prennent le titre d'Auguste, & toutes les armées, d'un consentement unanime, refusent ce titre à Dalmace, & Annibalien, à qui Constantin avoit donné celui de Cesar.

Les soldats pour assurer l'Empire aux trois fils de Constantin, massacrent leurs oncles, leurs cousins & tous les ministres du grand Constantin, à l'exception de Julien l'Apostat, qui n'avoit alors que sept ans, & de Gallus son frere, qui en avoit douze ou treize : mais qui étoit dangereusement malade. La foiblesse de l'âge conserva l'un, & ce qui sauva l'autre fut l'assurance qu'on crut avoir de sa mort prochaine. On a soup-

de l'Histoire des Empereurs. 431

FEMMES.

Tout ce qu'on sait de la premiere femme de Constance c'est qu'elle étoit fille de Jule Constance son oncle.

EUSEBIE, *Aurelia Eusebia*, étoit fille d'un Consul dont on ignore le nom. Cette Princesse avoit toutes les qualités nécessaires pour se faire aimer de son mari, & se faire estimer du peuple. Peu d'Impératrices avoient été aussi belles, aucune n'avoit eu autant de chasteté. Elle prenoit plaisir à consoler les affligés, & à soulager les misérables. Touchée du sort de Julien, que Constance sembloit vouloir faire périr, elle employa tout son crédit pour arrêter les maux qu'elle voyoit qu'on lui préparoit tous les jours, & engagea Constance à lui faire autant de bien qu'il lui avoit fait de mal, à lui donner sa sœur en mariage & à l'élever à la dignité de Cesar. Elle aimoit les sciences, & protégeoit les Savans. Avec tant de vertus, elle ne fut pas exempte des défauts de son sexe. S'étant trouvée dans une ville où plusieurs Evêques étoient assemblés, pour tenir un Concile, quelques-uns d'entr'eux furent la saluer: elle les reçut avec hauteur, ce qui empêcha les autres d'y aller: l'Impératrice s'en plaignit: mais un d'entr'eux nommé Leonce, Evêque de Tripoli en Lydie, dit qu'il iroit la saluer, si elle vouloit le recevoir avec le respect dû à sa dignité, c'est-à-dire, venir au-

ENFANS.

CONSTANCIE, *Flavia Maxima Constantia*, dont Faustine étoit grosse lorsque Constance mourut. Elle épousa l'Empereur Gratien.

MORT DE CONSTANCE.

Il mourut à Mopsucrène, qui est à l'extrémité de la Cilicie, au pié du mont Taurus, le 3. Novembre 361. âgé de 44. ans, 4. mois, après en avoir regné 25. depuis la mort du Grand Constantin. Julien, son successeur fit apporter son corps à Constantinople, où il fut enterré dans l'Eglise des Apôtres.

Faits mémorables du règne de Constance.

çonné Constance d'avoir été auteur de cet horrible massacre.

De J. C. 338.   De Rome 1091.

S. Athanase, & tous les autres Evêques qui avoient été bannis par Constantin, sont rappellés.

Les Arméniens se soûlevent contre leur Roi, ils le chassent de ses Etats, avec ceux qui lui sont demeurés fideles, & se joignent aux Perses, qui avoient pris les armes contre les Romains.

Les fils de Constantin s'assemblent, vers le mois de Juillet, à Sirmich, & partagent l'Empire. Constance eut la Thrace, & toutes les Provinces de l'Asie; on rend à Constance ce que le grand Constantin avoit démembré de l'Illyrie pour en former l'apanage de Dalmace, & l'Afrique fut cédée à Constantin.

Constance marche contre les Perses, qui assiégeoient Nisibe depuis soixante-trois jours : à la nouvelle de son arrivée, ils levent le siége & se retirent sur leurs terres. Les Armeniens rentrent dans le devoir, & se soûmettent à leur Roi, que Constance rétablit dans ses Etats.

De J. C. 339.   De Rome 1092.

Les Arriens assemblent un Concile à Constantinople, déposent S. Paul, qui en étoit Evêque, & mettent à sa place Eusebe de Nicomedie.

Loi du 31. Mars par laquelle Constance défend aux oncles d'épouser leurs nieces sur peine de la vie. Par une autre du 13 Août, il défend aux Juifs d'acheter des esclaves Chrétiens, sur peine de perdre leurs esclaves & tout leur bien.

devant

FEMMES.

devant de lui lorsqu'il entreroit, s'incliner pour recevoir sa bénédiction, & rester debout pendant qu'il seroit assis, jusqu'à ce qu'il lui fît signe de s'asseoir. Cette fierté déplacée irrita l'Impératrice au point qu'elle s'en plaignit à son mari : mais elle n'en eut pas la satisfaction qu'elle desiroit. Constance, sans rien lui répondre, se mit à rire. Eusebie fut stérile ; & pour cesser de l'être, elle fit tant de remedes qu'elle en mourut en 360.

FAUSTINE, *Maximia Faustina*. On ne sait rien de sa famille. Elle étoit grosse d'une fille lorsque Constance mourut.

PRINCES CONTEMPORAINS.

Papes.

S. JULE I. natif de Rome, étoit fils d'un paysan. Son nom est illustre dans l'histoire par l'ardeur qu'il a fait paroître à défendre la foi contre les hérétiques. Il connut la fourberie des Arriens, perça tous les détours dont ils se servoient pour paroître innocens, & pallier l'injustice avec laquelle ils persécutoient ceux qui soutenoient la foi, & qui n'étoient criminels que parce qu'ils s'opposoient à leurs sentimens. Il voulut joindre à ses lumieres celles de cinquante Evêques qu'il fit assembler, pour lui aider à juger l'affaire de Saint Athanase. Il fit connoître son innocence par toute la terre, admira son mérite, & exalta sa vertu. Sa douceur, sa modération, & sa charité éclaterent à l'égard des Arriens. Leurs excès étoient énormes : ils blasphémoient contre Jesus-Christ & mettoient le trouble dans l'Eglise. S. Jule n'éclata contr'eux ni en reproches, ni en menaces, il leur représenta leur crime, & les exhorta à en faire pénitence. Malgré ses soins il n'eut pas la satisfaction de voir la paix rétablie dans l'Eglise. Il mourut le 12. Avril 352.

LIBERE, étoit natif de Rome, fils d'un nommé Auguste. Sa piété, sa soûmission aux volontés des premiers Pasteurs, & son

FAITS MEMORABLES DU REGNE DE CONSTANCE.

De J. C. 340.   *De Rome 1093.*

Constantin, fils aîné du grand Constantin, marche contre son frere Constant, parce qu'il prétendoit que la partie de l'Empire qu'il possédoit étoit plus considérable que la sienne : mais étant tombé dans des embûches que lui avoient préparées les troupes que Constant avoit envoyées contre lui, il est défait & tué près d'Aquilée vers la fin de Mars. Son corps fut jetté dans la riviere d'Alse, aujourd'hui Ansa, d'où il fut retiré & porté à Constantinople, où on l'enterra dans un tombeau qu'on lui érigea auprès de celui de son pere. Sa douceur l'avoit fait aimer : elle le fit regretter de ses Sujets : son ambition & sa mauvaise foi, lui firent faire le premier pas vers sa perte : sa foiblesse & son imprudence hâterent son malheur. Par sa mort Constant se trouva maître de tout l'Occident.

Jugement équitable d'Acindyne, Prefet d'Orient. Un particulier d'Antioche devoit une somme considérable au fisc : en vain on l'envoyoit avertir de payer, sa pauvreté le rendoit insolvable. Le Prefet le fit mettre en prison, & le condamna à payer à un jour marqué, sous peine de la vie. Un homme riche, qui depuis longtems étoit amoureux de la femme du prisonnier, la vint trouver, & lui promit de payer la dette de son mari, si elle vouloit consentir une fois à sa passion. Cette femme alla en avertir son mari, qui, se trouvant insolvable, consentit que sa femme se prêtât à la proposition qu'on lui faisoit. Mais lorsque l'indigne amant eut satisfait sa passion, il reprit adroitement le sac plein d'argent, & en substitua un plein de terre. Lorsque la femme se fut apperçue de cette fourberie, l'envie

Savans et Illustres.

ALETIUS ALCIMUS (*Latinus*) natif de l'Agenois, est mis entre les Professeurs de Bordeaux. Ausone loue beaucoup ses mœurs. Il avoit composé plusieurs ouvrages en Grec & en Latin : mais ils ne sont pas parvenus jusqu'à nous.

ANATOLE, *Vidanius Anatolius*, de Bérite, fut Préfet de l'Illyrie en 359. & mourut à la fin de 360. Il avoit composé douze Livres sur l'Agriculture : mais il ne nous est en resté que quelques fragmens.

ANDRONIQUE, Magistrat de la Ville d'Hermapole en Egypte, étoit un très-bon Poëte. Libanius dit qu'il charma toute l'Egypte par ses vers. Il avoit composé plusieurs pieces de Théatre : mais il ne nous en est resté aucune. On ne trouve point le tems de sa mort. Il vivoit en 378.

S. ATHANASE, Evêque d'Alexandrie, Docteur de l'Eglise. On ne connoît ni sa famille, ni le lieu de sa naissance. S. Alexandre, son prédécesseur à l'Episcopat d'Alexandrie, prit soin de son éducation, lui fit apprendre les Belles-Lettres, & l'instruisit de bonne heure dans les Saintes Ecritures. Il fut bientôt élevé à la Cléricature, & monta par tous les degrés à l'Episcopat. Il s'étoit fait aimer & estimer étant simple Prêtre ; il se fit admirer lorsqu'il fut Evêque. Il avoit été le conseil & le guide de S. Alexandre. Il fut l'appui de la foi,

Princes Contemporains.

Papes.

zele pour la foi l'éleverent à la premiere dignité de l'Eglise. Il l'avoit méritée : mais il s'en rendit indigne lorsqu'il y fut parvenu. Il commença son Pontificat par condamner l'innocence & approuver le crime, sépara S. Athanase de sa Communion, & y reçut les Arriens : il reconnut sa faute, en eut horreur, & pour la réparer, rejetta les flateuses promesses que lui fit l'Empereur, résista à ses menaces, & endura courageusement des vexations de toutes sortes, l'exi- & la privation de son siege dont dont il fut déposé au mois de Juillet 355.

Antipape.

FELIX étoit Archidiacre de Rome. C'étoit l'ami, & même le confident du Pape Libere : sa conduite avoit toûjours été reguliere, & il avoit toûjours défendu la foi avec zele : mais à l'aspect des grandeurs ses vertus s'évanoüirent, & pour s'élever il devint criminel. Ce fut l'instrument de la vengeance de l'Empereur, & l'arme dont il se servit pour affliger l'Eglise. Par lui des Orthodoxes furent humiliés, les hérétiques établirent leur triomphe. Le peuple n'avoit pû haïr Libere, il ne put aimer Felix, & poussa l'aversion à son égard jusqu'à ne pas entrer dans l'Eglise tant qu'il y étoit. Enfin il

E e ij

Faits mémorables du Regne de Constance.

qu'elle eut de fauver fon mari, l'engagea à aller porter fa plainte au Préfet, qui, fâché de l'avoir portée à cette extrémité, par les menaces qu'il avoit faites au mari, paya lui-même la dette, & adjugea à la femme a terre où le crime s'étoit commis.

De J. C. 342.   De Rome 1094.

Le Pape S. Jule convoque un Concile à Rome : tous les Saints Prélats qui avoient à fe plaindre de la perfécution des Arriens, s'y trouvent : mais les Arriens, craignant de s'y voir condamnés, refufent d'y aller, & profitant de l'occafion que leur préfente la dédicace de la grande Eglife d'Antioche, où il fe trouve 90. Evêques, ils y en tiennent un, où ils dépofent S. Athanafe, & élifent à fa place Gregoire de Cappadoce.

Eufebe de Nicomedie meurt : S. Paul eft rétabli Evêque de Conftantinople : mais les Arriens élifent Macedone l'Héréfiarque, Evêque de la même ville.

Gregoire de Cappadoce arrive à Alexandrie, vers la fin du Carême, accompagné de foldats armés : tous les Catholiques fe retirent dans les Eglifes, & fe rangent du parti de S. Athanafe, qui étoit revenu de Rome, voyant que le Concile étoit différé. Le Préfet Philagre envoye des foldats dans les Eglifes faire main baffe fur tous les fideles, pour les forcer à fe joindre à Gregoire, & à quitter le parti de S. Athanafe. Les Juifs & les Payens, qui depuis longtems cherchoient une occafion de faire éclater leur haine contre les Chrétiens, ne voyant qu'avec rage & fureur le triomphe de la Religion Chrétienne, fe joignent aux foldats, entrent avec eux dans les Eglifes, infultent aux

Savans et Illustres.

fixa la conscience chancelante des fideles, par sa vertu, ranima leur piété presqu'éteinte, ramena à la communion la plûpart de ceux qui s'étoient égarés, & fulmina contre ceux qui persisterent dans leurs erreurs. Nulles souffrances ne pûrent l'empêcher de confesser & de défendre la Divinité de Jesus-Christ, & sa foi sembloit prendre de nouvelles forces dans les peines. Rien ne put l'abattre. Il résista avec une force invincible aux ennemis de la foi; il s'opposa avec un courage héroïque aux volontés des Grands. Il vit les Princes du monde jurer sa perte, & toutes les Nations réunies contre lui. Il vit toute la terre Arriene : il combattit seul contre tous, & seul il triompha de tous. Enfin après avoir passé sa vie dans les troubles, les persécutions & les tourmens, après avoir affermi la foi dans tous les cœurs, il mourut le 2. Mai 373.

Tous les saints Peres qui sont venus après lui en parlent avec respect, & l'appellent le pere de la foi orthodoxe. Il nous est resté un grand nombre de ses ouvrages. Les Savans admirent son éloquence, & les Théologiens son zele & son ardeur à soûtenir la foi.

DONAT, *Ælius Donatus*, étoit un célebre Grammairien qui enseignoit à Rome avec beaucoup

Princes Contemporains.

Antipapes.

fut dupe de son ambition; & de la premiere dignité de l'Eglise, il se vit précipiter dans un état privé. Son adversaire fut rétabli, & lui chassé le 2. Août 358.

Papes.

Libere est rétabli. En lui le courage & la foiblesse se succedoient tour à tour. Il étoit sorti du Pontificat par la vertu, il y rentra par le crime. Trois ans d'exil, d'ennui, & de mauvais traitemens, mirent sa constance à bout. Il succomba aux violences qu'on lui faisoit, signa la confession impie du Concile de Sirmich, & renonça à la communion de S. Athanase. Il est vrai qu'ensuite il reconnut sa faute, la pleura, & par une austere pénitence en mérita le pardon. Il mourut le 24. Septembre 366.

Presque tous les saints Peres le qualifient de *bien-heureux*, & son nom se trouve dans les plus anciens Martyrologes Latins.

Des Perses.

SAPOR II. 380.

FAITS MEMORABLES DU REGNE DE CONSTANCE.

Chrétiens qu'ils y trouvent, les frappent, pillent les Eglises, profanent les lieux les plus sacrés, & traînent en prison tous les Prêtres.

S. Athanase est obligé de fuir : il se retire à Rome & y demeure trois ans.

Concile de Rome, tenu au mois de Juin, pour examiner l'affaire de S. Athanase qui y est déclaré innocent, & rétabli dans son Episcopat d'Alexandrie.

Il y eut cette année des tremblemens de terre épouvantables en Orient : plusieurs villes furent ruinées.

Les François pillent les Gaules.

De J. C. 342.   De Rome 1095.

Constant fait la paix avec les François qui retournent dans leur pays.

Le peuple de Constantinople ne veut pas reconnoître Macedone pour Evêque, ce qui cause un grand désordre. Constance, qui étoit alors à Antioche, en est instruit, & pour l'appaiser envoye Hermogene, Général de la Cavalerie, avec ordre de chasser S. Paul de Constantinople : mais le peuple irrité de la violence avec laquelle ce Général exécute les ordres qu'il a reçûs, fait face aux soldats, met le feu à son logis, le prend lui-même, le traîne par la ville, & le tue. A cette nouvelle Constance vient à Constantinople, en chasse S. Paul, & sans confirmer, ni infirmer, l'élection de Macedone, le laisse dans la seule Eglise qu'il tenoit. De retour à Milan, il apprend que S. Paul est retourné à Constantinople ; à cette nouvelle il entre en fureur, envoye ordre à Philippe, Préfet du Prétoire, de le chasser, & d'établir Macedone en posses-

SAVANS ET ILLUSTRES.

d'éclat en 354. S. Jerôme a été son disciple. Il avoit composé quelques ouvrages sur la Grammaire dont il ne nous est resté que quelques fragmens qui font regretter la perte du reste. Nous avons de lui des Commentaires sur Terence & sur Virgile.

S. HILAIRE, Evêque de Poitiers, Docteur de l'Eglise, étoit Gaulois d'origine, d'une des meilleures famille de Poitiers. Ses parens qui étoient payens, ne négligerent rien pour son éducation, & le firent instruire dans toutes sortes de sciences. Lorsqu'il eut fini ses Etudes, il s'appliqua à la lecture, & voulut connoître tous les Auteurs Juifs, Chrétiens & Payens : par là il acquit une si grande érudition, qu'il étoit regardé comme un des plus savans hommes de son tems. En lisant les Livres de Moyse, il fut frappé de l'idée que cet Auteur donne de la Divinité : à son étonnement succéda l'envie de s'instruire, & de connoître cette puissance infinie dont il avoit trouvé une si belle peinture dans Moyse. Il lut les Evangiles, & fut frappé d'admiration lorsqu'il y vit que Dieu s'étoit fait homme, qu'il étoit venu lui-même s'offrir pour victime, qu'il avoit lavé dans son sang les péchés des hommes. Il commença à l'adorer, se fit instruire des mysteres de la Religion Chrétienne, se fit batiser, & devint le plus zelé partisan de la foi. Le peuple touché de ses vertus le voulut avoir pour Evêque : alors il mit au jour les pensées & les réflexions qui l'avoient occupé depuis son batême, porta la lumiere de la foi dans tous les cœurs, devint le flambeau du monde, & pour appuyer la foi contre l'erreur, ne craignit rien, & osa tout, fit des plaintes à l'Empereur, lui fit des remontrances, & alla jusqu'à le blâmer. Pour être aimé de Dieu, il se fit haïr de l'Empereur ; pour gagner les biens spirituels, il perdit les biens temporels ; entendit prononcer son arrêt d'exil sans étonnement, le subit sans chagrin. Peu sensible à ses propres maux, le triste état des peuples de son Diocese l'attendrit ; il les voyoit exposés à la malice, aux fourberies & aux violences des Arriens : mais il ne voyoit personne qui pût les instruire, & faire tête à leurs ennemis. Du fond de son exil il leur fit entendre sa voix, leur fit connoître ce qu'ils avoient à faire, ce qu'ils avoient à éviter, & comme un fidele disciple de Jesus-Christ pria pour ceux qui le persécutoient. Enfin l'Empereur, sans cesser de soûtenir le crime, cessa de persécuter l'innocence, & rappella d'exil S. Hilaire vers l'an 360. Les peuples des Gaules accoururent au-devant de lui, & firent éclater leur joie à la

Ee iv

Faits memorables du regne de Constance.

sion de toutes les Eglises de Constantinople; lorsque le Préfet & Macedone entrent dans l'Eglise, les soldats la trouvent remplie d'une infinité de monde: ils croient que le peuple veut faire violence, & frappent à coups d'épées sur ceux qu'ils rencontrent, ce qui cause un terrible carnage. On assure qu'il y périt trois mille cent cinquante personnes.

Les Arriens députent trois Evêques de leur Secte à Constant, qui vouloit connoître la raison pourquoi on avoit déposé S. Athanase & S. Paul. Ce judicieux Prince, malgré toutes leurs raisons, connut leur injustice à l'égard de ces deux grands Evêques qu'ils persécutoient, & les renvoya sans rien vouloir décider avec eux.

De J. C. 343.   De Rome 1096.

Grand tremblement de terre dans l'île de Cypre: la ville de Salamine fut renversée.

De J. C. 344.   De Rome 1097.

La ville de Neocesarée, dans le Pont, est renversée par un tremblement de terre. Presque tous les habitans y périssent.

Les Mages, & les Juifs, persuadent à Sapor II. Roi de Perse, que les Chrétiens instruisent les Romains, avec qui il est en guerre, de l'état des affaires; ce qui cause une cruelle persécution en Perse.

vûe de leur Apôtre. Il mourut le 13. Janvier 378.

Entre les ouvrages de S. Hilaire de Poitiers, les plus célebres sont le Livre des Synodes qu'il composa pour éclaircir les difficultés de la foi, ses douze Livres de la Trinité qu'il composa pour combattre toutes les héréfies contre le Fils & le S. Esprit. Tous les saints Peres exhortent les fideles à lire les Ecrits de S. Hilaire, ce qui prouve combien ils sont importans pour la foi.

On trouve que son style imite beaucoup celui de Quintilien, il est serré, un peu enflé, quelquefois même obscur. En général il n'est pas à la portée de tout le monde, & pour bien l'entendre, il faut avoir beaucoup d'usage de la Langue Latine.

MATERNUS (*Julius Firmicus*) Senateur Romain, étoit Chrétien comme on le juge par son ouvrage intitulé, *De l'erreur & de la fausseté des Religions prophanes*. Il l'avoit composé pour engager Constance & Constant à renverser le Paganisme. On fait beaucoup de cas de cet ouvrage: on y remarque beaucoup d'élégance, d'esprit & d'érudition. Le commencement en est perdu.

NONIUS MARCELLUS, Philosophe peripateticien, natif de Tivoli, étoit un célebre Grammairien. Il avoit composé un ouvrage sur la propriété des mots Latins, qui est parvenu jusqu'à nous : mais dont on fait peu de cas.

OSIUS, Evêque de Cordoue, & Confesseur, étoit natif d'Espagne ; quelques-uns croient qu'il étoit de Cordoue même. On ne connoît point sa famille : on ignore même ce qu'il fit jusqu'à ce qu'il fût élevé à l'Episcopat. Tous les Auteurs Ecclésiastiques lui donnent le titre de *Grand*.

Il vit allumer le feu de la persécution de Diocletien ; il fut encourager les martyrs, ranimer ceux qui étoient prêts à succomber, persuader ceux qui ne croyoient point. Il annonça J. C. à ceux qui ne le connoissoient pas, & le fit adorer à ceux qui le persécutoient. Il apprit à Constantin à l'aimer, le craindre, & l'adorer. Il prêcha, & étendit la Religion Chrétienne par toute la terre. Il devint le chef & le conducteur des Conciles, fut un des piliers de la foi. Pour elle il sacrifia son repos & sa tranquillité, pour elle il résista aux tentations, & rejetta les promesses des plus grands de la terre ; pour elle, il méprisa les menaces de l'Empereur Constance, & endura les tourmens les plus cruels. Plus les Arriens trouvoient de difficulté à le vaincre, plus ils avoient d'opiniâtreté à le combattre : ils sentoient que sa chûte seroit un triomphe pour eux, & se réunirent tous contre

Faits mémorables du regne de Constance.

De J. C. 345.   De Rome 1098.

Grand tremblement de terre en Grece, & en Italie. La ville de Duras, située sur les côtes de la Grece, fut renversée, & Rome fut ébranlée pendant trois jours & trois nuits.

Constance fait commencer des bains publics à Constantinople le 17. Avril.

Constant écrit à Constance, pour l'engager à faire assembler un Concile à Sardique, afin de décider l'affaire de Gregoire & de S. Athanase, & de rétablir la paix dans l'Eglise.

Le cinq Avril, jour du Vendredi Saint, Sapor II. fait publier un Edit cruel contre les Chrétiens qui étoient en Perse, ce qui y causa un carnage effroyable. On assûre que la quantité de Chrétiens, qui y souffrirent le martyre, est innombrable.

De J. C. 346.   De Rome 1099.

Constance fait faire un Port à Seleucie en Syrie, pour faciliter le commerce d'Antioche qui n'en est qu'à quelques lieues. Ce Port coûta des sommes immenses, parce qu'on fut obligé de couper une montagne fort épaisse.

Eclipse de Soleil le Vendredi 6. Juin, sur les cinq ou six heures du matin. Elle fut si considérable qu'on vit les Etoiles.

Sapor II. Roi de Perse assiége Nisibe : il est obligé de se retirer avec une perte considérable, après un siége de trois mois.

lui. Ce vieillard âgé de plus de cent ans, ce courageux soldat de Jesus-Christ, ce généreux défenseur de la foi devint parjure. Son corps accablé sous le poids des années ne put résister aux peines & aux tourmens qu'on lui faisoit endurer tous les jours. Il signa la seconde confession de Sirmich. Tous les fideles en furent consternés, & les Arriens publierent par tout leur joie & leur triomphe. Il retourna à son Episcopat, où S. Athanase nous donne lieu de croire qu'il pleura sa faute jusqu'à sa mort, qui arriva vers l'an 357.

Nous avons de lui une Lettre à Constance qui est fort bien écrite. On croit qu'il avoit composé d'autres ouvrages : mais ils ne sont pas venus jusqu'à nous.

POMPEIUS FESTUS (SEXTUS) avoit composé un ouvrage sur la signification des mots. Paul Diacre, abrégea cet ouvrage du tems de Charlemagne, ce qui est cause qu'il n'est pas venu jusqu'à nous. On en a seulement retrouvé une partie.

VICTOR (AURELE) *Sextus Aurelius Victor*, étoit natif d'Afrique, fils d'un paysan. Ses vertus le firent aimer & estimer. Il fut envoyé en Pannonie en qualité de Gouverneur, & fut ensuite élevé à la dignité de Prefet de Rome. Nous avons de lui une Histoire des Empereurs qui commence au regne d'Auguste, & finit à l'an 359. qui tombe à la vingt-cinquieme année du regne de Constance : mais cette histoire est fort abrégée; nous avons en outre du même Auteur un abrégé des vies des hommes illustres Romains depuis Procas jusqu'à Jule Cesar. Le style de cet Auteur est plat; on n'y trouve ni feu, ni élégance : mais sa narration est coulante. Tous les Savans lui font un crime d'avoir prodigué les loüanges à Constance auquel il n'a pû s'empêcher de reprocher lui-même d'avoir élevé aux premieres dignités des hommes qui n'étoient capables que de bassesses & de crimes.

Faits mémorables du regne de Constance.

De J. C. 347.   De Rome 1100.

Concile de Sardique tenu au mois de Mai. Les deux Empereurs, Constance & Constant, avoient écrit à tous les Evêques de s'y trouver. S. Athanase y est déclaré innocent, & Gregoire condamné. On y décida qu'il ne seroit dans la suite regardé ni comme Evêque, ni comme Chrétien, & qu'on ne recevroit aucune Lettre de sa part. Les principaux chefs des Arriens sont aussi déposés.

Les Arriens, se voyant condamnés, se retirent auprès de Constance, qui, à leur priere, envoye ordre à tous les Magistrats d'Egypte de faire garder l'entrée des Villes, pour empêcher S. Athanase d'y entrer, & de lui faire trancher la tête, sans autre forme de procès, s'il y est entré.

Eclipse de Soleil le Mardi 20. Octobre, sur les quatre heures après midi.

De J. C. 348.   De Rome 1101.

Constant, voyant que les Arriens profitoient de la facilité de Constance pour persécuter les partisans de la foi, lui écrit, pour le prier de rétablir S. Athanase dans son Episcopat, puisqu'il avoit prouvé son innocence; il lui mande, en même tems, que s'il ne le fait pas, il ira lui-même à Alexandrie le rétablir, en chasser ses ennemis, & les punir, comme ils le méritent. Constance, étant en guerre avec les Perses, est épouvanté par ces menaces, & écrit à S. Athanase pour l'engager à retourner dans son Episcopat.

Faits memorables du regne de Constance.

Constance envoye des aumônes en Afrique par Paul & Macaire, qui exilent les Evêques Donatistes, & forcent le peuple à se réunir.

Fameuse bataille de Singare en Mesopotamie, donnée vers le mois d'Août. Les Romains, après une marche très-pénible, attaquerent les Perses, sans écouter les remontrances de Constance, qui ne vouloit pas risquer une bataille, craignant que la marche ne les eût trop fatigués ; ils forcerent le camp des ennemis, s'en rendirent maîtres, & y firent un grand carnage : le fils de Sapor fut tué dans la mêlée. Les Perses revinrent la nuit à la charge, surprirent les Romains, qui ne songeoient plus qu'à se délasser, en tuerent un grand nombre, se retirerent le lendemain au-delà du Tigre, & rompirent les ponts qu'ils avoient faits pour le passer.

Eclipse de Soleil le Dimanche 9. Octobre, à sept ou huit heures du matin.

De J. C. 349.   De Rome 1102.

Gregoire de Cappadoce, que les Arriens avoient établi Evêque d'Alexandrie, à la place de S. Athanase, est tué par le peuple au mois de Février.

Constance, malgré toutes les sollicitations des Arriens, écrit à S. Athanase de retourner à Alexandrie, lui promettant une entiere sûreté. S. Athanase va le trouver à Antioche, où, après quelques reproches, Constance lui promet de ne plus souffrir qu'on lui fasse aucun mauvais rapport contre lui, & écrit au peuple d'Alexandrie en sa faveur. S. Athanase retourne à Alexandrie, où il est reçu avec une joie générale.

Faits memorables du regne de Constance.

La ville de Beryte est renversée par un tremblement de terre. Beaucoup de Payens en sont effrayés, & viennent dans les Eglises demander le Batême.

De J. C. 350. De Rome 1103.

Révolution en Occident. Magnence, Germain d'origine, profite du crédit qu'il a sur les soldats, & se fait proclamer Empereur à Autun le 18. Janvier : tous les Officiers de l'armée le reconnoissent ; à cette nouvelle Constant prend la fuite, & tourne du côté de l'Espagne : mais Magnence envoye après lui des soldats, qui le joignent à Elne dans les Pyrenées, & le tuent. Les Chrétiens en ont fait de grands éloges, parce qu'il avoit toûjours eu beaucoup de piété, & un grand zele pour la foi : mais les Payens l'ont accusé des plus grands vices.

Magnence se rend maître de l'Italie, & de la Sicile.

Vetranion, originaire de la haute Mœsie, se fait proclamer Empereur le premier de Mai, à Sirmich, capitale de la Pannonie, & se rend maître de l'Illyrie.

Nepotien, fils d'Eutropie, sœur du grand Constantin, se fait proclamer Empereur en Italie le 3. Juin. Il se rend maître de Rome, & fait tuer tous les partisans de Magnence : mais Marcellin, maître du palais de Magnence, le défait & le tue, vingt-huit jours après son élévation, & fait périr quantité de personnes de la premiere distinction.

Magnence députe à Constance pour lui demander la paix ; mais Constance vouloit venger la mort de

Faits mémorables du regne de Constance.

son frere, il refuse toutes les propositions d'accommodement.

Les Perses, instruits des troubles qui se passent en Occident, reprennent les armes, & font le siége de Nisibe pour la troisieme fois. La place est fortement défendue par Lucillien, beau-pere de Jovien, & par S. Jacques, qui en étoit Evêque. Les Perses sont obligés de se retirer, après un siége de quatre mois, quoiqu'ils eussent fait breche à la muraille. Ils y perdirent plus de vingt mille hommes. Sapor II. retourne en Perse, pour s'opposer aux Massagetes qui y font un grand ravage.

Constance marche contre Magnence, qui lui envoye une seconde fois proposer la paix, lui fait demander en mariage sa sœur Constantine, veuve d'Annibalien, & lui fait offrir sa fille : mais Constance refuse toutes ces propositions.

Le 25. Décembre les soldats de Vetranion l'abandonnent à Naïse, ville de la Dace, & se rangent du parti de Constance, qui traite Vetranion avec beaucoup de douceur, & lui donne des biens suffisans pour passer le reste de sa vie dans l'abondance. Toute l'Illyrie, & les troupes qui y sont en quartier, touchées de cette générosité, se soûmettent à Constance.

S. Paul de Constantinople est chassé de cette ville, & conduit à Cucuse, petite ville située dans les déserts du mont Taurus, où il est étranglé par ordre de Philippe, Préfet du Prétoire.

Faits mémorables du règne de Constance.

De J. C. 351. De Rome 1104.

Le 15. Mars Constance donne le titre de Cesar à Constantius Gallus, son cousin germain, lui fait épouser Constantine veuve d'Annibalien, l'associe à l'Empire, lui cede le Département d'Orient, & l'envoie contre les Perses.

Magnence donne de son côté le titre de Cesar à son frere Decence, & l'envoie contre les Allemans qui pillent les Gaules : ils le défont dans une bataille rangée, & continuent à piller.

Les Arriens assemblent un Concile à Sirmich, capitale de la Pannonie, où ils déposent Photin, Evêque de cette Ville, convaincu de tenir la doctrine de Sabellius & de Paul de Samosates, & font un nouveau formulaire. S. Athanase prétendoit y trouver l'erreur de l'Arrianisme : mais il y a lieu de croire que c'étoit la prévention qui le faisoit ainsi parler, parce que plusieurs autres Saints, très-fideles à la foi, n'y ont rien trouvé qui ne fût très-orthodoxe.

Bataille de Murse donnée le 28. Septembre. Magnence, après une vigoureuse résistance, fut obligé de prendre la fuite, & son armée fut taillée en pieces. Constance, qui pendant le feu de l'action s'étoit retiré dans une Eglise, voyant la terre couverte de cadavres, pleura, & donna ordre d'avoir soin des blessés, & d'enterrer les morts. Il fit grace à tout le monde, n'en exceptant que ceux qui avoient participé au meurtre de Constant.

de l'Histoire des Empereurs. 449

FAITS MEMORABLES DU REGNE DE CONSTANCE.

De J. C. 352.   De Rome 1105.

Constance poursuit Magnence, qui, voyant que toute l'Italie avoit abandonné son parti, se sauve dans les Gaules.

Les Juifs se révoltent à Diocesarée en Palestine. Ils tuent la garnison Romaine, prennent les armes, donnent le titre de Roi à un certain Patrice, & pillent la Palestine. Gallus apprend cette nouvelle à Antioche; il passe en Palestine avec une nombreuse armée, fait mettre tout à feu & à sang, & rase plusieurs Villes.

Le Pape Libere reçoit les Lettres que les Arriens adressoient à S. Jule, son prédécesseur, pour accuser S. Athanase. Il mande à ce Saint de venir se justifier à Rome; sur son refus, il le sépare de sa Communion, & mande à tous les Evêques, que S. Athanase est séparé de l'Eglise Romaine: mais S. Athanase fait assembler un Concile à Alexandrie, où il se justifie, en présence de tous les Evêques d'Egypte, qui instruisent le Pape Libere de sa justification, & l'engagent à lui rendre sa Communion.

De J. C. 353.   De Rome 1106.

Magnence est défait dans les Gaules en un lieu où est aujourd'hui le Bourg d'Apres, dans le haut Dauphiné. Il se sauve à Lyon, où, voyant que les soldats, qui étoient réchappés de ses défaites, se disposoient à le livrer à Constance, il se tue le 10. ou 11. Août. Decence, son frere, apprend sa mort à Sens, où il étoit allé ramasser des troupes, & se tue de désespoir le 18.

Ff

Faits mémorables du règne de Constance.

Août. Constance, alors seul maître de l'Empire, n'ayant plus de rival à craindre, s'abandonne à toute la rage de son ressentiment, & verse le sang avec profusion: plusieurs innocens furent même confondus dans ce massacre.

Les Arriens tiennent un Concile à Arles où étoit l'Empereur. Ils forcent Vincent de Capoue, Legat du Pape, à signer la condamnation de S. Athanase.

De J. C. 354.   De Rome 1107.

La cherté des vivres cause une révolte à Antioche. La populace tue Theophile, Gouverneur de Syrie, croyant qu'il étoit cause de la cherté.

Gallus fait tuer beaucoup de personnes de considération, entre autres Domitien, Préfet d'Orient.

Constance écrit à Gallus des Lettres pleines d'amitié, pour l'engager à venir en Italie conférer avec lui sur une affaire importante. Gallus résiste longtems, & se rend à la fin aux sollicitations de quelques personnes que Constance avoit envoyées auprès de lui. Si-tôt qu'il arrive à Petteau, dans la Norique, un Officier à la tête de quelques troupes, vient le dépouiller des ornemens Impériaux, & le mene à Flascone, aujourd'hui Fiascone dans l'Istrie, où Constance lui fit trancher la tête quelque tems après. Ce Prince étoit alors âgé de 29 ans, & en avoit regné 4 en Orient. Il étoit léger & crédule, ajoûtant foi à toutes les accusations qu'on lui faisoit, & condamnoit au supplice des gens qui souvent n'étoient coupables d'aucun crime, ce qui l'a fait passer pour très-cruel.

Faits memorables du regne de Constance.

Tous les Ministres de Gallus sont punis. Julien l'Apostat est mis en prison, où il est détenu sept mois. Constance voulut le faire mourir : mais l'Impératrice Eusebie l'en empêcha.

De J. C. 355.   De Rome 1108.

Constance fait assembler un Concile à Milan, où les Arriens proposent un formulaire rempli de leurs erreurs ; personne ne veut le signer : mais plusieurs signent la condamnation de S. Athanase, & ceux qui refusent de la signer sont envoyés en exil.

Constance sollicite le Pape Liberé de souscrire la condamnation de S. Athanase, & d'entrer dans la Communion des Arriens : mais voyant qu'il ne pouvoit rien en obtenir par la douceur, il l'exile à Berée en Thrace, & fait élire Felix à sa place, ce qui cause une grande sédition à Rome, parce que le peuple ne veut point reconnoître l'intrus.

Silvain, François d'origine, est accusé de révolte, pendant qu'il est occupé à repousser les Allemans des Gaules. Craignant de ne pouvoir se justifier auprès de Constance, qui revenoit difficilement des premieres impressions qu'on lui avoit données, il se fait proclamer Empereur à Cologne au mois de Septembre : mais il est tué vingt-huit jours après par ses propres soldats.

Les François, les Allemans & les Saxons pillent les Gaules, ruinent quantité de Villes, & se rendent maîtres de Cologne.

Constance, à la sollicitation de l'Impératrice Eusebie, fait revenir Julien l'Apostat d'Athenes, le fait

Faits memorables du regne de Constance

Cesar à Milan le 6. Novembre, lui donne en mariage sa sœur Helene, & lui cede l'Empire des Gaules, de l'Espagne & de la Bretagne : mais il ordonne à tous les Officiers qu'il met auprès de lui de veiller sur sa conduite.

De J. C. 356.   De Rome 1109.

S. Athanase est déposé par un Concile de trente Evêques Arriens tenu à Antioche, & George est élû à sa place.

George arrive à Alexandrie pendant le Carême, accompagné de soldats ; il fait mettre en prison tous ceux qui ne veulent pas le reconnoître. S. Athanase se sauve dans les déserts, & y reste jusqu'après la mort de Constance.

Constance, par un Edit général, ordonne de bannir tous les Evêques qui demeurent attachés au parti de S. Athanase.

Loi du 20. Février par laquelle Constance défend de sacrifier aux idoles.

Julien reprend Cologne dont les Allemans s'étoient emparés depuis dix mois. Il fait réparer le dégât qu'il y trouve, & y met une forte garnison.

Constance passe le Rhin pendant l'hyver, entre dans la Rhetie, y fait un terrible carnage, & accorde la paix aux Allemans. Pendant cette guerre l'Impératrice Eusebie alla à Rome où elle fit de grandes largesses au peuple.

de l'Histoire des Empereurs. 453

Faits memorables du regne de Constance.

De J. C. 357.   *De Rome 1110.*

Julien va se reposer à Sens des fatigues de la guerre. Les barbares, instruits qu'il a dispersé ses troupes dans des quartiers fort éloignés les uns des autres, & qu'il n'a pas beaucoup de monde avec lui, vont assiéger Sens: mais Julien se défend si vaillamment, que les barbares, après un siége d'un mois, sont obligés de se retirer. Constance, instruit du danger où Julien avoit été exposé, par la faute de Marcel, qui pendant le siége de Sens n'étoit pas allé au secours de Julien, lui ôta le commandement des troupes des Gaules qu'il lui avoit confié, l'exila à Sardique, & laissa Julien maître absolu dans les Gaules.

Constance vient à Rome pour la premiere fois: il fut étonné de la beauté de cette Ville, & la trouva beaucoup au-dessus de ce qu'on lui en avoit dit. Il y fit apporter l'obelisque que Constantin avoit fait tirer d'Heliople en Egypte, & qui depuis ce tems étoit resté à Alexandrie; il le fit dresser dans le grand Cirque, & ordonna d'ôter du Senat l'autel de la Victoire.

Les Arriens dressent un formulaire à Sirmich au mois de Juillet, par lequel ils établissent que le Pere est seul Dieu de toutes choses; ils défendent de parler ni de l'unité, ni de la ressemblance, parce qu'il est impossible de connoître la génération du Verbe; ils établissent que le Pere est plus grand que le Fils en honneur, en gloire, en dignité & en majesté; que le Fils est sujet au Pere; & qu'il a souffert par son humanité, & avec son humanité.

F f iij

Faits mémorables du Regne de Constance.

Les Perses étoient en guerre avec les Quionites, qui leur donnoient fort à faire.

Les Letes assiégent la Ville de Lyon. Julien l'Apostat va au secours de cette Ville, & confie à Barbation, Général de son Infanterie, la garde des passages: mais cet Officier, jaloux des succès de Julien, laisse échapper les ennemis.

Barbation est défait par les Allemans au passage du Rhin.

Bataille de Strasbourg donnée vers la fin de l'Eté. Julien, avec treize mille hommes, y défit une armée de plus de trente mille barbares : Chnodomaire, un de leurs Rois, y fut fait prisonnier. Julien entre dans la Germanie, y fait de grands ravages, rétablit le fort de Trajan, & accorde aux Allemans une trêve de dix mois. Constance s'attribue l'honneur de ces victoires, quoiqu'il n'y eût eu aucune part.

Loi du 3. Juillet, qui ordonne de confisquer les biens de tout Chrétien qui se fera Juif. Autre loi du 6. Novembre, par laquelle tout Ecclésiastique est exempté de toute sorte d'impôt.

Le grand Osius, qui étoit un des plus zelés défenseurs de la foi, qui avoit tant de fois bravé les menaces de Constance, accablé sous le poids des années, âgé de plus de cent ans, ne peut plus résister aux tourmens qu'on lui fait endurer tous les jours ; il signe le formulaire de Sirmich.

Le Pape Libere, accablé par l'ennui de l'exil, privé de la consolation de ses amis, privé de sa dignité, jaloux de la voir occupée par un autre, n'est plus ce courageux soldat de la foi qui combattoit seul contre

Faits mémorables du regne de Constance.

tous les ennemis, qui rejettoit avec fierté les promesses, qui écoutoit sans crainte les menaces, & qui bravoit avec intrépidité les périls. Il devient foible, signe le formulaire des Arriens, embrasse leur communion, & condamne S. Athanase.

De J. C. 358.   De Rome 1111.

Julien prend au mois de Janvier deux forts sur la Meuse, où s'étoient retirés quelques François, qui avoient pillé les Gaules pendant les guerres de Germanie. Il va passer le reste de l'hyver à Paris. Il s'y plaisoit beaucoup, & l'appelloit sa chere Lutece. On prétend qu'il y avoit un palais, des thermes ou bains publics, un lieu pour faire faire l'exercice aux soldats, un amphithéatre placé, où est aujourd'hui la porte S. Victor. Il ne reste de tout cela, que ce qu'on appelle les bains de Julien, qui paroissent faire les débris d'un Palais qu'on voit encore rue de la Harpe près les Mathurins.

Sapor II. envoye des Ambassadeurs à Constance, pour l'avertir que s'il ne veut pas lui céder les Provinces que Narsés avoit abandonnées aux Romains, lorsqu'il fut défait par Galere, il va rassembler toutes les forces de son Royaume pour les reprendre. Constance lui répond, qu'ayant défendu les bornes de l'Empire lorsqu'il ne possédoit que l'Orient, il espéroit bien encore pouvoir le faire à présent qu'il étoit seul maître de tout l'Empire.

Constance passe le Danube, fait un grand dégât dans le pays des Quades, & leur accorde la paix. Il

Faits mémorables du règne de Constance.

rétablit vers le mois d'Août les Sarmates dans leur pays, d'où leurs esclaves les avoient chassés l'an 334.

Julien vient attaquer les Saliens, qui, ayant été chassés de la Germanie par les Saxons, étoient venus s'établir dans la Toxandrie, pays situé sur la Meuse, où sont aujourd'hui les villes de Bois-le-Duc, Breda & Anvers. Il les défait, & les force à se rendre. Il en enrôle une partie dont il forme un corps de Cavalerie, & établit le reste dans les Gaules, où il leur donne des terres à cultiver. Il fait rétablir les Villes que les barbares avoient ruinées dans les Gaules pendant la guerre, & fait venir des blés de la Bretagne pour son armée qui en manquoit.

Terrible tremblement de terre en Asie. Plusieurs Villes furent renversées; il y eut même des montagnes qui furent ébranlées.

Le 24 Avril, sur les 6 ou 7 heures du matin, la ville de Nicomedie est entierement renversée. Tous ceux qui étoient dedans périrent, parce que ce malheur fut si prompt que personne n'eut le tems de se sauver. Saint Ephrem, Diacre d'Edesse fit une lamentation sur cette Ville en vers élegiaques.

De J. C. 359.   De Rome 1112.

Julien passe le Rhin : tous les Princes de la Germanie viennent lui demander la paix, qu'il leur accorde, & va passer l'hyver à sa chere Lutece.

Les Limigantes, nom qu'on donnoit à ces esclaves qui avoient chassé les Sarmates de chez eux, vont trouver Constance, qui étoit campé près de la ville

Faits memorables du regne de Constance.

d'Acuminque sur le Danube, pour lui demander d'autres terres que celles qu'il leur avoit données: en arrivant ils mettent l'épée à la main, tâchant de forcer la garde de l'Empereur pour le tuer: mais les soldats Romains sont si prompts à le secourir, qu'ils taillent en pieces les Limigantes, & n'en laissent pas réchapper un seul.

Beaucoup de personnes sont condamnées à mort, pour avoir consulté l'Oracle Besa.

Sapor II. se met en marche à la tête de cent mille hommes, pour aller piller la Syrie. Il s'arrête à Amide qu'il prend d'assaut après un siége de deux mois. Il fait pendre tous les principaux Officiers de la garnison. Il ne fut pas en état de continuer la campagne, parce qu'il avoit perdu un nombre considérable d'hommes à ce siége.

Concile de Rimini. Les Arriens, par surprise, y font signer un nouveau formulaire aux Evêques orthodoxes. Ils commencerent par prononcer l'anathème contre tous les hérétiques, même contre les hérésies d'Arrius: le précis de leur formulaire portoit, que le Fils étoit Dieu, né du Pere avant les siecles, éternel avec le Pere, & semblable au Pere: mais ils y glisserent, qu'il n'étoit pas créature comme les autres créatures; ce détour échappa aux Orthodoxes qui signerent le formulaire. Peu après les Arriens commencerent à publier leur triomphe, & dirent qu'ils n'avoient pas entendu que le Fils ne fût pas une créature: mais seulement qu'il n'étoit pas semblable aux autres créatures. C'est à cette occasion qu'un saint Pere a dit que la terre fré-

Faits memorables du regne de Constance.

mit de se voir Arrienne. Le Pape Libere ne veut pas reconnoître le Concile de Rimini.

De J. C. 360.   De Rome 1113.

Constance ramasse des troupes de toutes parts pour aller contre les Perses. Il envoye Decence dans les Gaules pour lui amener les meilleures troupes qu'il y trouvera : mais tous les soldats refusent d'aller faire la guerre si loin, & de quitter Julien sous lequel ils avoient de si heureux succès. Ils le proclament Auguste à Paris vers le mois de Mars. Ce rusé politique sut si bien se conduire, & menagea si bien ses actions qu'il amena les soldats à son but, sans qu'on pût l'accuser de rébellion, & les moins pénétrans l'ont toûjours cru innocent. Avant d'user de violence, il voulut obtenir de Constance même le titre d'Auguste, qu'il étoit bien disposé de conserver à quelque prix que ce fût : mais Constance ne savoit pas feindre dans l'occasion. Sa colere fut le seul conseil qu'il suivit. Il envoye ordre à Julien de se contenter de la qualité de Cesar, à quoi Julien ne veut pas consentir. Le premier pas étoit fait, il ne vouloit pas reculer.

Sapor entre dans la Mesopotamie, prend d'assaut la ville de Singare, & celle de Bezabde sur le Tigre. Il fait passer au fil de l'épée tous les habitans, excepté les femmes, les enfans, les vieillards, l'Evêque & son Clergé, qu'il emmene en captivité.

Constance arrive à Amide au mois de Septembre ; il pleure en voyant l'état où les Perses ont mis cette ville. Il veut reprendre Bezabde : mais les rigueurs de l'hyver le contraignent de se retirer.

Faits mémorables du regne de Constance.

Les Arriens obtiennent un ordre de Constance pour exiler tous ceux qui refuseront de signer le formulaire de Rimini, ce qui cause un trouble terrible dans tout l'Empire. Beaucoup d'Evêques le signent.

Eclipse de Soleil le 28. Août à quatre heures & demie du matin : elle dura plus de deux heures.

De J. C. 361.   De Rome 1114.

Julien marche contre les Allemans, qui pillent les extrémités des Gaules du côté de la Rhétie : il les défait, & les force à lui demander la paix. Il fait prisonnier un de leurs Rois nommé Vadomaire, qu'il exile en Espagne.

Julien fait prêter serment de fidélité à ses soldats, & marche contre Constance. Il écrit aux principales Villes de la Grece, pour se justifier de sa démarche.

La nouvelle de la marche de Julien épouvante le Préfet de l'Italie qui se retire vers Constance, & laisse le pays sans défense. Par-là Julien demeure maître de l'Italie & de la Sicile, sans tirer l'épée. Il marche en diligence vers l'Illyrie, surprend le Général Lucilien, avant qu'il ait ramassé ses troupes, & entre triomphant à Sirmich, capitale de l'Illyrie. La Macedoine & la Grece se soûmettent à lui.

Quelques troupes qu'il envoyoit dans les Gaules abandonnent son parti, & se jettent dans Aquilée, où elles se fortifient si bien qu'il ne peut les forcer.

Il va à Naïse attendre que toutes ses troupes soient réunies, avant d'entrer en Thrace.

Constance voyant que les Perses évitoient de don-

FAITS MEMORABLES DU REGNE DE CONSTANCE.

ner bataille, & qu'ils se retiroient dans leur pays, marche en diligence contre Julien : mais il meurt à Mopsucrene à l'extrémité de la Cilicie, au pié du mont Taurus, le trois Novembre.

Constance avoit peu de vices dans le cœur, & beaucoup de défauts. Dans toutes ses actions l'ambition, la jalousie & la défiance, étoient ses seuls guides. Il vouloit tout connoître, & ne pouvoit rien comprendre ; il vouloit tout régler & troubloit tout ; il portoit la main par-tout, & par tout mettoit la division & le trouble. Les Arriens surent le gagner : ils flatterent son ambition en soûmettant la foi à ses volontés & à ses caprices ; il devint leur protecteur, & sous son regne l'erreur triompha de la vérité. Sous son regne les sciences languirent : tout le monde étoit ignorant parce que le Prince l'étoit : sous son regne la vertu fut ignorée, le brave Officier fut suspect, & le lâche flateur fut récompensé : sous son regne enfin les accusations firent des preuves ; les soupçons des vérités, & l'innocence fut opprimée. Les Eunuques, maîtres de l'esprit du Prince, furent maîtres du sort des sujets. Constance fut enfin dupe de ses foiblesses, & s'il n'eût perdu la vie, il eût au moins perdu l'Empire.

NAISSANCE ET ORIGINE DE FLAVIUS CLAUDIUS JULIANUS, *dit* JULIEN L'APOSTAT.

Il naquit à Constantinople le 6. Novembre 331. Son pere Jule Constance, étoit fils de Constance Chlore, & frere du Grand Constantin. Sa mere Basi-

FEMMES.	ENFANS.
HELENE, fille du Grand Conſtantin. Conſtance la donna en mariage à Julien l'Apoſtat ; à la ſollicitation de l'Impératrice Euſebie. On ne ſait rien de la vie, ni des mœurs d'Helene. Elle mourut peu de tems après que l'armée des Gaules eut proclamé Julien Auguſte. Quelques-uns croient qu'Euſebie lui avoit donné un breuvage pour la faire avorter lorſqu'elle ſeroit groſſe, & que ce breuvage la fit mourir l'an 361.	Julien eut un fils d'Helene : mais l'Impératrice Euſebie, jalouſe de voir qu'Helene étoit feconde, donna ordre à la Sagefemme de faire périr l'enfant dès le moment de ſa naiſſance.

Naissance et origine de Flavius Claudius Julianus, dit Julien l'Apostat.

line, que Jule Constance épousa en secondes nôces, étoit fille d'Anice Julien, qu'on croit être le premier Senateur qui ait embrassé le Christianisme. Il descendoit de l'ancienne famille des Anices, qui étoit alors la plus ancienne de Rome.

Julien pensa périr à l'âge de six ans, lorsqu'après la mort du Grand Constantin les soldats massacrerent tous les freres & les neveux de ce Prince, pour assurer l'Empire à ses trois fils : mais l'enfance de Julien le sauva, parce qu'on n'avoit pas lieu de craindre de révolte de sa part. On lui donna pour Gouverneur l'Eunuque Mardone qui se trouva dans la succession de sa mere. Cet Eunuque lui apprit à réprimer toutes ses passions, même à se refuser tous les plaisirs, & à n'aimer que la lecture, à laquelle il étoit naturellement porté. Il faisoit tant de progrès dans les sciences, que ses maîtres se plaignoient souvent de n'avoir plus rien à lui apprendre. A l'âge de 14. ans Constance l'envoya avec son frere Gallus au Château Macelle en Capadoce, assez près de Cesarée. Ils y furent tous les deux six ans, comme en exil. Lorsque Gallus fut fait Cesar, Julien obtint sa liberté, & fut à Constantinople finir ses Etudes. Sa science & son esprit y firent tant de bruit qu'on disoit qu'il étoit digne de l'Empire. Constance en fut instruit, & lui envoya ordre de sortir de Constantinople & de se retirer en Asie, où il étudia sous des Philosophes qui lui donnerent l'idée d'abandonner la Religion Chrétienne, & d'apprendre la magie. Il fut accusé d'avoir été complice des crimes de Gallus, & pensa périr avec lui : mais l'Impéra-

de l'Histoire des Empereurs. 463

MORT.	PRINCES CONTEMPORAINS.
Il fut tué d'un dard qui fut lancé d'une main inconnue à une bataille contre les Perses donnée en un lieu de la Perse nommé Phrygie, la nuit du 26. au 27. Juin 363. peu avant minuit. Il étoit alors âgé de 31. ans 8. mois & 29. jours, & avoit régné 1. an 8. mois & 23. jours Son corps fut porté à Tarse, & l'on grava sur son tombeau deux vers Grecs dont voici le sens. CI GIST JULIEN, QUI PERDIT LA VIE SUR LES BORDS DU TIGRE. IL FUT UN EXCELLENT EMPEREUR ET UN VAILLANT GUERRIER.	*Papes.* LIBERE, 366. *Des Perses.* SAPOR II. 380.

Naissance et origine de Flavius Claudius Julien, dit Julien l'Apostat.

trice Eusebie, qui l'avoit pris en affection, à cause de sa science & de son génie supérieur, obtint sa grace. Il fut étudier l'éloquence à Athenes, où il se fit admirer comme par-tout ailleurs. Constance, voyant l'Empire attaqué de toutes parts, d'un côté les barbares, qui ravageoient sans cesse les Gaules, de l'autre les Perses qui menaçoient l'Orient, le rappella à la Cour, l'associa à l'Empire, & lui donna le titre de César avec le département des Gaules. Il s'y fit aimer par sa douceur, & admirer par sa valeur. Un ordre que Constance envoya de faire partir toutes les meilleures troupes des Gaules, pour la guerre des Perses, causa une sédition terrible. Les soldats refuserent d'aller si loin faire la guerre, proclamerent Julien Empereur à Paris, & lui proposerent d'aller contre Constance même, qui mourut, & le laissa paisible possesseur de tout l'Empire.

Faits mémorables du regne de Julien l'Apostat.

De J. C. 361.   De Rome 1114.

Les Ministres de Constance, connoissant l'amour que Julien a pour la justice, & craignant que leurs injustices passées ne leur attirent son indignation, cherchent un successeur à Constance : mais personne ne veut accepter l'Empire.

Julien apprend la mort de Constance, à Naïse dans

Maxime,

SAVANS ET ILLUSTRES.   SAVANS ET ILLUSTRES.

MAXIME, fameux Philosophe, natif de Smyrne, sorti d'une famille riche & distinguée, fut un des favoris de Julien l'Apostat. On croit qu'il apprit la magie à ce Prince. Il fut cité en justice comme Magicien, & eut la tête tranchée à Ephese l'an 371. Il ne nous reste de Maxime qu'un Poëme sur l'Astrologie judiciaire dont nous avons même perdu le commencement.

ORIBASE, célebre Medecin, natif de Pergame en Asie, s'acquit beaucoup de réputation dans la Medecine. Julien le fit venir auprès de lui lorsqu'il fut fait Cesar; & lui donna toute sa confiance; il le mena en Perse avec lui, & ce Medecin pansa la blessure dont cet Empereur mourut. Après la mort de Julien, il se retira dans les pays barbares, d'où il fut rappellé à cause de sa science. Il mourut fort âgé: mais on ne sait pas quelle année. Il avoit composé en Grec un abregé des ouvrages de Galien. Cet ouvrage plut à Julien, qui le pria de rédiger tout ce qu'il trouveroit sur la Medecine, ce qu'il exécuta, & en fit un ouvrage distribué en soixante-dix Livres. Nous n'avons qu'une traduction Latine des quinze premiers, des vingt-quatre & vingt-cinq; le reste est perdu avec le texte Grec. Les Connoisseurs trouvent que cet ouvrage n'est pas tout à fait inutile.

PROERESE, Sophiste, natif de la grande Armenie, étoit d'une famille ancienne, mais fort pauvre. Il étoit bien fait, mais d'une taille gigantesque. Il professa la Rhetorique à Athenes avec tant d'éclat, que les autres Professeurs se liguerent contre lui & le firent chasser: mais il fut bientôt rappellé. S. Basile, S. Grégoire de Nazianze, & Eunape, furent ses disciples. Constant l'envoya à Rome, où le Senat lui érigea une statue. Lorsque Julien fit un Edit pour défendre aux Chrétiens d'enseigner publiquement; il voulut en excepter Proerese: mais ce Sophiste abandonna sa Chaire, & la reprit après la mort de Julien. Il mourut vers l'an 363. âgé de 92. ans.

PRISQUE, né au pays des Molosses en Epire, étoit un fameux Philosophe, favori de l'Empereur Julien. C'étoit un esprit caché & rêveur. Il s'acquit plus de réputation à la Cour qu'aucun des autres Philosophes dont elle étoit remplie. Il fut accusé de magie sous Valens: mais il se justifia. Il fut tué par les Gots l'an 395. étant alors âgé de 90. ans.

Faits mémorables du regne de Julien l'Apostat.

l'Illyrie, & que tous les peuples & les armées le reconnoissent Empereur, il va à Constantinople, y fait son entrée le 11. Decembre, & y est reçû avec une joie générale de tout le peuple. Il y fait faire les funérailles de Constance avec beaucoup de pompe.

Julien établit une Chambre de Justice à Chalcedoine pour faire rendre compte aux Ministres de Constance de leur gestion : presque tous se trouvent coupables d'injustice ; presque tous sont punis. Il réforme tous les Officiers, en diminue le nombre qu'il trouve trop considérable, & par-là se met en état de diminuer beaucoup d'impôts.

Edit général, par lequel Julien ordonne d'ouvrir les temples des Payens, de les réparer, & de rétablir les fêtes du Paganisme. Il prend lui-même la qualité de souverain Pontife, qui depuis Jule Cesar avoit toûjours été attachée à la puissance souveraine. Constantin, depuis sa conversion, ne se la donnoit plus : ses fils l'imiterent : mais on leur donnoit ce titre avec celui de *Divus* dans les actes publics, & il ne paroît pas qu'ils s'y soient opposés.

Julien rappelle tous les Evêques Orthodoxes que Constance avoit exilés. Il fait tomber le crédit que les Arriens avoient, & permet à tout le monde l'exercice libre de sa Religion, laissant chacun suivre publiquement la secte qu'il a embrassée, avec défense d'inquiéter personne. On a prétendu qu'il vouloit par-là fomenter les divisions parmi les Chrétiens.

Il révoque tous les priviléges que ses prédécesseurs avoient accordés aux Galiléens, c'est ainsi qu'il appelloit les Chrétiens, pour les rendre plus méprisables.

FAITS MEMORABLES DU REGNE DE JULIEN L'APOSTAT.

Il fait enlever toutes les richesses des Eglises, & les prive de leurs terres, disant que plus les Galiléens seroient pauvres, plus ils seroient sages, & que par-là il leur seroit plus aisé d'acquerir le Royaume des Cieux qu'ils espéroient.

De J. C. 362.   De Rome 1115.

Le Consul Mamertin prononce le Panégyrique de Julien le premier Janvier. Julien fait faire un Port à Constantinople. Il bâtit une Bibliotheque dans cette Ville, & donne beaucoup de priviléges au Senat que Constantin y avoit établi.

On trouve en Egypte un de ces Taureaux que les Egyptiens adoroient sous le nom d'Apis.

Grand tremblement de terre : plusieurs villes de la Palestine, de la Libye, de la Sicile & de la Grece sont renversées, Constantinople même est ébranlée.

Grande famine, causée par une longue secheresse. Julien, qui étoit alors à Antioche, taxa le prix des blés : mais les marchands, pour ne pas le donner à si bas prix qu'il l'avoit taxé, cessent d'en vendre, ce qui fait soûlever le peuple. Julien fait enlever les vases sacrés de la grande Eglise, & la fait fermer.

Sapor II. écrit à Julien pour lui demander la paix : mais Julien déchire sa Lettre, & dit aux Ambassadeurs qu'il ira lui-même à la tête de son armée traiter avec Sapor.

De J. C. 363.   De Rome 1116.

Libanius fait à Antioche le Panegyrique de Julien au commencement de Janvier. Les habitans de cette

Faits memorables du regne de Julien l'Apostat.

ville composent des satyres contre Julien, où ils le badinent sur sa figure & sur ses sacrifices : Julien, pour s'en venger, compose son *Misopogon*, qui signifie *l'Ennemi de la barbe*. Il y critique les mœurs des habitans d'Antioche & se donne à lui-même beaucoup de loüanges. Cet ouvrage est plein d'esprit : mais il y a quelques railleries froides.

Quelques soldats Chrétiens forment le dessein de tuer Julien lorsqu'il fera faire l'exercice aux troupes : il est averti de cette conjuration, fait venir les complices, & après les avoir convaincus, il leur remontre la noirceur de leur attentat & leur fait grace.

Le temple d'Apollon est brûlé la nuit du 18. au 19. Mars.

Julien, pour faire tomber la prophetie de Jesus-Christ, qui avoit dit que le temple de Jerusalem ne se rebâtiroit jamais quand il seroit une fois détruit, permet aux Juifs de le faire rebâtir, donne ordre à ses Tresoriers de fournir les sommes nécessaires pour cette dépense, & fait venir des ouvriers de tous côtés.

Les Juifs font savoir à tous ceux de leur nation qui sont répandus par toute la terre, la permission qu'ils ont de rebâtir leur temple. Ils accourent de toutes parts, & travaillent à l'envi à ce grand ouvrage : les femmes mêmes oublient la foiblesse de leur sexe, & emploient toutes leurs forces pour aider à accomplir ce grand dessein. Ils démolissent ce qui en restoit encore, vuident entierement les fondemens, & vérifient de plus en plus la prédiction de Jesus-Christ, qui avoit dit qu'il n'en resteroit pas pierre sur pierre. Ils creusent la terre pour rendre les fondemens plus profonds & plus

Faits memorables du regne de Julien l'Apostat.

solides : mais la terre retombe la nuit dans ce qu'ils ont creusé le jour ; une tempête & des tourbillons s'élevent tout à coup, & dissipent tous les matériaux destinés pour rebâtir le temple. Les Juifs aveuglés par le desir de rebâtir leur temple, recommencent à travailler : mais des tourbillons de feu sortent des fondemens, brûlent un grand nombre de ceux qui travaillent, & forcent les autres à fuir pour éviter la mort. Enfin tous les Juifs frappés d'étonnement abandonnent leur entreprise, & cedent à la vérité. Plusieurs adorent Jesus-Christ : mais la plus grande partie demeure dans son aveuglement.

Julien entre dans la Perse avec une puissante armée, & ravage toutes les campagnes par où il passe, assiége la ville de Pyrisabore dans l'Assyrie, & la prend au bout de deux jours.

Il va assiéger Maozamalque. C'étoit une grande ville, bien peuplée & bien fortifiée. Julien, voyant les habitans disposés à se défendre jusqu'à la derniere extrémité, forma un projet dont l'exécution prouve avec quelle ardeur les soldats Romains travailloient. Il fit creuser sous terre un chemin qui alloit au milieu de la ville, & lorsqu'il fut achevé il fit donner un assaut vigoureux pour attirer tous les assiégés sur les remparts. Alors les soldats commandés pour le soûterrain parurent au milieu de la ville, & passerent tous les habitans au fil de l'épée.

Combat donné proche Coqué ville bâtie sur les débris de Seleucie sur le bord du Tigre. Les Perses attaquent les Romains au passage de ce fleuve : mais ils sont repoussés avec une perte de plus de deux mille

Faits mémorables du regne de Julien l'Apostat.

cinq cents hommes, se retirent dans Ctésiphon, & abandonnent leur camp au pillage. La perte des Romains ne se monta pas à plus de soixante-dix hommes. Julien, avant de faire le siége de Ctésiphon, prend le dessein d'aller rejoindre une partie de son armée qu'il a laissée en Mesopotamie. Il se laisse tromper par un vieillard Perse, d'une naissance distinguée, qui vient se livrer à lui, lui compte des malheurs supposés & gagne sa confiance. Ce faux transfuge lui persuade de quitter le Tigre, d'entrer dans la campagne, parce que le chemin est plus court, & de brûler sa flote & une partie de ses provisions, crainte que les Perses n'en profitent.

Julien se laisse tromper pour la premiere fois, suit les conseils du vieillard, & voit en peu la famine dans son armée.

Sapor II. vient avec une puissante armée attaquer les Romains dans leur marche le vingt-six Juin: Julien, avec sa promptitude ordinaire, parcourt les rangs, encourage ses soldats qui font une si vigoureuse défense, que les Perses ne pouvant soûtenir leurs efforts, prennent la fuite. Les Romains les poursuivent avec une ardeur incroyable: mais Julien qui dans son ardeur avoit oublié sa cuirasse, est frappé d'un dard qui lui perce le côté & lui déchire le foie. Plusieurs prétendent qu'au même instant qu'il fut blessé, il vit Jesus-Christ en l'air avec sa croix, qu'il reçut son sang dans ses mains, & le lui jetta, disant: *Tu as vaincu Galiléen.* Les Auteurs les plus sensés n'ajoûtent pas foi à ce blasphême, & avouent que Julien auroit adoré la main qui le frappoit, s'il l'avoit connue.

Faits mémorables du regne de Julien l'Apostat.

Les Romains, voulant venger la mort de leur Empereur, poursuivent les Perses jusqu'à la nuit.

Il n'y a personne dont le caractere ait été plus souvent peint; il n'y a personne dont il ait été plus souvent manqué. Les uns n'ont osé en dire du bien, crainte de paroître approuver son apostasie; les autres, cedant au zele que leur inspire la Religion Chrétienne, ont trempé leur plume dans leur fiel, & ont cru qu'on ne pouvoit assez dire de mal d'un apostat. Ils lui ont prêté des vices, l'ont accusé de crimes dont il ne fut jamais coupable. N'avoit-il pas commis le plus grand de tous ? C'étoit un parjure, un blasphémateur, enfin un apostat, mais le plus grand génie de son tems; c'étoit un philosophe austere, un Capitaine habile & courageux; enfin un Empereur prudent & sage, qui aimoit son peuple, & savoit le rendre heureux. Son apostasie le peint abominable dans tous les esprits: mais ses vertus morales arrachent des loüanges en sa faveur.

Julien l'Apostat tient un des premiers rangs parmi les Savans. Tous ses ouvrages sont estimés des connoisseurs. Il n'y a personne qui ne connoisse & qui n'admire la Satyre des Cesars. Le titre de l'Ouvrage, le nom de l'Auteur, tout est curieux, tout est intéressant. Une Satyre de la façon d'un Empereur, une raillerie ingénieuse sur la matiere la plus noble, sur ceux qui ont été assis sur le premier throne du monde. Dans cette Satyre il suppose un repas où tous les Cesars sont conviés, où Silene, en les voyant arriver, en dit tout le bien & le mal qu'il en sait. Pour juger combien elle est délicate, il suffit d'en rapporter un ou deux traits. Lorsque Silene voit entrer Trajan chargé de trophées,

Faits memorables du regne de Julien l'Apostat.

il avertit Jupiter de prendre garde à Ganimede ; & lorsque qu'on va fournir aux Cesars des horloges d'eau pour régler le tems qu'on leur accorde pour plaider leur cause ; Silene avertit Neptune de prendre soin que Trajan & Alexandre Severe ne boivent cette eau, la prenant pour du Nectar : mais Neptune repond à Silene que c'est à lui à prendre garde à ses vignes. Pour son Misopogon, il en est parlé dans les faits mémorables de l'an 363.

Julien l'Apostat avoit un beau génie, un esprit vif, aisé, fécond, & un savoir profond : mais les critiques lui reprochent de s'être trop laissé aller au goût de son siecle, où la déclamation tenoit lieu de l'éloquence.

Outre les Lettres, les Harangues, & autres ouvrages que nous avons de lui, il en avoit encore composé un contre la Religion Chrétienne, qui n'est pas parvenu jusqu'à nous. Il étoit divisé en sept Livres dont Saint Cyrille d'Alexandrie a refuté les trois premiers, où Julien attaquoit la vérité de l'Evangile.

Naissance et origine de Flavius Claudius Jovianus dit Jovien.

Il naquit dans la Pannonie vers l'an 331. On ignore quelle étoit sa famille. Tout ce qu'on en sait, c'est que son pere avoit été Comte des Officiers du Palais, & avoit donné tant de preuves de valeur que quoiqu'il eût quitté le parti des armes pour mener une vie tranquille, le souvenir de son mérite servit beaucoup à

FEMMES.

CARITON, fille du Général Lucilien. Elle n'eut point la satisfaction de voir son mari Empereur. Elle alloit au-devant de lui avec son fils lorsqu'elle apprit la nouvelle de sa mort. On ne trouve point le tems auquel elle est morte. Elle passa le reste de sa vie à pleurer son mari & à craindre qu'on ne fît périr son fils.

ENFANS.

JOVIEN eut une fille dont on ignore jusqu'au nom.

VARRONIEN naquit vers le tems que son pere fut proclamé Empereur. Jovien le fit Consul lorsqu'il étoit encore au berceau. On lui creva un œil pour l'empêcher de parvenir à l'Empire. On croit qu'il vécut jusqu'à l'âge de vingt ans.

Naissance et origine de Flavius Claudius Jovianus dit Jovien.

l'élévation de son fils. Lorsque Julien l'Apostat ordonna à tous les Officiers de son armée de renoncer à la Religion Chrétienne, ou de se retirer; Jovien, qui étoit alors Tribun, voulut se retirer : mais Julien, connoissant son mérite, le retint, espérant l'engager par douceur à renoncer au Christianisme. Lorsque Jovien fut élevé à l'Empire, il étoit chef des Officiers du Palais.

Faits memorables du regne de Jovien.

De J. C. 363.   *De Rome 1116.*

Le 27. Juin les Officiers s'assemblent pour élire un Empereur; toute l'armée demande qu'on élise Jovien : mais il refuse l'Empire, jusqu'à ce que tous les soldats lui ayent promis de se faire Chrétiens.

Un Officier Romain, ayant eu autrefois du démêlé avec Jovien, croit être perdu lorsqu'il le voit élevé à l'Empire. Pour éviter sa perte, qu'il regarde comme assûrée, il passe chez les Perses, instruit Sapor de la mort de Julien, & de l'élévation de Jovien, qu'il lui peint comme un homme sans valeur. A cette nouvelle Sapor vient fondre sur les Romains, & les prend en queue. Il trouve plus de résistance qu'il n'en attendoit, & est forcé de fuir après une perte considérable. Quelque mortification qu'il eût de ne pouvoir profiter d'une si belle occasion pour triompher de ses ennemis; il fut obligé de se contenter de les harceler dans leur

MORT.	PRINCES CONTEMPORAINS.
Il mourut à Dadaſtane ſur les confins de la Bithynie, la nuit du 16. au 17. Fevrier 364. âgé de 33. ans. Son corps fut porté à Conſtantinople, où il fut enterré dans l'Egliſe des Apôtres avec les autres Empereurs Chrétiens.	*Papes.* LIBERE, 366. *Des Perſes.* SAPOR II, 380.

Faits mémorables du regne de Jovien.

marche. Jovien se voyant sans ressource résolut d'accepter la paix qu'on lui proposoit, & céda aux Perses les cinq Provinces sur le Tigre que Narsés avoit abandonnées aux Romains, lorsqu'il fut défait par Maximien Galere.

Il permet à tout le monde d'exercer la Religion qu'il jugera à propos, rend au Clergé toutes les immunités que Constantin lui avoit accordées, & fait remettre la croix sur l'étendart.

S. Athanase fait assembler les principaux Evêques d'Egypte pour rédiger une instruction sur la foi telle que Jovien lui demandoit.

Concile d'Antioche. On dresse un acte authentique en faveur de la transsubstantialité.

Plusieurs soldats, persuadés que Julien n'est pas mort, tuent Lucilien beau-pere de Jovien.

De J. C. 364.   De Rome 1117.

Jovien meurt à Dadastane en Bithynie la nuit du 16. au 17. Février.

Cet Empereur a régné trop peu de tems pour qu'on puisse connoître s'il étoit digne de l'Empire. Les Caligulas, les Nerons, les Domitiens, & les Heliogabales, ont caché leurs vices au commencement de leur regne, & ne les ont laissé voir que lorsqu'ils se sont vûs affermis sur le throne. Le zele que Jovien fit paroître pour la Religion Chrétienne prévient en sa faveur, & l'on ne peut douter qu'étant bon Chrétien, il n'eût été bon Prince.

Naissance et origine de Flavius Valentinianus, dit Valentinien I. Empereur d'Occident.

Il naquit à Cibales dans la Pannonie. Sa famille n'avoit rien d'illustre. Son pere, nommé Gratien, avoit été simple soldat : par son courage, & sa force de corps extraordinaire, il avoit rendu son nom célebre dans les armées. Il passa par tous les degrés de la milice, & parvint à la dignité de Comte d'Afrique. Il alla commander les troupes de la Bretagne, où il s'acquit une grande réputation. Constance le déposa de toutes ses dignités, & lui confisqua son bien pour avoir reçû chez lui l'usurpateur Magnence. Les soldats furent sensibles à son malheur, & ne cesserent de l'estimer. Son fils Valentinien embrassa de bonne heure le parti des armes. La mémoire de son pere lui donna du crédit : ses propres vertus le firent admirer au point que les premiers Officiers de l'armée en furent jaloux. Le Général Barbation tâcha de le perdre, & par une noire calomnie le fit casser par Constance. Julien l'Apostat le rappella, & le fit Tribun de ses gardes : mais son attachement au Christianisme lui attira la haine de cet Empereur qui le cassa encore. Lorsque Lucilien, beau-pere de Jovien, fut tué dans les Gaules, Valentinien, qui étoit allé avec lui, se sauva, & vint trouver Jovien qui le fit Capitaine de la seconde Compagnie de ses Gardes ; il occupoit cette place lorsqu'il fut élevé à l'Empire.

Faits mémorables du regne de Valentinien I.
Empereur d'Occident.

De J. C. 364.   De Rome 1117.

La mort de Jovien cause un interregne de dix jours, pendant lesquels l'armée continue sa marche jusqu'à Nicée. Là elle s'arrête pour élire un Empereur. Les dangers de l'Etat donnent de la prudence à tout le monde, & le mérite est la seule voie qui conduise à l'Empire : ce n'est cette fois-là ni la brigue ni le caprice qui en décident. Le seul Valentinien est trouvé digne de régner. Il est proclamé d'une commune voix. Il étoit alors à Ancire où Jovien l'avoit laissé pour commander quelques détachemens. Il y reçoit les Députés de l'armée qui le prient d'accepter l'Empire, & de venir recevoir le titre d'Auguste. Il part sur le champ, arrive à Nicée le 24. Fevrier, où il est proclamé Empereur. Les soldats lui demandent à grands cris de prendre un collegue pour que l'Empire ne se trouve plus exposé à être sans chef. La crainte qu'il a de se tromper dans un choix si important le fait différer, & par sa fermeté il retient les soldats dans le devoir. » Vous avez, » leur dit-il, été les maîtres de me donner l'Em- » pire : mais à présent que j'en suis possesseur, c'est à » moi à commander, & à vous d'obéir. Je suis » chargé du soin de l'Etat, & j'y pourvoirai. » Ce langage imposa silence aux soldats qui, depuis ce tems, furent toûjours soûmis à Valentinien. Il arrive à Constantinople le 28. Mars, & associe à l'Empire son frere Valens.

Les Evêques de Macedoine vont prier Valentinien de régler les disputes qu'ils ont avec les autres Evêques

Naissance et origine de Valens, *Empereur d'Orient.*

Il naquit vers l'an 328. Ce qui regarde sa famille a été dit au commencement de l'article de Valentinien I. son frere. On trouve que Valens étoit Officier du Palais sous Julien l'Apostat.

Faits memorables du regne de Valens.

De J. C. 364.   De Rome 1117.

Valentien I. associe à l'Empire son frere Valens le 28. Mars, & lui donne le titre d'Auguste.

De J. C. 365.   De Rome 1118.

Procope se fait proclamer Empereur à Constantinople le 28. Septembre. Il s'étoit répandu un bruit que Julien l'Apostat, son parent, l'avoit déclaré son successeur un peu avant de mourir. Lorsque Jovien fut proclamé Empereur, il chargea Procope de conduire le corps de Julien à Tarse. Procope s'en acquitta avec soin: mais craignant que ce que Julien avoit fait pour lui ne lui devînt funeste, il se cacha. Lorsqu'il vit Valentinien occupé contre les Gots, & Valens contre les Perses; il crut pouvoir user de ses droits dans une occasion aussi favorable, & alla à Constantinople déguisé. Il s'apperçut que les exactions & les cruautés de Petrone, beau-pere de Valens, indisposoient le peuple contre l'Empereur, & que tout le monde murmuroit contre le Gouvernement. Alors il se fit connoître,

Faits memorables du regne de Valentinien I.
Empereur d'Occident.

au sujet de la foi : mais il leur répond que ce n'est point à lui à régler ces sortes d'affaires, & que les Evêques peuvent s'assembler quand ils voudront pour décider leurs questions. Il donne une permission générale à tous les peuples de suivre telle Religion qu'ils jugeront à propos, & défend d'inquiéter personne pour ce sujet.

Les deux Empereurs, instruits que les barbares se préparent à faire une invasion générale, & que Sapor, Roi de Perse, fait des préparatifs de guerre, partagent l'Empire à Naïse dans la Dace au mois de Juillet. Valentinien prend l'Occident, & laisse l'Orient à son frere Valens.

De J. C. 365.   De Rome 1118.

Loi du 15. Janvier par laquelle Valentinien défend aux Juges de condamner un Chrétien à combattre avec les Gladiateurs quelque crime qu'il ait commis.

Par un autre loi du 29. Novembre, il exempte de tout impôt les filles & les garçons.

De J. C. 366.   De Rome 1119.

Les Allemans passent le Rhin dès le mois de Janvier, & font un horrible ravage dans les Gaules. Valentinien envoye des troupes contr'eux : mais elles furent entierement défaites, & les Officiers mêmes furent tués. Valentinien a recours à Jovin, & se repose entiérement sur lui du soin de cette guerre. Ce brave Général examine de près la conduite des barbares : il &

Faits memorables du regne de Valens, *Empereur d'Orient.*

& prit la pourpre. La crainte arrêta dabord le peuple: mais quelques-uns oserent se déclarer pour lui; ils furent imités par d'autres, & son parti grossissant tous les jours, il se vit en peu maître de presque tout l'Orient. Valens, à la premiere nouvelle de cette révolte, revint, croyant pouvoir l'étouffer dès son commencement: mais lorsqu'il en eut connu les progrès, il perdit courage au point qu'il pensa se dépouiller de la robe Impériale. Ses Officiers le rassûrerent, & l'engagerent à envoyer des détachemens contre Procope: mais plus il en envoya, plus il affoiblit son parti, & grossit celui de son ennemi, parce que tous les soldats se tournoient du côte de Procope. Les villes, à l'imitation des soldats, prirent le parti du rébelle, & Valens se vit à la veille de périr. Procope, enivré de son bonheur, traita les peuples avec hauteur & cruauté; par-là il indisposa contre lui les esprits, hâta sa chûte, & assûra le triomphe de son ennemi.

De J. C. 366. De Rome 1119.

Valens, fuyant de contrée en contrée, ne trouve par-tout que de nouveaux surcroîts à son malheur; toutes les villes refusent de lui ouvrir leurs portes. Ancyre est la seule qui le reçoit. Là il est instruit de l'imprudence de Procope, & reçoit de nouveaux renforts. Alors sa terreur cesse, & le courage lui revient; il marche à l'ennemi, commence par gagner les Officiers de son armée, lui livre bataille le 26. Mai, & le défait. Procope ne voit plus de salut pour lui que dans

Faits memorables du regne de Valentinien I.
Empereur d'Occident.

s'apperçoit qu'ils sont accoûtumés à camper séparément ; il va les attaquer les uns après les autres, en fait un horrible carnage, & les force à repasser dans leur pays, & à laisser tout leur butin. Les soldats Romains pendirent le Roi des barbares qu'ils avoient pris. Jovin les blâma fort de cette cruauté.

De J. C. 367. De Rome 1120.

Schisme d'Ursicin contre le Pape Damase. Les Auteurs qui ont rapporté ce fait ne s'accordent pas. Les uns accusent S. Damase d'avoir poussé l'ambition & le desir d'obtenir le Pontificat, jusqu'à distribuer de l'argent au peuple pour le mettre dans son parti, & pour chasser ses adversaires ; les autres disent tout le contraire. Au reste l'Eglise, en qui nous avons une confiance aveugle, vient nous éclairer au milieu des ténebres, & nous assûre qu'Ursicin fut seul Auteur des troubles, & des meurtres qu'on vit alors à Rome, & que le zele & l'estime que le peuple avoit pour Saint Damase, fut le seul motif qui les excitât contre Ursicin.

Valentinien donne le titre d'Auguste à Gratien son fils aîné, alors âgé de huit ans quelques mois. Une femme convaincue d'adultere est condamnée à avoir la tête tranchée : mais Valentinien instruit, que le bourreau lui a donné plusieurs coups sans la faire mourir, lui accorde sa grace. Valentinien remet au Pape le jugement des Prêtres, & défend aux Juges Civils de connoître aucune cause où un Prélat sera appellé. Les Schismatiques obtiennent le rappel d'Ursicin : mais Va-

Faits mémorables du regne de Valens, *Empereur d'Orient.*

la fuite, & au moment qu'il part, il est arrêté par ses propres soldats qui le conduisent à Valens. On ne s'amusa pas à chercher des supplices dignes de ses crimes : Valens se hâta de le faire périr. Il lui fit trancher la tête, & l'envoya à Valentinien I.

Marcel voulut suivre l'exemple de Procope son parent. Il prit la pourpre à Chalcedoine : mais quelques soldats, envoyés par Valens, le prirent & le firent périr dans les tourmens. Plusieurs Auteurs assûrent que Valens, après la défaite de Procope, commit des cruautés qui font horreur, & que, crainte de laisser quelque coupable impuni, il fit périr bien des innocens.

De J. C. 367.   De Rome 1120.

Valens fait un Edit par lequel il ordonne à tous les Gouverneurs des Provinces de l'Orient de chasser tous les Evêques qui avoient été bannis par Constance, & que Julien l'Apostat avoit rappellés. Cet Empereur s'étoit laissé gagner par les Arriens, qui dabord s'étoient adressés à l'Impératrice, & sous son regne les fideles furent persécutés. Valens, pour se venger des Gots qui avoient prêté du secours à Procope, passe le Danube. En vain les Gots lui envoyent dire qu'ils étoient dans la bonne foi à l'égard de Procope, parce qu'ils le regardoient comme l'unique héritier de la maison de Constantin : leurs excuses sont inutiles, il pille & ravage leur pays.

Faits mémorables du regne de Valentinien I.
Empereur d'Occident.

lentinien, inſtruit que ſon arrivée cauſe de nouveaux troubles à Rome, l'exile une ſeconde fois.

Les Allemans ſurprennent Mayence un jour que les Chrétiens y célebrent une grande Fête : les Romains, pour s'en venger, font aſſaſſiner un de leurs Rois nommé Urthicabe, par un de ſes gens qu'ils ont gagné à force d'argent. Les Pictes ravagent la Bretagne : mais le Comte Theodoſe, pere du grand Theodoſe, les défait.

Il tombe de la laine en Artois parmi la pluie. Elle exiſte encore aujourd'hui à Arras, où elle eſt en grande vénération ſous le nom de ſainte mâne.

Valentinien I. ordonne, par une loi du 5. Mai, de mettre hors des priſons à la fête de Pâque tous les criminels, excepté ceux qui ſeront coupables de quelque crime énorme. Cette loi eut lieu longtems après lui.

De J. C. 368.   De Rome 1121.

Le 30. Janvier Valentinien établit, aux dépens du public, un Medecin dans chaque quartier de Rome pour traiter gratuitement les pauvres.

Il défend aux Avocats de taxer le prix de leur travail.

De J. C. 369.   De Rome 1122.

Valentinien inſtruit que Rhodane, ſon grand Chambellan, s'eſt emparé du bien d'une veuve, le fait prendre, l'examine ſur le champ, le juge, & le fait brûler vif. Cet arrêt terrible & juſte frappe le peuple

FAITS MEMORABLES DU REGNE DE VALENS,
Empereur d'Orient.

De J. C. 368.   De Rome 1121.

Le débordement du Danube empêcha Valens de passer cette année dans le pays des Gots.

La ville de Nicée fut ruinée par un tremblement de terre.

De J. C. 369.   De Rome 1222.

Valens passe le Danube, ravage le pays des Gots, attaque les Gruthongues, nation belliqueuse, les défait en plusieurs combats, & les force à se cacher dans les creux de leurs rochers. Les Gots consternés par leurs défaites demandent la paix à Valens, qui la leur accorde, à condition qu'ils ne passeront plus sur les terres de l'Empire que pour le commerce. Il leur marque deux Villes frontieres pour porter leurs marchandises, & acheter celles des Romains, avec défense de trafiquer dans toute autre. Il leur retranche en outre la pension qu'on avoit coûtume de leur faire tous les ans. Athanaric promet tout : mais à la nouvelle que les Perses font des préparatifs de guerre, il fait des difficultés pour signer le Traité de paix, & envoye dire à Valens qu'il ne peut aller le trouver, parce que son pere lui a fait promettre par serment qu'il n'iroit jamais sur les terres des Romains. Valens à cette nouvelle est embarrassé. Il desire faire la paix avec les Gots pour pouvoir rassembler toutes ses forces contre les Perses : mais il sent en même tems qu'il est honteux pour un Empereur Romain d'aller trouver un Roi barbare. Pour lever tout obstacle, il fait faire un pont de bateaux sur

Faits mémorables du règne de Valentinien I.
Empereur d'Occident.

d'étonnement & de crainte, & arrête le cours des vexations.

De J. C. 370.   De Rome 1123.

Les Saxons pillent les terres des Romains, & défont plusieurs armées Romaines : mais à l'arrivée de Severe, Général de l'Infanterie ; ils sont épouvantés, & demandent la paix, que les Romains leur accordent avec la liberté de retourner dans leur pays. Pendant leur marche les Romains leur tendent des embûches, les surprennent, & les taillent en pieces.

Loi du 29. Juillet, par laquelle Valentinien exclut les Moines & les Ecclesiastiques des successions.

De J. C. 371.   De Rome 1124.

Valentinien, par une loi du 11. Février, ordonne que tous les Comédiens qui étant malades auront embrassé le Christianisme, seront exemptés de monter sur le Théatre, s'ils réchappent de leur maladie.

Valentinien passe le Rhin vers le mois de Septembre pour prendre Macrien, Roi des Allemans, qui ne cessoit de faire des courses sur les terres de l'Empire : mais les brigandages de ses soldats découvrent sa marche, & Macrien se sauve.

De J. C. 372.   De Rome 1125.

Valentinien, par une loi du 2. Mars, défend les assemblées des Manichéens.

FAITS MEMORABLES DU REGNE DE VALENS,
Empereur d'Orient.

le Danube. Là se rendent les deux Princes, & signent le Traité de paix.

Sapor, Roi de Perse, prétendant avoir des droits sur l'Arménie, parce que ce pays avoit autrefois relevé des Parthes, forme le projet de s'en emparer, à quelque prix que ce soit. Il engage Arsace, Roi d'Arménie, à se trouver à un festin. Si-tôt qu'il y est arrivé, il lui fait crever les yeux, lui fait mettre par raillerie des chaînes d'argent, & le fait enfermer dans un Château où il le fait tüer peu après. Il envoye des Gouverneurs en Arménie. Il chasse le Roi d'Iberie que les Romains ont placé sur le throne, & en substitue un autre à sa place. Para, fils d'Arsace, Roi d'Arménie, va avec sa mere trouver Valens, qui l'entretient longtems à Neocesarée dans le Pont selon sa dignité. Il le replaça à la fin sur le throne d'Armenie.

De J. C. 370.   De Rome 1223.

Valens cede aux empressemens des Arriens. Il bannit Evagre que les Catholiques ont élû Evêque de Constantinople après la mort d'Eudoxe, & établit à sa place Demophile de Berée. Les Catholiques lui députent vers le 5. Septembre quatre-vingts Ecclesiastiques. A leur arrivée, il les fait mettre tous quatrevingts sur un vaisseau, auquel il fait mettre le feu lorsqu'il est en pleine mer.

Faits memorables du regne de Valentinien I.
Empereur d'Occident.

S. Martin est sacré Evêque de Tours le 4. Juillet. Il fonde peu après l'Abbaye de Marmoutier, qui subsiste encore aujourd'hui sous ce nom. On croit que c'est la plus ancienne de toutes les Abbayes de France. Saint Martin y faisoit sa demeure ordinaire, & partoit de là pour aller à l'Eglise de Tours.

Firmus, Prince Maure, se révolte en Afrique vers le milieu de l'Eté, & se fait proclamer Roi de Mauritanie. Il pille toutes les villes, ravage les campagnes: les Africains implorent le secours du Comte Romain qui étoit Général des troupes d'Afrique : mais cet avare Officier, au lieu d'apporter du soulagement à ces peuples, augmente encore leurs maux, & pour s'approprier la paye des soldats, il les fait vivre aux dépens des Villes. Ces malheureux adressent leurs plaintes à l'Empereur; le Comte Romain de son côté les accuse de rébellion. Valentinien, pour connoître la vérité, envoye en Afrique le Comte Theodose, pere du grand Theodose, avec quelques troupes. Theodose examine tout avec scrupule. Il connoît que le Comte Romain est coupable, & le fait arrêter.

De J. C. 373.   De Rome 1126.

Le Comte Theodose poursuit Firmus si vivement qu'il le force à venir implorer sa clémence : mais au bout de quelque tems, ce traître reprit les armes. Theodose en fut instruit, il le poursuivit jusque chez les Isasles où il s'étrangla lui-même.

Faits memorables du regne de Valens,
Empereur d'Orient.

De J. C. 371.   *De Rome 1124.*

Valens, après avoir forcé plusieurs Evêques de l'Orient à communiquer avec les Arriens, passe à Cesarée en Cappadoce, tente S. Basile par les promesses, veut l'étonner par les menaces : mais trouvant toûjours ce grand Saint inébranlable ; il l'admire, & défend de lui faire aucun mal.

De J. C. 372.   *De Rome 1125.*

Valens marche contre les Perses ; il avance jusqu'au Tigre sans trouver de résistance. Salluste, Officier de ses Gardes, tente de le tuer lorsqu'il est endormi : mais il ne peut réussir.

De J. C. 373.   *De Rome 1126.*

Les Sarrazins, après la mort de leur Roi se répandent & ravagent tout le pays jusqu'au mont Sinaï, où ils tuent quatre-vingts solitaires vers le mois de Decembre. Trois cents Maures passent la mer rouge, abordent sur la côte d'Elim, ou Raithe, massacrent tous les habitans de ce pays, & vont égorger quarante solitaires qui s'étoient retirés dans l'Eglise : mais Obedien, Prince des Sarrazins & Chretien, à la tête de six cents hommes de sa nation, fond sur eux, & les tue tous sans qu'il en réchappe un seul.

Faits mémorables du regne de Valentinien I.
Empereur d'Occident.

De J. C. 374. *De Rome* 1127.

Débordement du Tibre, il fut si grand qu'on passoit à Rome les rues en bateau.

Gabinius, Roi des Quades, est assassiné par les Romains, qu'il étoit allé prier de cesser les fortifications qu'ils faisoient faire au-delà du Danube. Maximin, Gouverneur des Gaules, homme cruel & entreprenant, fit donner l'inspection de ces ouvrages à son fils Marcellien, qui, instruit par les conseils & l'exemple de son pere, étoit capable de toutes sortes de crimes. Il s'insinua dans la confiance du Roi des Quades, lui promit d'obtenir de Valentinien le pouvoir de faire cesser ces fortifications. Il pria un jour ce Prince à manger, & le fit assassiner lorsqu'il étoit à table.

Les Quades, pour venger la mort de leur Roi, prennent les armes, passent le Danube, & font un horrible ravage dans la Pannonie, qu'ils trouvent dépourvûe de troupes.

Valentinien, instruit de l'irruption des Quades, frémit de rage, & se dispose à les aller attaquer: mais les Officiers de l'armée lui représentent qu'avant de quitter les Gaules, il faut penser à leur sûreté. Pour cet effet, il propose la paix à Macrien, Roi des Allemans: mais ce Roi, fier de voir les Romains lui demander la paix, fait d'abord quelque difficulté, l'accepte ensuite, & reste toûjours fidele aux Romains. Il fut défait & tué quelque tems après par Mellobaud, Roi des François.

Plusieurs Dames Romaines, convaincuës d'adultere,

Faits mémorables du regne de Valens,
Empereur d'Orient.

De J. C. 374.   De Rome 1127.

Para, que Valens avoit placé quelque tems auparavant sur le throne d'Armenie, est accusé de trahir les Romains. Sur cette simple accusation, Valens le regarde comme criminel, & forme le dessein de le faire périr. Pour l'exécuter, il lui mande de venir le trouver pour délibérer ensemble quel parti ils prendront à l'égard des Perses. Para part sur le champ : mais en chemin il est instruit des desseins de Valens, & retourne dans son pays. Il cherche, mais en vain, à regagner la confiance de Valens : cet injuste Empereur ne revenoit jamais de ses premieres impressions. Il écrit au Comte Trajan qui est en Arménie à la tête d'une armée, & lui mande de faire périr Para. Trajan, pour exécuter cet ordre, donne un repas à cet infortuné Roi, & le fait assassiner lorsqu'on étoit prêt de sortir de table.

On continue toûjours à persécuter les fideles en Orient.

De J. C. 375.   De Rome 1128.

Valens est indigné qu'on ait donné le titre d'Auguste à Valentinien II. frere de Gratien, sans sa participation : mais les Gots & les Perses font des préparatifs de guerre contre lui, & par-là l'empêchent de se venger de cette prétendue insulte.

De J. C. 376.   De Rome 1129.

Les Huns, qui habitoient à l'Orient des Palus-Meo-

Faits memorables du regne de Valentinien I.
Empereur d'Occident.

sont punies. Une d'entr'elles s'étouffe dans son lit pour éviter la condamnation.

De J. C. 375.   De Rome 1128.

Valentinien, après avoir assemblé ses troupes, passe dans le pays des Quades, y met tout à feu & à sang, rase les campagnes, brûle les villages, renverse les villes, & laisse par tout des traces de sa fureur. Il repasse le Danube, & va se reposer à Bregetio ou Bregetion, petit Château de la Pannonie. Là les Quades lui envoyent des Ambassadeurs, pour implorer sa clémence. Ces Ambassadeurs étoient des hommes grossiers, pauvres & mal vêtus. Valentinien, croyant qu'on les lui avoit envoyés pour l'insulter, entra en fureur, leur parla avec tant d'emportement qu'il se cassa une veine. Il expira peu de tems après le 17. Novembre. Il étoit alors âgé de 55. ans & en avoit régné douze, moins quelques mois. Son corps fut embaumé, & porté à Constantinople l'année suivante, où il fut enterré l'an 382. par ordre du grand Theodose, alors Empereur d'Orient.

Valentinien avoit l'air noble : ceux qui le voyoient étoient prevenus de respect pour lui. Sa taille, sa figure son geste, tout en lui annonçoit un maître du monde. Il surpassoit le reste des hommes en puissance, il voulut les surpasser en vertu, se dépouilla pour ainsi dire des foiblesses humaines, oublia ses intérêts pour ne penser qu'à ceux du public. Pour enrichir les peuples, il diminua les impôts, & arrêta les vexations. Il voulut tout

Faits memorables du regne de Valens,
Empereur d'Orient.

tides, vont attaquer les Gots qui habitoient à l'autre bord, en font un grand carnage, & les chassent de leur pays. Ces Huns étoient la nation la plus redoutable dont on eût encore entendu parler. Ils étoient petits de taille, mais ramassés, forts & robustes. Dès leur enfance ils s'endurcissoient au travail & à la fatigue, ne se nourrissoient que de racines & de chair crue : ils regardoient les maisons comme des tombeaux, étoient toûjours campés, erroient tout le jour, & dormoient la nuit sur leurs chevaux. Ils n'étoient jamais d'accord entr'eux, combattoient toûjours les uns contre les autres, & par-là étoient toûjours sous les armes.

Un Auteur qui a écrit l'histoire de ces tems-là dit, que les Huns crurent toûjours qu'il n'y avoit point de terre au-delà des Palus-Meotides, jusqu'à ce qu'un jeune homme de leur nation, étant à la chasse, poussa une biche, qui passa les Palus; qu'il la suivit, & qu'ayant vû des terres cultivées, il alla avertir ceux de son pays, qui y passerent. Voilà la cause de l'invasion des Huns sur les terres des Gots.

Les Gots vont, au nombre de deux cents mille, se soûmettre à Valens. Ils lui demandent la permission d'habiter la Thrace, avec promesse de servir dans les armées Romaines, quand il le voudra. Valens accepte leur offre avec joie.

De J. C. 377.   De Rome 1130.

Valens, par cet accord fait avec les Gots, espere avoir toûjours des hommes prêts à marcher à ses or-

Faits mémorables du règne de Valentinien I.
Empereur d'Occident.

connoître, & tout juger. Il soûtint toûjours l'innocence opprimée, punit l'injustice & protégea les misérables. Il sut connoître le mérite & le récompenser : mais pour contenir les peuples dans la crainte & le devoir, il s'arma de sévérité, & se laissa quelquefois aller à la cruauté.

FAITS MEMORABLES DU REGNE DE VALENS,
Empereur d'Orient.

dres, & néglige les anciennes troupes. Il n'en leve point de nouvelles, & se les fait payer à raison de quatre-vingts écus d'or par chaque soldat. Par-là les troupes Romaines diminuent, & l'Empire perd ses forces.

Lupicin, Gouverneur de Thrace, homme dur & avare, traite les Gots avec dureté, & les réduit au désespoir. C'est la premiere époque de la chûte de l'Empire.

Ce n'étoit qu'au prix du travail le plus pénible & le plus rude qu'on accordoit aux Gots de quoi vivre: leur négoce ne pouvoit suffire pour payer les taxes qu'on leur imposoit. La faim, dont ils étoient sans cesse tourmentés, les forçoit souvent à vendre leurs enfans pour avoir du pain, & pour de légeres fautes on les punissoit des derniers supplices. Vivre ainsi, c'étoit mourir sans cesse. Les Gots n'y purent tenir. Ils prirent les armes, se répandirent dans plusieurs pays, & firent le dégât par tout où ils passerent. On leur opposa des troupes : mais le désespoir faisoit agir ces malheureux ; la résistance irritoit leur fureur ; ils taillerent en pieces les armées qu'on envoya contr'eux, & ravagerent la Thrace.

Valens à cette nouvelle est saisi d'effroi, & pour n'avoir pas deux guerres à soûtenir à la fois, il fait la paix avec les Perses. Il rassemble toutes les forces de l'Empire pour aller contre les Gots ; il reçoit même du secours de la part de Gratien. Les Gots de leur côté cherchent du secours. Ils font alliance avec les Huns & les Alains qui leur fournissent des troupes. Les

FEMMES DE VALENTINIEN I.	ENFANS DE VALENTINIEN I.
VALERIE, *Valeria Severa*. On ignore son origine, & on ne sait que très-peu de choses de sa vie. Il semble que son injustice seule l'a tirée de l'oubli. L'abondance que procure le diadême ne fut pas suffisante pour contenter son avarice. Un particulier avoit une terre dont la situation lui parut agréable. Elle se la fit adjuger à vil prix. Si-tôt que Valentinien en fut instruit, il conçut pour elle tant d'horreur, qu'il la répudia, & rendit la terre à celui qui l'avoit vendue. Lorsque Gratien fut Empereur, il rappella sa mere à la Cour, & eut toûjours beaucoup d'estime pour elle.	*De Valerie.* GRATIEN, qui fut Empereur d'Occident. *De Justine.* VALENTINIEN II. qui régna en Occident après Gratien. JUSTA : elle resta toûjours Vierge. On n'en sait pas davantage. GALLA que le Grand Theodose épousa en secondes nôces. GRATA resta toûjours vierge.
JUSTINE, fille d'un certain Juste, que Constance fit tuer, parce qu'on disoit qu'il avoit eû un présage qui lui annonçoit qu'il seroit pere d'un Empereur. Justine se laissa tromper par les Ariens. Elle employa pour eux tout son crédit, & engagea Valentinien I. à persécuter plusieurs Saints, sans cependant lui laisser connoître l'erreur qu'elle cachoit au fond du cœur : mais lorsque son fils Valentinien II. fut Empereur, elle éclata contre les Orthodoxes, & leur fit tout le mal qu'une femme peut faire à ceux qu'elle hait, lorsqu'elle a la puissance en main. Elle mourut l'an 388.	

deux

FAITS MEMORABLES DU REGNE DE VALENS,
Empereur d'Orient.

deux armées se joignent près la ville de Salices dans la petite Scythie. La vengeance anime les deux partis, & la valeur est égale de part & d'autre. Les Romains cedent à la fin, & les Gots restent maîtres du champ de bataille.

Frigerid que Gratien avoit envoyé au secours de Valens, rencontre un parti de Gots: il les attaque, les taille en pieces, tue leur Général, & fait prisonniers tous ceux qui réchappent du carnage.

De J. C. 374.   De Rome 1131.

Bataille d'Andrinople donnée le 9. Août. Valens, instruit que Gratien vient à son secours avec une puissante armée, attaque les Gots pour avoir seul l'honneur de la victoire qu'il se croit sûr de remporter. Les Gots, ne voyant point de milieu entre la victoire ou la mort, se jettent sur les Romains avec une fureur inconcevable: les légions plient, la victoire se décide pour les Gots. Les soldats Romains épouvantés de voir couler de toutes parts le sang de leurs camarades, d'entendre les cris des mourans, prennent la fuite: ils sont sourds à la voix des Officiers, & le danger qui les presse leur fait oublier leur devoir & leur honneur. Valens, accablé de son malheur ne sait plus à quoi se résoudre. Le spectacle horrible qu'il a devant les yeux lui ôte la raison. La nuit vient le surprendre avant qu'il se soit décidé sur un parti, & les soldats qui se sont rangés autour de lui, l'enlevent & le portent dans une maison qui se trouve à quelque distance. Une troupe

FAITS MEMORABLES DU REGNE DE VALENS,
Empereur d'Orient.

de Gots vient en défordre pour piller cette maifon ; ils font plufieurs tentatives pour en enfoncer les portes : mais voyant qu'ils n'en peuvent venir à bout, ils y mettent le feu, & Valens y eft brûlé vif.

Valens fut un Prince timide, cruel & avare. Ses défauts furent plus pernicieux à l'Etat que fes vices. Il étoit ignorant, ne protégeoit pas les Savans, & laiffoit languir les fciences. Incapable de juger du mérite, il n'élevoit aux grands emplois que ceux qui applaudiffoient à fes foibleffes. Il ne chercha jamais à s'éclaircir, & fut toûjours trompé. Enfin il fe déclara protecteur de l'Arrianifme, & fit plus de mal aux fideles que ne leur en avoient fait les Nerons, les Deces, les Aureliens, & les Domitiens.

Femmes de Valens.	Enfans de Valens.
Dominica, fille de Petrone, à qui Valens confia le Gouvernement de l'Etat pendant la guerre des Perses, & qui, par ses cruautés & ses exactions, fit détester le regne de son gendre au point qu'il l'exposa à perdre l'Empire. Dominica se laissa séduire par les Arriens : elle conçut une haine implacable contre les Orthodoxes, profita de l'amour que son mari avoit pour elle, & l'arma toûjours contre la foi : ce fut enfin le fléau de l'Eglise. Après la mort de Valens elle conserva encore quelque crédit dans l'Empire. Lorsque les Gots passerent en Orient, le peuple de Constantinople étoit dans la consternation. Dominica prit de l'argent dans le trésor public, & le distribua à ceux qui voulurent prendre les armes pour combattre ces barbares. On ne trouve point ce qu'elle est devenue depuis ce tems.	Valentinien Galate qui mourut à l'âge de 6. ans. Carose } Tout ce qu'on sait Anastasie } de leur vie, c'est que Valens leur fit apprendre les Belles-Lettres par un Prêtre Novatien nommé Marcien, & que Procope celebre sous le grand Theodose en épousa une.

| SAVANS ET ILLUSTRES. | PRINCES CONTEMPORAINS. |

AMMIEN MARCELLIN, étoit natif d'Antioche, où sa famille tenoit un rang assez distingué. Il prit le parti des armes sous Constance, & parvint à des emplois assez honorables dans la milice. Lorsque Julien l'Apostat fut en Perse, Ammien Marcellin l'accompagna, & quitta le parti des armes peu après la mort de cet Empereur, & se retira à Rome, où il passa le reste de sa vie.

Ammien Marcellin avoit composé une histoire des Empereurs qui commençoit où Suetone a fini la sienne, c'est-à-dire, au regne de Nerva, & finissoit à la mort de Valens. Cette histoire étoit divisée en 31 Livres : mais les treize premiers ont été perdus. Ce qui nous est resté commence à la fin de l'an 353. immédiatement après la mort de Magnence. Le style de cet Auteur est dur, & son Latin approche beaucoup du Grec. On remarque qu'il cherche trop à faire paroître de la science, & il ennuie son Lecteur par des digressions sur des choses qui sont tout à fait étrangeres à l'Histoire. Il est confus, & sa narration n'est point nette. Il omet bien des faits intéressans, ce qui fait croire qu'il y a plusieurs endroits dans son ouvrage qui ont été perdus. Au reste cet Auteur est assez grave & très-véridique. Quoique payen il a donné des loüanges aux Empereurs chrétiens lorsqu'ils en ont

Papes.

LIBERE, 366.

S. DAMASE, étoit natif de Rome. Son Pontificat commença par un Schisme : mais le peuple connoissant ses vertus, se déclara pour lui, & usa de violence pour détruire le parti de son ennemi. Les hérétiques, dont le nombre étoit alors considérable, se joignirent aux Ecclésiastiques, & vomirent contre S. Damase la calomnie la plus atroce : mais ce vieillard avoit toûjours été pieux, il fut déclaré innocent. Il mourut le 11. Décembre 384. âgé de près de 80. ans.

Nous avons sous son nom plusieurs poësies où on remarque assez d'élégance. On trouve parmi les ouvrages de S. Jerôme deux Lettres de ce Pape. Le style en est assez beau.

Des Perses.

SAPOR II. 380.

SAVANS ET ILLUSTRES.

mérité : mais Julien l'Apostat est son héros.

S. BASILE LE GRAND, Archevêque de Cesarée en Cappadoce, Docteur de l'Eglise, naquit à Cesarée en Cappadoce. Sa famille étoit illustre. Ses ancêtres avoient été élevés aux premieres dignités de l'Empire, & presque tous s'étoient fait admirer par leur vertu. Son pere, qui étoit maître d'éloquence dans la Province du Pont, eut soin de l'instruire dans les sciences, & lui inspira l'amour de la vertu. Il alla achever ses études à Cesarée en Palestine. Il y étoit admiré par les progrès qu'il faisoit dans les sciences, il l'étoit encore plus par les vertus qu'il pratiquoit. Le desir de s'instruire lui fit parcourir les villes les plus florissantes. Enfin lorsqu'il eut fini ses études, sa réputation se répandit par toute la terre, & les villes les plus célebres lui firent toutes sortes d'offres pour venir y professer l'éloquence. Il donna la préférence à celle de Cesarée sa patrie : mais pour ne s'occuper que de Dieu seul, il abandonna sa Chaire de Professeur. Dianée, Evêque de Cesarée, voulut l'avoir dans son Eglise, & pour l'y attacher, lui donna l'ordre de Lecteur : mais la solitude lui paroissant un asyle sûr pour la vertu, il distribua son bien aux pauvres, & se retira dans le désert, où il établit un Monastere. Sa piété rendit bientôt son nom célebre. On vint de toutes

SAVANS ET ILLUSTRES.

parts l'y trouver, & le desert qu'il habitoit fut plus peuplé que la ville la plus florissante. Julien l'Apostat l'avoit admiré à Athenes. Lorsqu'il fut Empereur il lui écrivit pour l'engager à venir à la Cour : mais S. Basile, méprisant les grandeurs de ce monde, fut sourd aux sollicitations de Julien ; il ne lui fit aucune réponse, & resta dans sa retraite. Eusebe, successeur de Dianée à l'Episcopat de Cesarée, connut son mérite, prevît les services qu'il pourroit rendre à l'Eglise, & le força d'accepter la Prêtrise : mais cet Evêque devint bientôt jaloux du mérite de celui qu'il avoit admiré ; de la jalousie il passa à la haine, & le força de se retirer. S. Gregoire de Nazianze fut leur médiateur. Il engagea Eusebe à écrire à S. Basile, & obtint de S. Basile qu'il retournât à Cesarée. L'Empereur Valens, qui parcouroit tout l'Orient pour détruire la foi, & planter l'Arrianisme, alla à Cesarée. Il commandoit, & tout alloit obéir à cet infidele, lorsque S. Basile se souleva contre lui avec force. Il combattit ce redoutable ennemi, réfuta les objections des hérétiques qui l'accompagnoient, & les confondit tous. Il devint le coadjuteur ; & en même tems le guide de son Evêque, le consolateur des affligés, l'appui des misérables, & le pere du peuple. Lorsqu'il fut élevé à l'Episcopat de Cesarée, il se chargea lui-même du

I i iij

soin de nourrir les pauvres, de conduire & d'inſtruire le peuple, & ſon Clergé ſervit de modele à tous les autres. Pour conſoler l'Egliſe des maux dont elle étoit affligée, il s'expoſa à tout. Les périls ne l'épouvanterent point, les travaux ne le découragerent pas. Il écrivit par-tout pour détruire l'héréſie. Valens alla lui-même le trouver, pour l'ébranler il mit tout en uſage, careſſes, promeſſes, menaces: mais il le trouva toûjours inébranlable, & fut forcé à l'admirer. Enfin ce grand Saint, après avoir établi la paix & la foi parmi les Chrétiens, mourut le premier Janvier 379. âgé de 50. ans.

Il nous eſt reſté une infinité d'ouvrages de S. Baſile, dont les principaux ſont des commentaires ſur les Saintes Ecritures, cinq Livres contre l'héréſie d'Eunomius, un Livre à Amphiloque de la Divinité du Saint Eſprit, & un diſcours qu'il compoſa ſur la maniere de lire avec fruit les Poëtes profanes, ſans parler d'un grand nombre d'autres qui ſont fort eſtimés. On fait ſur-tout un cas particulier des Lettres de ce Pere. Son ſtyle eſt clair, élégant, vif & animé, & ſes raiſonnemens ſont perſuaſifs.

S. EPHREM, Diacre d'Edeſſe, Solitaire & Docteur de l'Egliſe. Il étoit fils d'un Laboureur. La Confeſſion que nous avons de ce Saint, dont il eſt lui-même Auteur, nous fait connoître qu'il s'abandonna dans ſa jeuneſſe au libertinage, auquel ſont expoſés les jeunes gens de baſſe naiſſance, & dont les parens groſſiers ignorent le ſoin qu'on doit prendre de former les enfans. Les malheurs qui pleuvoient ſur lui coup ſur coup lui firent ouvrir les yeux. Il vit ſes fautes, connut celui qui le frappoit, & l'adora. Pour faire pénitence des fautes paſſées, & pour éviter d'en commettre à l'avenir, il ſe retira dans la ſolitude, pratiqua toutes les vertus, mortifia ſon corps par les jeûnes, les veilles, & toutes les auſtérités. Sachant que Dieu étoit témoin de toutes ſes actions, il ſe comporta comme s'il l'eut vû préſent de ſes propres yeux. Une proſtituée vint le tenter: il lui promit de faire tout ce qu'elle voudroit, pourvû qu'elle le ſuivît: mais cette impudique, voyant qu'il la menoit dans un lieu rempli de monde, lui dit qu'elle auroit honte d'être vûe de tant de perſonnes. S. Ephrem lui dit alors: ,, Vous avez honte de pécher de- ,, vant les hommes, & non de- ,, vant Dieu, qui voit tout, & ,, connoît tout ,,. Ces paroles firent rentrer cette femme en elle-même, & l'engagerent à faire pénitence. S. Ephrem ne reſta pas toûjours dans la ſolitude; il alla à Edeſſe où il fut élevé au Diaconat. Alors il monta en Chaire pour instruire les peuples. Il avoit négligé ses études, par-là ses connoissances étoient bornées, & le talent de la parole sembloit lui manquer : mais la vérité dont il étoit pénétré l'inspira, le zele le rendit Orateur, & dans peu de tems il prêcha avec une facilité, & une abondance admirables. Comme les Apôtres il enseigna ce que jusqu'alors il avoit ignoré. Il instruisit les peuples, & fut le conducteur du Clergé, & des Monasteres. Il combartit les hérétiques, & détruisit les hérésies : sa vieillesse l'engagea à retourner dans sa retraite : mais il en sortit encore pour soulager les pauvres d'Edesse qui étoient affligés par la famine, il força les riches à ouvrir leurs trésors, & à les distribuer aux pauvres. Il retourna enfin dans sa retraite, où il mourut l'an 378. On ignore quel âge il avoit.

Saint Ephrem avoit composé beaucoup d'ouvrages en Syriaque. Ils furent presque tous interprétés en Grec dès son vivant.* Il en est parvenu jusqu'à nous une grande partie, tant en Grec qu'en Syriaque. M. le Cardinal Quetini a fait faire une très-belle édition des ouvrages de ce saint Pere, & a chargé M. Assemani,

* Tiré des Mémoires de Trevoux pour le mois d'Août 1740.

sous-Bibliothéquaire du Vatican, du soin de cet ouvrage. Cette édition est en six volumes, desquels il y en a eu trois où on a mis tout ce qu'on a pû trouver en Grec des ouvrages de ce saint Pere, tant dans les anciennes éditions, dans les Manuscrits de la Bibliotheque du Vatican, que dans les différentes Bibliotheques de l'Europe. La version Latine, mise à côté, est de M. Assemani. Dans les trois autres volumes on a mis tout ce qu'on a pû trouver en Syriaque. La version Latine qui est à côté, est pareillement de M. Assemani. Les loüanges que S. Ephrem a reçues sont infinies. S. Gregoire de Nisse, l'appelle le Docteur de l'Univers, Theodoret l'appelle la Lyre du Saint Esprit.

EUTROPE (*Flavius Eutropius*) Historien Latin. On ne sait ni d'où il étoit, ni qui il étoit. Plusieurs croient qu'il étoit Senateur, parce qu'ils trouvent à la tête de son ouvrage le titre de Clarissime qui ne se donnoit qu'aux Senateurs. Nous avons de lui un abrégé de l'Histoire Romaine, divisé en six Livres. Il commence à la fondation de Rome, & finit à la mort de Jovien. On croit que ce fut à la priere de Valens qu'il le composa. Cet abrégé, quoique court, est bien fait : mais le style n'a rien de remarquable.

LIBANIUS, célebre Sophiste.

étoit d'Antioche. Saint Basile & S. Jean Chrysostome furent ses Disciples. S. Basile fit toûjours cas de lui, quoiqu'il fût payen. Julien l'Apostat fit tout son possible pour l'engager à venir à la Cour : mais il ne put y réussir. Libanius refusa même la qualité de Préfet du Pretoire, disant que celle de Sophiste étoit beaucoup au-dessus. On ignore le tems de sa mort. Nous n'avons qu'une partie de ses ouvrages dont plusieurs sont restés manuscrits dans les Bibliotheques, & n'ont point encore vû le jour : on en a aussi perdu un grand nombre. Il y a plusieurs de ses harangues où on remarque un excès d'affectation qui le rend obscur, & gâte la beauté de son naturel. Dans d'autres il paroît fort éloquent.

NAISSANCE ET ORIGINE DE GRATIEN, *Empereur d'Occident.*

Il naquit à Sirmich le 18. Avril 359. Il étoit fils de Valentinien I. & de Valeria Severa. Son pere lui donna le titre d'Auguste dès l'âge de huit ans.

FAITS MEMORABLES DU REGNE DE GRATIEN.

De J. C. 375.   De Rome 1128.

Le 22. Novembre les principaux Officiers de l'armée proclament Empereur à Acinque dans la Pannonie Valentien II. âgé de quatre à cinq ans, crainte que quelqu'un n'usurpe l'Empire pendant l'absence de Gratien qui est à Treves. Gratien confirme à son frere le titre d'Auguste.

De J. C. 376.   De Rome 1129.

Gratien remet ce qui est dû des anciens impôts.
Le Comte Theodose, pere du grand Theodose, est condamné, sur une fausse accusation, à avoir la tête tranchée. Les grands services qu'il avoit rendus à l'Etat furent oubliés. Il fut exécuté à Carthage dont, par sa valeur, il avoit tant de fois conservé les murailles.

De J. C. 377.   De Rome 1130.

La famine & la peste désolent les peuples d'Occident.

Faits mémorables du regne de Gratien,
Empereur d'Occident

De J. C. 378.   De Rome 1131.

Les Allemans, sur la nouvelle que Gratien va en Orient pour secourir Valens contre les Gots, passent le Rhin vers Bâle au mois de Fevrier. A cette nouvelle Gratien fait revenir ses troupes, marche contr'eux, leur donne bataille près d'Argentaria dans les Gaules, en tue un nombre incroyable, entr'autres leur Roi nommé Triarius. Il passe le Rhin, les poursuit jusque dans leur pays, & les force à lui demander la paix. Il la leur accorde, & exige d'eux des ôtages & des soldats pour augmenter ses troupes.

De J. C. 379.   De Rome 1132.

Gratien fait assembler toutes ses troupes à Sirmich, & y proclame Theodose Empereur d'Orient.

De J. C. { 380. 381. 382.   De Rome { 1133. 1134. 1135.

Gratien fait ôter du Senat de Rome l'Autel de la Victoire. Constance l'avoit déja fait abattre: mais Julien l'Apostat l'avoit fait replacer. Gratien abolit en même tems toutes les pensions des Prêtres Payens, & confisque tous les revenus des temples.

Il y eut cette année un Concile Œcumenique à Rome: mais on ne trouve point ce qui y fut décidé.

Naissance et origine de Flavius Theodosius, dit Theodose le Grand, Empereur d'Orient.

Il naquit en Espagne l'an 346. Sa famille étoit originaire de la ville de Cauca dans la Galice. Quelques-uns prétendent que ses ayeuls étoient d'Italique près de Seville en Espagne, & qu'il étoit de la même famille que Trajan : mais ce sentiment n'a pas beaucoup de partisans. Son pere étoit ce fameux Comte Theodose qui avoit fait de si grands exploits sous Valentinien I. & qui fut décapité à Carthage l'an 376. sous Gratien. Ce grand homme avoit illustré le nom de Theodose. Son fils se retira dans sa patrie pour pleurer son pere : mais Gratien, connoissant son mérite, le rappella à la Cour, & l'associa à l'Empire.

Faits memorables du regne de Theodose le Grand.

De J. C. 378.   De Rome 1131.

Les Gots vont assiéger Andrinople : mais la vive résistance des assiégés fait échoüer leurs efforts. Ils vont à Constantinople, où ils ne réussissent pas mieux, parce que les habitans encouragés par les prieres & l'argent de Dominica, veuve de Valens, prennent les armes, & les forcent à se retirer. Ces barbares pillent la Thrace, passent dans l'Illyrie, & se répandent jusqu'aux Alpes Juliennes, violent les vierges, massacrent les Evêques, les Prêtres, & pillent les Eglises.

Gratien dans cette extrémité a recours à Theodose,

Faits mémorables du regne de Gratien,
Empereur d'Occident.

De J. C. 383.   De Rome 1136.

Grande famine à Rome causée par la stérilité. Le peuple fut réduit à la nécessité de se nourrir de racines. La famine augmentoit de jour en jour, & devint à la fin si grande qu'on fut obligé de chasser les pauvres. Ce ne fut qu'avec douleur qu'on se porta à cette dure extrémité. Pouvoit-on, en effet, voir, sans verser des larmes, un pere sortir de sa patrie, conduire ses enfans à l'aventure, &, dans leurs pressans besoins, ne pouvoir leur donner que des soûpirs ?

Le peuple murmure contre Gratien, & l'accuse des maux dont l'Empire est affligé. » C'est, disoient-ils, une » vengeance des Dieux qu'on méprise. Depuis que » leurs Autels sont renversés, leurs temples détruits, » les malheurs tombent sur les Romains coup sur coup. » Sous leurs auspices Rome est montée au plus haut » degré de grandeur : par leur vengeance elle va tom- » ber dans le néant.

Maxime, Général des troupes Romaines dans la Bretagne, profite de l'indisposition où il voit les peuples à l'égard de Gratien, propose de remédier aux maux dont on est accablé, & promet de rétablir le paganisme, si on veut le proclamer Empereur. Sa proposition est reçue avec joie, & Gratien est déja regardé comme un tyran. Maxime parcourt les Provinces les unes après les autres, & les gagne toutes. Gratien, à cette nouvelle, assemble ses troupes, marche contre l'ennemi, le joint à Paris : mais tous les soldats se tournent du côté de Maxime, & l'infortuné Gratien

FAITS MEMORABLES DU REGNE DE THEODOSE LE GRAND,
Empereur d'Orient.

lui écrit de venir en diligence le trouver à Sirmich. Sitôt qu'il arrive Gratien le fait Général de son armée, & l'envoye contre les Gots. Theodose les cherche, les rencontre, leur livre bataille, en fait un horrible carnage, & force ce qui en réchappe à repasser le Danube. Theodose va lui-même porter la nouvelle de cette victoire à Gratien, qui, pour récompense, lui offre l'Empire d'Orient : mais Theodose le refuse, & ne l'accepte qu'après des sollicitations plusieurs fois réitérées.

De J. C. 379.   De Rome 1132.

Theodose, instruit que les Gots pillent encore les Provinces de l'Orient, rassemble des troupes, fond sur ces barbares avec une rapidité incroyable, en fait un horrible carnage, leur enleve leurs femmes, leurs enfans, & tous leurs chariots. Cette défaite abat leur courage. Ils lui envoyent demander la paix, & acceptent toutes les conditions qu'il leur propose. Ce fut ainsi que ce grand homme rétablit les affaires de l'Empire qui étoit à deux doigts de sa perte.

De J. C. 380.   De Rome 1123.

Theodose tombe malade à Thessalonique, & se fait baptiser par Ascole Evêque de cette ville. Il ordonne à tous ses sujets, par une loi du 28. Fevrier de reconnoître le Pere, le Fils & le Saint Esprit, comme un seul Dieu en trois personnes ; enfin que tous ceux qui ne suivront pas la foi de Nicée seront regardés comme hérétiques & punis en conséquence.

Faits memorables du regne de Gratien,
Empereur d'Orient.

est obligé de se sauver. Il tourne ses pas vers l'Italie, & en arrivant à Lyon, il est arrêté, livré aux ennemis qui le massacrent le 25. Août. Il étoit alors âgé de 24. ans, & en avoit régné huit & quelques mois.

 Gratien fut maître des hommes; il fut encore maître de ses passions, & les réprima dès qu'il commença à les sentir. A l'âge de seize ans il monta au throne, & fit paroître toutes les vertus qui ne s'acquierent que par l'expérience. Ce fut un brave Capitaine, un Philosophe austere, un sage Empereur qui sut établir des loix équitables, qui choisit des Ministres éclairés, & suivit toûjours leurs conseils. Ses trésors furent ouverts pour les pauvres, & ses libéralités furent répandues sur tous les peuples. Sous son regne la foi triompha toûjours. Saint Ambroise, qui savoit si bien connoître les hommes, versa des pleurs sur son tombeau, & ces pleurs, mieux que ce qu'on peut dire, font l'éloge de Gratien.

Faits memorables du regne de Theodose le Grand,
Empereur d'Orient.

Il rend les Eglises aux Catholiques & en chasse les Arriens.

Une femme accoucha cette année à Constantinople, de quatre enfans mâles à la fois. Ils moururent tous quatre au bout d'un mois.

De J. C. 381.   De Rome 1133.

Athanaric, ce Roi des Gots qui avoit forcé Valens l'an 369. à venir le trouver pour signer un Traité de paix, est chassé de ses Etats par ses propres sujets. Il avoit toûjours gardé, depuis le Traité de paix fait avec Valens, la foi qu'il avoit promise aux Romains, & empêchoit les Gots de faire des invasions sur leurs terres. Ces barbares, toûjours excités par le desir du pillage, ne pûrent longtems souffrir la contrainte dans laquelle il les tenoit. Ils le chasserent. Ce Prince infortuné ne trouva d'autre ressource que dans la générosité de Theodose. Il alla se jetter à ses piés, & lui demander un asyle. Theodose fut sensible à son malheur, & le traita en Roi : mais Athanaric mourut quinze jours après. Theodose lui fit faire des funérailles si pompeuses que les Romains en furent étonnés, & les Gots en ressentirent beaucoup de joie.

Theodose fait assembler au mois de Mai un Concile Œcumenique à Constantinople pour décider sur la Divinité du Saint Esprit. Les Macedoniens y sont condamnés. On y décide que l'Evêque de Constantinople aura le premier rang dans l'Eglise après le Pape.

Plusieurs Nations barbares se liguent, & font une

Femmes de Gratien.	Enfans de Gratien.
Constancie, *Flavia Maxima Constantia*, fille posthume de Constance. On ne sait rien de sa vie. Læta. On ignore quelle étoit sa famille. Lorsque Gratien fut mort Theodose le Grand fit une pension à Læta, suffisante pour soûtenir son rang. On trouve qu'elle vivoit encore en 408. & qu'elle fit beaucoup de bien aux pauvres de Rome lorsqu'Alaric en fit le siége.	On trouve des preuves que Gratien a eu des enfans : mais on ignore jusqu'à leur nom. Il y a lieu de croire qu'ils moururent fort jeunes.

Princes Contemporains de Gratien.

Savans et Illustres du Regne de Gratien.

Papes.

S. DAMASE, 384.

Des Perses.

SAPOR II. 380.
ARTAXERCE'S II. fils de Sapor II. son regne fut assez tranquille. Il mourut l'an 383.

S. ASTERE, Archevêque d'Amasée dans le Pont, & Docteur de l'Eglise. Tout ce qu'on sait de la vie de ce saint Prélat, c'est qu'il apprit les Belles-Lettres sous un esclave Got.

Il nous est resté de lui des Homélies sur l'Ecriture Sainte. La morale en est belle, & les réflexions solides. M. Pelisson ne craignoit point de le mettre au nombre des Peres Grecs les plus éloquens. Outre les ouvrages que nous avons de lui, Photius nous a conservé le titre de plusieurs autres qui ne sont pas venus jusqu'à nous.

AUSONE, *Decius* ou *Decimus Magnus Ausonius*, Poëte Latin, étoit natif de Bordeaux, où son pere exerça longtems la Medecine. Il professoit lui-même la Rhéthorique lorsque Valentinien le fit venir à la Cour pour instruire Gratien, qui, par la suite, le fit Préfet du Prétoire, & Consul en 379. Après la mort de Gratien, Ausone se retira dans la Saintonge où il passa le reste de sa vie.

Nous avons de lui plusieurs ouvrages, entr'autres les épitaphes des Professeurs de Bordeaux, les éloges des principales Villes de l'Empire, le remerciment qu'il fit à Gratien sur son Consulat, un ouvrage en vers sur tous les Empereurs depuis Jule Cesar jus-

Faits memorables du regne de Theodose le Grand, Empereur d'Orient.

irruption dans la Thrace. Theodose marche contre eux, leur livre bataille vers le mois d'Août, les défait, & les force à repasser le Danube.

De J. C. 382.   De Rome 1135.

Les Gots, pénétrés de reconnoissance à l'égard de Theodose qui avoit fait de si grands honneurs à Athanaric leur Roi, lui envoyent demander à faire alliance avec lui. Il accepte leur proposition avec joie, leur cede une partie de la Thrace, & de la Moesie, & les exempte de tout impôt.

De J. C. 383.   De Rome 1136.

Le 6. Janvier Theodose donne le titre d'Auguste à son fils Arcadius alors âgé de 6. ans.

Maxime envoye des Députés à Theodose pour lui demander à faire alliance avec lui. Theodose, sachant que Maxime a dans son parti toutes les troupes d'Occident, & qu'il peut faire périr le jeune Valentinien, accepte sa proposition, & lui donne le titre d'Auguste, à condition qu'il laissera le jeune Valentinien paisible possesseur de la portion de l'Empire que Gratien lui a cedée.

De J. C. 384.   De Rome 1137.

La ville d'Antioche est désolée par la famine & la peste.

Savans et Illustres du Regne de Gratien.

qu'à Gratien : mais cet ouvrage ne nous est pas resté tout entier, nous n'en avons que jusqu'à Heliogabale. Il avoit composé des Fastes Consulaires jusqu'à l'an 383. Cet ouvrage est perdu. Son Poëme sur la Moselle est admiré de tous les connoisseurs. Ausone avoit un esprit vif, & un génie aisé. Plusieurs dévots écrivains, scandalisés de son *Centon*, ont blâmé tous ses ouvrages, & ont même attaqué sa personne.

S. CYRILLE, Evêque de Jerusalem, Docteur de l'Eglise. On ne sait rien de la vie de ce Saint, depuis sa naissance jusqu'à son Episcopat. On trouve seulement qu'il étoit né de parens Chrétiens & d'une piété exemplaire. Lorsque l'Episcopat de Jerusalem fut vacant par la mort de Saint Maxime, les Evêques ne jugerent personne plus digne de remplir cette éminente dignité que S. Cyrille. Son zele pour la foi lui attira la haine de Valens protecteur de l'Arrianisme : mais les peines, les souffrances, & même l'exil ne purent l'ébranler ; sa foi sembloit au contraire en tirer de nouvelles forces. La mort de Valens remit le calme dans l'Eglise, & la vérité triompha. S. Cyrille retourna à Jerusalem dont il gouverna l'Eglise huit ans en paix. Il mourut vers l'an trois cens quatre-vingts-cinq ; après avoir siégé l'espace de trente-cinq ans en tout.

Nous avons de ce saint 23. Catécheses, & des especes de Catechismes qu'il faisoit pendant le Carême aux Catéchumenes qui se préparoient à recevoir le Batême à la fête de Pâques. Le style en est simple, naturel & clair. On y trouve une preuve incontestable du zele que ce Saint avoit pour la foi. Il nous est resté en outre des fragmens de quelques autres ouvrages de ce Pere.

Faits mémorables du règne de Théodose le Grand, Empereur d'Orient.

Theodose fait démolir les temples des payens, & chasse tous les Evêques hérétiques de Constantinople.

Tous les Rois étrangers sont instruits & étonnés en même tems des grandes qualités de Theodose. Sapor III. Roi de Perse, lui envoye des Ambassadeurs pour lui demander à faire alliance avec lui. Ces deux Princes firent un Traité de paix qui dura longtems.

De J. C. 385. De Rome 1138.

Theodose découvre une conjuration formée contre lui. Il défend de citer en Justice ceux qui, sans en être complices, en ont été instruits, & ne l'ont pas découverte. Il laisse condamner les Conjurés, & leur envoye leur grace lorsqu'on les conduit au supplice. Il fut redevable de cette générosité à Sainte Flaccille sa femme, à qui la religion inspira ce que la politique avoit inspiré à Livie femme d'Auguste à l'égard de Cinna.

Il naquit à Emmaüs, vers le mois d'Octobre, un enfant dont le corps étoit double jusqu'au ventre. Il avoit deux têtes, deux poitrines & quatre bras. Ils bûvoient, mangeoient, dormoient, veilloient l'un après l'autre, & jamais tous deux en même tems. Ils joüioient & se battoient quelquefois. Ils vécurent deux ans, & moururent à quatre jours l'un de l'autre.

De J. C. 386. De Rome 1139.

Theodose, par une loi du 26. Fevrier, défend de

Naissance et origine de Valentinien II. *Empereur d'Occident.*

Il étoit fils de Valentinien I. & de Justine. Les soldats lui donnerent le titre d'Auguste vers le mois de Novembre 375. six jours après la mort de son pere. Gratien le lui confirma, & lui céda le département de l'Italie, de l'Illyrie & de l'Afrique : mais il gouverna toûjours l'Occident tant qu'il vécut, parce que Valentinien II. étoit trop jeune pour régner.

Faits memorables du regne de Valentinien II.

De J. C. 383. De Rome 1136.

S. Ambroise va trouver Maxime, lui reproche le crime qu'il a commis en tuant son Prince, le menace de la vengeance du Ciel, abat sa fierté, & lui fait promettre de laisser le jeune Valentinien tranquille.

Justine, mere de Valentinien, est déclarée Régente, pendant la minorité de son fils.

De J. C. 384. De Rome 1137.

Maxime fait assembler un Concile à Bordeaux pour régler l'affaire de Priscillien, dont l'hérésie fait beaucoup de bruit. Priscillien, se voyant condamné par le Concile, en appelle à Maxime : mais Ithace, Evêque de Silves en Espagne, se déclare son accusateur, &, malgré les remontrances de saint Martin, le poursuit vivement, lui & tous ceux de sa secte.

Faits mémorables du règne de Théodose le Grand,
Empereur d'Orient.

déterrer aucun cadavre, sous quelque prétexte que ce soit. Cette loi fut portée pour abolir l'abus des Moines qui enlevoient les cadavres des Martyrs & les vendoient.

De J. C. 387.   De Rome 1140.

Il ordonne qu'on délivre les prisonniers à Pâque. Ce fut en portant cette ordonnance qu'il dit ces paroles mémorables : » Plût à Dieu qu'il fût en mon pouvoir » de ressusciter les morts ».

Grande sédition à Antioche. Elle fut causée par un nouvel impôt que Théodose établit pour subvenir aux frais de la dixieme année de son Empire. Le peuple renversa ses statues, celles de sa femme, & de ses enfans, les traîna par les rues avec des cordes, & tenta de mettre le feu aux maisons. Les Archers fondirent sur la populace, la dissiperent, & arrêterent quelques-uns des mutins, que le Gouverneur fit punir du dernier supplice. La révolte avoit été générale, & tout le monde se sentant coupable, craignit d'être puni. La plûpart des Citoyens abandonnerent leurs maisons, prirent la fuite, & la Ville devint déserte. Theodose, dans son premier mouvement de colere, forma le dessein de faire raser la Ville : mais la réflexion l'arrêta, & il se contenta d'envoyer des Officiers pour connoître & faire punir les coupables. Tous les Solitaires des environs, s'entremirent pour obtenir la grace de ceux qui pourroient être convaincus. Ils allerent avec saint Flavien Evêque d'Antioche, trouver Theodose, obtinrent de lui le pardon général pour tous les coupables, & la

FAITS MEMORABLES DU REGNE DE VALENTINIEN II.
Empereur d'Occident.

De J. C. 385.   De Rome 1138.

Justine, mere de Valentinien, se laisse séduire par les Arriens, & se déclare contre les Catholiques.

De J. C. 386.   De Rome 1139.

Conversion de S. Augustin. Etant couché dans son jardin à rêver sur ses fautes passées & à les pleurer, il entendit la voix d'un enfant qui lui dit : *Tolle lege*, prenez & lisez. Il se leva tout étonné, alla chercher les Epitres de S. Paul, qu'il avoit laissées dans un coin du jardin. Il les ouvrit & tomba sur cet endroit où l'Apôtre dit, qu'il faut mettre toute sa confiance en J. C. & réprimer ses passions. Depuis ce tems il se livra tout entier à la recherche de la vérité.

De J. C. 387.   De Rome 1140.

Justine, dont le zele pour l'Arrianisme augmentoit de jour en jour, envoye des soldats à Milan pour chasser S. Ambroise de la principale Eglise & la livrer aux Arriens.

Le tyran Maxime mande ces injustices à Theodose, & l'avertit qu'il va passer en Italie pour y défendre les fideles qu'on opprime. Les effets suivent bientôt la menace. Il passe les Alpes, & s'empare de Milan. Valentinien, n'ayant point de troupes à lui opposer, se sauve avec sa mere à Thessalonique. Theodose en est instruit, & va les voir. Il envoye des Députés à Ma-

Faits memorables du regne de Théodose le Grand, Empereur d'Orient.

restitution de tous les priviléges qu'il avoit ôtés à cette Ville.

De J. C. 388.   De Rome 1141.

Theodose, par une loi du 29. Fevrier, défend aux Chrétiens de s'allier aux Juifs par mariage, sous peine d'être punis comme adulteres.

Les Chrétiens brûlent une Synagogue à Callinique. Theodose veut les forcer à la faire rebâtir : mais Saint Ambroise obtient un contr'ordre.

Theodose marche contre Maxime. Pendant qu'il étoit occupé à combattre cet usurpateur, il courut un bruit en Orient qu'il avoit été vaincu. Sur cette nouvelle les Arriens, pour se venger du crédit qu'il avoit donné aux Catholiques, mirent le feu à la maison de Nectaire Evêque de Constantinople. Ils ne furent pas punis comme ils le méritoient, parce qu'Arcadius s'employa pour eux auprès de son pere.

De J. C. 389.   De Rome 1142.

Grande sédition à Alexandrie. Theophile, Evêque de cette Ville, obtient de Theodose la permission de faire bâtir une Eglise sur les débris d'un ancien temple de Bacchus. En le faisant démolir on découvre des cavernes dans lesquelles on trouve plusieurs instrumens qui servoient aux cérémonies payennes. Theophile, pour faire connoître le ridicule de la Religion Payenne les fait promener publiquement par la Ville. Les Payens entrent dans une si grande fureur, qu'ils

Faits mémorables du regne de Valentinien II.
Empereur d'Occident.

xime pour lui demander s'il veut rendre les Etats à Valentinien : mais n'en ayant eu qu'une reponse insolente, il rassemble ses troupes pour marcher contre lui.

De J. C. 388.   De Rome 1142.

Theodose, pour tromper Maxime, fait les préparatifs d'une armée navale : Maxime donne dans le piége & fait embarquer la plus grande partie de ses troupes. Theodose à cette nouvelle précipite sa marche, arrive dans la Pannonie, surprend l'ennemi auprès de Seisseg sur la Save, le défait, passe à Pœtorium, petite ville sur la Drave, où Marcellin, frere de Maxime, commandoit une armée. La crainte du châtiment anime les soldats de Marcellin, les victoires précédentes donnent de la confiance à ceux de Theodose, la résistance les irrite, la fortune les favorise encore, & Marcellin est vaincu.

Maxime prend la fuite, la crainte lui présente toûjours Theodose devant lui, prêt à venger la mort de Gratien. Il se sauve dans Aquilée : Theodose y arrive presqu'aussi-tôt que lui, le fait amener en sa présence les mains liées & les piés nuds, lui reproche son crime & s'attendrit sur son malheur. Il alloit lui accorder la vie lorsque les soldats lui trancherent la tête le 25. Juillet.

Andragate, Général de la flote de Maxime, est instruit de la mort de son Maître, & n'espérant aucune grace de Theodose, puisque c'étoit lui-même qui avoit trempé ses mains dans le sang de Gratien, il se précipite dans la mer. Theodose fait grace à tous les parti-

Faits memorables du regne de Theodose le Grand.
Empereur d'Orient.

prennent les armes & tuent plusieurs Chrétiens, après quoi ils se retirent dans le temple de Serapis qui leur sert de forteresse ; ils y entraînent tous les Chrétiens qu'ils peuvent attraper, les forcent à sacrifier à Serapis, & font mourir ceux qui refusent.

De J. C. 390.   De Rome 1143.

Sédition de Thessalonique, capitale de la Macedoine. Botheric, Gouverneur de l'Illyrie, avoit fait mettre en prison un cocher public pour crime de pederastie. Lorsqu'on donna dans cette ville des spectacles en réjoüissance des victoires de Theodose, le peuple demanda qu'on mît ce cocher en liberté, & sur le refus du Gouverneur on prit les armes, & l'on tua plusieurs Officiers de la Garnison. Botheric vint en personne pour appaiser ce tumulte : mais il fut lui-même massacré. Theodose à cette nouvelle n'écouta que sa colere, & fit passer tous les habitans au fil de l'épée. S. Ambroise en frémit d'horreur, & lui écrivit, quoiqu'il fût à Milan, pour l'exhorter à faire pénitence. Voici le précis de sa Lettre. ” Seigneur votre crime est ” énorme, & il ne peut se laver que dans vos larmes. ” Faut-il qu'un si beau regne soit taché par une action ” si cruelle ? Je vous avertis, je vous conseille, je vous ” exhorte, je vous prie, je vous respecte, je vous ” aime, je vous chéris, & je prie pour vous : mais je ” ne puis offrir le sacrifice de l'Agneau, si vous voulez ” y assister, car je dois à Dieu la préférence sur vous ”. Theodose fut touché de cette Lettre : mais il se laissa

Faits memorables du regne de Valentinien II.
Empereur d'Occident.

fans de Maxime. Pour ne pas pardonner à demi, & ôter tout lieu de crainte aux coupables, il fait publier dans toute l'étenduë de l'Empire une amnistie générale.

Theodose rétablit Valentinien II. sur le throne, & le met en possession de tout l'Occident.

Le Senat de Rome envoye des députés à Theodose, qui étoit alors à Milan, pour lui demander le rétablissement de l'Autel de la Victoire. Symmaque porta la parole. S. Ambroise, voyant que Theodose se laisse aller aux prieres des payens, se retire de la Cour, & n'y reparoît que lorsqu'il est sûr que l'Empereur a entierement refusé le rétablissement de l'Autel de la Victoire.

De J. C. 389. De Rome 1142.

Theodose entre triomphant à Rome le 13. Juin avec Valentinien II. & son fils Honorius qui étoit allé le trouver après la défaite de Maxime.

Il fait démolir tous les lieux de prostitution, & chasse les Manichéens de Rome.

Il propose de rétablir la charge de Censeur : mais le Senat s'y oppose disant que ce seroit se soûmettre à une nouvelle servitude.

De J. C. 390. De Rome 1143.

Theodose, après avoir pacifié l'Occident, & y avoir rétabli la foi que les Arriens avoient pour ainsi dire détruite, retourne en Orient.

FAITS MEMORABLES DU REGNE DE THEODOSE LE GRAND.
Empereur d'Orient.

perſuader par ſes courtiſans que des actes de piété ſuffiſoient pour effacer ſon crime. Dans cette confiance, il alla à la Cathédrale pour participer aux Saints Myſteres : mais S. Ambroiſe en fut informé, l'attendit à la porte, & lui dit : » Prince, retirez-vous, je vous interdis la maiſon du Seigneur, & vous impoſe la » pénitence en vertu du pouvoir que le Ciel m'a donné «. Theodoſe ſe retira dans ſon Palais où il pleura ſon péché. A la fête de Noël S. Ambroiſe lui accorda l'abſolution.

Theodoſe, après ſon abſolution, entra dans le Chœur pour aſſiſter aux Saints Myſteres, comme c'étoit alors la coutûme des Empereurs : mais S. Ambroiſe lui envoya dire, par l'Archidiacre, de ſortir, & que le Sanctuaire n'eſt que pour les Miniſtres de l'Egliſe. A cette imprudente ſévérité de S. Ambroiſe, Theodoſe n'oppoſa que la douceur ; il ſortit, & le peuple l'admira.

De J. C. 391.   De Rome 1144.

Theodoſe, en retournant à Conſtantinople, défait une troupe de barbares qui pillent la Macedoine & la Thrace. Il fait apporter à Conſtantinople le chef d'un Martyr qu'il croit être celui de S. Jean Baptiſte.

De J. C. 392.   De Rome 1145.

Theodoſe eſt pénétré de douleur à la nouvelle de la mort de Valentinien II. & fait de grands préparatifs de guerre pour marcher contre Eugene qu'Arbogaſte avoit fait proclamer Empereur. On croit qu'Arbogaſte n'oſa monter lui-même ſur le trhone, crainte qu'on ne l'accuſât d'être auteur de la mort de Valen-

FAITS MEMORABLES DU REGNE DE VALENTINIEN II.
Empereur d'Occident.

De J. C. { 391. 392.   De Rome { 1144. 1145.

Valentinien refuse encore au Sénat le rétablissement de l'Autel de la Victoire.

Mort de Valentinien II. Arbogaste, François d'origine, homme austere, fier, cruel, ambitieux & brave, s'étoit mis à la tête des armées de Valentinien, sans en avoir reçû la commission. Il s'étoit acquis, par sa valeur, sa science dans l'art militaire, & son désintéressement, la confiance des troupes, au point qu'il régloit tout, & tenoit Valentinien sous sa dépendance. Le Prince ouvrit enfin les yeux, & craignant les suites du pouvoir d'Arbogaste, il lui ôta le commandement des armées : mais ce traître mit le comble à ses crimes, & fit périr ce Prince qu'il avoit déja dépouillé de son autorité.

Il fut étranglé à Vienne en Dauphiné le Samedi 15. Mai veille de la Pentecôte. Il avoit alors vingt ans, & en avoit régné près de neuf depuis la mort de Gratien son frere. Il fut enterré à Milan.

Les Catholiques furent persécutés au commencement du regne de Valentien II. mais son enfance le rend excusable de ce crime. Tout se fit sous son nom, rien par son ordre. Sa mere fut sa Régente : elle gouverna l'Empire, & par ses injustices le deshonora. La raison chez ce jeune Prince sembla se hâter : elle lui ouvrit les yeux, lui fit connoître les abus que son enfance avoit occasionnés, & les lui fit corriger. Il sentit qu'un Prince est coupable des crimes qu'il ne punit pas, &

Faits memorables du regne de Theodose le Grand.
Empereur d'Orient.

tinien II. & qu'il donna le titre d'Empereur à Eugene, s'en réfervant l'autorité.

Theodofe, par une loi du 15. Juin, condamne à une groſſe amende tous les Clercs hérétiques.

Par une autre du 18. Octobre, il ordonne aux Evêques de livrer ceux qui fe font réfugiés dans les Eglifes pour éviter de payer leurs dettes, fi-non de payer pour eux.

De J. C. 393.   De Rome 1146.

Theodofe fait ceſſer la perfécution que les Chrétiens font aux Juifs. Quoiqu'il faſſe de grands prépatifs de guerre, il diminue les impôts.

Par une loi du 9. Août, Theodofe ordonne qu'on l'informe du nom & de la qualité de ceux qui auront lâché quelques paroles indifcretes contre fa perfonne ou contre l'Etat, & défend par la même loi de les punir avant d'en avoir eu un ordre exprès de lui.

Eugene, pour plaire à Arbogafte, qui eft payen, accorde au Senat l'Autel de la Victoire, & aux payens tous les revenus de leurs temples.

De J. C. 394.   De Rome 1147.

Theodofe part de Conftantinople vers la fin de Mai, & paſſe fur le ventre des troupes qu'Eugene a poftées au paſſage des Alpes.

Bataille d'Aquilée: Theodofe expofa les Gots aux premiers efforts des ennemis, & regardoit le combat de deſſus une hauteur où il étoit refté avec l'armée

Faits memorables du regne de Valentinien II.
Empereur d'Occident.

qu'il est criminel dès qu'il cesse de faire du bien. Il arrêta les exactions, punit les coupables, soûtint les innocens & protégea les misérables. Il aima ses peuples, les traita comme ses sujets, & non comme ses esclaves. Il fut leur Empereur, & non leur tyran. Ses vertus le firent aimer de tout le monde, & tout le monde pleura sa mort.

Faits memorables du regne de Théodose le Grand.
Empereur d'Orient.

Romaine. La victoire fut indécise : mais les Gots affoiblis par leurs pertes, & les nouveaux renforts qui arrivoient à chaque instant aux ennemis, prirent la fuite. Alors Theodose, pour les soûtenir, descendit avec les troupes Romaines : mais le succès des ennemis avoit augmenté leur courage, & ils étoient prêts à remporter la victoire, lorsque la nuit survint, & sépara les deux armées. Theodose pendant la nuit fut occupé à faire la revûe de ses troupes, & à ranimer ses soldats. Le lendemain il reparut dans la plaine. Cette journée-là il s'étoit élevé un vent impétueux : Theodose eut soin de ranger son armée de façon que le vent la prît par derriere, & l'ennemi en face. Cette prévoyance lui réussit, & les soldats d'Arbogaste ayant à combattre & la tempête, & les efforts des soldats de Theodose, lâcherent prise, & demanderent quartier. Theodose leur fit grace, à condition qu'ils lui livreroient Eugene. Son ordre fut bientôt exécuté, & Arbogaste, pour éviter le supplice qu'il méritoit, se passa lui-même son épée au travers du corps. Theodose, à la priere de S. Ambroise fit grace à tous ceux qui avoient pris le parti d'Eugene. Il déclare Honorius, son second fils, Empereur d'Occident, & lui assigne pour son département, l'Italie, les Gaules, l'Espagne, toute l'Afrique, & l'Illyrie occidentale, & nomma Stilicon Général de ses troupes.

Il tâche, mais en vain, de faire embrasser le Christianisme à tous les Sénateurs de Rome.

Faits mémorables du regne de Theodose le Grand,
Empereur d'Orient.

De J. C. 395.   De Rome 1148.

On fait de grands préparatifs à Constantinople pour recevoir Theodose en triomphe. Il tombe malade à Milan, & meurt d'hydropisie le 17. Janvier. Il étoit âgé de cinquante ans, & en avoit regné seize. Son corps fut porté à Constantinople, où Arcadius, son fils, le fit mettre dans le mausolée du grand Constantin.

Theodose I. doit être mis au nombre de ces grands heros que nous vante l'antiquité. Personne ne le surpassa en valeur, & ne l'égala en générosité. Par son mérite il fut élevé à l'Empire, & le conserva par sa valeur. Il se fit craindre & aimer des barbares. Deux fois il conquit l'Empire d'Occident, le rendit, & ne le garda que lorsque la justice de son droit l'en eut fait le maitre. Il eut des passions violentes; il les réprima par de violens efforts. La colere & la vengeance furent les premiers mouvemens : mais la réflexion le ramenoit à la douceur. Attentif à tout, il régla tout. Capable des plus grands travaux, il surmonta les plus grands obstacles; & sa sagesse, plus que les grands evenemens de son regne, en illustra l'époque. Plusieurs le comparent à Trajan. Il en avoit la taille majestueuse, la valeur & la prudence. Comme lui, il aimoit la justice, & protégeoit les Savans.

RÉFLEXIONS.

L'Empire Romain sous le regne du grand Theodose semble avoir fait ses derniers efforts. Ce Prince soûtint la gloire du nom Romain, arrêta la chûte de l'Empire; & son exemple excitant tout le monde, on vit encore paroître de grands Capitaines, & les Romains faire des actions éclatantes. Mais sous les regnes suivans cet Empire ne fit que traîner les restes languissans de sa grandeur; l'indolence des Princes, la timidité des peuples, la corruption des troupes tout en annonçoit la chûte: incapable de se soûtenir, incapable même de retenir dans le devoir ses peuples qui n'étoient plus soûmis que par habitude; il ne subsistoit plus que parce qu'il lui manquoit un destructeur. La terre sembla produire pour sa ruine de nouveaux habitans. L'on vit des essains d'hommes & des Nations jusqu'alors inconnues passer le Danube, se répandre par-tout, porter par-tout la terreur & l'épouvante, & ravager tout. Les Romains avoient autrefois vendu la liberté à toutes les Nations de la terre; ils furent alors forcés de l'acheter eux-mêmes, & les derniers Romains semblent avoir expié les maux que les premiers avoient faits au genre humain. Toute leur valeur passa chez une Nation barbare : je parle des Huns qui s'enrichirent de leurs dépouilles, saccagerent leurs villes, brûlerent leurs villages, détruisirent leurs armées, & laisserent leur Empire, sans force & sans défense, en proie à tous les autres peuples qui vinrent l'attaquer & le démembrerent.

FEMMES DE THEODOSE I.	ENFANS DE THEODOSE I.
FLACCILLE OU PLACILLE, *Ælia Flaccilla vel Placilla*, fille d'un certain Antoine natif d'Espagne. Theodose l'éleva au Consulat l'an 382. La famille de cette Princesse est inconnue : mais ses vertus furent éclatantes. Theodose, en montant au throne, l'éleva au faîte de la grandeur : mais elle lui enseigna à user sagement de la sienne. Elle lui apprit à pardonner, & à ne jamais punir au moins qu'à regret. Ce fut elle qui contribua le plus à le décider en faveur des Catholiques & à en faire leur protecteur. Elle mourut vers l'an 387. Les Grecs l'ont mise au nombre des Saints, & en font mémoire le 14. Septembre.	*De Flaccille.* ARCADIUS, qui lui succéda à l'Empire d'Orient. HONORIUS, qui fut Empereur d'Occident. *De Galla.* PLACIDIE, *Galla Placida*, célebre par sa beauté & ses malheurs. Lorsqu'Alaric ravagea Rome, il prit Placidie prisonniere. Ataulphe l'épousa, lorsqu'après la mort d'Alaric il fut fait chef des Gots. Elle en eut un fils nommé Theodose, qui mourut fort jeune. Après la mort d'Ataulphe les Gots la renvoyerent à Honorius qui lui fit épouser le Général Constance dont elle eut plusieurs enfans, entr'autres Valentinien III. Empereur d'Occident. Pendant sa minorité elle fut sa Régente, laissa son fils s'accoûtumer à la mollesse, & ruina l'Empire. Elle mourut le 27. Novembre 450.
GALLA, fille de Valentinien I. & de Justine. Tout ce qu'on sait d'elle, c'est qu'elle mourut en couche avec son enfant l'an 394.	GRATIEN, qui mourut fort jeune.

De Théodose I. & de Valentinien II.

Papes.

SIRICE, natif de Rome, fut élevé au Pontificat d'une voix unanime. Son premier soin fut d'établir la paix dans l'Eglise, & de régler plusieurs points importans de la discipline Ecclésiastique. Quelques Savans prétendent que c'est le premier Pape dont nous ayons des Decretales. Il mourut le 19. Septembre 399.

Quoiqu'on trouve son nom dans plusieurs Martyrologes; il y en a cependant qui ne le mettent pas au nombre des Saints, par la raison, disent-ils, qu'il n'a pas témoigné assez de chaleur contre les erreurs attribuées à Origene.

Des Perses.

SAPOR III. eut un regne assez paisible. Il mourut l'an 388.

VARARANE IV. fils de Sapor III. fut tué par ses propres sujets, on en ignore la raison; l'an 399.

S. AMBROISE Evêque de Milan, Docteur de l'Eglise, naquit à Treves dans les Gaules. Son pere, nommé aussi Ambroise, en étoit Préfet. Sa famille, originaire de Rome, y avoit toujours tenu un rang distingué. Il perdit son pere de très-bonne heure : mais sa mere ne négligea rien pour son éducation. Elle le fit instruire dans toutes les sciences humaines & les Saintes Ecritures. Lorsqu'il eut fini ses études, il se mit dans le Barreau, où il fit paroître tant de science que Probe, Préfet des Gaules, le prit pour son Assesseur. Valentinien I. instruit de son mérite, lui donna le Gouvernement de la Ligurie, & de l'Emilie.

L'an 374. Euxence, Evêque de Milan, un des plus zélés Sectateurs de l'Arrianisme, mourut : le peuple étoit divisé en deux partis sur le choix d'un Evêque, les Arriens & les Orthodoxes. Chaque parti proposoit un Evêque de sa secte, & un refusoit celui que l'autre présentoit. On s'irrita de part & d'autre, & tout le monde courut aux armes. La sédition alloit éclater, le sang étoit prêt à couler, & le carnage commençoit lorsque Saint Ambroise parut : les soldats, dont il étoit escorté ; sa dignité de Gouverneur, sa vertu plus que tout le reste, arrêta tout, & rétablit le calme. Lorsque, pour l'écouter, tout le monde gardoit

Savans et Illustres.

un morne silence, on entendit un enfant crier ,, Ambroise Evêque ,,. Tout le peuple répéta: ,, Ambroise Evêque ,,. Ce Saint fut saisi d'étonnement & d'effroi. Plus cette dignité étoit elevée, plus il s'en trouvoit indigne. Il mit tout en œuvre pour l'éviter, rien ne lui réussit. Il fut obligé de céder aux instances du peuple & aux ordres de l'Empereur. Il fut baptisé, ordonné Prêtre, & peu après Evêque. Les loix semblerent se taire pour lui, & on le força d'accepter ce qu'à peine on auroit accordé à un autre. Alors il se dépouilla de ses biens, les distribua aux pauvres, se livra à toutes sortes d'austérités, & s'appliqua tout entier à la lecture des Saintes Ecritures. Il soutint la foi, résista avec fermeté aux fureurs de l'Impératrice Justine, força le grand Theodose, tout couvert de lauriers & de gloire, à faire pénitence. Ses vertus le firent admirer de tout le monde, & sa réputation s'étendit jusqu'en Perse, d'où de Grands Seigneurs vinrent à Milan par le seul dessein de le voir & de l'entendre. Il mourut le 14. Avril 397. âgé de 57. ans. Il nous est resté beaucoup d'ouvrages de ce Saint dont la plus grande partie sont des explications sur les saintes Ecritures. Son style n'est pas fleuri, & son Latin se ressent un peu du siecle où il vivoit.

S. EPIPHANE, Evêque de Salamine, & Docteur de l'Eglise, étoit de Besandoue dans le territoire d'Eleutherople en Palestine. Dès sa jeunesse, il se retira dans le desert, & fut disciple des saints Solitaires qui y habitoient. A l'âge de vingt ans il fonda un Monastere, & fut le conducteur d'une infinité de Solitaires, qui s'y retirerent. Il fut élevé à la Prêtrise, se lia d'amitié avec ceux qui resterent attachés à la foi, & rompit tout commerce avec les hérétiques. Il s'appliqua dans son Monastere à connoître les Saintes Ecritures, & les Lettres humaines, & acquit une profonde érudition. Par-tout sa vertu le fit connoître, aimer & respecter. Le Clergé de Salamine, Métropole de l'île de Constancie, aujourd'hui Chypre, l'appella à l'Episcopat. Alors il fit éclater son zele pour le bien de l'Eglise. Plus sa dignité le faisoit connoître, plus ses vertus le faisoient admirer. Par ses sermons il touchoit les peuples, les étonnoit par ses austérités, & soulageoit les pauvres par ses aumônes. Après avoir combattu longtems l'hérésie, & converti beaucoup d'hérétiques, il alla jouir de la récompense dûe à ses travaux. Il mourut le 12. Mai 403. âgé de 80. ans. De tous les ouvrages que nous avons de lui, les plus célebres sont son *Anchorat*, ainsi appellé parce qu'il le compare à l'ancre d'un vaisseau,

Savans et Illustres.

& qu'il l'a composé pour affermir les fideles dans la foi; & son *Panarium*, ainsi appellé, parce qu'il le compare à une boîte pleine de contre-poison. Il y combat toutes les héresies de son tems. On remarque qu'il se sert quelquefois de fausses raisons pour réfuter les héresies, & qu'il se trompe sur des faits historiques. Son style est très-plat.

S. Gregoire de Nazianze, dit le Theologien, Evêque de Constantinople, étoit fils de Saint Gregoire Evêque de Nazianze, & de Sainte None. Le premier soin de ces deux illustres Saints fut d'instruire leur fils dans la Religion Chrétienne. Dès qu'il fut sorti des foiblesses de l'enfance, ils l'envoyerent étudier sous les plus habiles Maîtres. Il sut partager son tems entre les exercices de Religion & l'Etude, & ne cessoit un exercice que pour en recommencer un autre. Sa science & sa vertu concoururent à lui donner une grande réputation; plus on vouloit l'élever, plus il s'abaissoit. Il évita les dignités, parce qu'il sentit qu'elles étoient l'écueil de la vertu. Pour vêtir les pauvres, il se dépouilla; pour les nourrir, il jeûna; enfin il oublia tout pour ne penser qu'à Dieu, & se retira dans la solitude, où il exerça toutes sortes d'austérités, & n'en sortit que pour aller soulager son pere, qui, accablé sous le poids des années, ne pouvoit plus satisfaire aux devoirs de son Episcopat. Il instruisit les fideles, résista aux hérétiques, & fit échoüer tous leurs desseins. Il fut sacré Evêque de Sasimes en Cappadoce: mais voyant que pour occuper cet Episcopat, il lui falloit, pour ainsi dire, livrer la guerre à un autre Evêque, il l'abandonna, & retourna dans la solitude, d'où il ne sortit qu'à la priere de son pere, qui l'engagea à venir encore gouverner sous lui l'Eglise de Nazianze. Après la mort de son pere, il continua toûjours à gouverner cette Eglise, quoiqu'il n'en fût pas titulaire: mais voyant qu'on vouloit le forcer à en accepter l'Episcopat, il s'enfonça dans le desert, à dessein de rester toûjours inconnu au reste des hommes. Ses amis, & les plus zelés partisans de la foi, l'engagerent à revenir pour gouverner l'Eglise de Constantinople alors en proie aux Ariens. En y arrivant, il se tint dans le silence: mais bien-tôt il commença à parler, à résister aux hérétiques, à les combattre, à les confondre, enfin à les persuader. Les factions & les divisions qu'il vit s'allumer même parmi les fideles, lui firent prendre encore la résolution de se retirer: mais il revint bien-tôt pour achever ce qu'il avoit commencé. Enfin Theodose le Grand se déclara pour la foi,

de l'Histoire des Empereurs. 535

SAVANS ET ILLUSTRES.   SAVANS ET ILLUSTRES.

chassa les Ariens de Constantinople ; & les Evêques d'Orient, assemblés par ordre de cet Empereur, confirmerent l'Episcopat de cette Ville à Saint Gregoire : mais voyant que son élection causoit du trouble, il s'en démit lui-même, & retourna à Nazianze, où il gouverna l'Eglise pendant quelque tems, y fit établir un Evêque, & retourna dans la solitude où il mourut l'an 389. âgé de 61. ans. Saint Gregoire de Nazianze a composé une infinité d'ouvrages dont ses Oraisons & ses Lettres font la principale partie. On en faisoit tant de cas qu'on les traduisoit dès qu'elles commençoient à paroître. Ses Poësies, qui forment seules un gros volume, respirent par-tout le zele de la Religion, & la pieté qui l'animoient. Nous sommes redevables à feu M. Muratori de 228 Epigrammes de ce Saint, qui n'avoient point encore vû le jour. Ce savant les publia en 1709. dans un Recueil de divers Ecrits d'Auteurs Grecs qui fut imprimé in-4º. à Padoue.

S. GREGOIRE, Evêque de Nysse, Docteur de l'Eglise, s'appliqua de bonne heure à l'Etude, & acquit une profonde érudition. Il fut fait Lecteur : mais il abandonna bientôt cet emploi pour enseigner la Rhétorique. Saint Gregoire de Nazianze, son ami, lui reprocha sa faute, & le fit rentrer dans le Clergé. Alors Saint Gregoire de Nysse abandonna toutes les sciences prophanes, & se donna tout entier à l'étude des Saintes Ecritures, ne s'occupa plus que du soin de l'Eglise, & se fit admirer de ceux qui l'avoient blâmé. Enfin ses vertus & ses grandes qualités le firent élever à l'Episcopat. Son zele pour la foi lui attira la haine des hérétiques qui s'armerent tous contre lui : mais il lui mérita l'estime de tous les fideles. Il fut banni, & ne cessa point d'instruire son peuple ; s'exposa à tes sortes de dangers pour aller le consoler. Lorsque Theodose le Grand fut élevé à l'Empire, il rendit aux Eglises leurs chefs légitimes. Saint Gregoire retourna à Nysse, y apprit aux fideles à reconnoître la puissance de Dieu, & à admirer sa justice. Il mourut vers l'an 395. âgé de 65. ans. Nous avons beaucoup d'ouvrages de S. Gregoire de Nysse. Dans son discours sur la mort, il paroît admettre cette purgation générale qu'on attribue aux Origenistes, ce qui l'a fait accuser par quelques-uns d'avoir favorisé leurs erreurs. Plusieurs Auteurs ont travaillé à le justifier de cette calomnie, & ont prétendu que ce qu'on trouve dans leurs ouvrages être favorable aux erreurs d'Origene y a été inséré par les hérétiques. Son style est assez clair : mais il est un peu diffus ; du reste on y trouve beau-

L l iv

SAVANS ET ILLUSTRES. | SAVANS ET ILLUSTRES.

coup d'érudition & d'aménité.

PAPPUS, Philosophe d'Alexandrie, se rendit célèbre sous le regne de Theodose le Grand par son habileté pour les Mathématiques. Il avoit composé sur cette science un ouvrage très estimé, divisé en huit Livres : mais il ne nous en est resté que quelques fragmens. Il en avoit fait plusieurs autres, entr'autres une Chorographie universelle dont il n'est parvenu jusqu'à nous que le nom.

PHOTIN, natif d'Ancyre dans la Galatie, & Evêque de Sirmich, renouvella les erreurs d'Ebion, & de Paul de Samosate. C'étoit, dit Vincent de Lerins, un homme d'esprit, habile, & fort éloquent, qui parloit & écrivoit également bien en Grec & en Latin. Après avoir été condamné dans plusieurs Conciles, ensuite déposé & chassé de son siege, il se retira dans sa patrie, & composa en faveur de son hérésie, plusieurs ouvrages dont aucun n'est parvenu jusqu'à nous. Il mourut l'an 376.

PRUDENCE, *Aurelius Prudentius Clemens*, Poëte Chrétien, étoit de Calahorra en Espagne. On ne sait rien de sa vie. Il y a seulement lieu de croire qu'il avoit quelqu'emploi honorable à la Cour. Nous avons de lui plusieurs Poëmes divisés en deux Livres. Il les composa, contre la célèbre Requête que le Préfet Symmaque présenta à Valentinien II. pour demander, au nom du Senat, le rétablissement de l'Autel de la Victoire, & les revenus des temples Payens, que Gratien avoit confisqués. Il nous reste encore de lui plusieurs autres Poëmes à la loüange de Dieu, des Martyrs, & des Apôtres. On remarque qu'il veut y combattre les hérésies, & faire connoître les folies du Paganisme. Les ouvrages de ce Poëte se ressentent beaucoup du siécle où ils ont été composés. On y trouve quantité de fautes contre la Langue : on en trouve même contre la quantité : mais on y remarque de l'érudition.

SYMMAQUE, *Q. Aurelius Symmachus*, étoit Sénateur Romain & grand Pontife du Paganisme. Il fut Préfet de Rome l'an 384. Il est célebre par la Requête qu'il présenta à Valentinien II. pour le rétablissement de l'Autel de la Victoire dans le Sénat de Rome. On peut la regarder comme un chef-d'œuvre. Nous avons en outre de lui dix Livres que son fils publia après sa mort. On y trouve peu de pensées, & toujours un style plat ; enfin, on n'y trouve pas l'Auteur de la Requête pour le rétablissement de l'Autel de la Victoire. On ne sait en quel tems cet homme célebre est mort.

RUFUS FESTUS AVIENUS, Poëte Latin. On ne sait rien de

sa vie. Nous avons de lui une traduction en vers Latins des Phenomenes d'Aratus, & de la Description du monde par Denys, avec un Poëme sur les côtes de la mer. Il nous reste encore de lui une traduction en vers des fables d'Esope. Elles ne sont pas à mettre en comparaison avec celles de Phedre, ni pour le style, ni pour le naturel. Ce Poëte avoit mis tout Tite-Live en vers iambes: mais cet ouvrage est perdu. Le Latin de cet Auteur n'est pas élégant, il a cependant quelque chose au-dessus de celui de son siecle.

THEMISTIUS, fameux Philosophe étoit originaire de Paphlagonie. Il s'appliqua à l'éloquence, & y fit de si grand progrès qu'on lui donna le surnom de beau parleur. Son pere lui apprit la Philosophie, où il se rendit très-célebre. Il alla à Constantinople, où il enseigna la Philosophie avec beaucoup d'applaudissemens. Constance le fit Sénateur de cette Ville, & quatre ans après lui fit ériger une statue. Il alla à Rome l'an 376: mais il ne voulut point y demeurer, quelqu'offre qu'on lui fît. Theodose le Grand conçut beaucoup d'estime pour lui, & le fit Préfet de Constantinople l'an 384. On ne sait quand il est mort. Dès sa jeunesse, il composa des Notes sur la Philosophie de Platon & d'Aristote, & cet ouvrage fut fort goûté. On a encore quelques fragmens de ce qu'il avoit fait sur Aristote, & Stobée cite un passage de son Livre sur l'immortalité de l'ame. Il nous reste de lui outre cela trente-trois discours Grecs qu'il a adressés à differens Empereurs. On l'accuse d'avoir trop cherché à flatter les Empereurs sous lesquels il a vécu.

VEGECE, *Flavius Vegetius*; on ne sait rien de sa vie. Nous avons de lui trois Livres sur l'art militaire. On le blâme d'avoir confondu les anciens Reglemens avec ceux de son tems.

VICTOR, nommé LE JEUNE, *Sextus Aurelius Victor*, a composé en Latin une histoire fort abrégée. On croit que c'est l'abregé d'un Victor qui écrivoit sous Valentinien I.

FIN.

ADDITIONS.

Après l'impression de cet Ouvrage, j'ai remarqué qu'il m'étoit échappé quelques Ecrivains célebres. J'ai crû devoir les ajoûter en désignant l'endroit où ils devroient être dans le corps de l'Ouvrage.

Page 85. col. prem. avant CORDUS CREMUTIUS, Ajoûtez

CELSE, *Aurelius Cornelius Celsus*, vivoit sous Tibere. C'étoit un des plus savans hommes de son tems. Il ne s'étoit fixé à aucune science, les avoit toutes étudiés, &, ce qui est étonnant, il les avoit toutes apprises. La Philosophie, l'Eloquence, le Droit, l'Art Militaire, enfin l'agriculture, aucune ne lui étoit inconnue. Il avoit composé un ouvrage intitulé *de Artibus*, où il parloit de toutes ces sciences avec tant de profondeur, que tous les anciens Auteurs en font l'éloge. Il ne nous en est resté que huit Livres qu'on croit n'être que la sixieme partie de la totalité de l'ouvrage. C'est la partie de la Medecine. Elle y est si bien traitée qu'on lui a donné le titre d'Hippocrate Latin, & le style en est si beau, qu'on l'a appellé le Ciceron Medecin.

Page 107. col. premiere avant POMPONIUS MELA, Ajoûtez

PHILON, Juif, natif d'Alexandrie, sortoit d'une famille Sacerdotale. Il étoit déja sur l'âge, lorsque les Juifs le nommerent chef de l'Ambassade qu'ils envoyerent à Caligula pour se justifier auprès de ce Prince des accusations intentées contre eux par Appion. S'il ne réussit pas dans sa négociation, les Mémoires qu'il nous a laissés à ce sujet montrent néanmoins qu'il s'y comporta avec beaucoup d'esprit, de prudence & de courage. Nous avons de Philon plusieurs autres ouvrages presque tous composés sur l'Ecriture Sainte. Un des plus connus est son Livre de la vie contemplative, où, sous le nom des

Additions.

Thérapeutes dont il décrit la vie édifiante, quelques-uns ont mal-à-propos entendu les premiers Chrétiens, quoique cet Auteur ne parle dans ce Livre que d'une Secte particulière chez les Juifs, qui faisoit profession d'une perfection plus grande que celle où tendent les autres hommes.

Page 207. colonne premiere, avant LUCIEN, Ajoûtez

S. IRÉNÉE, disciple de Saint Polycarpe, & de Papias qui lui même avoit été disciple de l'Evangeliste S. Jean, fut d'abord Prêtre de l'Eglise de Lyon, ensuite il succéda dans ce siége à Pothin, qui souffrit le martyr à l'âge de près de quatre-vingts-dix ans, sous l'Empire de Marc-Aurele. Nous avons de S. Irenée cinq Livres qu'il écrivit contre les hérésies, dans lesquels il réfute les premiers Novateurs avec beaucoup de force & de netteté. Il avoit aussi écrit plusieurs Lettres, une entr'autre adressée au Pape Victor, au nom de l'Eglise de Lyon, au sujet de la dispute qui s'étoit élevée sur le jour auquel on devoit célébrer la Pâque. Il ne nous reste que des fragmens de ces derniers ouvrages.

S. JUSTIN, natif du pays de Samarie, fit d'abord profession de la Philosophie Payenne; ayant ensuite embrassé le Christianisme, il devint un des plus zelés défenseurs de la foi contre les Juifs & les Payens, & souffrit le martyre à l'âge de 74. ans sous l'Empire de Marc-Aurele. Des ouvrages que nous avons de ce Pere, les plus fameux & les plus connus sont les deux Apologies pour les Chrétiens, & son Dialogue contre Tryphon Juif. Il en avoit encore composé quelques autres: mais ils ne sont pas venus jusqu'à nous.

Page 219. après JULIUS POLLUX, ajoûtez

THEOPHILE D'ANTIOCHE, ainsi nommé parce qu'il étoit Evêque de cette Ville, vivoit sous l'Empire de Marc Aurele & de Commode. Nous avons de lui trois Livres de la Doctrine Chrétienne adressés à Autolicus, homme très-savant, qui alors étoit encore payen: mais qui d'ailleurs paroissoit aimer & chercher sincerement la vérité. Theophile avoit fait aussi des Commentaires sur l'Evangile, & avoit écrit contre Hermogene & contre Marcion: mais ces derniers ouvrages ont été perdus.

Page 279. col. 2. avant TURINUS, ajoûtez

ELIEN, quoique né en Italie, & n'en étant presque jamais sorti, se rendit si habile dans la Langue Greque, qu'au rapport de Philoſtrate, il ne le céda pas aux Grecs-mêmes pour la pureté du langage. Il enſeigna d'abord la Rhétorique à Rome; enſuite dégoûté de cette occupation, il l'abandonna pour ſe mettre à écrire, & mourut âgé de plus de ſoixante ans. Nous avons de lui quatorze Livres d'Hiſtoires variées, qu'on croit n'être pas venus entiers juſqu'à nous, & une Hiſtoire des Animaux diviſée en dix-ſept Livres, dans laquelle on l'accuſe d'avoir mêlé beaucoup de fables. Il avoit compoſé outre cela un Livre ſur la Providence, & un autre contre Heliogabale, dans lequel il ſe déchaînoit vivement contre la tyrannie de ce Prince ſans le nommer. Il ne nous reſte rien de ces deux Ouvrages.

TABLE DES MATIERES

Contenues dans ce Volume.

¶ Pour ne point multiplier les chiffres, je me suis servi de cette barre —; ainsi quand elle se trouve entre deux chiffres, on doit y comprendre tous ceux qui sont entre-deux; d'ailleurs pour ne point répéter le premier mot de l'Article, j'ai employé cette même barre que j'ai doublée, ou triplée, lorsque je sous-entens les premiers mots de l'Article. Cette lettre *c.* répandue parmi les chiffres signifie *colomne.*

A

*A*BGARE, Roi de l'Osroëne, 244, 249, 260, 261.
Ababa ou *Abala*, mere de Maximin, 284.
Abraham, 423.
Abymes qui s'ouvrent, 87.
Acaune, lieu, 374.
Accie, mere d'Auguste, 54.
Accius Balbus, 54.
Acole, Historien, 279, *c.* 1.
Achillas, Evêque d'Alexandrie, 403.

Achilée se fait proclamer Empereur, 378, 383.
Acindyne, Préfet d'Orient, 434, 436.
Adrien, 79, 160, *c.* 1. 163, 165, *c.* 2. 171, 175. Empereur 176-183, *c.* 1. 184-188, 191, *c.* 1. 196, 216.
Adiabene (l') 171, 236.
Aëce, 233, *c.* 2.
Ælia Capitolina, Ville, 186.
Æmilia Lepida, femme de Claude, 101, *c.* 1.
Æmilius (Tiberius Cestius Alexander) *dit* Emilien,

332, 334.
Ænomaüs, Philosophe, 179, c. 2.
Afer, pere d'Adrien Empereur, 174.
Affranius, 36.
Africain (Jule) Philosophe, 271, c. 2. 272.
Africains, (les) 413.
Afrique (l') 289.
Agape, Evêque de Césarée, 405, c. 2.
Agérius, affranchi de Galba, 125. c. 1.
Agricola (Cn. Julien) 142, -144, 148, 149, c. 1. 150, 169, c. 1. - (Calpurnius) 202.
Agrippa, (M. Vipsanius) Lieutenant d'Octave, 49-51, - *Epoux de* Julie, 55, c. 2. 57, c. 1. 58, 60, 62, 64, 66, 68, 70, 71, 73, 94 - *petit-fils* d'Herode, Roi des Juifs, 96, 104.
Agrippine, femme de Tibere, 81, 84, 87, 90, 91, 94, - *mere de* Neron, 95, c. 1. 101, c. 2. 103, c. 1. 108, 110, 112, 114.
Agubis, Ville, 40.
Alains (les) 138, 186, 300, 350, 378, 495.
Alaric, 512, c. 1. 531, c. 2.

Albaniens (les) 26.
Albia, Ville, 192.
Albin, Commandant dans la Bretagne, 230 - (Decius Clodius) 235, c. 1. 237, c. 1. 238, 240, 242.
Aletius Alcimus (Latinus) 435, c. 1.
Alexandra, Reine des Juifs, 5, c. 2.
Alexandre Jannée, 3, c. 2. 5, c. 2. - *le Grand*, 7, c. 2. 53, 171, 236, 248. Homme qui en a la figure & la taille, 272 - XII, Roi d'Egypte, 7, c. 2. - *fils* d'Herode, 71, - dit l'Imposteur, 203, c. 1. - *le Sophiste*, 205, c. 1. - *se fait proclamer Empereur*, 400, 406.
Alexandre Severe, 268, 269, c. 2. 271, c. 1. 273 - 275, c. 1. Empereur, 276 - 279, 282 - 285, c. 2. 288.
Alexandre (S.) Pape, 177, c. 1. - - *Evêque d'*Alexandrie, 403, c. 2. 415, 435, c. 1.
Alexandrie, Ville, 38, 53, 184, 216, 261, 330, 383, 520.
Alexandrins (les) 138.
Alexandrium, Ville, 71.
Alexia, Ville, 35.

DES MATIERES. 543

Allecte, Lieutenant de Carauſe, 382, 383.
Allemans (les) 98, 104, 102, 204, 206, 213, 258, 259, 278, 286, 326, 340, 344, 350, 376, 404, 448, 451, 452, 454, 459, 480, 484, 506.
Allobroges (les) 29.
Alſe, riviere, 434.
Amand, Gaulois, 374, 417.
Ambroiſe, Préfet de Treves, 532, c. 2.
Ambroiſe (S.) 510, 517, 519, 520, 522, 524, 528, 532, c. 2. 533, c. 1.
Amelius Gentilianus, Philoſophe, 347.
Amide, ville, 457, 458.
Amilia Clara, mere de l'Empereur M. Didius Julianus, 228.
Aminturne, ville, 45. c. 1.
Amiſe, ville, 7, c. 1.
Ammien Marcellin, 500. c. 1.
Ammone Saccas, Philoſophe, 301, c. 1.
Amniſtie, 352.
Amphithéatre de Rome, 265.
Anaclet, (S.) Pape, 161, c. 2.
Anaſtaſie, fille de Conſtance Chlore, 393, c. 2. fille de l'Empereur Valens, 499, c. 2.
Anatole, Préfet d'Illyrie, 435, c. 1.
Andragate, Général de la flotte de Maxime, 521.
Andrium, ville, 74.
Andromaque, Médecin, 113, c. 2.
Androcle, eſclave, 99.
Andronique, Poëte, 435, c. 1.
Angleſea, Iſle, 142.
Angleterre (l') 104, 116, 143, 149, c. 1.
Angrivariens (les) 160.
Anice Julien, Sénateur, 462.
Anicet, affranchi de Neron, 111, c. 1. 114.
Anicet (S.) Pape, 201, c. 2.
Annia Fauſtina, Impératrice, 269, c. 1.
Annibalien, Roi d'Arménie, voyez *Conſtantin Annibalien*.
Annius, famille, 198.
Antere de Nicomedie, 218.
Antere (S.) Pape, 287, c. 2.
Anthenodore de Tarſe, 81. c. 1.
Anti-Caton, 40.
Antigone, 7, c. 2. 45, c. 2. 49, 50.

Antinoüs, 184.
Antioche, ville, 300, 324, 325, 346, 514, 518.
Antiochus, 49.
Antipape, Felix, 435, c. 2. Novatien, 309, c. 2. Ursin, 482.
Antipater, Sophiste, 237, 241, c. 1. — (Gallus) Historien, 331, c. 1.
Antipatre, fils d'Herode, 72.
Antoine, Orateur, 5, c. 1 — (Marc) Triumvir, 5, c. 1. 11. c. 2. 18, 42, 44, 45, c. 2. 46, 47, c. 2. 48-53, 55, c. 1. 56, 57, c. 1. 62 — (C.) 58 — Consul, 531.
Antoine (S.) 401.
Antonia, fille de M. Antoine, 100, — — de Claude, 101, c. 2.
Antonin, 175, c. 2. — Pie, 177, c. 1. 278. Voyez Tite Antonin.
Antonins (les) 79.
Antonius (L.) Consul, 48.
Antonnius (Arrius) 158, 190. — Geminus, 199, c. 2.
Anubin, Sénateur, 372.
Anulin, Proconsul d'Afrique, 410.
Aper (Arrius) beau-pere de l'Empereur Numerien, 368-370, 372.

Apion, voyez *Appion*.
Apollinaire (Sulpice). Grammairien, 195.
Apollodore de Damas, Architecte, 163, c. 1. 165, c. 1. 170, 182.
Apollone, Philosophe, 191. c. 1. — d'Alexandrie, dit Discole, 205, c. 1.
Apollonius de Tyanes, Philosophe & Magicien, 147, c. 1. 149, 155.
Apôtres (les) 91, 92, 93, 105, c. 2. 106.
Appien ou *Apien*, Historien, 191. — de Nazarbe, Poëte, 255.
Appion ou *Apion*, Grammairien, 81, c. 1. 83, c. 1. 151, c. 2.
Appius (M.) Commandant en Mœsie, 130 — Maximus (Licinius) 152.
Appollonius Molo, 11, c. 1.
Apres, Bourg, 449.
Apulée, Philosophe, 205, c. 1.
Aqueducs à Rome, 51.
Aquila de Sinope, 186.
Aquilée, ville, 291, 293, 294.
Aquilius Gallus, Jurisconsulte, 5, c. 1.
Aquinus (Cornelius) 127.
Aquyron, Château, 428.
Arabes (les) 236, 350.

Arabie

DES MATIERES.

Arabie heureuse (l') Province Romaine, 172.
Arbogaste, 524, 525, 528.
Arbeles (les) 171, 261, 265.
Arcadius fait Auguste, 514, 520, 529, 531, c. 2.
Arche (l') 28.
Archelaïde, ville, 267.
Archélaüs, fils d'Hérode, 72, 74 - Roi de Cappadoce, 84.
Aretas, Roi des Arabes, 5, c. 2.
Aria, Dame Romaine, 102, 237, c. 2.
Ariaric, Roi des Gots, 424.
Ariobarzane, Roi de Cappadoce, 2, 4.
Ariogese, Roi des Quades, 213.
Arioviste, chef de Germains, 32.
Aristide, Sophiste, 205, c. 2. 213.
Aristobule II, 5, c. 2. 7, c. 2. - fils d'Herode, 71.
Armenie (l') Province Romaine, 168, 198, 200.
Arméniens (les) 194, 200, 348, 408, 432.
Arminius, chef des Cherusques, 84, 86, 87.
Arrêt de proscription, 46.
Arricidia Tertulla, femme de Tite, 145, c. 1.
Arrien, Historien, 175, c. 2. 177, c. 2. 179, c. 1. Gouverneur de la Cappadoce, 185.
Arriens (les) 393, c. 2. 399, c. 2. 403, c. 1. 405, c. 2. 407, c. 1. 418, 419, 425, 432, 433, c. 2. 436, 440, 441, c. 2. 444, 448, 449, 451, 453, 457, 459, 466, 487, 520, 523, 532, c. 2. 535.
Arrius, Hérésiarque, 403, c. 2. 405, c. 1. 407, c. 1. 415, 418, 419, 422, 423, 426, 427, 457.
Arsace, Roi d'Arménie, 487.
Arsacès, 13, c. 2. - Général des Parthes, 35.
Arsacides, surnom, 13, c. 2.
Arsene, Evêque d'Hypsele, 425.
Artaban, Roi des Scythes, 57, c. 2. 59, c. 2. 83, c. 2. 93, 103, c. 1. 104- IV, 253 c. 2. 261, 263, c. 2. 265, 269, c. 2. 276, 277, c. 2.
Artabasde, Roi d'Arménie, 322.
Artavasde, Roi d'Arménie, 51.
Artaxata, ville, 114, 200.
Artaxercès, Roi des Perses, 276, 277, c. 2. 278,

M m

282, 287, *t. 2.* 295, *t. 2*, 298-II. 513, *c.* 1.
Artaxias, 51. Voyez *Zenon.*
Artemion, chef de Juifs, 172.
Artemidore d'Ephese, 205. *c. 2.*
Ascarie, Roi des François, 396.
Ascole, Evêque de Thessalonique, 509.
Asconius Pedianus, Grammairien, 59, *c.* 1, 103, *c. 2.*
Asie (l') 2.
Assemani (M.) 503.
Assemblées des Sçavans interdites, 261.
Assyrie (l') 171.
Astere (S.) Archevêque d'Amasée, 513, *c. 2.*
Asyle, voyez *Droit d'asyle.*
Ataulphe, chef des Gots, 531, *t. 2.*
Atec, Roi des François, 376.
Aterien (Jule) Historien, 331, *t.* 1.
Athanaric, Roi des Gots, 485, 511, 514.
Athanase (S.) 407, *t.* 1, 423, 425-428, 432, 435, *c.* 1. 436, 437, *c.* 1. 438, 440, 442, 444, 445, 448, 449, 451, 452, 455, 476.

Athénagore, Philosophe, 205, *c. 2.*
Athenée, Grammairien, 219, *c. 2.*
Athenes, ville, 180, 185.
Atheniens (les) 38, 208.
Atra, ville, 173, 246, 278.
Atta Tatius Claudius, 80.
Attegue, ville, 40.
Atteius, 90.
Attica (Cœlia) 81, *c.* 1.
Atticus (Pomponius) 81, *c.* 1.
Avarie, ville, 34.
Auguste, pere du Pape Libere, 433, *c. 2.*
Auguste, 3, *c. 2.* 27, *c.* 1. 45, *c. 2.* 47, *c. 2.* 52, 54, 55. Empereur, 56, 57-59, *t.* 1. 60, 61, *c.* 1. 62, 63, *c. 2.* 64-67, *c.* 1. 68-78, 80, 81, *c.* 1. 82, 87, 94, 101, *c.* 1. 415.
Augustin (S.) 519.
Avienus (Rufus Festus) Poëte, 538, *c.* 1.
Auletes, surnom, 1, *c. 2.*
Aulu-Gelle, Grammairien, 177, *c. 2.*
Aurele (M.) 177, *c.* 1. 179, *c.* 1. Voyez *Marc-Aurele.*
Aurelia, 1.-Famille, 188, 190 - Fadilla, fille de Tite Antonin, 189, *c. 2.*

DES MATIERES.

- (Vibia) *fille de* Marc-Aurele, 201, c. 2.
Aurélien, 56, 320, 322, 341, 343, c. 1. Empereur, 344, 345, c. 1. 346, 347; c. 2, 348, 350, 352-354.
Aurelius Antonicus (M. Galerius) - Flavius (M.) 189, c. 2. - Fulvus, 190. Antoninus (Titus) - (Titus Ælius) 199, c. 2.
Auréole, proclamé Empereur, 328, 329, c. 1. 332, 337; 340, 382.
Ausone, Poëte, 513, c. 2. 515, c. 1.
Autriche (Marguerite d'), 56.
Autun, ville, 340, 382, 383, 406.

B

Babec, pere d'Artaxercès, 277, c. 2.
Babylas, Evêque d'Antioche, 303.
Babylone, ville, 171, 244.
Bacquyle, Evêque de Corinthe, 238.
Bactriens (les) 192, 350.
Bagaudes, Paysans Gaulois, 374.
Bains publics à Rome, 260, 276. - à Constantinople,

442 - de Julien l'Apostat, 455.
Balbin (Cœlius) 290, 291. 293. Empereur, 294, 295, c. 1. 296.
Balbius (C.) Préfet d'Egypte, 113, c. 2.
Balbus (C. Valerius Flaccus Setinus) Poëte, 149, c. 2. - Theophanes (Cornelius) Historien, 293.
Baliste, Préfet du Prétoire, 325, 332, 334.
Bandelette de lin, 9, c. 2.
Barbares d'Afrique, 320.
Barbation, Général de Julien l'Apostat, 454. 477.
Barcokebas, prétendu Messie, 184.
Bardanes, Roi des Parthes, 103, c. 1.
Barzapharnes, Général Parthe, 48.
Basile le Grand (S.) 465, c. 2. 489, 501.
Basiline, mere de Julien l'Apostat, 460, 462.
Bassien, 393, c. 2. Voyez *Caracalla*.
Bassienus (Julius) 233, c. 1.
Bassilien, Préfet d'Egypte, 267.
Bassus (Aufidius) Historien, 59, c. 1. - (Cœsius) Poëte & Historien, 139.

Mm ij

c. 1. 144.

Bastarnes (les) 58.

Bataille de *l'Abas*, 26 - d'*Actium*, 52 - d'*Andrinople*, 416, 497 - d'*Aquilée*, 526 - d'*Argentaria*, 506 - de l'*Arsanias*, 24 - de l'*Asis*, 12 - d'*Autun*, 88 - de *Bédriac*, 129. *c.* 1. 130, 132, 134, - de *Carthage*, 290 - de *Charres*, 34 - de *Chéronée*, 8 - proche *Coqué*, 469 - de *Cremone*, 130 - à la hauteur de *Cume*, 49 - de *Cysie*, 234 - proche la voie *Emilienne*, 42 - près d'*Europe*, 102, - proche le mont *Grampius* 148 - entre le mont *Hamus* & le mont *Pangée*, 70 - du mont *Hamus*, 341 - dans la forêt d'*Hessia*, 82 - dans l'*Illyrie*, 51 - d'*Immes*, 346 - d'*Issus*, 236 - de *Lauron*, 18 - de *Lyon*, 240 - de *Mardie*, 414 - dans la *Mésopotamie*, 324 - entre *Milan* & *Bergame*, 340 - de *Monda*, 41 - de *Murse*, 448 - de *Naisse*, 340 - contre les *Nerviens*, 32 - de *Nicée*, 234 - de *Nisibe*, 265 - d'*Orchomene*, 8 - de *Perinthe*, 234 - de *Pharsale*, 37 - de *Philippes*, 46 - des *Portes* de la *Cilicie*, 236. 241, *c.* 2 - proche de *Resaine*, 302 - vers la *Rhetie*, 258 - sur le *Rhin*, 33, 152 - près de *Rome*, 12 - du mont *Scotius*, 39 - proche *Sertorie*, 51 - de *Singare*, 445 - de *Strasbourg*, 454 - de *Sucron*, 18 - de *Tapse*, 39 - sur le mont *Taurus*, 48 - de *Turin*, 408 - de *Vérone*, 370, 408 - sur les bords du *Visurgis*, 86.

Batons, 74.

Belles-Lettres (les) 77.

Benevent (chemin de) 170.

Berenice, Reine, 20, 141, *c.* 144, 145, *c.* 1.

Berylle, Evêque de *Bostres*, 311, *c.* 1.

Beryte, Ville, 446.

Besa (l'Oracle) 457.

Bether, Ville, 185.

Bibaculus Furius, Poëte, 7, *c.* 1.

Bibliotheque d'*Alexandrie*, 38, 334 - de *Constantinople*, 467 - publique à *Rome*, 58.

Bibulus, Consul, 30, 31.

Bissextiles, 40.

Blemmyes (les) 360, 383, 425.

Blésus (Junius) 132, chef

DES MATIÈRES.

de légions, 82, 88.
Boniface IV. 58.
Bonose se fait proclamer Empereur, 362.
Boteris, esclave, 101, c. 2.
Botheric, Gouverneur de l'Illyrie, 522.
Boudicée, Reine des Icéniens, 116.
Bourguignons (les) 356, 359, 376.
Bretagne (la) 33, 178-Province Romaine, 383.
Bretons (les) 192, 200, 250, 251.
Brinde, Ville, 36, 38.
Britannicus, fils de Claude, 101, c. 2. 112.
Bruchium d'Alexandrie (le) 334.
Bructeres (les) 160.
Brutus, meurtrier de César, 42, 46, 63, c. 1.
Bucoles (les) 206.
Bulla Felix, fameux voleur, 237, c. 2. 239, c. 1. 250.
Burrhus, Préfet du Prétoire, 110, 116-(Antistius, 201, c. 2. 220.
Bysance, Province Romaine, 140-Ville, 234, 236, 238, 332, 421.

C.

Caisse militaire, 74.
Caïus, ou Gaïus, Jurisconsulte, 205, c. 2. 206, c. 1.
Caïus (S.) Pape, 361, c. 367, c. 2. 371, c. 2. 375, c. 2.
Calédoniens (les) 254, 392.
Calendrier réformé, 24, c. 1. 40.
Caliga, 96.
Caligula, surnom, 96.
Caligula, 81, c. 1. 84, 94, 96, Empereur, 96-99, 102.
Callimaque, Ingénieur, 6, 24.
Calliste, ou Callixte (S.) Pape, 269, c. 2. 277, c. 2.
Calpurnie, Impératrice, 3. c. 1. 5. c. 1.
Calpurnius Piso (L.) 3, c. 1. 70, 75, c. 1.-(Titus) Poëte, 371, c. 2.
Calpus, 3. c. 1.
Calvisius (Taurus) Philosophe, 195, c. 2.
Camaves (les) 160.
Camilla (Livia-Medullina) femme de Claude, 101, c. 1.
Camille, 84, Dictateur, 101, c. 1.- Gouverneur de Dalmatie, 102, 109.
Camillus (Ovinius) 278.
Canal au-delà du Tibre, 304

M m iij

Candide, Lieutenant de Septime Severe, 234.
Cantabres (les) 60, 64.
Canys, esclave de Mœsa, 270.
Capellien, Gouverneur de la Mauritanie, 290.
Capito (Atteïus) Jurisconsulte, 59, c. 1.
Capitole (le) 12, 22, 134, 144, 221.
Capitolin (Jule) Historien, 290, 296, 377, c. 1.
Cappadociens (les) 2.
Caprées, Isle, 94.
Cara, racine, 37.
Caracalla, 201, c. 1, 225, c. 2. 233, 235, c. 1. 238, 243, c. 2. 245, c. 2. 249, 251, 254. Empereur, 254, 255, c. 2. 256-262, 264, 265.
Caracalle, habit, 258.
Caradoc, 108.
Carause se fait proclamer Empereur, 376, 378, 382.
Carbon, Consul, 10.
Carbo (Papirius) 12.
Carin, fils de l'Empereur Carus, 366, 367, c. 2. Empereur, 368-370.
Cariomer, Roi des Querusques, 150.
Carisius, 60.
Cariton, femme de Jovien, 473, c. 1.
Carose, fille de l'Empereur Valens, 499, c. 2.
Carpes (les) 304, 382.
Carpocrate, Hérésiarque, 113, c. 2. 115, c. 1. 182.
Carres, ville, 298, 300, 324, 330.
Carthage, ville, 6. 41.
Carus, 363, c. 2. Empereur, 365-367, c. 1. 390.
Cascellius (Aulus) Questeur, 59, c. 1. 61, c. 1.
Cassius, Général Romain, 35, 46. (Avidius) 202. Gouverneur de Syrie, 206, 210, 212, 237.
Castors (les) 130.
Castuloniens (les) 2.
Causisolée, Général de Gallien, 335.
Catilina, 13, c. 1. 28, 29, 31.
Caton le Censeur, 7, c. 1. - d'Utique, 7, c. 1, 9, c. 1. 29, 32, 39, 40.
Cattes (les) 102, 108, 114, 148, 150, 200, 259.
Catule, Poëte, 9, c. 1.
Catulus (Lutatius) 22.
Caution Mucienne, 23, c. 1.
Cécilien, Evêque de Carthage, 406, 408, 410, 412-414.
Cécina, Lieutenant de Vitellius, 130, 132.

DES MATIERES. 551

Celer (Varianus) Officier de Gallien, 328.
Célestin, Historien, 331, c. 1.
Celsa (Nonnia) Impératrice, 263, c. 1. 264.
Celsus, Jurisconsulte, 165, c. 1. rébelle, 194.-(Titius Cornelius) Tribun, 335.
Censeur, 523.
Censorin, Grammairien, 301, c. 1.
Censorinus (Appius Claudius) 341.
Cépion (Cornelius) 3, c. 2.
Cerdon, Hérésiarque, 189, c. 2.
Céréalis, 138.
Cerinthe, Hérésiarque, 103, c. 2. 105, c. 1. 109, 122.
César, surnom, 1-(Caïus) 61, c. 1. 71. Voyez Jule César.
Césarée, ville, 60, 182, 325, 427.
Césarion, 3, c. 2. 39.
Césonie, Impératrice, 95, c. 1. 97, c. 1.
Chalcédoniens (les) 148.
Chambre Julienne, 54 - de Justice, 466.
Champ de Mars, 3, c. 2. 87.
Champagne (la) Province, 382.
Château Saint-Ange, (le) 175, c. 2.

Chera, Tribun, 97, c. 2.
Cherusques (les) 86, 87.
Chnodomaire, Roi, 455.
Chrétiens (les) 118, 155, 164, 204, 210, 213, 244, 248, 250, 288, 304, 308, 310, 315, 320, 322, 328, 335. 385 - 387, 392, 394, 400, 406, 413, 417, 425, 436, 438, 440, 442, 466. 468, 491, 520, 522, 532, c. 2.
Christianisme (le) 425, 528.
Chrysore, affranchi de M. Aurele, 207, c. 1.
Chypre, isle, 35.
Cicéron, 5, c. 1. 7, c. 1. 9, c. 1. 11. c. 1. 13, c. 1. 15, c. 1. 16, 21, c. 1. 23, c. 1. 25, c. 1. 28, 29, 31, 40, 42, 81, c. 1. Sa mort, 11, c. 1. 46
Cinna, Consul, 3, c. 1. 6, 8, 10, 14, 73, 84.
Cinobelin, Roi, 108.
Cisique, ville, 18.
Claude, Empereur, 67, c. 2, 95, c. 1. 100-104, 106, 108 - 110, 314-II, Tribun militaire, 338. Empereur, 338, 339, c. 1, 340 - 342, 382.
Claude, fameux voleur, 239, c. 1.

Claudes (les) 80.
Claudia, fille de Claude, 101, c. 2 -- de Néron 111, c. 2.
Claudius (Appius) Proconsul. 18. Censeur, 80.
Cléandre, Ministre de Commode, 220 - 222.
Clément (S.) Pape, 147, c. 2. 157, c. 2. 161, c. 2. d'Alexandrie (S.) 255.
Cléopatre, Reine d'Egypte, 3, c. 2. 9, c. 2, 11, c. 2. 37, 38, 40, 47, c. 2. 48, 51 - 54, 334, 348, 351, c. 2.
Clet (S.) Pape 137, c. 2. 145, c. 2. 147, c. 1.
Clodia, femme d'Auguste, 55, c. 1 - mere de Constance, 390.
Clodius (P.) 3, c. 1. 29, 31, 32, 34, 37, 55, c. 1.
Cniva, Roi des Gots, 310.
Codicilles, 27, c. 1.
Cœpion, 62.
College à Rome, 186.
Colonie envoyée dans la Grande Bretagne, 360.
Colonne Trajane, 170.
Combat naval, 50, 130, 154, 417 - sous les murs de Rome, 134.
Comédiens, bon mot d'un, 31.
Cométe qui paroît à Rome, 248, deux, 266.

Commagene, Province Romaine, 138, 140.
Commode, 195, c. 1. 199, c. 2. 208, 212, 213, Empereur, 215 - 217, c. 1, 218, 219, c. 1, 220-224, 226, 228, 237, c. 1, 242.
Commodus (Lucius) voyez Verus (Ælius) - (Lucius Aurelius) 198. Voyez Verus (L.)
Concile, d'Alexandrie, 415, 449 - d'Antioche, 351, c. 1. 424, 436, 452, 476 - d'Arles, 450 - de Bourdeaux, 517 - de Carthage 312 - II, 408 - de Césarée, 426 - de Constantinople, 432 - Œcuménique de Constantinople, 511 - I, Général, 413 - de Jérusalem, 106, 426 - de Nicée, 240 Œcuménique de Nicée, 418, 419, plusieurs sur la Pâque, 238 - de Rimini, 457, 458 - de Rome, 412, 436, 438. Œcuménique à Rome, 506 - de Sardique, 442, 444, - de Sinuesse, 375, c. 2 - de Sirmich, 437, c. 2 - de Tyr, 426.
Concubines, 415.
Confession (la) 312.

Conjuration

Conjuration contre Auguste, 62 -- *Caligula*, 98, 102, de *Cécina*, 142 - de *Cinna*, 73 - contre *Claude*, 102 -- *Commode*, 218 -- *Gordien*, 302 -- *Herode*, 71 -- *Julien l'Apostat*, 468 -- *Maximin*, 286 -- *Néron*, 120, -- *Nerva*, 158 -- *Octave*, 53 -- *Trajan*, 166.

Conjurés de Catilina, 28, 29, 31.

Connabaud, Roi de Barbarie, 346.

Constance, fils du Grand Constantin, 395, c. 2. 399, c. 1. 410, 427, 428. Empereur, 430, 431, c. 2. 432, 438, 442, 444-461, c. 1. 462, 464, 466, 477, 496, c. 1. 506, 539, c. 1.

Constance Chlore, César, 380, 382-385. Auguste, 388. Empereur, 390, 392, 393, c. 1. 394.

Constance (le Général) 531, c. 2.

Constancie, fille de *Constance* Chlore, 391, c. 2. 393, c. 2. 422 -- de *Constance*, 431, c. 2. 512, c. 1.

Constant, fils du Grand Constantin, 397, c. 2.

427. *Auguste*, 430, Empereur d'Occident, 434, 438, 440, 442, 444, 446, 465, c. 2.

Constantin le Grand, 380, 387, 390-393, c. 2. 394. Empereur, 394-402, 404, 405, c. 1. 406, 408, 409, c. 2. 410, 411, c. 2. 412-429, 453, 462, 466 - son fils, 395, c. 2. 424, 427. *Auguste*, 430, 432, 434.

Constantin Annibalien, fils de Constance, 391, c. 2. *Roi* du Pont & de l'Arménie, 397, c. 2. 427, 430.

Constantine, fille de Constantin, 397, c. 2. 447, 448.

Constantinople, ville, 421, 423, 438, 440, 467, 525.

Constantius Gallus, César, 448-450, 462.

Corbulon (Domitius) 104, 110, 114, 115, 120, 122, 147, c. 1.

Cordoue, ville, 91.

Cordus Cremutius, Sénateur Romain, 83, c. 1.

Corfinium, ville, 4, 36.

Corinthe, ville, 41.

Coriolan, 11, c. 2.

Corneille (S.) Pape, 307.

N n

c. 2. 312.
Cornelia Salonina, Impératrice, 327, *c. 1.*
Cornelianus (Attidius) Gouverneur de Syrie, 200.
Cornélie, Impératrice, 3, *c. 1.* 34 – *Vestale*, 154.
Cornelius Nepos, Historien, 15, *c. 1.*
Cornutus (Annæus) 111, *c. 2.* 117, *c. 2.*
Cosis, Commandant des Albaniens, 16.
Cosroës, Roi des Parthes, 163, *c. 2.* 168, 176, 177, *c. 2.* 180, 182, 202.
Cossa, ville, 37.
Cossutie, femme de Jule César, 3, *c. 1.*
Cotta, 1, 22.
Couronnes, 9, *c. 2.*
Crassus, 15, *c. 1.*, 22, 30, 33 – 35, 50, 58, 62.
Crémone, ville, 134.
Crete, isle, 24.
Crinitus (Ulpius) 322, 342, 343, *c. 1.*
Crispe, fils de Constantin, 395, 397, *c. 1. César*, 415, 417, 419.
Crispilla (Quintia) 295, *c. 1.*
Crispine, 213. Impératrice, 217, *c. 1.* 218.
Crispus Tribun des Prétoriens, 246.
Croix (la) 406, 420.
Cruautés dans l'Empire, 222.
Ctesiphon, ville, 171, 202, 203, *t. 2.* 244, 330, 335, 366.
Cubrique, voyez *Manés*.
Curatius, Orateur & Poëte, 139, *c. 1.*
Cyprien (S.) Evêque, 307, *c. 1.* 309, *c. 1.* 310, 315, 320, 324.
Cyriade, Général des Perses, 324.
Cyrille (S.) Evêque, 515, *c. 1.*
Cyrinus, Gouverneur de Syrie, 71.

D

*D*ACE (la) Province Romaine, 166, 335 – *nouvelle*, 352.
Daces (les) 150, 152, 154, 162, 166, 192, 216, 289.
Dalmace, fils de Constance, 391, *c. 1.* 425, 427, 430, 432.
Dalmates (les) 51.
Dalmatie (la) 74.
Damase (S.) Pape, 482, 500, *c. 2.* 513, *c. 1.*
Dames Romaines, 46

adulteres, 490, 492.
Darius, 236.
Daza, César, 388. Voyez *Maximin* II.
Débordement du Tibre, 33, 79, 93, 159, 190, 200, 266, 490 - du Danube, 485.
Décabale, chef des Daces, 150, 152, 164, 166, 328.
Dece, 56, 305, c. 1. 306. Empereur, 306, 307, c. 1. 398, 310, 312, 312, 314. Voyez *Etruscus*.
Decence, César, 448, 449, - envoyé par Constance dans les Gaules, 558.
Décrets du Sénat de Rome, 32.
Déesse (la bonne) 29, 31.
Demettre, Evêque d'Alexandrie, 311, c. 1.
Demophile de Berée, 487.
Démosthene, 13, c. 1. 15, c. 1.
Dent de longueur extraordinaire, 87.
Dénombrement du peuple Romain, 75, 104, 140.
Denys d'Alexandrie (S.) Evêque, 331, 332 - l'Aréopagite (S.) 108 - le Géographe, - d'Halicarnasse, 61, c. 1 - Roi de Syracuse, 223.

Denys (S.) Pape, 323, c. 2. 329, c. 2.
Despréaux, 67, c. 2.
Déxippe (Erennius) Orateur, 337, 347, c. 1.
Diacres, 92.
Diademe (le) 9, c. 2. 344, 353.
Diadumene, fils de Macrin, 263, c. 2. 264.
Dianée, Evêque de Césarée, 501, c. 2.
Didia Clara, fille de l'Empereur Julien, 229, c. 2.
Didius Consul, 2.
Didyme d'Alexandrie, 61, c. 2.
Diegis, 152.
Dieux des Egyptiens, 86.
Dimanche (le) chomé, 416.
Dioclée, mere de Dioclétien, 372.
Dioclétien, 370, 372. Empereur, 372, 373, c. 2. 374, 375, c. 1. 376, 378, 380, 383 - 388, 390, 394, 398.
Diodore de Sicile, 15, c. 1.
Diogene Laërce, Philosophe, 239, c. 2.
Diogénien, le Grammairien, 177, c. 2.
Dion Chrysostome, 158, 165, c. 1. (Cassius Cocceianus) Historien, 172, 278, 279.

Nn ij

Distributions de pain & de viande, 352.
Dixiéme (le) établi à Rome, 257.
Dolabella, 89.
Dominica, Impératrice, 497, c. 1. 507.
Domitia, tante de Néron, 114 - Longina, *Impératrice*, 147, mere d'Adrien, 174 - Lucilla, *mere de* Marc-Aurele, 248.
Domitien, bifaïeul de Neron, 36.
Domitien, 78, 137, c. 2. 145. Empereur, 146, 149, c. 1. 150 - 152, 154 - 156, 158, 162, 169, c. 1. 179, c. 1. 223, 364.
Domitien, Préfet d'Orient, 450.
Domitilla, fille de Vespasien, 137, c. 2. 147, c. 1.
Domitius Ænobarbus (Cn.) Proconsul, 91, 110.
Domnes, Commandant des Parthes, 73.
Donat, Evêque, 396, 412 - de *Carthage*, 405; 412 - *Grammairien*, 437.
Donatistes (les) 396, 405, 412 - 414, 416.
Droit d'asyle, 88.
Drouillei, Sculpteur, 56.
Druides, prédiction d'u-

ne, 372.
Drusus Claudius (Livius) 55, c. 1. 80 - Germanicus, 55, c. 1. 56, 59, c. 1. 61, c. 2. 63, 68, 70, 101 - fils de Tibere, 81, c. 2. 82 - fils du second Germanicus, 92 - fils de Claude, 101, c. 2.
Duras, ville, 442.
Dyrachium, ville, 37.

E.

Ecclesiastes (les) Sectaires, 170.
Eclipse de Soleil, 73, 114, 266, 289, 294, 378, 442, 444, 445, 459.
Ecoles Latines, 4.
Ecosse (l') 144, 148, 250, 251.
Edesse, ville, 324.
Edit d'Adrien, 186 - d'Antonin, 197 - de *Constance*, 452 - de *Constantin* 419 - de *Dioclétien*, 386, 387 - de *Galere*, 404 - de *Gallien*, 328 - de *Julien* l'Apostat, 466 - de *Licinius* & *Constantin*, 410 - de *Maximin* II. 412 - de *Sapor* II, 442 - de *Valens*, 483.
Eglises, 288, 335 -

DES MATIERES.

Eglise de la *Croix* & de la *Résurrection*, 421, 426 - de *Jerusalem*, 92 - de *Rome*, 312.
Egypte (l') 3, c. 2. Province Romaine, 11, c. 2. 267, 340.
Egyptiens (les) 38, 86, 257, 467.
Electe, Chambellan de Commode, 219, c. 1. 223, 224.
Elien, chef des Prétoriens rebelles, 159 - se fait proclamer Empereur, 336 - Gaulois, 374.
Eleuthère (S.) Pape, 201, c. 2. 203, c. 2. 214, 217, c. 2.
Emese, ville, 266, 268, 276.
Emile (Paul) 66.
Emilien, Général de Niger, 234 - *Emilien*, 332, voyez *Æmilius* (Tiberius Cestius Alexander).
Emilien, Gouverneur de Mœsie, 316, 318, 319, c. 1.
Empire (l') partagé, 380, 390, 426, 427, 432, 480. Sa chute, 395, 530 - des Perses, rétabli, 276, 277, c. 2.
Enfans enlevés, 91 - un né à quatre têtes, 116 - à trois têtes, 127. Trois mâles nés à la fois, 511. Un dont le corps étoit double, 516.
Ennia Nævia, femme de Caligula, 95, c. 1.
Epaphrodite, Grammairien, 151, c. 1.
Ephese, ville, 86, 106.
Ephrem (S.) 456, 502, 503.
Epictete, Philosophe, 177, c. 2. 179, c. 1.
Epiphane (S.) Evêque, 533, c. 2.
Esclaves, 74.
Esope, 85, c. 1.
Espagne (l') 30, 37, 220 - citérieure, Province Romaine, 89.
Espagnols (les) 60, 89.
Etats Généraux des Gaules, 34.
Ethiopiens (les) 350, 425.
Etienne (S.) 92 - 1, (S.) Pape, 320, 323, c. 2.
Etruscus, fils de Dece, 307, c. 2. 310 - Decius (Q.) frere, 307, c. 2, 310.
Evagre, Evêque de Constantinople, 487.
Evariste (S.) 161, c. 2. - Pape, 177, c. 1.
Eudoxe, Evêque de Constantinople, 487.
Evénement funeste, 90.
Evêques, trois à Carthage, 315.

Eugene, Empereur d'Orient, 524, 526, 528.
Eugene, proclamé Empereur, 386.
Eumene, Orateur, 384, 402, 408.
Eunuques, 148.
Eusebe, Evêque de Césarée, 405, c. 2. 407, 409, c. 1. 424, 426, 427, 501, c. 2.-de Nicomédie, 421, 423, 424, 426, 427, 432, 436.
Eusébie, Impératrice, 431, 451, 452, 461, c. 1.
Eustache (S.) Evêque d'Antioche, 407, c. 1. 424.
Eutrope, pere de Constance Chlore, 390 - (Flavius) Historien, 503 - c. 2.
Eutychien (S.) Pape, 345, c. 2. 357, c. 2. 363, c. 1.
Euxence, Evêque, 532, c. 2.

F

Fabien (S.) Pape, 287, c. 2. 295, c. 2. 305, c. 2. 307, c. 2. 310.
Fabius Rusticus, Historien, 115, c. 2.
Fadilla (Arria) mere de Tite Antonin, 190 - fille de Marc-Aurele, 201, c. 2.- (Julia) fille d'Antonin Pie, 285, c. 2.
Famine, 408, 505, 508, 514 - en Afrique, 249 - à Alexandrie, 330 - en Grece, 106 - à Jerusalem, 136 - en Orient, 385, 425, 467 - à Rome, 18, 32, 73, 92, 108, 129, 190, 200, 204, 221, 368.
Favorin, Sophiste, 179, c. 1.
Fauste, Impératrice, 395, 397, c. 1. 398, 402, 419, 429, 430.
Faustine, Impératrice, 190, c. 1. 194 - (Annia) 190, c. 2. 192, Impératrice, 199, c. 1. 201, 212.- (Domitia) fille de la précédente, 201, c. 2 - femme de l'Empereur Constance, 433, c. 1.
Felicissime, Laïque, 310, 312, 315.
Felix I. (S.) Pape, 339, c. 2. 345, c. 2 - Antipape, 435, c. 2. 451.
Feux qui sortent de terre, 114.
Fidéne, ville, 90.
Fiévre (préservatifs contre la) 259.
Fimbria, 8, 10.
Firmius (M.) se fait proclamer Empereur, 350.

DES MATIERES.

Firmus, Prince Maure, 486.
Flaccille ou *Placille*, (Sainte) Impératrice, 516, 531, c. 1.
Flacco (Sosius) 226, 227, c. 1.
Flaccus (Lucius Valerius) 1- Gouverneur de Numidie, 150.
Flaconius (Metius) Consulaire, 255, c. 2.
Flavia, famille, 135.
Flavien, Evêque d'Antioche, 518.
Florien, frere de l'Empereur Tacite, 356. Empereur, 358.
Florus, Gouverneur de Judée, 120 - Historien, 179.
Fontëius Capito, Gouverneur de la basse Germanie, 127.
Formulaires des Arriens, 453, 457, 459.
Fortunat, Evêque de Carthage, 315.
Fortunatus (Consultus Curius) 301, c. 2.
Fossés Saint-Maur, 374.
François (les) 300, * 320, 335, 336, 342, 350, 356, 359, 376, 378, 382, 394, 404, 438, 451.
Frigerid, 497.
Frise (la) 90.
Frisons (les) 68.
Frontin, Guerrier & Jurisconsulte, 139, c. 1.
Fronto, Orateur, 191, c. 2.
Fulvia, 28 - Domitilla, Impératrice, 137, c. 1. 143, 146 - Pia, 232.
Fulvie, 48, 56, c. 1. Dame Romaine, 86.
Furia Sabina Tranquillina, Impératrice, 297, c. 1. 300.
Fuscus, petit neveu d'Adrien, 186.

G

Gabinius, Proconsul, 32, 33, 51, 102, - Roi des Quades, 490.
Gaius, voyez *Caius*.
Galba, 98, 102. Empereur, 123, 125, c. 1. 126, 128.
Galere (Maximien) 375, c. 2. César, 380, 383. - 387. Auguste, 388, 390, 394, 396, 398, 404, 412, 428, 455, 476.
Galeria Fundana, femme de Vitellius, 133. c. 1.
Galgacus, chef des Chalcédoniens, 148.
Galien, Médecin, 204,

239, c. 2.
Galiléens (les) 466, 467.
Galla, fille de Valentinien I, 496, c. 2. Impératrice, 531, c. 1.
Gallican, homme Consulaire, 291.
Gallien, fils de Valerien, 321, c. 2. 322. Empereur, 326, - 329, c. 1. 332. - 334, 336, 338.
Gallienus (Quintus Julius Saloninus) 327, c. 2.
Gallus, Lieutenant d'Octave, 52 - (P. Cornelius) 61 - Cestius, 120. frere de Julien l'Apostat, 397, c. 2. 430.
Gallus (Trebonianus) 307, c. 2. 310, 314, 315. Empereur, 315, 317, c. 1.
Garnison perpétuelle à Rome, 78.
Gaules (les) 34. Province Romaine, 35, 220, 257, 310, 356, 364, 374.
Gaulois (les) 34, 42, 64.
Genobaud, Roi des François, 376.
Genucla, ville, 58.
George, Evêque Arrien, 452.
Géorgiens (les) 350.

Germains (les) 70, 75, 82, 202, 204, 208, 212, 216, 282, 288, 293, 322.
Germanicus, voyez Drusus Germanicus.
Germanicus, 74. Proconsul, 82, 84, 86. Empereur d'Orient, 86 - 88, 94, 103, c. 1. 110.
Germanie (la) 288.
Gete, fils de Septime Severe, 233, 250. Empereur 254, 256, 257, 284.
Getes (les) 225, c. 2. 259, 260.
Girinésiens (les) 2.
Gladiateurs (les) 20 - rebelles, 364.
Gnostiques (les) 115, c. 1. 248.
Gordien, Proconsul de la Byzacene, 289, 290-fils, 290, 296-III, fils du dernier, 290, 291, 294, 296. Empereur, 298, 299, c. 1. 300, 302, 304.
Gordiens (les) famille, 296.
Gotarze, Roi des Parthes, 103, 106.
Gothland, pays, 259.
Gothons (les) 260.
Gots (les) 259, 260, 294, 300, 312, 314, 316, 324, 330, 335, 340,

540, 341, 344, 347, c.
1. 350, 378, 416, 424,
483, 485, 491, 493,
495, 497, 507, 509,
511, 514, 526, 527,
531, c. 2.
Grampius, mont, 148.
Granvelle, Cardinal, 56.
Grata, fille de Valentinien I, 496, c. 2.
Gratien, 410, 431, c. 2 - *son petit-fils est fait Augusté*, 482, 495 - 497. *Empereur d'Occident*, 505 - 510, 512, c. 2. 513, c. 2. 514, 517, 521, 525, - *fils de* Theodose I, 531, c. 2.
Grece (la) 459.
Grecs (les) 4, 428.
Gregoire de Cappadoce, Evêque Arrien, 436, 442, 444 - (S.) Evêque de Nazianze, 465, c. 2, 501, c. 2. 534, c. 1, 535, c. 1 -fils, Evêque de Constantinople, 534, c. 1. 535, c. 1. - - Evêque de Nysse, 535.
Greniers publics, 276.
Gruthongues (les) 485.
Guerre des Alliés, 4. - de César & Pompée, 7, c. 2. - des Parthes, 41 - en Bretagne, 218.
Guet en Italie, 50, en Sicile, 51.

H.

*H*ANTE, capitale de Licie, 46.
Hélene, esclave de Simon le Magicien, 119, c. 2 - (Sainte) 380, 391, c. 1. 393, c. 1. 394, 419, 420 - fille de Constantin, 397, 452, 461, c. 1.
Héliogabale, 263, 266 - 268. *Empereur*, 268, 269, c. 1. 270 - 274, 276.
Hellade, Auteur, 409, c. 1.
Helvetiens (les) 32.
Héracle, Evêque d'Alexandrie, 331, c. 1.
Heraclée, ville, 22.
Heracléon, Général, 278.
Héraclien, Général Romain, 336.
Herculane, ville, 143.
Herennia Etrucilla, Impératrice, 307, c. 1.
Herennien, fils de Zenobie, 336.
Hermites (SS.) leur premiere époque, 308.
Hermocrate, Sophiste, 241. c. 1.
Hermogene, Sophiste, 107, c. 1 - *Général de la Cavalerie*, 438.

Hermondures (les) 114, 214.

Hérode, 7, c. 2. Roi des Juifs, 45, c. 2. 49, 50, 52, 57, c. 2. 60, 66, 70-72, - Tetrarque de Galilée, 96 - (Tibe Claude) Orateur, 191, c. 2. 193, c. 1-(Atticus) 193, c. 1. 208-fils d'Odenat, 335.

Herodias, 96.

Herodien, Historien, 301, c. 2.

Herules (les) 337.

Hieracites (les) Hérésiarques, 378.

Higin (Julius) 63, c. 1.

Hilaire (S.) Evêque de Poitiers, 439, 441, c. 1.

Hircan II. Roi des Juifs, 5, c. 2. 7, c. 2. 28, 45, c. 48, 52.

Hircaniens (les) 192.

Hirtius, Consul, 42.

Homme âgé de cent cinquante ans, 104 - deux, 140.

Honorius, fils de Theodose le Grand, 523, Empereur d'Occident, 528, 531, c. 2.

Horace (Quintus Flaccus) Poëte, 27, c. 1. 63.

Horestes (les) 148.

Hormisdas I. Roi de Perse, 345, c. 2. 346, 348-II. 377, c. 2. 393, c. 2. 401, c. 2. 402-fils du dernier, 402, 417.

Hortentius (Q.) Orateur, 17, c. 1.

Hostilia Severa, Impératrice, 317, c. 1.

Hostilianus, fils de Dece, 307, c. 2. Voyez Hostilien, Auguste, 315.

Huns (les) 491, 493, 495, 530.

I

IAZIGES (les) 210.

Icéniens (les) 116.

Ilion, ville, 10.

Illyrie (l') 364.

Impôt sur la vente des Esclaves, 74 - sur le revenu des Romains, 75, - sur les boues, 138.

Incendie, 192 - à Alexandrie, 216 - à Rome, 66, 74, 90, 93, 118, 134, 144, 220, 222.

Indes (les) 171, 172.

Indictions (les) 410.

Indiens (les) 166, 192, 350, 425.

Ingenuus (Decimus Lælius) 326, 328.

Innocens (les) massacrés, 45, c. 2. 72.

Irénée (S.) 217, c. 2.

238, 240.
Isaate, Roi de l'Abiabene, 104.
Isaure, ville, 18.
Isaures (les) 335.
Isaurie (l') 360.
Irlande, isle, 150.
Isle nouvelle dans l'Archipel, 86 --- *la mer Egée*, 104.
Isles Britanniques, 148.
Italie (l') 408.
Ithace, Evêque de Silves, 517.

J

JACQUES (S.) Evêque de Jérusalem, 92-*le majeur*, 165, c. 1. - (S.) Evêque de Nisibe, 447.
Jardin, de Salluste, 45, c. 1.
Jean (S.) Apôtre, 122, 165, 166.
Jean-Baptiste (S.) 524.
Jerôme (S.) 183. c. 2.
Jerusalem, assiégée, 5, c. 2. 45, c. 2. 48, 120, 136, prise, 49, 185, brulée, 136, & rebâtie, 186.
Jesus, Juif, 116, 118.
JESUS-CHRIST, 72, 91, 92, 420.
Jeux, 222-*Capitolins*, 218, 270 - *funéraires*, 70 - *militaires*, 284 - Olympiques, 202, 209, c. 2 - *séculaires* à Rome, 196, 249.
Joseph, Historien, 122, 151.
Jotapa, ville, 222.
Jotapien, proclamé Empereur d'Orient, 306.
Jovien, 472, 473, c. 2. 474, *Empereur*, 474, 475, c. 1. 476 - 479.
Jovin, Général de Valentinien I, 480, 482.
Juba, Roi de Numidie & de Mauritanie, 39.
Jude (S.) Apôtre, 152.
Judée (la) 32, *province Romaine*, 74.
Juhons (les) 114.
Juifs (les) 72, 86, 96, 98, 106, 120, 136, 172 = 174, 184 - 186, 196, 244, 420, 425, 432, 436, 440, 449, 468, 469.
Juillet, mois, 1.
Jule, 1.
Jule I (S.) Pape, 433, c. 2. 436, 449.
Jule César, 1, 3, 7, c. 2. 9, 11, c. 2, 14, 16, 18, 21, 25, 26, 29 - 36. *Dictateur*, 37, 38 - *perpétuel*, 41, *Consul* 39 - 43, 45, c. 1. 334, 466.
Jule Constance, fils de Constance, Empereur, 491,

c. 2. 431, c. 1. 460.
Julia Sabina, fille de Tite, 145, c. 2. 147. Cornelia Paula, *Impératrice*, 269, c. 1 - Aquilia Severa, Impératrice, 269, c. 1 - Mamea, *mere d*'Alexandre Severe, 274.

Julianus, (Didius) 228, Voyez Julien (Didius) - (M. Aurélius) proclamé Empereur, 380, 382.

Julie, fille de César, 3, c. 2. 30, 33, 34 - *sœur de* César, 54 - *fille d*'Auguste, 55, c. 2. 57, 62, 66, 68, 70, 73, 80-82, 94 - *Impératrice*, 233, c. 1. 235, c. 1. 245, c. 1. 252, 254, 256, 258, 274.

Julien (S.) le Philosophe, 204.

Julien, 150 - (Didius) 219, c. 1. 228, 229. Empereur, 230, 231.

Julien (Ulpius) Préfet du Prétoire, 266.

Julien l'Apostat, 291, c. 2. 430, 431, c. 2. 451. César, 452-456. Auguste, 458-461, c. 1. 462, 463, c. 1. 464, 495, c. 1. Empereur, 466-472, 474, 477, 479, 501, c. 2. 506.

Julius César (Lucius) 1 - Secundus, 139, c. 1.

Junie Claudie, femme de Caligula, 95, c. 1 - Drusille, fille du même, 95, c. 2.

Junius Silanus (Marius) 95, c. 1.

Jupiter (Statue colossale de) 56 - tonnant, 210.

Justa, fille de Valentinien I, 496, c. 2.

Juste, pere de Justine, 496, c. 1.

Justin, Historien, 193, c. 1.

Justine, Impératrice, 496, c. 1. 517, 519.

Justinien, Empereur, 183, c. 1.

Juvénal, Poëte, 151, c. 2.

Juvencus, Poëte, 409, c. 2.

L

LABEO (Antistius) Jurisconsulte, 63, c. 2. 64, c. 1.

Lacédémone, 30.

Lactance, Orateur, 409, c. 2. 411.

Lata, Impératrice, 512, c. 1.

Latus, Préfet du Prétoire, 219, c. 1. 223, 224, 228, 242, 244, 246.

Laine, qui tombe avec de la pluie, 484.

Lame d'or sur le front, 92.

Lamina (L. Æmilius) 147, c. 1.
Lampride, Historien, 377, c. 1.
Lancia, ville, 60.
Langres, ville, 126.
Laodicée, ville, 234.
Larmes, 87.
Laurente, ville, 221.
Larzès, Royaume, 194.
Légion Thébéene, 374.
Légions de Germanie, - Romaines, 82.
Lentulus Getulicus, 92.
Leonce, Evêque de Tripoli, 431, c. 1.
Leonice (S.) 309, c. 1.
Lepida, femme de Galba, 125, c. 1.
Lepidus, Consul, 16. Triumvir, 44, 50, 64, 66 - (L.) fils, 53.
Letes (les) 378, 454.
Libanius, Sophiste, 467, 503, c. 2. 504.
Libellatiques (les) 310, 312.
Libelles diffamatoires, 75.
Libere, Pape, 433, c. 2. rétabli, 437, c. 2. 449. 451, 454, 458, 463, c. 2. 475, c. 2. 500, c. 2.
Libye Cyrenaïque, (la) 184.
Licinius, 373, 391, c. 2.
392, c. 2. *Auguste*, 398, 400, 404, 406, 410, 412-414, 416, 417, 420-*fils*, 415, 420.
Lieux de débauche, 417.
Limigantes (les) 456, 457.
Lin (S.) Pape, 111, c. 2. 125, c. 2. 129, c. 1. 133, c. 2. 137, c. 2. Pape.
Lispare, Isle, 254.
Livia Horestilla, femme de Caligula, 95, c. 1.
Livie, femme d'Auguste, 55, c. 1. 57, c. 1. 72, 73, 76, 80, 128, 516.
Livres de Chymie, 383- de la Loi, 138.
Loi d'*Aurelien*, 352 - de *César*, 30 - de *Constance*, 432, 454 - de *Constantin*, 410, 413 - 416, 419, 427 - de *Dracon* & de *Solon*, 180 - de *Théodose* le Grand, 509, 516, 518, 520, 526 - de *Valentinien* I. 481, 484, 486 --- III. 243, c. 2.
Lollia Paulina, femme de Caligula, 95, c. 1.
Lollianus (Spurius Servilius) 336.
Lollius, Lieutenant d'Auguste, 66.
Longin (Cassius) Philosophe, 301, c. 1. 347, 348.

379, c. 2.
Longinus (C. Cassius) Jurisconsulte 115, c. 1.
Lotiaris, 90.
Louis XIV. 56.
Luc (S.) 115, c. 2.
Lucain (M. Annæus) Poëte, 115, c. 2. 120.
Luce (S.) Pape, 317, c. 2. 319, c. 2. 323, c. 2.
Lucien, Philosophe, 203, c. 1. 207, 2. 209, c. 2.
Lucile, fille de Marc-Aurele, 199, c. 2. 201, c. 2. 202, 217, c. 1. 218.
Lucilien, beau-pere de Jovien, 447, 477 - Général de l'Illyrie, 459, 473, c. 2. 476.
Lucius, Roi dans la Bretagne, 214.
Lucrece, Poëte, 17, c. 1.
Lucullus, 7. c. 1. 8, 17, c. 2. 18, 20, 21, c. 2. 22, 24.
Lupicin, Gouverneur de Thrace, 495.
Lucius Quietus, grand Capitaine, 165, 172.
Lutece, voyez Paris.
Lyges (les) 359.
Lyon, ville, 126, 454.

M

Macaire (S.) 420, 445.
Macedo (Largius) 162.
Macedoine (la) 459.
Macédone, 286, 288.
Macédoniens (Empire des) 69, c. 1.
Macédoniens (les) 511.
Macer, 127.
Macrianus (M. Fulvius) 328. Voyez Macrien.
Macrien, favori de Valérien, 322, se fait proclamer Empereur, 330, 332 - Roi des Allemans, 486, 490.
Macrin, 235, c. 1. 253, 262, 263, c. 1. Empereur, 264-268, 279, c. 1.
Macrinus (Varius) 278.
Macron, 95, c. 1. 98.
Mages (les) 72, 425, 440.
Magnence se fait proclamer Empereur, 446, 448, 449.
Magnus, Senateur, 286.
Majorin, Evêque Donatiste, 408.
Malc, 379, c. 2.
Malonie, Dame Romaine, 90.
Mambré (le Chêne) 423, 424.
Mamertin, 376, 378 - Consul, 467.
Mamertinus (Petronius) 201, c. 2.
Manès, Hérésiarque, 344, 347, c. 2. 349, c. 1. 359.

Manichéens (les) Sectaires, 349, 486, 523.
Manile, Poëte, 65, c. 1.
Manilie Scantille, Impératrice, 229, c. 1.
Manilius, rebelle, 216.
Maozamalque, ville, 469.
Marais Pontins, 168.
Marc (S.) Evangeliste, 117, c. 1.-(S.) Pape, 401.
Marc-Aurele, 56, 187, 189, 191-193, c. 2. 194, 195, c. 1. Empereur, 198, 199, c. 2. 200-202, 204, 205, c. 1. 206, 208, 210, 211, c. 1. 212-215, 224, 226, 227, c. 1. 239, c. 2. 241, c. 1.
Marcel (S.) Pape, 399, c. 2. 400.
Marcel, Préfet des Gaules, 453 - se fait proclamer Empereur, 483.
Marcellien, fils de Maximin, Gouverneur des Gaules, 490.
Marcellin, (S.) Pape, 375, c. 2.
Marcellin, Sénateur, 174- *Maître du Palais* de Magnence, 446. *frere du tyran* Maxime, 521.
Marcellus, époux de Julie, 55, c. 1. 57, c. 1.-(Ulpius) 216-d'Apamée (Varius) 268.

Marcianus (Genesius) Consul, 274.
Marcien, 275, c. 1.
Marcion, Hérésiarque, 193, 194.
Marcomans (les) 154, 204, 206, 210, 214, 215.
Mariamne, 45, c. 2.
Mardiens (les) 24.
Mardone, Eunuque, 462.
Marie, Juive, 136.
Marin (P. Carilius) proclamé Empereur, 305 - Evêque d'Arles, 412.
Marinienne, Impératrice, 321, c. 1.
Marius (Caïus) 1, 2, 4, 5, c. 1. 6, 8, Consul, 12, 19, c. 2. 23 - Lieutenant d'Othon, 130 - (M. Aurelius) 336.
Marmoutier, Abbaye, 488.
Marseille, ville, 34, 73.
Marses (les) 86, 102.
Martia Furnilla, femme de Tite, 145, *concubine de* Commode, 217, c. 1. 218, 219, c. 1. 223 - *femme de* Septime Severe, 233, c. 1. 252 - Otacilla Severa, Impératrice, 305, c. 1.
Martial, Poëte, 9, c. 2. 151, c. 1. 153, c. 1. 155 - (Jule) Centenier, 262.
Martin (S.) Evêque de

Tours, 488, 517.
Massacre à Alexandrie, 261.
Massagetes (les) 447.
Massurius Sabinus, Jurisconsulte, 83, c. 2.
Materne, chef de déserteurs, 220.
Materne (S.) Evêque de Cologne, 412.
Maternus Lascivius (Triarius) Senateur, 226 - (Julius-Firmius) Senateur Romain, 441, c. 1.
Matthieu (S.) 105.
Maures (les) 102, 192, 206, 234, 383, 489.
Maurice (S.) Capitaine de legions, 374.
Maurus (Ælius) 255, c. 1.
Maxence, proclamé Empereur, 396, 398, 399, c. 2, 400, 406, 408.
Maxime, 172 - pere de l'Empereur de ce nom, 293 - de Probe, Empereur, 359 - Général Romain en Bretagne, 508, Auguste, 514, 517, 519, 521.
Maxime (Puppienus) 290. 293, Empereur, 294, 295, c. 1. 296.
Maxime, Evêque Novatien, 315 - Philosophe, 465, c. 1.
Maxime (S.) Evêque de Jerusalem, 515, c. 1.
Maximien Hercule, 372, 374, 376, 378, 380, 382, 383, 386, 388, 390, 395, c. 1. 396, 398, 400, 402, 404, 406.
Maximin, 277, 284, 285, c. 2. Empereur, 286, 287, c. 1. 288, 292, 294 - II, 373, 388, 390, Auguste, 400, 403, c. 1. 404, 406, 408-410. 412.
Maximin (Julius Verus) 285, c. 2. 287, c. 1. 292, 294 - Gouverneur des Gaules, 490.
Maximus, Philosophe, 193, c. 2.
Méates (les) 254.
Mebarsape, Roi de l'Adiabene, 168.
Mécénas, Expreteur, 291.
Mecene, 53, 58, 63, c. 2. 64, 65, 76.
Médecins établis à Rome, 484.
Meherdates, 103, c. 2. 106.
Mela (Pomponius) 107, c. 1 - (Annæus) 120.
Melchiade (S.) Pape, 399, c. 2. 412.
Mellobaud, Roi des François, 490.

Memmius

DES MATIERES.

Memmius Régulus (C.) 95, c. 1.
Mémoires de Trevoux, 41.
Mensurius, Evêque de Carthage, 396, 406.
Messala Barbarus, 101, c. 1. (Vipsanius) 139, c. 2.
Messaline (Valerie) femme de Claude, 101, 106, 109, 111, c. 1.
Metellus, 18, 24.
Methode (S.) Evêque de Tyr, 377, c. 2. 379, c. 2.
Metule, ville, 51.
Micca ou Micca, pere de Maximin, 284.
Milice Prétorienne abolie, 408.
Millenaires, Sectaires, 105, c. 1.
Milon, 34. Meurtrier de Clodius, 37, 45, 51, 55, c. 1.
Minervine, femme de Constantin, 395, c. 1.
Minturnes, ville, 6.
Mirocle (S.) Evêque de Milan, 412.
Misithée, Préfet du Prétoire, 297, c. 1. 300.
Mithilene, ville, 16.
Mithridate, Roi, 2, 4, 5, c. 2. 8, 10, 18, 20, 21, c. 2. 22, 24, 26 -II, Roi des Parthes, 13, c. 2. -III,

Roi du Pont, 13, c. 2. 19, c. 2. 108.
Mnesthée, Secrétaire d'Aurelien, 345, c. 1.
Moderat, Philosophe, 139, c. 2.
Mœsa (Julia) aïeule d'Héliogabale, 266, 268, 270, 274, 276.
Molo (Possidonius) Philosophe, 21, c. 1.
Monime, femme de Mithridate, 4, 20, 26.
Monnese, Roi des Parthes, 203, c. 2.
Monnoyeurs (les) 352.
Montagnars de Thrace, 89.
Montagnes englouties, 86. qui s'élevent, 87.
Montan, Hérésiarque, 206, 207, c. 2.
Montanistes, Sectaires, 207, c. 2. 209, c. 1. 235, c. 2.
Montanus, Sénateur Romain, 112.
Mopsucrène, lieu, 431, c. 2. 460.
Mots (bons) 31, 36, 39, 40, 72, 82, 101, c. 1. 102, 108, 112, 127, 127, 130, 138, 142, 179, c. 1. 201, c. 1. 233, c. 1. 258, 281, c. 1. 362, 418.
Mucia, femme de Pompée, 30.

P p

Mucien, 132, c. 2. Auteur, 139.

Muciennes, Fêtes, 23.

Murena, chef de conjuration, 62.

Murs transportés à Rome, 30.

Musa (Antonius) Médecin, 60.

Musulmans (les) 84.

Mutine, ville, 42.

Myron, Sculpteur, 36.

N

Narsès, Roi de Perse, 275, c. 2. 383, 384, 428, 455, 476.

Narcisse, affranchi de Claude, 106, 110. meurtrier de Commode, 219, c. 1. 223, 241. c. 1. 242.

Narcisse (S.) Evêque de Jérusalem, 238.

Nasamons (les) 150.

Nazaréens (les) Sectaires, 148.

Nectaire, Evêque de Constantinople, 520.

Némésien, Poëte, 371, c. 1.

Neocésarée, ville, 440.

Nepotien se fait proclamer Empereur, 446.

Neptune, 9, c. 2.

Nero Gemellus (Tiberius) 95.

Néron, surnom, 80.

Néron, 93, c. 1. 101, c. 1. 103, 105, c. 2. 101. Empereur 110-113, 114, 115, c. 2. 118, 119, c. 1. 120, 122, 124, 129, c. 1. 164, 223.

Nerva (Cocceius) Jurisconsulte, 83, c. 1. 139, c. 2. 141. c. 1. (M. Cocceius) Consul, 156.

Nerva (Cocceius) 139, 155. Empereur, 156-159, 190, 191, c. 1.

Nerviens (les) 32.

Nerullin, 209, c. 1.

Nicagore, Sophiste, 365, c. 1.

Nicée, ville, 178, 324, 418, 483.

Nicephore, ville, 86.

Nicolas de Damas, Philosophe, 65, c. 2. 71. Hérésiarque, 105, c. 2.

Nicomede, Roi de Bithinie, 4.

Nicomédie, ville, 178, 182, 324, 456.

Nicopole, ville, 271, c. 1. 272.

Niger (C. Pescennius) 203, c. 2. 220, Gouverneur de Syrie, 230, 234, 236, 237, c. 1. 241.

Nimphidius, 126.

DES MATIERES.

Nisibe, ville, 24, 298, 300, 324, 330, 432, 442, 447.

Noxe, (Sainte) 534, 501.

Novius Marcellus, Philosophe, 441, c. 1.

Norbanus, 10.

Nort-Galles (les) 142.

Northumberland (le) 138, 178.

Novat, Diacre, 312.

Novatien, Antipape, 309, c. 2. 312, 314.

Novatiens (les) 315.

Noyon, ville, 32.

Nubiens (les) 383.

Numene d'Apamée, Philosophe, 209, c. 1.

Numérien, Grammairien, 243, c. 1.

Numérien, fils de l'Empereur Carus, 366, 367, c. 2. Empereur, 368, 370, 371, c. 1.

O.

OANES, 499.

Obedien, Prince des Sarasins, 489.

Occident, révolution, 446.

Octave, 11, c. 2. 13, c. 1. 37, 41, 42. Consul, 42. Triumvir, 44, 46, 48, 49, 50, 51, 52, 53.

Octavia, famille, 54.

Octavie, sœur d'Octave, 48, 52, 70, 100. fille de Claude, 101, c. 2. 111, c. 1. 116.

Octavius (Caïus) 54. (Caïus César) surnommé Auguste, 58. Voyez Auguste.

Odenat, Prince de Palmyre, 325, 330, 331, c. 2. 332, 333. Empereur d'Orient, 334, 335.

Ofilius (Aulus) Jurisconsulte, 21, c. 1.

Olenus, Lieutenant du Gouverneur de la Frise, 91.

Optatien, Poëte, 411, c. 2.

Ordonnance de Philippe, 304. de Tacite, 356, 358. de Theodose le Grand, 518. de Valerien & Gallien, 322.

Oribase, Médecin, 465, c. 1.

Orient (l') se révolte, 91, 123.

Orientaux (les) 306.

Origenes Adamance, 288, 301, c. 1. 309, c. 1. 311, 331, c. 1.

Orodès, Roi des Parthes, 13, c. 2. 15, c. 2. 34, 35, 49. II. 57, c. 2. 59, c. 2.

Ppij

Osius, Evêque de Cordoue, 441, c. 2. 443, c. 1. 454.
Othon (M. Sylvius) Chevalier Romain, 128. (Sylvius) son fils Gouverneur du Portugal, 128. Empereur, 128, 129, c. 1. 130.
Ovide, Poëte, 65, c. 2. 67, c. 1.

P

PACHORUS, fils d'Orodès, 48.
Pacorus, Roi des Parthes, 147, c. 2. II, 157, c. 2. 163, c. 2. Roi de Larzès, 194.
Paganisme (le) détruit, 406.
Païens (les) demandent le Baptême, 446.
Paix, 6, 10, 93, 202, 203, c. 2. 204, 210, 215, 216, 244, 246, 251, 254, 265, 315, 322, 344, 363, c. 2. 364, 378, 414, 417, 438, 452, 455, 456, 486, 487, 506, 516.
Palais d'or (le) 118, 164.
Palladium (le) 270, 272.
Palmes, Evêque d'Amastride, 238.
Palmyre, ville, 348, 350.
Pamphile, sçavante, 117.
Pancrate, Poëte, 179.
Pandataire, isle, 74, 91, 96.
Pannonie (la) 74.
Pannoniens (les) 57.
Pansa, Consul, 4.
Panthéon (le) Temple, 249.
Papinien, Jurisconsulte, 243, c. 1.
Pappus, Philosophe, 537, c. 1.
Pâque (la) trouble dans l'Eglise à ce sujet, 238, 240.
Para, fils d'Arsace, 487. Roi d'Arménie, 491.
Parétonium, ville, 52.
Paridis, Comédien, 147, c. 1.
Paris (Julius) 85, c. 2.
Paris, ville, 34, 455, 458, 464.
Parthamasiris, Roi d'Arménie, 168.
Parthamaspate, Roi des Parthes, 163, c. 2. 173.
Parthes (les) 7, c. 2. 48-50, 59, c. 2. 62, 81, c. 2. 93, 103, c. 2. 104, 106, 110, 115, c. 1. 116, 152, 171, 173. 177, c. 1. 180, 200, 202, 203, c. 2. 244, 253, c. 2. 260, 262, 265, 276.

Patercule (Velleius) Historien, 85, c. 1.
Paterne, 213.
Patherne, 158.
Patrice, chef des Juifs rebelles, 449.
Paul (S.) 92, 103, c. 2. 105, c. 1. 106, 108, 112. - (S.) l'Hermite, 308, 311, c. 2. 313, 403, c. 1. - (S.) Evêque de Constantinople, 432, 436, 438, 445, 447. - de Samosates, Evêque & Hérésiarque, 346, 349, c. 2. 351, c. 1. 448.
Paulianistes (les) Sectaires 351, c. 1.
Paulin, Intendant de la Gaule Narbonnoise, 134. - Evêque de Tyr, 424.
Pauline, Dame Romaine, 286. - crue Impératrice, 285, c. 1.
Pausanias, Grammairien, 209, c. 1.
Pedanius Secundus, Préfet de Rome, 116.
Pegasien, Senatus-consulte, 141, c. 1.
Pegasus, Jurisconsulte, 139, c. 1. 141, c. 1.
Pénitenciers (les) leur établissement, 312.
Peponille, 142.

Peregrin, surnommé Protée, 202, 209, c. 2.
Pérennis, Ministre de Commode, 218, 220, 224.
Pérouse, ville, 48.
Perpenna, 18, 20, 21, c. 1. 23, c. 2- Licinianus, 315.
Perse (la) 20. Révolution, 402.
Perse, Poëte, 117, c. 2.
Persécution I. contre les Chrétiens, 118 - II. 155. III, 164 - IV, 204. V, 213. VI, 244, 288, 289. VII, 308, VIII, 322. IX, 385, 398, 400, 404, 409, c. 2- X, 425, 440, 442. contre les mêmes en Afrique, 246, 249. à Alexandrie, 304. contre les Juifs, 96.
Perses (les) 171, 253, c. 2. 260, 276, 294, 324, 325, 332, 348, 350, 353, 356, 366, 370, 376, 380, 432, 445, 447, 448, 454, 458, 459, 469, 470, 476, 485, 491.
Pertinax, 219, c. 1. 220, 224, 225. Empereur, 226 - 228, 232, 279, c. 1. (Helvius) 225, c. 2. 259.
Peste (la) 62, 120, 140,

144, 202, 204, 221, 310, 315, 328, 330, 341, 376, 408, 505, 514.

Petina (Ælia) femme de Claude, 101, c. 1.

Petreius, Lieutenant de Pompée, 36.

Petrone, ami de Néron, 117, c. 2. 119, c. 1. 120 *beau-pere* de Valens, 479. 497, c. 1.

Petronia, femme de Vitellius, 133, c. 1.

Petronius, Consul, 133, c. 1. fils de Vitellius, 133, c. 2.

Peuple (le) élit les Evêques, 307, c. 1.

Peuple Romain, 31.

Pharisiens (les) 51, c. 1.

Pharasmane, Roi des Ibériens, 93, 185, 192.

Pharnace, fils de Mithridate, 26, 39.

Phedre, 85, c. 1.

Pheniciens (les) 270.

Philagre, Préfet, 436.

Philippe, pere d'Alexandre, 69, c. 1. - Préfet du Prétoire, 438, 447.

Philippe l'Arabe, 299, c. 1. 300, 302, 303, Empereur, 303, 304, 305, c. 1. 306, 418. - Severe, son fils, 305, c. 2.

Philon, Historien, 179, c. 2.

Philosophes, 140, 155.

Philostrate (Flavius) 245, c. 1.

Phlégon, Affranchi d'Adrien, 179, c. 2. 181, c. 1. 255, c. 1.

Photin, Evêque de Sirmich, 448, 537, c. 1.

Phrahatace, 47, c. 2. Roi des Parthes, 57, c. 2.

Phrahates III, Roi des Parthes, 13, c. 2. IV, 1, c. 2. 47, c. 57, c. 2. son fils, 59, c. 2. 62, 71, 81, c. 2. 106.

Phrpnique, Grammairien, 219, c. 2.

Phyllis, nourrice de Domitien, 147, c. 1.

Picardie (la) Province, 382.

Pictes (les) 392, 484.

Pie (S.) Pape 189, c. 2.

Pierre (S.) Apôtre, 81, c. 2. 93, 95, c. 2. 103, c. 1. 104, 106, 111, c. 2. 120, 121, c. 1. 122.

Pilate, 92, 99.

Pindenisse, ville, 35.

Pirates, 18, 21, c. 2.

Pison, 87, 88, - Gouverneur de l'Espagne citerieure, 89. Frugi (L.) 127. - proclamé Empe

DES MATIERES.

reur, 130.
Placidie, fille de Théodose I. 531, c. 2.
Plautia Herculania, femme de Claude, 101, c. 1.
Plautien, favori de Septime Severe, 233, c. 1. 245. 249, 253, c. 1.
Plautille (Fulvie) femme de Caracalla, 249, 253, c. 1. 254.
Plautius, Général de Claude, 104.
Plébiscite, 46.
Pline l'Ancien, 141, c. 1. 144-le Jeune, 144, 162, 164, 165, c. 2. 183, c. 2.
Plotin, 301, c. 1. Philosophe, 333, 379, c. 2.
Plotine, femme de Trajan, 161, 163, c. 1. 176. 182.
Plutarque, 167.
Pœtus, l'un des conjurés contre Claude, 102.
Polémon, Orateur, 181, c. 1.
Poliene, Orateur, 209, c. 2.
Pollio (Trebellius) Historien, 379, c. 1.
Pollux (Julius) Rhéteur, 219, c. 2.
Polycrate, Evêque d'Ephese, 240.
Pompeïa, 3, c. 1. femme de César, 29.
Pompeianus (Ruticius) Commandant pour Maxence, 408.
Pompée, 3, c. 1. 4, 5, c. 2. 7, c. 2. 9, c. 2. 12, 16, 18, 19, c. 2. 20, 21, c. 1. 24, 25, c. 2. 26, 28-30, 33, 34, 36-39, 73, 184, 248-Strabon, 4, 8, 49. (Cn.) 41 (Sexte) 48 - 50, 57, c. 1.
Pompéien, époux de Lucile, 199, c. 2. 215-(Claude) 216.
Pompeies, ville, 118, 143.
Pompeius Festus (Sextus) 443, c. 1-Magnus (Cn.) 101. c. 2. Rufus (Quintus) 3, c. 1.
Pomponius (Lucius) 108.
Pont sur le Danube, 166. 170-sur la Mer, 98 - sur le Rhin, 33 - sur le Tigre, 171.
Pontian (S.) Pape, 277, c. 2, 287, c. 2.
Pontius Télésinus, 12, 14.
Poppée Sabine, femme de Néron, 111, c. 1. 116, 129, c. 1.
Porphyre, Philosophe, 379, c. 2. 381, c. 1.
Port de Civita Vecchia, 164 - de Constantinople, 467-d'Ostie, 102-de Se-

leucie, 442 — de Thessalonique, 416.
Porus Roi des Indiens, 64.
Possidonius d'Apamée, 29.
Posthume, 327, c. 2. 332, 334-336.
Postumus (M. Cassius Latienus, 326, voyez Posthume.
Præsens (Brutius) 213, 217, c. 1.
Préfet du Prétoire, 243, c. 2.
Preneste, ville, 14.
Prêtres Egyptiens, 86.
Prêtres dans chaque Eglise, 312 — martyrisés, 324.
Prières publiques à Rome, 36.
Primus (Antonius) 132, 133.
Priscillien, hérésiarque, 517.
Prisca, Impératrice, 373, c. 1.
Priscus (L.) Gouverneur de Macédoine, 310. — (Javolenus) Jurisconsulte, 193, c. 1. — (Marius) Proconsul d'Afrique, 162. Neratus, Jurisconsulte, 167. c. 1. — (Statius) 200.
Prisque, Gouverneur en Orient, 306 — Philosophe, 465, c. 2.
Probe, 56, Consul, 233,

c. 2, 340, 346, 358, 359, Empereur, 339, 363, c. 2. 364, 365, c. 2.
Préfet du Prétoire, 332, c. 2.
Procope se fait proclamer Empereur, 479, 481, 483, 499, c. 2.
Proculus Licinius, Jurisconsulte, 141. — (T. Ælius) proclamé Empereur, 360.
Proëcrese, Sophiste, 465, c. 2.
Professeurs d'Eloquence, 136 — publics à Athenes, 212 — Grecs, 186.
Properce (Sexte-Aurele) Poëte, 67, c. 1.
Prudence, Poëte, 537, c. 1.
Ptolomée Denys Aulete, Roi d'Egypte, 7, c. 2. 32 — Denys, 8. c. 2. 38 — le jeune, 11 — Fils Roi de Mauritanie, 86. 102 — Astronome, 181.
Pyrisabore, ville, 469.

Q

QUADES (les) 194, 204, 208, 210, 214, 215, 218, 415, 492.
Quadratus, Historien, 305, c. 1.
Quartianus

DES MATIERES.

Quartianus (L.) Consulaité, 286.
Quietus, second fils de Macrien, 332.
Quinte-Curce, Historien, 107, c. 2.
Quintile proclamé Empereur, 341.
Quintiles (les) freres, 193, c. 2. 195, c. 1. 213.
Quintilien, Orateur, 141, c. 2.
Quintilis, mois, 1.
Quionites (les) 454.

R

Recension du peuple Juif, 71.
Regaise, Roi des François, 396.
Regille, ville, 80.
Regillianus (Q. Nonius) proclamé Empereur, 228.
Réjouissances publiques par tout l'Empire, 226 -- à Rome, 60, 136. 242, 348.
Religion Chrétienne, 79.
Remmius Palémon, Esclave, 85, c. 1.
Repentinus (Cornelius) 229, c. 2.
République de Rome, 66, 68, 86, 88, expire, 36, détruite, 41, 66.
Resaine, ville, 302.
Rescrits de Constantin, 410.

Retice (S.) Evêque d'Autun, 412.
Retine, ville, 74.
Rhadamiste, usurpateur de l'Arménie, 108.
Rhege, ville, 80.
Rhodane, grand Chambellan de Valentinien I, 484.
Rhodes, Province Romaine, 140.
Rhodiens (les) 38.
Rieti, Ville, 135.
Romain (le Comte) 488.
Romains (les) 60, 64, 78, 79, 89, 93, 99, 103, c. 2. 116, 138, 152, 156, 160, 185, 202, 208, 222, 261, 265, 340, 384, 424, 445, 470, 471, 484, 486, 497.
Rome, ville, 2, 4, 6, 8, 28, 32, 36, 40, 43, 46, 60, 62, 68, 73, 74, 93, 98, 118, 120, 130, 134, 140, 144, 150, 162, 196, 202, 204, 220 - 222, 230, 248, 265, 266, 310, 312, 330, 346, 396, 408, 421, 442, 451, 490, 508, 531, c. 2.
Romule, mere de Maximien Galere, 385.
Romulus, 1, 251.
Roxolans (les) 130, 176, 350.

Qq

Rutilien, 203, c. 1.

S

Sabas, Roi d'Arabie, 60.
Sabellius, Hérésiarque, 320, 322, 448.
Sabin, homme Consulaire, 273.
Sabine (Julie) Impératrice, 175, 177, c. 1. 183, c. 1. 187.
Sabinien se fait proclamer Empereur, 298.
Sabinius de Langres, 142.
Sabinus, 134 - (Appius) 156 - (Cœlius) Jurisconsulte, & Orateur, 141, c. 2 - (Flavius) 145, c. 2 - (Julius) 370 - (Poppeus) 89, 90 - (Titus Flavianus) 135.
Sacrifices ordonnés dans l'Empire, 315.
Sacro-vir, 88.
Saint Maurice, lieu, 374.
Saint - Sépulcre (le) 420.
Saint Siege (le) vaque, 307, c. 1. 310, 323, c. 2. 375, c. 2. 393, c 2. 399, c. 2. 400, 401.
Salamine, ville, 172, 425, 440.
Saliens (les) 456.
Salluste (Crispe) 35, 45, c. 1 - Officier des Gardes de Valens, 489.

Sallustia Barbia Orbiana, Impératrice, 275, c. 1.
Salomon, 350.
Salone, ville, 37.
Salvius Julianus, Jurisconsulte, 181, c. 2. 183, c. 1. 228.
Samarie, ville, 32.
Samaritains (les) 244.
Samos, Province Romaine, 140.
Samosate, ville, 49.
Sapor I, Roi de Perse, 298, 299, c. 2. 302, 305, c. 2. 309, c. 2. 317, c. 2. 319, c. 2. 322-325, 329, c. 2. 330, 331, c. 1. 339, c. 2. 344-346-II, 401, 402, 417, 425, 427, 437, c. 2. 440, 442, 447, 457, 458, 463, c. 2. 467, 470, 474, 475, c. 2. 487, 500, c. 2. 513, c. 1-III, 516, 532, c. 1.
Sara, 423.
Sarmates (les) 154, 176, 204, 218, 289, 293, 300, 326, 350, 365, 424, 426, 456.
Sarasins (les) 222, 348, 350, 378, 489.
Safan, 277, c. 2.
Saturninus Pompeius, 167, c. 2 - (P. Sempronius) 334 - (Sextus Julius) proclamé Empereur, 362.

DES MATIERES. 579

—(Vigellius) Proconsul d'Afrique, 346.
Saxons (les) 376, 451, 456, 486.
Scévola, 5, c. 1 -(P. Mucius) 21, c. 2 -(Q. Mucius) 21, c. 2. 23, c. 2. 25, c. 1 -(Q) Jurisconsulte, 211, c. 1.
Schisme des Donatistes, 396, 399, c. 2. 408 - de Melece, 403, c. 2 - d'Ursicin, 482.
Sciate, Isle, 8.
Scipion, Consul, 10, -(Q) 39.
Scythes (les) 324, 332, 344, 356.
Scribonie, femme d'Auguste, 55, c. 1.
Sébaste, ville, 71.
Sébastien (S.) 272.
Secundus (Marius) Gouverneur de Phénicie, 267.
Sédition à Rome, 273, 290.
Séjan, Ministre de Tibere, 81, c. 2. 89, 91.
Seleucie, ville, 171, 202, 244, 366.
Selinunte, ville, 161, c. 2.
Sénat d'Alexandrie, 248 - de Constantinople, 423. 467, de Corfinium, 4 - en Espagne, 16. de Femmes, 270 - de Rome, 4, 8, 28, 29, 30-32, 38, 41, 54, 56, 58, 70, 75, 80, 86 - 88, 91, 92, 96, 102, 110, 120, 123 - 125, 128, 156, 162, 176, 190, 198, 226, 229, c. 1. 231, 232, 244, 245, c. 2. 248, 261, 264, 265, 268, 286, 289 - 291, 300, 303, 308, 312, 318, 338, 341, 356, 359, 365, 399, c. 1. 410, 465, c. 2. 523, 525.
Sénateurs Romains, 8, 33, 73, 88, 218, 221, 250, 273, 276, 291.
Senatus-Consultes, 49, 52, 58, 231, 242 - Orphitien, 213.
Seneque, 85, c. 1. Rhéteur, 91 - Philosophe, 119, c. 1.
Septime Severe, 56, 173, 203, c. 2. 220, 229, c. 1. Gouverneur de l'Illyrie, 230, 284. Empereur, 232, 233, c. 2. 234, 235, c. 1. 236 - 245, c. 2. 246, 248, 249 - 253, c. 1. 254, 255, c. 2. 263, c. 1. 264, 268, 274, 278, 284.
Septimius Geta (M.) 232.
Serenus Sammonicus (Quintus) 255, c. 2.
Sertorius (Quintus) 2, 6, 8, 16, 18, 20, 21, c. 2. 23.
Servien, beau-frere d'A-

Qq ij

drien, 186.
Servilie, sœur de Caton, 29, 55, c. 1.
Servilius (Publius) 18 - (Marcus) 107, c. 2.
Servius Tullius, 54.
Severe (Alexandre) 268, 269, c. 2. 271, c. 1. 273 - (Jule) Gouverneur de l'Angleterre, 185, 186.
Severe, Cesar, 388, 390. *Auguste*, 394, 396 - Général de Valentinien I, 486.
Severin, Gouverneur de la Cappadoce, 200.
Severus (Petronius Didius) 228.
Sextilia, mere de Vitellius, 131, 132.
Sextilis, mois d'Août, 58.
Sextus de Cheronée, 211, c. 1. Pyrrhonien, 211, c. 1.
Sitambres (les) 68.
Sicile (la) 127. Province Romaine, 140.
Sienne, ville, 12.
Silanus (L.) 91.
Silius, 88, 108, 109 - Italicus, 153, c. 1.
Silvain se fait proclamer Empereur, 451.
Silvestre (S.) Pape, 399, c. 2. 401, c. 2. 418.
Simon le Magicien, 119, c. 2, 120, 121.
Simon (S.) Evêque de Jérusalem, 179.

Sirice, Pape, 532, c. 1.
Sixte (S.) Pape, 177, c. 1. 189, c. 2. - II. (S.) Pape, 323, c. 2.
Smyrne, ville, 213.
Socratide, 117, c. 1.
Soême, Roi d'Armenie, 200.
Soêmias (Julia) 233, c. 1.
Soêmie, mere d'Héliogabale, 268, 271, c. 1.
Soldats Romains, 79, 82. Leur usage pendant le triomphe de leurs Généraux, 39 - - de Marine, massacrés, 126 - Allemans, 134, 135.
Sosigenes, Astronome, 25, c. 1. 40.
Sosius, Lieutenant d'Antoine, 49, 50.
Sostrate de Béotie, Philosophe, 211, c. 2.
Soter (S.) Pape, 201, c. 2.
Spartacus, chef de Gladiateurs rebelles, 20, 22.
Spartien, Historien, 281, c. 1.
Spectacles, 60, 64, 88, 89, 152, 242, 304, 396, 522.
Stace, Poëte, 153, c. 1.
Statilia Messalina, femme de Néron, 113, c. 1.
Stilicon, Général d'Honorius, 529.
Strabon, Géographe, 85, c. 2.

DES MATIERES.

Stratonice, ville, 4 - femme de Mithridate, 26.
Successus (Helvius) 224.
Suetone, Historien, 175, c. 1. 177, c. 1. 183.
Suetonius Lenis, 183, c. 1 - Lieutenant d'Othon, 130 - Paulinus, 102, 116.
Sueves (les) 108, 258, 350.
Sulpices (les) famille, 124.
Sulpicia, Dame Romaine, 153, c. 2. 155 - Memmia, Impératrice, 275, c. 1.
Sulpicien, beau-pere de Pertinax, 228.
Sulpicius (Servius) Jurisconsulte, 21, c. 1. 23, c. 2. 25, c. 1.
Supplice de la Croix, 414.
Sura (Brutius) 8.
Surena, 15, c. 2. Général des Parthes, 34, 35.
Suze, ville, 408.
Sylla (Cap de) 49.
Sylla (L. Cornelius) 2, 3, c. 1. 4, 6, 8, 10, 12, 14, 16, 19, c. 1. 21, 23, c. 2. 25, 26, 28 - (Faustus) 101, c. 2.
Symbole des Apôtres, 93.
Symmaque, Préfet de Rome, 56, 523, 528.

T.

Tacfarinas, soldat, 84, 88, 89.
Tacite, (Corneille) 162, 167, c. 2. 169, 260, 354, 358.
Tacite, Empereur, 356, 357, c. 1. 358.
Taifales (les) 378.
Tarse, ville, 325.
Taureau, Dieu Apis, 467.
Tauroscythes (les) 192.
Temple d'Adrien, 194 - d'*Apollon*, 468 - d'*Auguste*, 60 - de *Bacchus*, 520, - de *la Concorde*, 29 - de *Delphes*, 8 - de *Diane* à Ephese, 332 - des *Egyptiens*, 86 - des *Flaviens*, 147, c. 1. - au Dieu *Héliogabale*, 270 - de *Janus*, 54, 300 - de *Jerusalem*, 28, 32, 72, 138, 185, 186, 468 - des *Juifs*, 222 - de *la Lune*, 272, de *la Paix*, 138, 222, - de *Serapis*, 216, 522 - de *Venus*, 424 - de *Venus* & de *Rome*, 182 - de *Vesta*, 66, 270.
Tenebres universelles, 330.
Terbinthe, 349, c. 1.
Terebinthe (le) 423, 424.
Terentianus (Vulcatius) 290
Terentilla, femme de Mécene, 54, 65, c. 2.
Terentius Maximus, 144, 152.
Tertullien, 164, 235, c. 2. 246, 247, 249.

Tetrarques, 47, c. 2. 72 - de Galilée, 96 - de Judée, 74.
Tetricus se fait proclamer Empereur, 337, 340, 350, 352.
Teutobourg, Forêt, 74, 84.
Thala, Château, 88.
Thelesphore (S.) Pape, 189, c. 2.
Themistius, Philosophe, 537, c. 1.
Theoclie, fille d'Alexandre Severe, 285, c. 1.
Theodora, 380, Impératrice, 393, c. 1.
Theodore, 334.
Theodose (le Comte) 484, 488, 507 - fils surnommé le Grand, 492. Empereur d'Orient, 506, 507, 509, 511, 514, 516, 518 - 526, 528, 529, 531, c. 1. 534, c. 2. 535, 537, c. 2.
Theodose, fils d'Ataulphe, 531, c. 2.
Théodote renonce au Christianisme, 213, 217, c. 1. 234.
Théodotiens, Sectaires, 234.
Théophane, Historien, 25, c. 2.
Théophile d'Antioche (S.) 207, c. 1. - Gouverneur de Syrie, 450 - Evêque d'Alexandrie, 520.

Théophite, Evêque de Césarée, 238.
Thessalonique, ville, 330, 522.
Thrace, Province Romaine, 140.
Thraces (les) 70.
Thrône dans les Eglises, 349, c. 2.
Tibere Néron (C. Claude) 55, c. 1. 80.
Tibere, fils du précédent, 55, 57, c. 2. 59, c. 2. 62, 63, c. 1. 66, 68, 70 - 75, 77. Empereur, 80, 83, c. 1. 84, 86, 87, - 94, 96, 156, 223.
Tibre (le) 33.
Tibulle (Aulus Albius) Poëte, 67, c. 2.
Tigellinus, Préfet du Prétoire, 116, 117, c. 2.
Tigrane, Roi d'Arménie, 2, 4, 20, 22, 24, 26, 62, 116.
Tigranocerta, ville, 114.
Timagene, Lieutenant de Zabbas, 340.
Timolaüs, fils de Zenobie, 336.
Tinnius Rufus, Gouverneur de Judée, 184, 186.
Tiridate tente d'usurper l'Arménie, 290 - fils de Vologese, 261. Roi d'Arménie, 265, 312.
Tite, 78, 136, 137, c. 2.

138, 142, Empereur, 143 - 145, c. 1. 146, 147, c. 1. 151, c. 1. 169, c. 1. 185.
Tite Antonin, 187, le Pieux, 188, 189, c. 1. Empereur, 190, 191, c. 1. 192, 193, c. 1. 196, 198.
Tite-Live, historien, 67. c. 2.
Titiana (Flavia) Impératrice, 225, c. 1.
Titianus (Flavius) 225, c. 1.
Titien, frere d'Othon, 130. (Jule) 245, c. 2. 247, c. 1.
Titius, Amiral d'Antoine, 50.
Tombés (les) 310, 312, 396, c. 2.
Trajan, Consul, 160 - fils, 56, 79, 147, c. 2. 159. Empereur, 160-165, c. 2. 166-168, 170 - 174, 176, 191, c. 1. 244, 246, 278, 328, 335 - (le Comte) 491.
Trajanus, fils de Dece, 307, c. 2.
Trait héroïque & de férocité, 22.
Trasile, 85, c. 2.
Trebatius Testa, (C.) Jurisconsulte, 25, c. 2. 27, c. 1.
Trebellianus (C. Annius) 335.

Trebonianus, voyez Volusianus (C. Vibius)
Trebonius Garucianus, 127.
Tremblement de terre, 86, 116, 118, 140, 170, 171, 182, 192, 213, 272, 288, 298, 330, 387, 425, 438, 440, 442, 446, 456, 467, 485.
Treves, ville, 126.
Triarius, Roi des Allemans 506.
Tribune aux harangues, 5, c. 1. 8, 25, c. 1.
Tribut aboli, 424.
Triomphe (le) 68, 70.
Trifdun, ville, 289.
Triumvirat de Rome, 44.
Triumvirs Rom. 33
Trogue Pompée, Historien, 69, c. 1.
Troubles, grands à Alexandrie, 330.
Tullus Attius, Roi des Volsques, 11. c. 1.
Turin, Ville, 408.
Turinus (Vetronius) favori d'Alexandre Severe, 279, c. 2. 281, c. 1.
Tyane, ville, 346.
Tyr, ville, 234.
Tyridate, Roi des Parthes, 13, c. 2. 62, 81, c. 2. - Roi d'Arménie, 114, 115, c. 1. 120.

U

ULPIEN (Domitius)

Jurisconsulte, 269, c. 2. 278, 281.
Urbain I. (S.) 277, c. 2.
Urbicus (Lollius) Gouverneur de Bretagne, 192.
Ursicin, Antipape, 482.
Urthicabe, Roi des Allemans, 484.
Usage des anciens lorsqu'il mouroit quelqu'un de marque, 87, n.
Usipetes, peuples, 33.
Uxellodun, ville, 35.

V

Vabalat, fils de Zenobie, 336.
Vadomaire, Roi des Allemans, 459.
Valens (Julius) 127, 128, 130, 134 -- se fait proclamer Empereur, 312 - Proconsul d'Achaïe, 330 - César, 414.
Valens, 478, Empereur d'Orient, 479, 481, 483, 485, 489, 491, 493, 495, 497, 499, c. 1. 501, c. 2. 502, c. 1. 515, c. 2.
Valentin, Hérésiarque, 189, c. 2.
Valentinien I. 477, Empereur d'Occident, 478 - 480, 482, 484, 486, 488, 490, 492, 494, 496, c. 1.- 513, c. 2. 532, c. 2.- II. Auguste, 491, 496, c. 2. 505, 514. Empereur d'Occident, 517, 523, 524, 525, 527, - III. 243, c. 2. 531, c. 2.- Galate, fils de Valens, 499, c. 2.
Valentiniens, sectaires, 428.
Valere - Maxime, Historien, 85, c. 2.
Valeria (Galeria) fille de Dioclétien, 373, c. 2. 380, 382.
Valerianus (P. Licinius) fils de Valérien, 321. c. 2.- (P. Licinius Cornelius Saloninus) 326, 327, c. 2.
Valerie, femme de Sylla, 16 - Impératrice, 496, c. 1. Province, 382.
Valérien, Censeur, 314, 318, 320, Empereur, 320, 322, 323, c. 1. 324 - 326, 342, 359.
Valerius, Dictateur, 8 - Asiaticus, 127.
Valésiens, Sectaires, 298.
Valgius (Caïus) Poëte, 69. c. 1.
Vandales (les) 344, 356, 359, 360.
Vandelsbourg, 360.
Vannius, Roi des Sueves, 108.
Vararane, Roi de Perse, 345, c. 2. 357, c. 2. 359-II, 359, 360, 362, 363, 367, c. 2. 371, c. 2. 375, c. 2. 376 - III, 375, c. 2-IV, 532, c. 1.
Vardanès

DES MATIERES.

Vardanès, Roi des Parthes, 103, c. 2. 106.
Varius, Poëte, 63, c. 2. 69, c. 1.
Varon (Terentius) Ecrivain, 27, c. 2.
Varronien, fils de Jovien, 473, c. 2.
Varus, 74, 75, 84, 86.
Varus, 132.
Vases sacrés, 138.
Vegece, 539, c. 2.
Ventidius, Lieutenant d'Antoine, 48, 49.
Vercingentorix, Roi d'Auvergne, 35.
Verginius, 123, 126.
Verre (le) 88.
Verrès, Quêsteur, 22.
Verrius (Flaccus) Rhéteur, 85, c. 2.
Verus (Ælius) 186, 187, 189, c. 1.-(Annius) 189, c. 1. 198--fils de Marc-Aurele, 199, c. 2-(Lucius) 177, c. 1. 187, 191, c. 2. 193, c. 1-(L.) son fils, 196, 199, c. 2. 200, 202, 204, 217, c. 1. 224-(Marcius) 200.
Vespasia Polla, mere de Vespasien, 135.
Vespasien, 78, 103, c. 2. 122, 132, 134, 135. Empereur, 136, 137, c. 1. 138, 140, 142, 143, 145, c. 1. 146, 151, c. 1. 156, 167, c. 2. 198, 222.

Vestinus (Atticus) Consul, 113, c. 1.
Vétérans (les) 52, 88.
Vésuve, mont, 143, 249.
Vetranion se fait proclamer Empereur, 446, 447.
Vibius, 89.
Victoire (statue de la) 54, 56.
Victor I. (S.) Pape, 217, c. 2. 225, c. 2. 229, c. 2. 233, c. 2. 238, 240-(Aurele) Historien, 433, c. 2-le jeune, 539.
Victorin, pere & fils, 336.
Victorine ou Victoire, 337.
Victorinus (Aufidius) 260.
Vidius, 66.
Vienne, ville, 74, 99.
Vierge (la) 64, 106.
Vignes, 154, 364.
Villa Martia, ville, 224.
Villes de l'Empire, 88-onze d'Asie, 80.
Vincent de Capoue, Légat du Pape, 450.
Vindex, Gouverneur de la Gaule Celtique, 123ª (Celsus) Grammairien, 195, c. 2.
Vingtiéme établi à Rome, 75, 257.
Virgile, Poëte, 48, 61, 63, c. 2. 64, 69.
Virginius Rufus, Consul, 158.
Vitellius (L.) 131-(Aulus) son fils, 127, 128, 130, 131. Empereur, 131, 135.

R r

Vitruve, 69, c. 2.
Vologese, Roi des Parthes, 103, c. 2. 111, c. 2. 125, c. 2. 129, c. 2. 132, 133, c. 2. 136, 137, c. 2. 138, 145, c. 2. 147, c. 2.-II. 177, c. 1. 189, c. 2. 203, c. 2.-III. 203. c. 2. 217, c. 2. 225, c. 2. 229, c. 2. 235, c. 2. 242, 260, Roi d'Arménie, 244, 261.
Volusien, fils de Gallus, 315, 316, voyez *Volusianus* (C. Vibius)
Volusianus ou *Trebonianus* (C. Vibius) 317, c. 2.
Vononès I. Roi des Parthes, 57, c. 2. 59. c. 2.-II. 103, c. 2.
Vopisque, Historien, 381, c. 2.
Votienus, 85, c. 2.

Vulcace, Sénateur Romain, 381, c. 1.

X

X*IPHARES*, fils de Mithridate, 26.

Z

Z*ABBAS*, 240.
Zenobe, sophiste, 183, c. 2.
Zenobie, Reine d'Orient, 335, 336, 340, 346, 348, 350, 351.
Zenon, dit *Artaxias*, Roi d'Arménie, 86.
Zephirin (S.) Pape, 233, c. 2. 235, c. 2. 253, c. 2. 263, c. 2. 269, c. 2.
Zermizegetuse, ville, 164.

Fin de la Table des Matieres.

Fautes à corriger.

Page 6. ligne 14. épouventa, lisez épouvanta.
Pag. 13. col. 2. lig. 1. Dos, lis. Des.
             lig. 3. Loix, lis. Rois.
Pag. 17. col. 2. lig. 16. Lois, sages, lis. Loix sages.
Pag. 24. lig. 19. eux-même, lis. eux-mêmes.
Pag. 37. lig. 8. sous, lis. sur.
Pag. 40. lig. 16. Calandes, lis. Calendes.
Pag. 47. col. 2. lig. 31. Phraatace, lis. Phrahatace.
Pag. 55. col. 1. lig. 16. Livius Drusus Claudianus, lis. C. Livius Drusus Claudius.
Pag. 74. lig. 22. Varrus, lis. Varus.
Pag. 88. lig. 20. Blæsus, & pag. 132. lig. 7. Blæsus, lis. Blésus.
Pag. 93. lig. 7. Artabane lis. Artaban.
         lig. 22. dissolus, lis. dissolues.
Pag. 103. col. 1. lig. 6. étoit venue, lis. étoit veuve.
          lig. 19. punir lis. périr.
Pag. 115. col. 2. lig. 8. Chorinthe, lis. Corinthe.
Pag. 119. col. 1. lig. 8. supprimez Le.
Pag. 130. lig. 19. Cinna, lis. Cécina.
Pag. 136. lig. dernière d'Eloquence, Gréque, lis. d'Eloquence Gréque.
Pag. 138. lig 23. Cercalis, lis. Céréalis.
Pag. 151. col. 1. lig. 38. cet, lis. cette.
Pag. 166. lig. 5. ouvrages, lis. ouvrage.
Pag. 167. col. 1. lig. 28. dignité de Proconsulaire, lis. dignité Proconsulaire.
Pag. 182. lig. 5. son, lis. sont.
         lig. 17. & 19. Appollodore, lis. Apollodore.
         lig. 22. trhone, lis. throne.
         lig. 26. Corpocrate, lis. Carpocrate.
Pag. 184. lig. 9. eu, lis. en.
         lig. 23. Antinous, lis. Antinoüs.
Pag. 188. lig. 21. où lis. ou.

Pag. 199. col. 2. lig. 29. Pompéïan, *lis.* Pompéïen.
Pag. 221. lig. 12. tonnere, *lis.* tonnerre.
    lig. 19. marchers, *lis.* marchés.
Pag. 239. col. 1. lig. 14. semblnt *lis.* semblant.
Pag. 247. c. 2. l. 21. convainquantes, *lis.* convaincantes.
Pag. 252. non 522. l. 15. & p. 292. l. 16. hair *lis.* haïr.
Pag. 255. col. 1. lig. 29. Appien, natif de la ville de Nazarbe en Cilicie. Il suivit, *lis.* Appien, natif de la ville de Nazarbe en Cilicie, suivit.
Pag. 265. lig. 7. cräutés *lis.* cruautés.
Pag. 275. col. 1. lig. 3. Auteur, s *lis.* Auteurs,
Pag. 284. lig. 13. d'Officiers, *lis.* d'Officier.
Pag. 289. lig. 28. d'Augustes, *lis.* d'Auguste.
Pag. 292. lig. 1. toure, *lis.* toutes.
    lig. 14. suivit, *lis.* suivit.
Pag. 330. lig. 15. Valence, *lis.* Valens.
Pag. 337. l. 8. l'Historien Dexipe, *lis.* l'Orateur Dexippe.
Pag. 340. l. 1. CLAUE, & pag. 342. lig. 1. GLAUDE, *lis.* CLAUDE.
Pag. 350. lig. 25. Roxelans, *lis.* Roxolans.
Pag. 358. lig. 16. qu'en, *lis.* qu'on.
Pag. 366. ligne dern. haissoit, *lis.* baissoit.
Pag. 370. lig. 2. VALÉRIEN, *lis.* NUMERIEN.
Pag. 386. lig. 30. Maximilien, *lis.* Maximien.
Pag. 392. lig. 6. Valere, *lis.* Galere.
Pag. 402. lig. 17. Faustine, *lis.* Fauste.
Pag. 405. col. 2. lig. 25. puit *lis.* puits.
Pag. 406. lig. 23. por-ant, *lis.* portant.
Pag. 407. col. 1. lig. 27. Anastase, *lis.* Athanase.
Pag. 426. lig. 27. fouberie, *lis.* fourberie.
Pag. 435. col. 2. lig. 16. l'exi-, *lis.* l'exil.
Pag. 447. lig. 6. Lucillien, *lis.* Lucilien.
Pag. 515. col. 2. lig. 16. Catécheses & des especes, *lis.* Catécheses, qui sont des especes.
Pag. 535. c. 2. l. 16. tes *lis.* toutes. Pag. 537. col. 1. lig. 21. grand, *lis.* grands. Pag. 539. col. 1. lig. 14. martyr, *lis.* le martyre. lig. 15. quatre-vingts-dix, *lis.* quatre-vingt-dix. l. 23. entr'autre, *lis.* entr'autres. col. 2. lig. 24. il, *lis.* ils.

APPROBATION.

J'Ai lu, par ordre de Monseigneur le Chancelier, un Livre intitulé : *Nouvel Abrégé Chronologique de l'Histoire des Empereurs*. Il m'a paru que cet Ouvrage pouvoit être utile. Fait à Paris ce 24. Mai 1752.

CAPPERONNIER.

PRIVILEGE DU ROI.

LOUIS, PAR LA GRACE DE DIEU, ROI DE FRANCE ET DE NAVARRE : A nos amez & féaux Conseillers les Gens tenans nos Cours de Parlement, Maîtres des Requêtes ordinaires de notre Hôtel, Grand-Conseil, Prevôt de Paris, Baillifs, Sénéchaux, leurs Lieutenans Civils, & autres nos Justiciers qu'il appartiendra : SALUT. Notre bien amé MICHEL-ETIENNE DAVID le jeune, Libraire à Paris, Nous a fait exposer qu'il desireroit faire imprimer & donner au Public, un Ouvrage qui a pour titre : *Nouvel Abrégé Chronologique de l'Histoire des Empereurs* : s'il nous plaisoit lui accorder nos Lettres de Privilege pour ce nécessaires : A CES CAUSES, voulant favorablement traiter l'Exposant, Nous lui avons permis & permettons par ces Présentes, de faire imprimer ledit Ouvrage, en un ou plusieurs volumes, & autant de fois que bon lui semblera, & de le vendre, faire vendre & débiter par tout notre Royaume, pendant le tems de *six* années consécutives, à compter du jour de la date des Présentes ; faisons défenses à tous Imprimeurs-Libraires, & autres personnes, de quelque qualité & condition qu'elles soient, d'en introduire d'impression étrangere dans aucun lieu de notre obéissance ; comme aussi d'imprimer ou faire imprimer, vendre, faire vendre, débiter ni contrefaire ledit Ouvrage, ni d'en faire aucun extrait sous quelque prétexte que ce soit, d'augmentation, correction, changement, ou autres sans la permission expresse & par écrit dudit Exposant, où de ceux qui auront droit de lui, à peine de confiscation des exemplaires contrefaits, de trois mille livres d'amende contre chacun des contrevenans, dont un tiers à Nous, un tiers à l'Hôtel-Dieu de Paris, & l'autre tiers audit Exposant ou à celui qui aura droit de lui, & de tous dépens, dommages & intérêts : à la charge que ces Présentes seront enregistrées tout au long sur le Registre de la Communauté des Imprimeurs & Libraires de Paris, dans trois mois de la date d'icelles ; que l'impression dudit Ouvrage sera faite dans notre Royaume, & non ailleurs ; en bon papier & beaux caracteres, conformément à la feuille imprimée & attachée pour modele sous le contre-scel des Présentes ; que l'Impétrant se conformera en tout aux Réglemens de la Librairie, & notamment à celui du 10 Avril 1725. Qu'avant que de l'Exposer en vente le Manuscrit qui aura servi de copie à l'impression dudit Ouvrage, sera remis dans le même état où l'Approbation y aura été donnée, ès mains de notre très-cher & feal Chevalier Chancelier de France le Sr DE LAMOIGNON, & qu'il en sera ensuite remis deux exemplaires dans notre Bibliotheque publique, un dans celle de notre Château du Louvre, un dans celle de notredit très-cher & féal Chevalier Chancelier de France le Sr DE LAMOIGNON & un dans celle de notre très-cher & féal Chevalier Garde des Sceaux de France le sieur de MACHAULT, Commandeur de nos Ordres, le tout à peine de nullité des Présentes, du contenu desquelles vous mandons & enjoignons de faire jouir ledit Exposant, & ses ayans causes, pleinement & paisiblement sans souffrir qu'il leur soit fait aucun trouble ou empêchement ; voulons que la copie des présentes, qui sera imprimée tout au long au commencement ou à la fin dudit Ouvrage, soit tenue pour dûement signifiée, & qu'aux copies collationnées par l'un de nos amez & féaux Conseillers-Secretaires, foi soit ajoutée comme à l'Original. Commandons au premier notre Huissier ou Sergent, sur ce requis, de faire, pour l'exécution d'icelles, tous actes requis & nécessaires, sans demander autre permission, & nonobstant clameur de Haro, charte Normande, & Lettres à ce contraires. CAR tel est notre plaisir : DONNE' à Versailles le neuviéme jour du mois de Décembre, l'an de grace mil sept cent cinquante-deux, & de notre Regne le trente-huitiéme. Par le Roi en son Conseil. SAINSON.

Registré sur le Registre XIII. de la Chambre Royale des Libraires & Imprimeurs de Paris. N°. 84. fol. 56. conformément aux anciens Reglemens, confirmés par celui du 28. Fevrier 1723. A Paris le 12. Décembre 1752.
HERISSANT, *Adjoint.*

De l'Imprimerie de C. F. SIMON, Imprimeur de la Reine & de l'Archevêché 1753.

www.ingramcontent.com/pod-product-compliance
Lightning Source LLC
Chambersburg PA
CBHW060257230426
43663CB00009B/1501